INTER-
PERSONAL
COMMUNICATION:
EVERYDAY
ENCOUNTERS

 后浪

日常生活中的
人际沟通

 CENGAGE
Learning®

[美] 朱莉娅·T. 伍德
（Julia T. Wood） 著

李康尼
黄泽民　译

北京联合出版公司
Beijing United Publishing Co., Ltd.

北京市版权局著作权合同登记 图字：01-2022-3472

图书在版编目（CIP）数据

　　日常生活中的人际沟通 /（美）朱莉娅·T. 伍德著；
李康尼，黄泽民译 . -- 北京：北京联合出版公司，
2022.10（2023.7 重印）
　　ISBN 978-7-5596-6362-7

　　Ⅰ. ①日… Ⅱ. ①朱… ②李… ③黄… Ⅲ. ①人际关
系学 Ⅳ . ① C912.11

　　中国版本图书馆 CIP 数据核字 (2022) 第 146623 号

日常生活中的人际沟通

作　　者：［美］朱莉娅·T. 伍德　　　　　译　　者：李康尼 黄泽民
出 品 人：赵红仕　　　　　　　　　　　　选题策划：后浪出版公司
出版统筹：吴兴元　　　　　　　　　　　　编辑统筹：杨建国
责任编辑：李艳芬　　　　　　　　　　　　特约编辑：王逸菲
营销推广：ONEBOOK　　　　　　　　　　装帧制造：墨白空间·王茜
排　　版：赵昕玥

北京联合出版公司出版
（北京市西城区德外大街 83 号楼 9 层　100088 ）
天津中印联印务有限公司印刷　新华书店经销
字数 504 千字　690 毫米 × 960 毫米　1/16　35 印张
2022 年 10 月第 1 版　2023 年 7 月第 2 次印刷
ISBN 978-7-5596-6362-7

定价：88.00 元

目 录

前 言

我写这本书是为了向学生们介绍关于人际沟通的知识和技巧，从而让他们的生活更加充实和美好。为了实现这个目标，本书有三个独特之处。第一，它着重介绍传播学领域中的理论、研究和实践技巧，并以其他领域的理论作为补充。第二，本书重点关注 21 世纪的三个重要议题：社会多样性、社交媒体和工作领域。最后，本书具有鼓励学生自学的独特教学性。在本书中，我鼓励学生自主学习理论和概念，并将这些理论和实践信息应用到生活中。

在写作本书时，我主要关注传播学的研究和理论，并辅以其他领域的研究成果。人际沟通是一个完备的知识领域，传播学者们已经发展并建立了完整的知识、理论和研究基础，很多学术期刊和学术著作中的原创研究都体现了人际沟通作为一门知识学科的成熟性。本书与学术发展同步，展现了当下研究的成果。例如，第二章讨论了我们对自身形象的呈现策略，以及当形象受到威胁时的保护策略。第六章关注倾听，探讨了社交媒体越来越多地干扰认真倾听的现象，并请同学们思考此类研究。第十一章讨论了社交媒体促进或限制人际沟通的方式，并提供了现在越来越普遍的关于远距离恋爱的信息。第十二章强调了影响父母与子女沟通方式及内容的家庭沟通模式。

其他研究领域的知识也能增强我们对沟通的理解。因此，本书也包含了其他领域的研究成果。例如，心理学的研究加深了我们对归因在人际沟通中作用的理解。现在的人类学、社会学、哲学、心理学等其他学科拓展了我们的视野，让我们了解到沟通是如何被性别、经济阶层、性取向、族群和种族影响的。

关注重要的社会趋势

本书注重当今学生的生活背景。在书中，我非常关注体现了 21 世纪西方文化特征的社会趋势、议题和担忧。

社会多样性　像很多国家一样，美国因不同民族、文化、习俗和沟通方式的汇聚而丰富多彩。本书反映和强调了社会多样性在人际沟通中的作用。

要想真正地将多样性融入本书，就不能只为此单独写一章，或在常规话题中添加讨论性别或种族的段落。为了以更有机的方式实现多样性，我将关于种族、族群、经济阶层、性别、年龄、宗教和性取向的讨论嵌入了整本书。这可以让学生们认识到，多样性存在于人际沟通的各个方面。例如，在探索个人身份时，我考察了种族、性别、社会经济阶层和性取向等核心层面。书中也有很多例子说明了多样性如何影响现代工作场合中的沟通，因为工作场合是由来自不同文化和社会群体的人组成的。第四章和第五章探讨了语言沟通和非语言沟通，相应地，我们也讨论了非西方文化中的沟通示例。第十一章讲了浪漫关系，我们会讨论跨种族、男同性恋和女同性恋的浪漫关系。第十二章关注家庭沟通，包含了对一系列家庭的研究，其中包括非白种人、中产阶级和异性恋家庭。

为了避免对不同群体的人产生刻板印象，我会使用一些限定性的形容词。例如，当我引用关于西班牙裔和欧裔美国人的传播模式的研究时，我通常会称"大多数西班牙裔"和"典型的欧裔美国人"。这是为了提醒学生：概括是有局限性的，它可能不适用于每一个群体成员。

为了更好地展现多样性视角，我在书中添加了"日常生活中的沟通"部分，它强调了沟通和多样性之间的联系。

社交媒体　另一个关于我们这个时代的典型特点是社交媒体的广泛应用。我们会发送邮件和短信来跟家人和朋友保持联系；我们会加入网络支持群体，会发博客，也会使用脸书（Facebook）、Skype、短信和即时信息（IM）；我们会参与网上的宗教和政治讨论；我们会在网上遇见他人、结交朋友、发展人脉、调情或约会。因此对于社交媒体这个话题，更适合将它融入各个章节中，而不是单独作为一章来讨论。

这一版本的每个章节都包含一个重要部分，即在每章总结之前的"指导原则"部分，它讨论了社交媒体与本章内容的关系。此外，这个版本中的"日常生活中的沟通"部分也强调了社交媒体的影响。最后，我将技术因素整合进了文本。如果学生想深入了解"日常生活中的沟通"这部分的话题，可以登录我列出的一些网站获取网络资源。

道德　新闻报道中充满了道德议题。我们看过很多关于股票内线交易、政治家收受贿赂、官员私人作风不检点的报道。但是，道德议题不仅限于公共领域，它们也存在于人际沟通中。事实上，人际沟通充满了道德议题。我们常常会面临道德选择：当朋友做了一个昂贵的新发型并询问我们的看法时，我们是说一个善意的谎言，还是说我们并不觉得很好看？当我们填写网络交友的资料时，应该夸大自己的个人魅力吗？当我们并未认真倾听时，应该假装我们在听吗？我们应该用自己文化中的规范和标准评判来自其他文化背景的人吗？这些只是我们日常生活中产生的一部分道德性考虑。为了强调人际沟通的道德特性，我在章节内容和每章最后的"批判性思考"部分都讨论了这些议题。

涉及时效性议题

本书也非常关注在当今时代日益重要的话题和议题。书中有一整章内容在讨论友谊，因为很多同学告诉我，在失败的婚姻关系和异地家庭日益增多的情况下，友谊显得非常必要。社交媒体可以让分隔两地的朋友保持联系。书中关于浪漫关系的章节提到了亲密关系里的一些黑暗面，比如虐待和暴力行为。这一章也讨论了在勾搭非常普遍、性病成为威胁的时代，如何通过沟通实现更安全的性行为。

学生们也越来越注重职业发展。他们想知道所学的知识与工作的关系，以及它会如何帮助自己取得事业成功。本书的最新版在四个方面突出了人际沟通的概念、技巧与工作场合的联系。第一，每章都包含工作领域的沟通研究。第二，在"日常生活中的沟通/工作场合"部分，我重点强调了人际沟通和工作之间的有趣联系。第三，在每章的末尾，我附上了这些内容在工作场合中的实际应用。最后，对于希望全面了解工作场合沟通的导师来说，我还准备了一章关于组织传播的内容。

第 8 版的改变

本书参考了老师和学生们的反馈意见，以及人际沟通和相关领域的最新研究。在这个版本中，我做了几处重要的内容改变：

◎ 此版本将文化多样性更全面地融入书中。在第二章关于身份问题的讨论中，我们探讨了文化对于自我形象呈现的影响。第三章关注感知，强调了来自不同文化背景的人有着不同的视觉理解方式——西方人更容易被视觉错觉欺骗。书中关于冲突的讨论（第九章）现在包括了文化影响的信息、关于人们如何处理冲突，以及在冲突场合如何帮对方保全面子。

◎ 像前面所提到的，这个版本提供了更强有力、更具融合性的社交媒体分析。本书的每一章都有一个部分专门讨论章节主题和社交媒体的关系。此外，每一章都包括"日常生活中的沟通"部分，它们也强调社交媒体的作用。

◎ 这个版本更加重视道德。除了贯彻全文的道德选择，我还在每章添加了"批判性思考"部分，它专门聚焦于道德问题。

◎ 第二章讲了沟通和个人身份，新增的一个部分是关于我们如何表达或表现自己的身份。通过强调人类展现自我身份的能力，这部分内容补充了现有的关于他人和文化塑造身份的方式。

◎ 为了更贴近现在学生的情况，我重新修订了第十二章"家庭内部的沟通"。我添加了关于家庭沟通方式如何受家庭开放度影响的讨论，以及关于文化影响家庭互动的材料。我新增了一些关于困难话题的材料，比如告诉父母自己意外怀孕了，或想要退学，或帮助父母过渡到退休群体。这些新材料有助于学生思考、分析自己和家庭会面临的问题。

◎ 书中收录了从超过125个新资料来源总结出的发现，它们反映了人际沟通领域最新的研究成果。重视最新的研究成果使本书既有很强的学术性，又让学生感到亲近。

个人学习教学法

除了独特的概念教学，我在书中还采用了对话性质的个人语气，鼓励学生参与其中。像日常对话一样，我会使用很多缩略词。同时，我还添加了日常交往中的示例，让抽象的观念更加具体。在本书中，我向同学们分享了一些日常生活中会出现的沟通挑战和际遇。这种对话性的写作方式目的在于鼓励学生结合自身实际，将书中的理论应用到现实生活中。在学生参与的过程中，他们会真正开始应用这些概念、原则和技巧。

在这本书中，发表意见的并不只有我一个人。所有章节都包含学生评论部分，这些意见来自在国内各所大学学习人际沟通课程的同学。他们的体验、见解和担忧拓宽了对话范围，丰富了我们的认知。学生评论也有助于同学们通过观察、比较和分析来实现积极的学习。当同学们阅读这些评论时会观察他人，并将他人的经验和观点与自身的做比较。欢迎同学们将自己的评论寄送给我，这样在本书的后续版本中就能见到它们的身影了。

尤为重要的是，这个版本的教学方法是建立在逐渐增强的学习框架上的，它基于 MindTap[1] 所提供的技巧训练、实际应用和批判思考。MindTap 是一种个性化的教学体验，它可以引导同学们分析、应用并提升思维能力，老师可以更轻松地评估教学效果。有了 MindTap，学生可以使用交互影片、模拟系统等技术资源，寻找高质量的各类活动，在这个极具吸引力和个性化的网络环境中参与练习。

在每章开始都会有一则内容介绍，让同学们可以清楚地知道学习目标和章节大纲。同时，每一个学习目标都精心搭配一个或多个活动，以测试学生对知识的掌握程度。

新版涵盖了更多媒体流行文化中的图片，并配有值得深思的说明文字。

"日常技巧"部分添加了很多学习目标，强调了它们不只是技巧训练。练习答案请见 MindTap。

"日常生活中的沟通"部分包括"多样性""见解""社交媒体"和"工作场合"四个主题，讨论了日常生活中关于人际沟通的有趣的研究和例子。这个部分鼓励学生观察原则和概念如何应用于现实状况，思考理论和概念在特定案例中的应用，并将书中内容与他们自身的经验和价值观加以比较。现在，这个部分还加入了"社交媒体"主题。我将原来的表述"事业"改为"工作场合"，因为并不是所有的工作都被当成"事业"。我希望大家能应用书中的内容，比如进行反思、练习或上网在 MindTap 中写下回应。

在章节末尾以及 MindTap 上都有关于技巧训练、概念应用和批判性思考的练习。第一个练习是具有高度参与性的"话题延伸"，它提供了某种情境。从最开始的"本章总结"和"关键概念"到最具挑战性的"批判性思考"，这个部分经过修改和重组形成了一个有逻辑的活动学习序列，练习难度逐渐加大。

1　圣智学习集团推出的数字教育平台，请参阅网站：www.cengage.com/mindtap。——编者注

MindTap 上有很多高价值、循序渐进的练习。在文章的相关部分，我会提醒学生可以在 MindTap 上进行互动练习。

每章最后有以下几个亮点：

"话题延伸"部分像是一个热身运动，它让学生看到本章的理论和原则是如何体现在现实生活中的。在 MindTap 上有相关的视频。

"自我评估"部分能够让学生将本章概念应用到一个最基本的层面 —— 他们自己。

"日常技巧"部分强调了应用的下一个阶段 —— 技巧练习。书中的"日常技巧"标志为学生指出了章节末尾的技巧练习部分。在 MindTap 中，学生也可以根据文本提示进行相关练习。

"概念应用"部分的反思和**"批判性思考"**部分的活动可以让学生思考关于个人、工作和道德领域的问题，从而进行更加深刻的反思和记录。

给教师的资源

本书提供了一个教师配套网站，你可以在那里查看教师资源手册、圣智学习测试和演示文稿。教师资源手册是由我和得克萨斯理工大学的卡特合作完成的。它讨论了在教授人际沟通入门课程时的一些哲学性和实践性思考，也包括一些对课程重点的建议、课程大纲示例、相关练习，以及相关的电影、期刊和会议讨论主题。

圣智学习测试（Cengage Learning Testing Powered by Cognero）是一个灵活的线上系统，它可以让你：

◎ 编写、编辑和管理多个圣智学习解决方案的测试题库内容
◎ 快速创建多个测试版本
◎ 从学习管理系统、教室或其他任何地方传输测试

微软的演示文稿系统已预设为可配合本书使用，并且可以完全自定义。

鸣 谢

虽然作者栏上只有我的名字，但是有很多人都对本书做出了贡献。我尤其感谢圣智产品经理妮科尔·莫里诺，她一直是我的项目伙伴。她的兴趣和见解极大地充实了本书内容，她的幽默感也让工作过程充满了快乐。

同时，也非常感谢本书的出版团队，是你们让我的教学手稿成为一本书。我尤其想感谢高级内容开发师休·格利森·韦德、助理内容开发师卡罗利娜·柯华克、市场营销总监斯泰西·珀维安斯、内容项目经理丹·萨比、高级媒体开发师杰西卡·巴迪内、产品助理科林·索兰、审稿丹尼尔·奈廷、艺术总监琳达·梅、知识产权分析师安·霍夫曼，以及项目经理苏马西·库马兰。

除了圣智的编辑和产品团队，我还要感谢调查受访者和评论者，他们在我准备新版本时给了很多宝贵的反馈。他们是罗诺克学院的埃丽卡·库珀、得克萨斯大学圣安东尼奥分校的卡伦·达斯、佐治亚大学的蒂娜·哈里斯、北卡罗来纳大学夏洛特分校的斯泰西·孔茨曼、东南路易斯安那大学的戴安娜·劳伦特、犹他州立大学的马特·桑德斯、佐治亚大学的克里斯季·沙勒、圣玛丽学院的尼利·西尔贝曼、加努恩大学的布伦特·斯雷斯曼、俄克拉何马州立大学的杰森·斯通，以及得梅因社区学院的朱迪思·福格尔。

最后，我要感谢我的家人和朋友让我的生命如此丰富多彩。首先要感谢的是罗伯特·考克斯，他是我 40 年的爱情、生活、冒险和梦想伴侣。当我写作顺利时，他会为我庆祝；当写作遇到困难时，他会给我自信。当我想听取意见时，他从不吝啬语言；当我沉浸在项目中时，他会给我个人空间。同时，他也是我研究人际沟通的重要经验源泉。另外，我也很幸运能够得到我的姐姐卡罗琳，好友托德、休和琳达·贝克的帮助。最后，当然要感谢我们家的四足成员：我们的狗卡西迪，猫里格比和罗迪。跟我的"两脚"朋友们不同，当我在凌晨两三点钟写作的时候，它们始终陪伴着我。

Julia T Wood

2014 年 10 月

导　论

开启对话

在我 20 岁那年，发生了一件改变我一生的事情——我上了人生中第一堂人际沟通课。当我认识到沟通的力量能增进或损害人际关系时，一个新世界向我打开了。随着所学课程的增多，我对这个领域更加着迷，所以我决定以研究和教授人际沟通为事业。正如第一堂课唤醒我那样，我想通过本书唤醒你们，让你们感知到人际沟通的力量如何丰富我们自身和我们的日常关系。

在本书的开篇，我想先向你们介绍人际沟通这个领域，介绍我自己、本书的特点，以及这个时代围绕人际沟通所产生的一些特殊担忧和议题。

传播学领域

传播学领域源远流长，有着杰出的思想发展历程。它的历史可以追溯到古希腊时期，当时亚里士多德和柏拉图等伟大的哲学家教授修辞学，也就是公共演讲，将其作为参与市民生活的必备技能。在传播学诞生后的 2000 多年时间里，它扩展为许多沟通类型，包括小组讨论、家庭沟通、健康传播、口头传统、组织传播和人际沟通。

人际沟通是这个学科中最受欢迎和最有活力的一个分支。学生们对于人际沟通课程的需求一直很强烈。因此，学校开设了更多课程（包括一些高阶课程），来帮助学生们在日常生活中有效地沟通。

回顾这个知识发展完善的领域，传播学理论和研究充分说明：人际沟通对于自我认同和个人、社会、职业关系有很大的影响。因为人际沟通是我们生活的中心环节，它自然会与那些和人类行为相关的其他学科有所交叉。因此，传播学的研究既为心理学、商科、社会学、人类学和咨询等领域做出贡献，也会反过来吸收这些领域的研究成果。本书有着跨学科的理念，它使我们研究人类互动的视角更加全面。

个人介绍

我在读本科时，阅读的大部分书看起来都很有距离感，不带个人色彩。我觉得它们不像是真正的人类写的，因为除了阐述标题，作者通常不会介绍自己。在一本关于人际沟通的书中，我当然不会让这种事发生！所以我想向你们介绍一下我自己，以及为什么我要写这本书。

就像之前提到的，我在本科时就喜欢上了人际沟通。如今，我比以往任何时候都更热忱地投入到这个学科的研究和实践中。能够见证和参与人际沟通的发展历程，感受学术研究如何强力促进了人们在日常生活中的应用，这是非常令人激动的。

尽管研究和写作占据了我大量时间，我仍有一些其他的兴趣爱好。比如，我会教一些以英语为第二语言的学生学习英语，也会花时间照顾被虐待和遗弃的动物。同时，我非常珍视自己的伴侣罗比、我的好朋友们和我的家人。在与他们沟通的过程中，我越来越感受到人际沟通在日常生活中的重要性。

我也可以这样介绍自己：我是欧裔美国人，来自南部，中产阶级，人至中年，异性恋者，我一直努力用符合自我价值观的方式生活。就像你的年龄、种族、阶层、性别、信仰和性取向影响着你的沟通方式一样，关于我身份的每一面都塑造着我的沟通方式。我不知道身为一个男人是怎样的感受，不知道同性恋爱关系是怎样的，也不懂得生活在贫困中是什么感觉。但是，这并不意味着我不能学着去理解你，去尊重和我们有着不同（有时甚至是相差甚远的）生活经历的人。

我们都受到自己的身份、经历和理解力的限制，但这并不意味着我们只能对与自己不同的人敬而远之。事实上，在跟越来越多类型的人交往后，我们会发现许多重要的相同点和有趣的不同点——这对我们合乎道德、有效地参与到多元化的世界中非常重要。

在多元化的世界中生活和学习

在这个时代，必须了解并尊重与我们自身和我们的生活环境不同的观点。你可能会有不同种族背景的朋友和邻居。并且可能性更大（几乎可以保证）的是，你将

一种千变万化的文化

美国人的面孔在不断变化着。我们一直以来都是一个多民族、多种族的国家，并且在未来这种多样性只会越来越丰富。根据人口普查预测，到 2043 年，美国将不再有主要的种族或族群。到 2018 年，18 岁以下的美国人中没有一个种族或族群能成为多数（Cooper，2013）。预计在 2005 年至 2050 年期间，美国的人口构成将会发生很大的改变（Yen，2012）。

	2005	2050
非裔美国人	13%	13%
亚洲人	5%	9%
高加索人	67%	47%
西班牙裔	14%	29%

人口普查还预测，未来美国会有更多老年人。目前，每七个美国人中就有一个年龄在 65 岁及以上；到 2060 年，这个数据会攀升到每五个人就有一个年龄在 65 岁及以上（Cooper，2013）。

如果想了解更多关于美国的人口变化，请登录 http://www.census.gov。在"人口"一栏下的"预测"一栏中即可找到。

会和不同年龄、种族、族群、性取向和精神信仰的人一起工作。你可能会与不同种族和宗教背景的人约会，如果你有孩子的话，他们很可能也会这么做。在现代，个人效能要求我们具备跟不同类型的人沟通的技巧。

通过和不同的人互动交往，我们不仅能理解他人，也能更了解自己。西方人如果了解日本人对体育赛事中平局和小比分差距的偏爱（这样双方都不会丢面子），也许就能以一种新的视角看待体育的竞技性。要了解白人，仅仅与白人交往是不够的；要知道异性恋的特征，仅仅认识异性恋者也是不够的。因此，了解来自其他文化背景的人，以及不在主流文化内的人群，可以让我们更好地理解什么是主流文化。

社会多样性既带来了机遇，也带来了挑战。探索不同的性别、种族、阶层、文化传统、性取向、年龄、身心状况和精神信仰能够丰富我们对人类行为多样性的认识，了解作为人类和沟通者的多种可能性。与此同时，多样性会使沟通变得更复杂，因为人们可能采用不同的沟通方式，也可能误解对方，就像林一堂在她的评论中所说的：

> 第一次到学校的时候，我对宿舍房间如此之大感到十分惊讶。但当我谈到这一点时，所有美国同学都笑话我，认为我是在开玩笑。在我的国家，个人的空间很小，房屋紧密相连。第一次有美国同学不认同我的时候，我非常生气，因为这让我感到没面子。我们从来不会直接反对其他人。在这个国家，我经历了许多类似的误解。

现在的学生已经意识到了解不同文化的重要性。一项关于 2009 年秋季入学的大学生的调查表明，49.4% 的受访者认为十分有必要加强对其他国家和文化的了解，而这一比例在 2004 年为 42.7%（"This Year's Freshmen"，2010）。

和不同文化的人接触会丰富自身，学生们的这个想法是正确的。近期研究表明，接触多元文化的学生批判性思维更强，白人学生对此受益最多（Berrett，2012）。

在本书中，我们会探究多样性和沟通的相互关系。比如，我们会研究同一个动作在不同文化中的不同含义。我们也会发现，男性与女性产生亲密感的方式既有相似性，又有不同之处。我们也会认识到，种族和族群会影响人们的互动方式。同时，就像"日常生活中的沟通／社交媒体"部分所展示的，年龄差异会影响人际沟通。将多样性这个元素加入我们对人际沟通的思考中，能够扩展我们对沟通和不同人群及他们的观点的理解。我的学生谢里耶在她的评论中有效地说明了这一点。

谢里耶：

> 我是西语裔美国人，常常遇到学校课程和书籍忽视我的民族的情况。去年，我上了一门关于家庭生活的课程，但课上讨论的全是西方中产阶级白人的家庭状

关于书中的词语

由于本书多次谈及社会多样性，我们有必要谨慎思考提及社会群体时的用词。通过相关研究，我会展示不同群体的一般性状况。我会尽可能地引用群体自身成员的研究，这样我们就能从群体内部视角来理解他们。但是一般性状况只是通常的情况，它们并不适用于群体中的所有成员，总会存在例外——你可能会发现自己就是你所在群体的一个例外。如果是这样，你可能想知道自己为何与群体倾向不同。

一般性状况不能成为关于某个群体成员的刻板印象。例如，在第四章中，你会了解到性别言语社区。你会知道通常情况（但不是所有情况）下，男性和女性有着何种不同的沟通方式。你也会了解到一些传统非裔美国人群体不同的沟通模式。但是，你所读到的一般模式不一定适用于每一位女性、男性或非裔美国人。因为个体差异的存在，也因为每个人都属于多个群体，我们每个人都可能会与群体的一般模式有所不同。

在阅读此书时，你需要注意的关键点是：将群体一般化既有重要性，又有局限性。一般化的重要性在于提供了一个概括模式，我们可以以此为原点去理解他人，与他人沟通；同时，一般化的局限性在于它并不能告诉我们群体中每个人的状况。因此，我们有必要对一般化加以限定。你会注意到，在书中我使用了一些像"通常来说""一般而言""大体上讲"这样的表述。这是为了提醒我们，通常之中总有例外，绝对不要认为一般性状况适用于每一个成员。

况。他们的生活方式并不是我的生活方式。我认为关于家庭生活的课程应该包括不同类型的家庭。在一门关于杰出文学作品的课程里，只有一位作家来自非西方国家，并且只有三位是女性。难道只有白人男性才能写出伟大的文学作品吗？当然不是。

和其他并非在美国出生成长的人一样，谢里耶也教会了美国本地人很多东西，我的学生卡尔这样评论：

一开始，我确实非常反感班上的两位中国学生。比如，每次谈到关于冲突的话题，他们就提出要尽量避免冲突。但是在听取他们的见解后，我意识到他们真的认为人与人之间有办法解决分歧，而不需要互相攻击，也不必让对方难看。这和我从小接受的教育理念"坚持你的观点，集合你的论点，一定要赢！"是不同的。虽然我不太确定是不是真的理解了他们的观点，但这确实让我开始思考，我是否总是需要先发制人，努力去打败下一个家伙。

像大多数人一样，卡尔最初倾向于将自己以外的思维方式看作更低级的，但是他从这个倾向中走了出来。卡尔开始尝试站在中国同学的角度考虑他们的冲突，把他们的文化背景加入思考。反过来，这些见解也扩大了卡尔对解决冲突的看法。我们大多数人都像卡尔一样，并不容易欣赏或尊重与自己不同的见解。但是，这样的思想交锋过程是值得的，因为它可以丰富我们的个人生活，也可以让我们更有效地参与这个充满不同沟通和生活方式的世界。

本书特点介绍

本书有四个有趣的特点，我认为它们可以帮助你理解和提升人际沟通能力。

第一，在写本书时，我采用了对话方式，这样你就可以将上下文联系起来。和你一样，我对人际沟通很感兴趣，也一直在努力探索如何使日常沟通变得更有效。在本书中，我会分享一些自己的经验，以及提升沟通能力的方法和技巧。

第二，在每一章里我都会引用一些像谢里耶、卡尔、林一堂等学生的评论。学生们让我学到了很多东西，因此我会在接下来的章节中加入他们的评论，这些评论是从我或其他老师的课上摘取的。阅读他们的评论时，你会发现其中一些学生跟你很像，另一些则与你不同。你可能会同意一些同学的评论，不同意另一些同学的，或想进一步思考其他评论。不论你对这些观点做何回应，我猜想你都会觉得它们有趣而富有见地，而且充满了挑战性。

何为数字时代的礼仪？

如果一个人没有接电话，给他留一条语音留言算是礼貌吗？如果写封邮件告诉他自己留了语音留言呢？我们应该在每封邮件的开头都打招呼，在结束时都道再见吗？调查发现，如何看待这些礼仪问题取决于你的年龄。

年轻人正在重新书写社交媒体时代的礼仪规则。当你每天要发送几十甚至上百条信息时，"你好"和"再见"就显得有些多余。同样地，也没有必要在短信或邮件里说"谢谢你"。如果你给别人打了电话却无人接听，对方之后也会看到通话记录，并且给你回电话或短信，所以已经没有必要留语音留言了（Bilton，2013）。

并非出生和成长于数字时代的人，常常会继续遵循他们从小学习的社交规则。对他们来说，发信息时以"你好"开头，以"再见"结尾是礼貌的表现——事实上，如果不这样做就是不礼貌的。对他们来说，如果别人没有接电话，就应该给他们留言——让对方知道打电话的原因才是礼貌的表现。

就像面对面沟通一样，社交媒体上的沟通需要我们根据不同的对象采取合适的沟通方式。如果你是给 60 岁的老人打电话，那就可以给他留语音留言，但若是打给 20 岁的年轻人就没有必要了。

其实，新科技已经不是第一次带来礼仪问题了。在 19 世纪 70 年代电话诞生时，人们甚至不知道该如何接听它，很多人拿起电话后并不说话，只是等待对方开始讲话。因此电话的发明者亚历山大·格雷厄姆·贝尔（Alexander Graham Bell）提议用"喂"（Ahoy）这个词来打招呼（Bilton，2013）。

第三，每一章都包含"日常生活中的沟通"部分，它们将内容延伸到关于人际沟通的有意思的研究和新闻报道。当这些内容涉及文化多样性、社交媒体和工作场合时，我会为每个主题起一个特殊的标题，以此提醒你注意。

第四，本书非常注重自主学习。大多数人（尤其是学生）都习惯于非自主学习，通常依赖他人告诉我们一些知识。换句话说，我们被动地接受知识。相较而言，自主学习则是通过我们自身与主题的互动实现的。比起被动接受信息，我们会主动做一些事——我们观察、反思、自我评估、探讨、辩论，将自己的想法写下来或付诸行动，我们将原理和技巧付诸实践，我们进行比较和分析。这些行为让我们生产和检验知识，而不仅仅是接受知识。自主学习的方法认为，有效的学习包括一些体验，以及与自我的对话（反思和应用），等等。

为了促进自主学习，本书在每章结尾和在线课程中设置了相应的专题。第一个专题叫作"话题延伸"，其中的案例分析会让你了解本章讨论的概念、理论和原理是如何体现在现实生活的交流中的。第二，在大多数章节中你会看到"自我评估"小测验，可以在网上找到相应的答案。第三，"日常技巧"专题会帮助你将文本内容应用到日常生活的对话中。其中一些内容会告诉你如何培养特殊的沟通技巧，另一些则会让你在日常生活中反思我们讨论过的话题。第四，"概念应用"专题会提出一个要求个人学习的问题，以及两个关于职场和道德的问题。最后，"批判性思考"专题会提出一些有助于你深入思考和写作的问题。

我希望这本书能让你认识到沟通在人际关系中的力量。同时，我也希望你能将本书介绍的原理和技巧应用在日常生活中。

第一章
人际沟通初探

本章涉及的话题

◎ 人际沟通的定义

◎ 人际沟通的模式

◎ 人际沟通的原则

◎ 日常生活中的社交媒体

◎ 提升人际沟通能力的指导原则

学习完本章后，你应该能够 ——

◎ 举例说明布伯沟通理论中的三类关系

◎ 明确定义人际沟通的关键特征

◎ 区分内容和关系层面的含义

◎ 将互动模式应用于具体的人际沟通

◎ 列出人们在特定沟通环境中意图实现的一系列需求

◎ 明白有效人际沟通背后的八项原则

◎ 解释人际沟通的定义和特征如何应用于社交媒体

◎ 运用本章中的指导原则评估特定环境中的沟通能力

你经历了两个月的工作面试，但仍旧没有得到任何工作机会。在又一次不如意的面试后，你给一位朋友发了条短信。这位朋友没有敷衍地回复，而是邀请你一起吃个午饭。你们一起吃比萨时，你对友人袒露心声，担心自己可能永远找不到工作，因为现在的经济形势太糟糕了。你的朋友认真倾听，让你知道他理解你的感受，也不做随意评断。然后他告诉你，他认识的一些人也没有找到工作。忽然之间，你感到自己不是那么孤独了。你的朋友还提到，虽然你上学期非常担心自己的物理课程，但还是在期末拿到了不错的 B 等成绩。听着他的话，你逐渐开始恢复自信。在分别之前，他还告诉了你一个可以练习面试技巧的模拟面试网站，他会和你一起研究如何在面试中更有效地沟通。离开的时候，你感到自己重拾信心。

人际沟通在我们的日常生活中至关重要。我们需要他人来关心我们生活中发生的事情，和我们一起庆祝重要时刻，帮我们解决问题、排解沮丧。此外，我们还需要他人来促进我们的个人和职业成长。这些始终信任我们的朋友和伴侣，能够让我们打破自我否定的牢笼，成为自己想成为的那种人。同事会给我们建议和反馈，提升我们在职场中的工作效率。有时，我们只是想和自己喜欢、信任、合得来的人一起出去玩。

在工作场合里，人际沟通也极为重要。2010 年的美国雇主调查显示，89% 的雇主认为大学生要想取得事业成功，就应该着重学习如何有效地进行口头和书面沟通（Rhodes，2010）。同样地，2012 年的雇主报告也显示，雇主最关注的求职者能力包括人际交往能力、口头表达能力和适应力（Selingo，2012）。另一项调查发现，93% 的雇主认为求职者所表现出的批判性思考和清晰表达能力比他们的本科专业更加重要（Hart Research，2013）。

联邦快递和葛兰素史克等行业翘楚公司把沟通能力列为求职者的一项重要技能（O'Hair & Eadie，2009）。沟通能力在医疗保健领域的关键作用（详见"日常生活中的沟通／工作场合"），也让许多医学院在录取时把申请者的沟通能力（尤其是对病患表达同情的能力）列入录取考虑之中（Rosenbaum，2011）。

在本章中，我们将对人际沟通进行初步了解。首先，我们会给人际沟通下定义，并提供人际沟通的运作模式。然后，我们要思考人际沟通满足了人类的哪些重要需求。接下来，我们会探讨有效开展人际沟通的原则，并思考社交媒体是如何影响人际沟通的。在本章结尾处，我们会说明提升人际沟通能力的指导原则。

人际沟通的定义

当被问到如何区分人际沟通和广义上的沟通时，很多人会说：人际沟通包括更少的参与者，通常只有两个人。根据这样的定义，房主和水管工的交流属于人际沟通，而父母和他们的四个孩子的交流就不算了。人际沟通的确通常包括两到三名参与者，但这并不是一个有效的定义。

也许你认为包含亲密内容的沟通叫作人际沟通。如果运用这一标准，那么在浪漫餐厅里初次约会的情侣就比在商场里逛街、关系稳定的夫妇参与了更多的人际沟通。因此，这一标准也没有指出人际沟通的实质。

实际上，定义人际沟通最好的方法是关注人们之间发生了什么，而不是他们在哪里或有多少人参与。所以对于初学者，我们可以说人际沟通是人们进行交流的特定方式。

沟通的连续性

要理解人际沟通的特点，我们可以从分析"人际"（interpersonal）这个词的含义入手。它包括前缀"之间"（inter）和"人"（person）这两个词，因此人际沟通往往发生在人与人之间。从某种意义上讲，一切沟通都发生在人与人之间，但多数沟通都不涉及私人层面。人际沟通意味着从客观层面到私人层面的延续（参见图1.1）。

图 1.1

我们的许多沟通都不是私人性的。有时我们甚至只把他人当作客观事物，而不是真实的人。比如他们帮我们打包杂货，或在高速公路上给我们指路的时候。而有些时候，我们虽然把对方视作人，却只是与他们浅层次地交流，更关注他们的社会角色而不是人本身。比如，我在遛狗时常常遇到我的邻居，我们常常就天气和家里的小工程闲聊。通过这样的沟通，我们将对方视为人，但我们的沟通仍然不在私人层面。我们通常只与少数人进行深层次的亲密交流。这些特征被哲学家马丁·布伯（Martin Buber，1970）用富有诗意的术语表达出来了，他将沟通分为三个层次：物我、人我、你我。

物我沟通 在物我关系中，我们会"非人"地看待他人，甚至将他人看作物体。在物我沟通中，我们不承认他者作为人的部分，甚至可能不承认他们的存在。有时候，我们不会把售货员、餐馆服务员或文员看作真正的人，他们只是接受订单并交付目标物的工具。在物我关系的极端情况中，你甚至感知不到对方的存在。当流浪汉乞求钱财或食物时，一些人会看向一边，好像流浪汉不存在一样。在失衡的家庭关系中，家长可能会忽略孩子的存在，拒绝跟他们说话，把孩子视作物而不是人。大学校园里的学生有时也会感觉自己像是物而不是人。我课上的一名大二学生贾森就这样说道：

> 在这所学校里，我感觉自己大部分时间都被视作一个数字。当我去见辅导员时，他会问我的学号，而不是我的名字。大多数教授也不知道我的名字。在高中，所有老师都叫我的名字，而这里让我觉得不太人性化。有时候我感觉自己就是校园里的一个物体而已。

人我沟通 人际沟通的第二个层次是人我沟通，这是日常沟通中最常见的情况。人们虽然意识到对方不是一个物体，但也并不会将他们视为独特的个人。比如，在你购物时，店员通常会问："请问有什么可以帮您的吗？"你不大可能同这位店员产生深层次的交流，但是你也不会简单地将他们视作物体（Wood，2006）。也许你会说："我只是随便逛逛罢了。你也知道月末啊——没钱了。"这时店员可能会哈哈大笑，并且表示深有同感。在这段交流中，店员不再把你视为千人一面的顾客，而你也不再只将对方看作商店的代理人。

人我沟通也可能比这种你和店员的沟通更加个人化。例如，我们在课堂上、在

诊断：文化误解

如果你想在医疗健康领域开展事业，就要尽可能学习不同的文化。患者的文化信仰和价值观会影响他们对医务从业者的看法以及医疗的成效。下面是关于文化误解的几个实例（Galanti，2000）。

一些亚洲国家会使用硬币刮痧疗法，即用发热的硬币大力摩擦患者背部以消除病症，背部出现的红痧被认为是病毒排出的表现。但是，当一些美国医护人员看到儿童背部的红印时，会认为这些亚洲父母在虐待孩子。

美国文化强调自主性和个人的知情权。因此，在跟患者家人沟通之前，医师通常会直接将堪忧的诊断结果告诉病患。然而，在墨西哥、中国、伊朗和菲律宾等地，直接让病人承受这些负担是欠缺考虑的做法。医师应该先通知家属，由家属决定何时以及如何告知患者。

某个医院在试图将患者分配到 4 号病房时，也学到了关于文化价值观的重要一课。在这位患者的祖国中国，"4"有着同"死"几乎一样的发音。这名中国患者当然不想住在一个叫"死"的房间里！

MindTap　你认为跨文化沟通应该成为医学院的必修课程吗？

工作中、在运动队里与他人交谈的方式都带有一定的个人色彩。这样的沟通方式也存在于网络论坛，人们常常聚集在此交流观点和共同的兴趣。在人际交往中，我们的互动方式仍然受到同伴、同学、队友、同好这样的角色影响。我们承认他人的存在，并在他们所扮演的角色中进行认知。老师和学生通常会有这种人我沟通关系。在职场中，大多数人也有这种令人愉悦的、有效的人我沟通关系。

你我沟通　最难得的关系是你我沟通，布伯将这种沟通视为人类对话的最高形式。在你我沟通中，每个人都将对方视作宝贵的、独一无二的个体。在你我沟通的层次上交流时，我们认为他人是一个整体，是一个人本身。我们将对方视为自己认识和了解的独特的人，而不是某种社会角色的载体。在你我沟通中，我们完全地敞开心扉，相信对方会接受真实的自己，接受我们的美德和恶习、希望和恐惧、优点和缺点。

布伯认为，只有在你我沟通的层次，人才成为真正的人，我们抛弃自己长久的伪装和防备，成为真正的自己（Stewart，1986）。我们的大部分沟通都涉及布伯所说的"看起来"，我们过分关注自己的形象，小心谨慎地呈现自己。然而，在你我沟通中，我们更关注"是什么"，我们展露真实的自己和真实的感受。你我沟通并不常见，因为我们不可能时时刻刻向别人展示真实的自己。因此，你我沟通关系才更弥足珍贵。

💬 日常生活中的沟通 / 见解

人际沟通不畅是离婚的首要原因

根据一项全国调查，多数人将沟通问题视为婚姻失败的头号原因（Roper poll，1999）。调查结果显示，不论年龄、种族、性别还是收入水平，美国人认为沟通问题是婚姻失败的主要原因；53% 的受访者认为无效沟通是离婚的首要因素。相较而言，其他因素所占的比例为：财务问题，29%；家庭干预，7%；性生活，5%；前任关系，3%；子女，3%。这一发现和婚姻专家长久以来的洞见是一致的——良性沟通对婚姻来说至关重要（Scarf，2008）。

人际沟通的特征

根据布伯的描述，我们可以将人际沟通定义为一个有选择的系统性过程，它可以让人们建立对他人的个体认识，创造共同的意义和价值。接下来我们会讨论这个定义中的关键术语。

有选择的　首先，就像我们之前提到的，对于生活中遇到的绝大多数人，我们不会与他们展开较为私密的沟通。有时，在"人我沟通"阶段，我们不想也不需要跟他人沟通。比如，接到一个调查员的电话时，我们可能会回答一些问题，但不会跟调查员有任何私人沟通。我们只为很少的人投入精力，敞开心扉。就像布伯的发现一样，大多数人际沟通发生于物我、人我的沟通层次。这是正常的，因为你我沟通需要花费更多的时间、精力和勇气，而我们并不想对每段关系都如此竭力。

系统性的　人际沟通是系统性的，它发生在不同的系统、背景中。这些系统、背景影响着沟通的发生，以及我们赋予沟通的含义。此刻你我的沟通就被嵌置在各种系统中，包括你的人际沟通课程、我们的学术机构，以及美国社会。每一个系统都影响着我们对彼此的预期，影响着我所写下的文字，以及你如何解读自己看到的文字。如果我的人际沟通课上有中国学生，那么我与他们的沟通就会受到中国文化背景的影响。

请思考这个关于系统性的例子。伊恩送了米娅一条金项链，并对她说："我想让你知道我是多么在乎你。"这句话的意思取决于两人交流的背景。一份昂贵的礼物对于刚刚开始约会和已经结婚二十年的人意味是不同的。此外，如果两人并没有形成稳定的关系，而米娅已经和曼纽尔订婚了，伊恩的礼物就有着更不一样的含义了。如果伊恩昨天刚跟米娅吵过架，那么这份礼物可能只是表达歉意而不是表达爱。同样是赠送一条贵重的金项链，如果伊恩非常富有，可能不如他是个穷小子来得让人感动。在这个故事中，两人的关系、社会经济地位、送礼的文化习俗，以及个人成长历程都会影响他们对于送礼物这一行为的解读——所有的背景都会影响他们的沟通方式和含义。

MindTap

日常技巧　尝试分辨不同类型的关系，完成本章末尾的"人际关系中的沟通"练习。

由于人际沟通是系统性的，场合、时间、参与者、文化和个人背景等因素会相互作用，影响沟通的含义，并不是简单地将不同因素叠加起来就能理解它们对沟通的影响。我们必须认识到，系统中的每一部分都会影响其他部分。换句话说，沟通

系统中的元素是互相依赖的，每一部分都与其他部分紧密联系。

所有的沟通系统都存在干扰，它们歪曲沟通，阻碍人们相互理解。沟通系统中的干扰是不可避免的，但是我们可以认识它的存在，努力弥补它造成的后果。

人际沟通一般存在四种干扰。一种是生理性干扰，如饥饿、劳累、头痛、药物等因素造成的分心，它们会影响我们的感受和思考能力。物理性干扰是指环境带来的干扰，比如他人产生的噪声、过暗或过亮的灯光、垃圾邮件、广告、极端温度和过于拥挤的环境等。心理性干扰是指我们个人的特质同样会影响我们沟通和解读他人的方式。例如，如果你正在全神贯注地处理一个问题，你对小组会议可能就不那么上心。同样地，偏见和防备心理也会干扰人际沟通。我们的需求也会影响对他人的解读。比如，如果我们非常需要外界对自己专业能力的肯定，我们就会倾向于认为别人对我们的工作表达了比实际更多的赞美。最后是语义干扰，它是指用语本身不被理解的情况。有些作者在使用行话或不必要的术语时就会产生语义干扰。例如，要探讨沟通中的干扰，我可以这样介绍："沟通过程会被外界现象极其严重地干扰，它们会产生对含义的歪曲和象征性的不协调。"尽管这句话解释得非常准确，却充满了语义上的干扰。同样地，对于不常使用社交媒体的人来说，短信和推文中的缩写也会让他们感到困惑。

卡梅拉：

我真希望教授们都能意识到语义干扰的存在。我想在课上努力地听讲、学习，但是有些老师的授课方式让我难以理解，尤其考虑到英文是我的第二语言。我希望他们能够记住，不是每个人都像他们一样是专家，我们并不懂所有的专业术语。

有时候，干扰不止来自一方面。当你在校园里边走边听歌时，可能会受到物理和心理上的双重干扰。社交媒体会让人分心，甚至会造成事故。一份调查报告显示，每年约有 1000 人因为打电话或发短信不看路而绊倒或摔倒，并因此被送往急诊室（Richtel，2010）。现在 8~18 岁的人群每天在电子设备上花费超过 7 个小时（Lewin，2010），因此这一问题更加值得担忧。

总而言之，我们说人际沟通是系统性的，主要基于三个方面。第一，所有沟通都发生在不同系统之中，它们会影响沟通的含义。第二，沟通中的所有组成部分会相互影响。第三，所有沟通系统中都存在干扰，它们可能是生理、物理、心理或语义上的。

过程 人际沟通是一个不断发生的持续过程。这首先意味着沟通是随时间变化的，并且随着人们互动的深入，沟通会变得更加私人化。友情和恋情会随着时间不断加深，也可能逐渐疏远。职场中的关系也在不断变化，艾伦可能在克雷格刚进公司时给他指导，但是一段时间后，他们变为平等的同事关系。人际关系不会一成不变，它会随着时间不断变化。

亚娜：

> 我的女儿是我最好的朋友，当然也并不总是如此。她小时候非常害羞、依赖人；青少年时期，她又郁郁寡欢，反对我的一切言行。现在她22岁了，我们成了很好的朋友。但是即使现在，我们的关系也时常出现以前的一些影子。

人际沟通并没有明确的开始和结束时间。假设一位朋友来到你家，向你倾诉自己遇到的困难，那么这段沟通是从何时开始的呢？看起来是从这位朋友到你家时开始的，但其实是你们之前的交往让他觉得你值得信任，会关心他的处境。所以，我们并不能确定这段沟通是从何时开始的。同样地，我们也不知道这段沟通何时结束。沟通可能结束于他离开你家的时候，也可能一直持续下去。因为你的反馈可能为朋友提供了新的问题解决方式，或者这段沟通改变了你对这位朋友的看法。由于沟通是不断进行的，我们永远不能确定它何时开始，何时结束。

人际沟通是一个过程，人们之间的互动联结着过去和未来。在前面的例子中，伊恩的礼物的意义就反映了他跟米娅之前的互动，而他们关于这件礼物的互动又影响着未来的关系。任何人际沟通都产生于三个时间维度：过去，影响现在；现在，反映过去并奠定未来；未来，被过去和现在所塑造（Dixson & Duck，1993；Wood，2006）。一对夫妇如何应对之前的争吵，影响着他们如何处理之后的争吵。

在艾美奖获奖剧集《绝命毒师》（*Breaking Bad*）中，沃尔特（布莱恩·克兰斯顿饰）和杰西（亚伦·保尔饰）的关系发生了巨大变化，从师生变成敌对的犯罪搭档。

AMC/Photofest

一位朋友昨天的回复影响着你今天的回应，而你今天的回应又影响着他明天的回复。在人际沟通中，过去、现在和未来是交织在一起的。

人际沟通的这一特点也意味着我们不能停止这个过程，不能改变说过的言论。也就是说，人际沟通是不可逆转的，我们不能回到过去做出改变。因此我们有必要认识到这一点，并在沟通时更加谨慎。

个人认知 人际沟通能加强人们的认知和见解。为了与他人沟通，我们需要了解他人的个性、想法和感受。与新认识的朋友相比，你更了解亲人的困扰、担心和个人问题。挚友间拥有共同的经历和认识，这让他们能比普通朋友进行更深层的交流。

每个人都是独一无二的，每一段关系也是如此。它们有着各自的模式和节奏，甚至特殊的词汇（Nicholson，2006）。在相互熟悉的过程中，人们会产生特别的角色认知和沟通规则，有些可能与普遍的社会规则不同（Duck，2006；Dainton，2006；Wood，2006）。你可能想与某位朋友一起玩街头篮球或看电影；但与另一位同样亲近的朋友，你可能更多地想跟他聊一些心里话。

随着与他人关系的加深，我们逐渐建立起信任，学会如何以让彼此感到舒服和安全的方式沟通。随着时间推移，我们更加了解对方，也让自己被理解。我们分享秘密、恐惧和不会跟其他人随意提起的经历——这就是布伯所说的与他人相处。了解他人是一个过程，它会随着人际沟通而不断加深和巩固。有时候，就像丽泽尔所说的，我们甚至会发现好友对我们的了解胜过自己。

丽泽尔：

关于长久的关系，我最喜欢的是它的不同层次。对于高中就认识的朋友，我对他们有充分的了解。我知道他们做过什么事，知道他们高中时期的梦想，知道他们现在如何。而对于我，他们也有着同样的了解。我们会告诉对方任何事情，所以有时我觉得他们对我的了解比我自己的认识都准确。

分享私人信息和经历意味着人际沟通包含道德选择的成分。我们可以基于自己的认识保护我们关心的人，也可以用它来伤害他人，比如攻击他人展示出的弱点。有道德的传播者不会随意利用或披露他人的信息。

关系中的意义　人际沟通的核心是人与人之间的共通认知。我们的交流并不只是交换词语，而是解读他人言语和行为背后的意义。意义源于我们和特定的人之间的互动历史。比如，我和我的伴侣罗比都是过分投入工作的人，我们会担心彼此的生活节奏，因此常常告诉对方"bistari，bistari"。如果你不熟悉尼泊尔语言，那么这个词对你来说可能毫无意义。在尼泊尔语中，它的含义是"慢一点，一步步来"。当我们说"bistari，bistari"时，我们不只是建议对方放慢速度，也是让对方想起我们在尼泊尔旅行的特殊时光。

像罗比与我的例子一样，许多亲密的朋友和伴侣都会发展出一套属于他们自己的语言体系，一起工作的同事也会在共事的过程中发展出一套相处的语系。

我之所以将意义（meanings）这个词描述为复数，是因为沟通语言不止一个意义。人际沟通通常包含两个层面的意义（Rogers，2008；Watzlawick，Beavin & Jackson，1967）。第一层含义是内容意义，即语义上的意义。如果父母对一个5岁的孩子说"现在打扫你的房间"，那么它的内容意义就是这个房间需要立刻被打扫。

第二层含义是关系意义，它是指沟通过程所表现出的人际关系。"现在打扫你的房间"所表现的关系意义是父母有权命令孩子，父母与孩子之间是不平等的权力关系。如果父母说"你介意打扫一下房间吗"，它就体现了更加平等的关系。如果一位朋友说"你是我能倾诉此事的唯一对象"，并向你透露了一件困扰他的事情，那么它的内容意义就包括困扰本身，以及你是他唯一能倾诉此事的人这个信息。但是在关系层面他告诉了你什么呢？这表明他信任你，认为你是特别的，并期望你会关心他的困扰。

安妮：

　　我爸爸就需要理解关系意义的存在。每当我往家里打电话时，他总是问我是不是出了什么事，然后问我有没有什么新鲜事。如果我没有新鲜事要分享，他就不明白我为什么打电话回来。但妈妈拿到电话时，我们就会闲聊一些不重要的事情。其实我给家里打电话不是为了报告什么大新闻，只是想回到家的港湾，感受与家人间的联系。

　　由于文化差异，人们对内容意义和关系意义的重视程度有所不同。在高语境文化中，人们对语境的共同理解十分重要。除非语言文字被置于特定的文化、关系、人员情境中，它本身并没有多少含义。在低语境文化中，沟通者双方不会假定彼此有很多共同的背景知识。正因为没有过多的共同认知，语言本身的含义就变得非常重要了——人们会强调语言的字面意思，对话中也会包含更多细节。美国属于低语境文化，而许多亚洲国家属于高语境文化，人们在沟通时会假定彼此具有共同认知。在高语境文化中，人们不是特别关注内容层面的含义，也不会提供过多细节，因为沟通者假设对方具有共同的认知。例如，在低语境文化中，某人可能会对同事说："让我们来讨论一下这个项目吧，今天下午两点请带上草稿在我办公室见，我会点一些咖啡。"而在高语境文化中，他只需要说："我们今天下午两点讨论一下项目吧。"在高语境文化中，沟通者假设其同事知道在哪儿见、带什么，以及是否提供饮品（Lim，2002）。

　　学者们认为关系意义有三个层面。第一个层面是回应度，它是指我们对他人的认识和参与程度。回想某一次谈话，对方在你讲话时不停地翻纸、看表或紧盯电脑屏幕，你可能就会觉得他对你和你说的话不感兴趣。在西方文化中，如果对方在你讲话时不看你而忙于他事，就说明你们之间的沟通是低回应度的；而眼神交流、点头和反馈则代表高回应度的交流（Richmond & McCroskey，2000）。

关系意义的第二个层面是好恶。它与沟通中的正面或负面情绪有关。好恶与回应度虽然看起来很类似，其实并不相同。我们可能会对虽然不喜欢但必须注意的人做出回应，也常常以瞪大眼睛或皱眉的方式来回应他人，这表示我们很专注，但并没有带入过多情绪。同时我们要意识到，即使对于自己关心的人，我们有时也不做回应。我们会通过说话的语调、面部表情、人际距离等来表达自己对他人的好恶。

关系意义的第三个层面是权力或控制程度，它是指沟通者之间的权力天平。在关系层面，朋友或伴侣之间有时会存在一些隐蔽的权力斗争。比如，当有人建议去看某部电影，然后去吃比萨时，另一位可能会说自己不想看电影或吃比萨。他们可能会就今晚做什么进行内容层面的争论。然而，如果类似的争论反复出现，那么他们就是在协商权力的分配，即该由谁决定去哪里和做什么。在许多关系中，权力分配是不平衡的，比如老师和学生、父母和子女、教练和运动员。通常在这些关系中，双方都能意识到不平衡权力的存在，但是有时候弱势的一方会挑战强势的一方。比如，学生会质疑老师的权威，运动员会对教练的指示存有异议。

现在，我们已经认识到沟通存在于一个从非人际到人际的持续过程中。我们也对人际沟通下了定义，知道它是一个有选择的系统性过程，它让人们建立起对他者的个人认知，创造出具体的意义。我们也发现，意义反映了所有沟通的历史，涉及内容和关系层面。为了进一步明确沟通的本质，我们会先讨论三种展现沟通过程的模式。

人际沟通的模式

模式是对如飞机、房屋或人际沟通等事物的总结展示。早期的人际沟通模式十分简单，因此我们只稍作讨论；我们将更仔细地研究当前的模式，它为人际沟通过程提供了深入的探讨。

线性模式

第一种人际沟通模式（Laswell，1948）将沟通描述为线性、单向、一个人作用于另一人的过程。这是一种语言模式，它由五个问题组成，描述了形成沟通的一系列行为：

谁？

说什么？

通过什么渠道？

对谁说？

产生什么效果？

一年后，克劳德·香农和沃伦·韦弗（Claude Shannon & Warren Weaver，1949）提出修订版的模式，加入了干扰这一元素（图1.2为香农和韦弗的模式）。在本章之前的内容中，我们知道干扰是指任何阻碍沟通的信息，它可能是网络沟通中的垃圾邮件、地方口音或工作场合中的他人谈话。

早期的线性模式有着严重的缺陷，它将沟通描述为从发送者到接收者的单向过程。这意味着接收者不会主动发出信息，仅仅被动地接收发送者所说的内容。然而真正的沟通并非如此：接收者会点头、皱眉、微笑，表现出无聊或感兴趣等反应，他们也会主动去理解别人传达的信息。同时，线性模式把沟通过程错误地描述为一

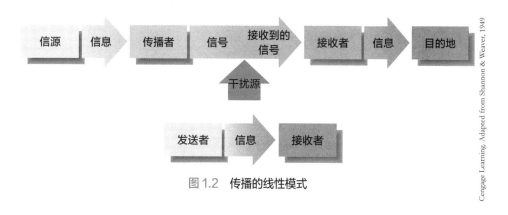

图1.2　**传播的线性模式**

Cengage Learning. Adapted from Shannon & Weaver, 1949

个动作序列,先有第一步(谈话),然后才有下一步(倾听);而在真正的沟通中,"听"和"说"常常是同时发生或有所重叠的。在工作时,同事们会交换意见,每个人都一边倾听一边回应他人的意见,而正在说话的人也边讲边关注他人的表现和暗示。在网上,我们很可能一边发送信息,一边收到别人的信息。在人际沟通过程的任何时刻,参与者都在同时发送和接收信息,并相互适应。

循环模式

循环模式将沟通描述为一个接收者不断给予反馈的过程。此外,它认为沟通者是在个人经验领域中产生和阐释信息的(参见图1.3)。沟通者之间的经验领域的重叠处越多,他们就越能理解对方;而当双方缺少共同经验时,就会产生误解。麦迪逊的评论就描述了这种情况。

麦迪逊:

去年,我在德国学习。前几周里,我觉得德国人是我见过的最粗鲁的人。他们不会和你友好地闲谈和打招呼,他们在撞到别人时不会道歉。但是当我进一步了解德国人时,我发现他们人非

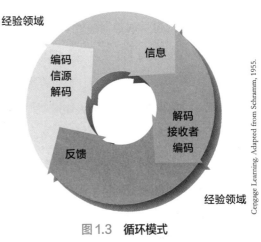

图1.3　循环模式

Cengage Learning. Adapted from Schramm, 1955.

常好,只不过他们有着和美国人(尤其是美国南部人)不同的社交方式。

尽管循环模式相较线性模式有所进步,它仍将沟通描述为从发送者到接收者的一个顺序过程。但在现实生活中,沟通的每一位参与者既传递信息,又接收信息。循环模式也没有认识到人际沟通是随着时间不断变化的。例如,两个人经过几个月的邮件沟通后,会比第一次在聊天室见面时的交流更加坦诚。两个同事在一个项目团队中合作数月后,沟通会更加容易和高效。

互动模式

互动模式更准确地描述了人际沟通的过程,它强调沟通的动态变化,以及人们在沟通中扮演的不同角色。此外,互动模式还考虑了时间因素,提醒我们信息、干扰、经验都会随时间改变(参见图1.4)。

互动模式认识到干扰存在于整个人际沟通过程中。此外,这个模式还包括时间因素,提醒我们人们的沟通会随着时间的变化而变化。每个沟通者的经验领域以及他们之间的共同经验也是随着时间改变的。在我们认识了新朋友、积累了新的经验后,我们就会改变与他人互动的方式。随着我们对他人的了解更深入,我们的关系也会变得更加亲密。例如,线上网友有时会决定在线下见面,发展为更加正式的友情或爱情关系。

互动模式认为,人际沟通发生的系统会影响人们的沟通内容、方式和意义。这些系统或背景既包括两位沟通者共有的部分(比如共同的社交网站、校园、城市、工作场所、宗教信仰、社会群体或文化背景),也包括每个人特有的部分(比如家庭、宗教团体、朋友)。

最后,互动模式并不会简单地给沟通双方贴上发送者和接收者的标签,而是把他们视为平等的参与者。在沟通过程中,他们同时扮演发送者和接收者的角色。在沟通的某一时刻,你可能在传递信息(讲话或点头),接收信息,或者两者同时进行(一边解读对方的意思,一边点头以示感兴趣)。

人际沟通的互动特性说明,要实现有效的沟通,双

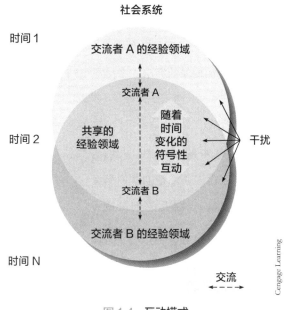

图1.4　**互动模式**

方都有责任。人们常常说"你的表达不够准确"或是"你误解我了"，把理解的责任全都推到别人身上。事实上，好的沟通需要双方共同努力。一个人不可能实现顺畅交流，沟通中的问题也不能让一人承担。由于网络反馈的滞后性，电子邮件等在线沟通方式常常产生误解，而即时信息则可以解决这个问题。网络沟通的另一个限制是不能传递语调和非语言行为，比如通过眨眼表示你在开玩笑。在网络上，有时我们会通过"：)"和"：("等符号表情来传达情绪。人际沟通是一个持续进行的交互过程，因此所有的参与者都要对沟通的有效性负责。

目前，我们已经介绍了人际沟通的相关定义和模式，现在让我们探讨一下它如何满足人类的重要需求。

人际沟通的必要性

你是否想过自己为什么要沟通呢？1966年，心理学家威廉·舒茨（William Schutz）提出了人际需求理论，他认为人们之所以要建立和维持关系，是为了满足三项基本需求。第一项是感情需求，指个体接受和给予爱的需要。第二项是包容需求，指个体希望归属于社会或群体。第三项是支配需求，指个体想要影响生活中的人和事。亚伯拉罕·马斯洛（Abraham Maslow，1968）扩充了舒茨的理论，他认为我们的沟通是为了满足各种需求。根据马斯洛的理论，人们首先要满足基本需求，才会产生更加抽象的需求（参见图1.5）。

生理需求

在最基本的层面上，人们需要生存，而沟通能帮助我们满足这一需求。当婴儿感到饥饿或疼痛时，会通过啼哭来告知大人。对于儿童来说，他们的健康成长也依赖沟通。随着年纪渐长，我们也需要依靠沟通来

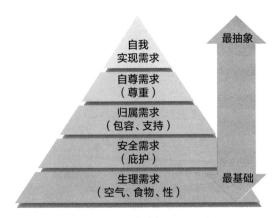

图1.5 **马斯洛的需求层次论**

生存和发展。良好的医患沟通关系到有效的治疗和患者的身体健康（Fleishman，Sherbourne & Crystal，2000）。同样地，我们的沟通能力也影响着我们能找到什么工作，能赚多少钱来支付医疗、食物、娱乐活动和住房等费用。

此外，研究者发现的大量证据表明：身体健康和人际关系存在密切的联系（Cacioppo & Patrick，2009），维持良好人际关系的大学生较少产生心理和肥胖问题（Braithwaite，Delevi & Fincham，2010），已经结婚的癌症患者比单身患者存活时间更长（Cancer，2009），而缺乏亲密关系的人也更容易痴呆（Beekman，Deege，Jonker & Schoevers，Stek，Tjalling，van Tilburg，2012；Brody，2013）。有意义的人际关系对于人体健康非常重要，因此卡乔波和帕特里克甚至认为"社交孤立有着和高血压、缺乏锻炼、肥胖、吸烟等相同的危害"（2009，p.5）。通过以上分析，我们便不难理解为何有紧密社会关系的人会比社会关系较弱的人多活 4 年左右了（Holt-Lunstad，Smith & Layton，2010）。

此外，为了满足实际需求和表达偏好，我们也要进行沟通：我们会向文身师描述想在哪个部位刺青，会与商店的店员讲价，会和房地产经纪人说明自己的购房偏好，也会通过和私人教练的沟通来达成锻炼目标。

安全需求

我们也需要通过沟通来满足安全需求。如果你的屋顶漏水或在房里发现了白蚁，你就需要与管理员或房东沟通来解决问题。如果你受到威胁，就需要向相关部门寻求保护。当朋友喝醉了还说要开车送你回家时，从他手中夺下钥匙可能会救你自己一命。我们也会上网搜索自己的症状，了解影响朋友或家人的病症。在弗吉尼亚理工大学枪击案发生后，很多学校开始通过邮件或警报提醒学生相关危险。

克洛伊：

我妈妈经常担心我，尤其是在我决定来这所离家很远的学校后，她一天大概给我打五次电话，只是问我在干什么，想知道我好不好。虽然我对此常常抱怨，但我其实也很喜欢和她保持联系。

沟通也能让我们免于危险和伤害。当食物出现安全问题时，新闻媒体会告知公众。工人会说服管理者解决危险的工作环境问题，专业人士之间要通过沟通完成工作。如果居住的社区存在有毒排放物，居民会通过社交网络组织起来与官员和媒体沟通，号召他们关注影响健康的环境问题。

归属需求

马斯洛需求理论的第三个层次是归属或社交需求。我们每个人都想融入工作和社交群体中，我们需要他人的陪伴、接纳和认可，也希望陪伴、接纳和认可他人。被排除和孤立的痛苦感觉常常被描述为"冻住"或遭受"冷眼"。其实，这种"冷"的感觉不只是象征意义，也是现实意义。研究人员汉斯·伊泽曼（Hans Ijezerman）和贾斯汀·萨德迈尔（Justin Saddlemyer，2012）发现，当我们感到被孤立时，身体的温度会下降。

归属需求和健康有密切的联系，这不无道理。长期缺乏人际互动的人会失去自己作为人的意识。"日常生活中的沟通／多样性"专题就总结了关于社会孤立的两个例子。第一个例子关于维克多，他是 1800 年在法国被发现的一个野孩子；第二个例子关于拉姆，即"狼孩"（Gerstein，1998；Shattuck，1994）。医生在对拉姆进行研究后发现，他是个很有野性的孩子，他在野外长大，跟人几乎没有什么联系。拉姆并不认为自己属于人类，他的自我、自尊意识是由那些跟他互动的狼塑造而成的。

社会学家金斯利·戴维斯（Kingsley Davis）分别于 1940 年和 1947 年对另外两个案例进行了研究。安娜和伊莎贝尔，这两个没有任何联系的女孩，在 6 岁以前都很少接触他人。据当局报告，两个女孩都住在黑暗、潮湿的阁楼里。与实际年龄不符的是，安娜和伊莎贝尔的智力还未发育成熟，她们的行为就像 6 个月大的孩子。安娜对人异常冷漠，也不会对人做出回应。尽管之后有人跟她沟通，也为她提供了照顾和营养，安娜还是没有任何好转。四年之后，她就去世了。伊莎贝尔则表现得更好一些，刚被发现的时候，她会通过咿咿呀呀的咕哝和手势来对人们进行回应。在经过两年的系统治疗之后，她的智力已经恢复了正常水平。

　　我们应该如何解释这两个孩子的境况差异呢？这其中有一个显著的差异。安娜一直都是一个人，没有体验过任何人际沟通。尽管食物会定时送到她的房间，但是没有人会跟她交流。伊莎贝尔则跟她的聋哑母亲一起生活。她们都被家庭抛弃，因此藏匿在阁楼里。

　　尽管伊莎贝尔没有正常的家庭交流环境，但是她还可以跟妈妈沟通。她妈妈是聋哑人，不能教她说话，但是她们可以通过彼此能理解的手势和声响交流。因此，伊莎贝尔丧失的人际沟通能力比安娜更少。

自尊需求

　　马斯洛需求理论的下一级是自尊的需求，即自尊自重以及被他人尊重的需求。在本书第二章我们会学到，沟通是让我们知道自己是谁、可以成为哪种人的首要方式。通过他人对我们的评价，我们获得了自我认知的第一感受。父母和其他家庭成员会告诉孩子他们是漂亮还是平凡，是聪明还是愚笨，是好还是不好，是有用的还是与之相反。通过家人反馈的看法，孩子开始形成对自我的认知。

　　这个过程贯穿整个人生，因为我们会持续从他人眼中认识自己。在小学，老师

社会化缺失

我们常常把社会化视为理所当然：我们出生在一个家庭中，家人将我们社会化为人类世界中的一员。可是如果周围没有人教你社会化呢？你还会成为人类的一员吗？下面这两个"野孩子"的故事，恰恰说明了人何以为人的问题（Douthwaite，2002；Gerstein，1998；Shattuck，1994）。

第一个例子发生于 1800 年。一天，两名法国猎人在树林中发现了一个奇怪的生物。他们不确定这个生物到底是什么，觉得这可能是野猪或猴子。于是猎人们把这个生物绑起来，带出森林让村民鉴别。很快，人们发现这个生物是个小男孩，尽管他浑身肮脏、赤身裸体，不会说话并且十分野蛮。科学家们经过研究发现，这个孩子心理严重残疾且不可教化。但是，让－马克·加斯帕德·伊塔尔（Jean-Marc Gaspard Itard）并不同意。多年来，这名年轻的医生都致力于让这个野孩子社会化，并给他起名叫维克多。但是，可能因为维克多早已错过社会化的关键时期，伊塔尔最终没有成功。弗朗索瓦·特吕弗（François Truffaut）的电影《野孩子》（The Wild Child）就讲述了维克多的故事。

第二个故事发生于 20 世纪中叶的印度。一个赤身裸体、饥肠辘辘的小男孩跑到了印度伯尔拉姆布尔的一家医院。他不会跟人交流，四肢布满老茧。此外，他的脖子上也有一些伤疤，像是被动物拖拽过。医护人员给他起名叫拉姆，他大部分时间都跟医院的动物标本玩，像生活在洞穴中的野生动物一样。他没有兴趣与人交流；事实上，他看起来与人类没有什么情感联系。拉姆在闻到厨房（距离他约 91 米远）的生肉味道时会长嚎，人类的嗅觉根本不可能这么灵敏。拉姆的饮食习惯也与人类不同，他会把肉撕开，并像动物一样舔食牛奶。在对拉姆进行检查后，大多数医生和科学家都认为他已经成了一个"狼孩"——他在野外长大，被狼社会化了。

MindTap 你认为拉姆是狼、是人，还是别的生物？

和同学的反应影响着我们对自己的认知：是否聪明，足球踢得如何，以及有多大的个人魅力。此后，朋友和伴侣会反映他们对我们的看法：富有爱心还是为人冷漠，大方还是自私，开放还是自闭，值不值得信任。在工作场合，同事和领导与我们沟通的方式会反映出他们对我们的尊重程度和我们的工作能力。在人生的各个阶段，别人与我们沟通的方式都塑造着我们的自我认知。

自我实现需求

根据马斯洛的理论，自我实现需求是最抽象的人类需求。马斯洛（1954/1970）将自我实现定义为全面利用和发展自身独特的"天赋、能力和潜力"（p.150）。为了满足这一需求，我们要不断提升自己已有的才能并且发掘新的潜能。作为人类，我们寻求的不仅仅是生存、安全、归属和尊重，我们还需要繁荣和发展。每个人都想开辟思想、心灵和精神的新天地。我们需要拓展新视野，体验富有挑战性的全新经历，学习新技能，在陌生的领域接受考验。

沟通能够促进个人成长。跟心理咨询师沟通有助于我们发现个人潜能，而朋友、家人、同事和老师能让我们认识到自身的未来发展。亚当就回想起了一位在他初入职场时帮助过他的人。

亚当：

在我做第一份工作时，本特利先生真的帮了我很多。虽然当时我只是一个三明治店的服务生，但是本特利先生却真正起到了导师的作用。他发现我在与人沟通时非常尴尬，于是建议我学习一些社交技巧，并且为我示范了如何有效沟通、如何让顾客感到舒服、如何通过细节观察顾客需求等。在做这份工作之前，我觉得自己非常内向，不善于与人打交道，但是本特利先生看到了连我自己都没发现的潜力。在他的教导下，我的社交能力提升了，感觉自己从未如此自信过。

另一种寻求自我成长的方式是尝试个人的另一面。为了实现这一点，我们也要依靠沟通。有时我们会和朋友讨论个人成长的方式，与同事探讨职业发展的方向。

也有一些时候，我们会伪装自己，尝试新的身份。比如，有人会上网体验新的身份，而不用暴露自己真实的种族、性别、年龄或其他个人特征。拉什勒的评论就强调了他人的反馈在发掘个人潜能中的重要性。

拉什勒：

> 我的高中历史老师迪肯森女士改变了我的人生。她认为我很聪明，也引导我相信这一点。我从没想过自己有这么聪明，也没想过自己会上大学，但是迪肯森老师让我发现了一个全新的自我。放学后，她会留在学校与我探讨未来，帮我准备 SAT（美国高中毕业生学术能力水平考试）。如果没有她，我就不会进入大学了。

他人也会通过启发和教导帮助我们自我实现。特蕾莎修女就时常鼓励他人要慷慨、慈悲和乐于奉献。她有能力看到别人的优点，并帮助他们认识自己的优点。莫罕达斯·甘地（Mohandas Gandhi）身体力行地实现了"非暴力不合作"的原则，并由此启发了无数印度人加入这项运动。多年后，美国的马丁·路德·金（Martin Luther King Jr.）仿效甘地，领导了反对种族歧视的非暴力抵抗运动。佛陀、孔子、耶稣、摩西和穆罕默德等精神领袖也激励着人们自我实现。通过与老师和领袖的沟通，我们可以了解他们对世界和自我的看法，然后将这些看法融入我们的自我观念之中。

在多元化社会中有效参与

在我们所处的时代，要实现马斯洛提到的五种需求，我们需要有效地参与这个多元的世界。西方社会文化包含不同的族群、性别、社会阶层、性取向、年龄、

精神信仰和能力范畴。美国正在变得日益多元化。2009 年，美国有接近 49% 的新生儿和 48.3% 的 5 岁以下儿童是少数族裔（Nasser & Overberg，2010）。2010 年白种人占全国人口的 64%，但是预计到 2050 年，美国将不再有主要的种族或族群（Cooper，2012；Yen，2012）。

一项近期的大学新生调查显示，接近一半的受访者认为学习其他文化是非常重要的（Hoover，2010）。研究同样表明，大一新生是否与来自不同背景的学生接触，预示着他们是否会继续大二的学习（Berrett，2011）。

大多数人都发现，与不同背景、族群、年龄的人接触会让我们在智力和个性上都有所发展。丹特就提到了这种沟通的重要性。

丹特：

　　我的朋友博比是一个与我非常不同的人。他是黑人，我是白人。他来自大城市，而我在农场长大。在政治上，他是自由派，我是保守派。但这正是我喜欢博比的地方——在很多时候，他与我看问题的方式不同。当我们讨论的时候，我们会从异议点出发，倾听对方的想法，并由此学到看问题的不同视角。

💬 **日常生活中的沟通** / 多样性

在多元文化世界中沟通

要想在多元文化中有效沟通，我们首先要学习不同文化的人如何看待和进行沟通。跨文化社会研究的网站是一个很棒的学习资源。除了提供丰富的优质信息，这个网站还提供了很多其他跨文化沟通网站的链接。

跨文化社会研究的网址是：http://www.sccr.org/。

要想取得事业成功，就要学会有效且自如地和各种人沟通，因为现在的组织正变得越来越国际化和多元化。康奈尔大学的图书馆网站非常关注工作场合中的多样性，网址为 http : www.ilr.cornell.edu/library/research/subjectGuides/workplaceDiversity.html。

能够理解他人并和不同的人沟通，对于事业成功也至关重要。对雇主来说，员工能够有效地与不同的人沟通是非常重要的，申请人若具有这方面的能力就会非常有优势。

理解和适应社会多样性对职业能力乃至职业成功都是至关重要的。例如，医生需要意识到，西班牙裔的病人习惯通过眼神交流来获得确认感，但来自传统亚洲国家的一些病人则不习惯直接的眼神交流。社会工作者也要明白，许多西班牙人和亚洲人往往比白种人有着更加庞大的家族。

总之，通过与不同背景的人交往，人际沟通能够满足人类从生存到自我实现的不同需求。当然，这些需求能在多大程度上得到满足，也取决于我们的人际沟通能力。因此，在本章的最后一部分，我们提供了一些提升人际沟通效果的原则。

人际沟通的原则

有效的人际沟通有八项基本原则。

原则一：人际沟通不可避免

我们需要铭记于心的是：在与他人相处时，人际沟通是不可避免的，因为人们会通过我们的做与不做、说与不说来理解我们。选择沉默也是一种沟通，我们保持沉默的意义和他人对此的解读取决于不同的文化背景。

通常来讲，西方人会更加注重语言的力量，而把沉默视作愤怒、冷漠或无知的表现；而一些印第安人和大多数东方文化成员则把沉默理解为深思或尊重。无论何种理解，沉默本身都是一种沟通。

有时即使我们不是有意的，客观上也在沟通。我们可能没有意识到一个鬼脸会表露出我们内心的不认同，一个翻白眼的动作会表明我们不喜欢某人，但这些都是沟通。无意识的沟通往往发生在意义的关系层面上，我们通过微妙的、往往是非语言性的沟通来表达对他人的感受。不管我们是否以沟通为目的，不管他人是否理解我们的意图，我们都在不断地、不可避免地与人沟通。

原则二：人际沟通不可逆转

也许你曾在一次激烈的争吵中发了脾气，说了一些感到后悔的话，因为你伤害了别人，或者透露了一些你本想保密的隐私。之后，你可能试图通过道歉、解释或否认等方式努力弥补造成的伤害。但是你终究无法抹去这段对话，不能收回说过的话。

在写邮件或在网上发帖时，你可能也有类似的经历。也许你读到了一条让你非常生气的消息，然后你飞快地发送了一个粗鲁的回复，之后却开始后悔。也许你在网上发了一张自己不清醒的照片，却被你的父母看到了。沟通的不可逆转性提醒我们，要小心自己的一言一行。一旦我们对某人说出了某些话，它们就会成为这段关系的一部分。记住这条原则能让我们谨言慎行，对自己的说与不说有所斟酌。

原则三：人际沟通包含伦理选择

伦理学是哲学的一个分支，它关注道德原则和行为准则。道德议题关乎对错。由于人际沟通不可逆转，且会影响他人，因此它总是涉及道德问题。我们的言行会影响他人的感受、自我认知和对他人的认知。因此，有责任感的人会仔细考虑他们的沟通所产生的道德影响。

我们的日常生活充满了道德选择。如果告诉他人某事会导致他不再愿意按你的意愿做一件事，你还会告诉他吗？如果你在社交媒体上看到一条让你生气的信息，你会不会恶语回击（假设你再也遇不到这个人，不会承担任何不好的后果）？你会根据自己的观点和经验来评判别人的沟通方式，还是会从他人的立场来理解对方？在工作中，如果给予负面反馈会有助于同事的工作，你会为了避免伤害他们而选择不说吗？在这些例子中，我们都面临着道德选择。在这本书里，我们会关注沟通过程中的道德选择。阅读本书时，请思考一下你会做出什么样的选择，又是什么道德原则引导你做出这种选择。

原则四：人们在沟通中建构意义

沟通的重要性并不在于语言和行为本身，而在于我们如何解读沟通。人类会使用符号，这使我们与其他生物区别开来。

在第四章中，我们会知道符号和语言一样，本身并没有内在意义。我们必须对符号进行解读。如果有人说"你生病了吗"，这是什么意思呢？要解读这句话，就要考虑说话的背景（咨询会议、商务会议、一场滑稽表演之后），说话人（心理医生、经理、下属、朋友、敌人），以及语言本身。这会带来不同的意义：它可能是对你的医疗诊断、对你职业能力的质疑、对你古灵精怪的赞美，或是对你的不认同。

在亲密关系中，伴侣之间会逐渐发展出一套意义体系，这样他们就能对重要的议题和感受产生共同的理解。在一段关系刚开始时，一方可能会认为争执是正常和健康的，而另一方可能会避免争执。随着时间推移，伴侣之间会对争执产生共同的理解，逐渐明白它是什么，该如何应对，它是对关系的威胁还是促进关系发展的方式。

不同的文化背景塑造着我们对冲突的定义。在美国，人们鼓励表达和捍卫自己的意见。因此，与在亚洲传统家庭长大的人相比，在美国出生和长大的人往往更注重冲突的价值。对于不同群体来说，冲突的意义并不相同。

即使是同一个人，由于时间和心情的不同，他对同一事物的含义也会有不同的解读。如果你心情很好，那么别人的一句嘲笑可能只是玩笑和打趣；但若你心情低落，那么同样一句话就可能会伤害和激怒你。像所有的沟通一样，嘲笑的含义并不是一成不变的。沟通的含义是人们在具体的交流环境中创造出来的。

原则五：元信息传递会影响意义

"元信息传递"（metacommunication）这个词的前缀"meta"是"关于"的意思，词根"communication"意为"沟通"。因此，这个词是指"关于沟通的沟通"。例如，在与你的朋友帕特沟通的过程中，你发现他身体僵硬，说话音调很高。这时，你可能会说："你看起来非常紧张。"这句话就是元信息传递，因为它是关于帕特身体语言的沟通。

我们可以用语言来谈论其他对话或非语言交流。例如，如果乔和马克激烈争吵，然后乔对马克进行了不当的人身攻击，乔可能事后会解释："我并不是那个意思，那只是一时的气话。"这样的元信息传递就可能会减轻之前带来的伤害。如果两人更加心平气和地谈论了彼此的分歧，马克总结说："这次谈话非常成功，我想我们现在都更加理解对方了。"这一评价就是对之前那次谈话的元信息传递。

元信息传递可以加深理解。例如，老师有时会说："下面这一点非常重要。"这句话暗示学生要对接下来的内容格外重视。家长可能会对孩子说："我刚刚说的可能听起来很严厉，但这是因为我在乎你。"这是在告诉孩子应该如何解读自己的批评。管理者可能会对下属说："我真的这样认为，我没有在开玩笑。"以此强调内容的严肃性。另一方面，如果我们对自己的想法不太确定，我们可能会说："我还在思考这件事，暂时没有坚定的立场，但是目前我倾向于认为……"这句前提是在告知听众你对自己所说的并不十分确定。

通过元信息传递，我们也可以确认对方是否正确理解了你说的话。"我说清楚了吗？""你知道为什么我有这种感觉吗？""你能明白为什么我对这个问题感到困惑吗？"等问题能帮助你确认对方是否理解了你的意图。你也可以通过元信息传递确认自己的理解是否正确。"你的意思是你很担心，是吗？""如果我理解正确，你的意思是你觉得自己被困在想做的事情和父母想让你做的事情之间？"你甚至可以说："我不明白你刚刚说的，你能换种方式解释一下吗？"这个问句式的元信息传递能让对方知道你没有领会他的信息。

> **MindTap**
> **日常技巧**　要练习元信息传递，请完成本章末尾的"提升元信息传递能力"练习。

有效的元信息传递有助于朋友和伴侣表达他们对互动的感受。琳达·阿奇泰利（Linda Acitelli，1988，1993）研究了伴侣间对于彼此交流的感受。研究表明，对于关系中必须解决的冲突和问题，男性和女性都认为元信息传递非常重要。男性和女性都认为很有必要了解对方对于两人差异的看法，他们也希望了解如何更好地通过沟通来解决差异。在一次冲突中，一方可能会说："我感觉我们都非常固执，你觉得我们可以各让一步吗？"这传达了他对两人沟通状况的不满，并提出了解决方案。在冲突过后，其中一方可能会说："这确实解决了我们之间的问题，我现在感觉好多了。"

塔拉：

> 不管对于什么问题，只有安迪和我都认为双方在讨论之后感觉好多了，我才觉得争论真正结束。除非我们都说"真开心我们讨论了这个问题"，或者我们所经历的让我们的关系变得更好了，不然我不会觉得争吵真正过去了。

阿奇泰利也发现，在没有冲突或必须解决的问题时，女性会比男性更重视元信息传递。例如，躺在沙发上看电视的时候，女性可能会跟她的男伴说："依偎在你身边让我感觉很舒服。"这句话就是对两人的关系和非语言沟通的评价。根据阿奇泰利和他人的研究（Wood，1997，1998），在没有亟须解决的问题时，男性通常认为没有必要讨论他们的关系。了解这种在元信息传递偏好上的性别差异，可能有助于你更准确地解读他人。

原则六：人际沟通可以发展和维持关系

人际沟通是我们建立、确认和转变关系的主要方式。人们通过交谈来确定对彼此互动的期望和理解，区分适当和不适当的话题与沟通方式，以及关系本身的性质。这段关系是友情还是恋情？我们在多大程度上、在哪些方面可以相互依靠？我们如何应对分歧，是该正视、忽视还是通过间接的方式解决问题？关系的底线在哪里，何为不可饶恕的背叛？什么才算是关心——言语、行动，或者两者兼有？由于沟通本身并没有内在意义，我们必须在沟通的过程中形成属于自己的意义体系。

沟通也能帮助我们构建或重构个人和共同的历史。例如，当人们陷入爱情时，他们常常将过去的感情经历定义为"短暂的痴迷"或"不成熟的感情"，但绝不是真正的爱情。当感情出现问题时，伴侣们会共同寻找对冲突的解释方式，以使感情得以继续。婚姻专家表明，如果伴侣间出现不忠行为，他们常常会找出一种保全面子的解释方式，使双方可以继续一起生活（Scarf，1987）。伴侣们常常谈论起过去经历的困境和欢乐，追忆过往能让双方意识到他们已经在一起那么久，有那么多共同的经历。通过交流彼此的想法和感受，伴侣们可以产生共同的关于他们自身、沟通和关系的理解。

沟通也是人们为自己和关系构建未来的主要方式。例如，对于亲密无间的人来说，谈论对共同未来的憧憬是联系双方最有力的纽带之一（Dixson & Duck，1993；Wood，2006）。伴侣们常常畅想未来，讨论他们的家庭计划和 20 年后的境况。同样地，朋友之间也会讨论未来的计划，约定未来如果必须分开的话，一定要找机会重聚。同事之间也会谈论未来的工作发展和挑战。沟通让我们能够表达和分享梦想、想象与回忆，并将这些编织成维持关系的共同理解。

卡伦：

　　我喜欢跟我的未婚夫讨论未来。有时候，对于未来的房子、孩子，以及如何平衡工作和家庭的问题，我们可以讨论几个小时。我知道未来不可能完全是现在想象的样子，但是谈论未来让我觉得与戴夫非常亲近，就好像我们的未来是真实的一样。

原则七：人际沟通不是万能药

我们已经知道，人们可以通过沟通满足许多需求，并建立与他人的关系。然而，如果认为沟通是万能药，那就大错特错了。很多问题光靠说话是解决不了的。沟通本身并不能解决饥荒、人权践踏、种族歧视、家庭暴力或一些身体疾病。语言本身也无法弥合人与人之间不可调和的分歧，或抹去背叛所带来的伤害。虽然良好的沟通可以促进理解，有助于我们解决问题，但它不能解决所有的问题。我们也要明白，"把事情说清楚"是纯西方式的理念，并非所有文化都习惯在关系中强调沟通，或者过多地谈论感受。虽然人际沟通有很多优点和价值，但是它也有自身的缺点，它的有效性也受到文化背景的影响。

原则八：人际沟通的有效性是可习得的

有一种观念错误地认为有效沟通的能力是天生的，有的人对此有天赋，而有的人则没有。虽然有些人在运动或写作上有着超凡的天赋，但这不意味着另一些人不能通过学习来提升自己的竞争力。同样地，有些人可能在沟通上颇有才能，但其实我们每个人都能成为合格的沟通者。通过阅读本书，你能更深刻地理解人际沟通的运作方式，同时学会提升沟通效率的技巧。

日常生活中的社交媒体

在每一章中，我们都会探讨社交媒体与该章主题的关系。请思考一下：在社交媒体中，我们应该如何定义人际沟通？当我们与他人面对面交流时，能立即感知到对方所处的物理场景，但是在网络沟通中事情却不是这样的。我们在给别人发短信时，可能不知道对方身边还有谁，他的周边发生了什么事，这使我们更难解读他人。而且，由于网络上的交流限制了非语言沟通，我们可能会错失一些意义（特别是关系层面的意义）。

我们对于人际沟通的定义随着时间不断变化。在过去的 20 年里，网络和数字沟通就发生了极大的变革。电子邮件刚刚兴起时，大多数人都会以信件的形式发邮件——以"亲爱的"或"你好"开头，以"谢谢"或"真诚地"（Sincerely）结尾。随着电子邮件的普及，很多时候我们都不再使用开头和结尾的敬语。渐渐地，人们开始使用一些缩略语，比如 BRB（be right back，马上回来）、LOL（laughing out loud，大笑）等。在发信息时，人们也创造性地使用符号。比如去掉元音，只保留单个字母（用 u 代表 you，r 代表 are）。在能用短语表达的时候，人们就不会用完整的句子。在数字传播时代，人们不再严格遵守语法、句法和拼写等规范，因为大家都已习惯使用手机和电脑的自动修改功能。

在通过社交媒体进行交流的时候，传播意义的价值非常重要。我们会发布博客和推特（Twitter），告诉他人不同话题和事件对我们意味着什么；我们也会关注他人的博客和推特，了解他们在想什么。新兴的社交媒体使用规范也在挑战一些长期存在的意义。例如，在传统观念里，一起吃晚饭意味着集中精力在饭桌上与他人交流，开会意味着全身心地参与会议；但是现在，人们越来越喜欢在聚餐或开会时发送和查看消息，他们可能同时在好几个空间里忙碌，却并未全身心投入任何场合。

和面对面交流一样，人们的社交需求在社交媒体上也能得到满足。例如，脸书和其他社交网站是满足我们归属需求的主要来源。请试着回想，你有多依赖网络和数字沟通来满足自己的生理需求、安全需求、归属需求、自尊需求和自我实现需求，并以此有效地参与这个多元化社会。

请思考一下，人际沟通的八项原则如何适用于网络和数字沟通。例如，"人际沟通不可避免"这项原则告诉我们，像给朋友发短信一样，不给他们发短信也是一种沟通。当我们不回复朋友的短信时，他们可能会认为你生气了或者对他们不感兴趣。再考虑一下另一项原则——人际沟通不可逆转。你是否曾经发过一条短信，然后后悔了，却无法将它撤回？你是否曾经想抹去自己在社交平台上的足迹，比如多年前发布的令人尴尬的照片或一段后悔的感情表白？像面对面的沟通一样，我们的网络和数字沟通也是不可逆转的。

第三项原则是人际沟通包含伦理选择。网络和数字世界中充满了重要的道德议题。在相亲网站上夸大个人资料是道德的吗（比如身高 1.72 米却写成 1.78 米）？我们应该如何看待网络骚扰、网络暴力等行为？网络沟通中的匿名性如何影响人们的道德（或不道德）选择？在使用社交媒体的过程中，这些都是我们要思考的重要问题。请继续思考其他五项原则是如何应用于社交媒体的。

MindTap

日常技巧　要了解自己使用社交媒体的原因，请完成本章末尾的"社交媒体使用"练习。

提升人际沟通能力的指导原则

有时我们的人际沟通很有效，有时又不甚合意。那么有效沟通和无效沟通之间的区别是什么呢？学者将人际沟通能力定义为有效、适宜和有道德地进行沟通的能力。有效性是指实现了特定沟通的目标。在不同的情境中，你的目标也不同：它可能是阐释理念、安慰朋友、捍卫立场、协商加薪，或者劝说他人改变行为。沟通越有效，你就越有可能实现自己的目标。

沟通能力强调适宜性，也就是说沟通方式要根据场合和对象而定。在聚会上和朋友说的话，可能不适合在面试场合说；私下亲吻自己的爱人是合适的，可是在教室里就不太妥当了。同样地，很多人不愿意在公开场合争论，而选择私下沟通。

有 5 个重要技巧可以帮助提升你的人际沟通能力：（1）培养多种沟通技巧；（2）采取合适的沟通方式；（3）采用双重视角；（4）监管沟通过程；（5）注重沟通的道德性。下面，我们将逐一对此进行说明。

培养多种沟通技巧

没有一种沟通方式可以适用于所有场合、所有人或实现所有目标，因此我们需要建立一个广泛的沟通行为库。请思考一下，在不同的情境中，我们会采取怎样的沟通技巧。

在安慰某人时，我们要用舒缓的方式，要有同情心。为了争取更多的买车优惠，我们要坚定且强势。要想有效地解决冲突，我们要细心倾听，建立积极的沟通环境。为了支持情绪低落的朋友，我们要肯定对方，表达我们的关心，并鼓励他说出自己的问题。为了建立良好的同事关系，我们要多进行支持性的沟通，清晰地表达观点并耐心倾听。有效的沟通包括不止一种沟通方式，所以我们需要学习多种沟通技巧。

采取合适的沟通方式

仅仅掌握多种沟通技巧是不够的，我们还需要知道在特定的情境下应该采取哪种沟通方式。比如，仅仅知道如何强硬或顺从地沟通是没有用的，除非我们明白应当在何时采取这些方式。没有一个简单的公式可以告诉我们如何采取合适的沟通方式，但一般来说，我们要着重考虑个人目标、背景和沟通对象。

要选择合适的沟通方式，应该首先考虑你的沟通目的。如果你的目的是给予他人情感支持，那么过多地谈论自身经历就不太有效。如果你想让对方了解你，深入地谈论个人生活可能会非常有效。如果你的目标是赢得争论，那么坚持你的观点，指出同事观点中的缺陷并拒绝妥协就是一个好办法。然而，如果你想在不损伤关系的情况下解决冲突，可能就要采取更具建设性的方式了。

玛丽·玛格丽特：

以前，我为人一直比较软弱，在该强硬的时候也无法坚持态度。去年我受够了他人的蛮横无理，于是报了一个工作坊学习如何变得强硬。我学会了如何坚持自己的观点，也很开心自己有了巨大的进步。问题是此后我就一直比较强势，就像之前一直软弱一样，不分场合。我需要找到合适的方式来平衡自己的沟通方式。

沟通的背景也影响着我们的沟通时间、内容和方式。在体检的时候询问医生病症是合适的，但是在社交场合问医生就不恰当了。当朋友心情不好时，最好不要批评他们，虽然在其他情况下批评可能是建设性的。有时，面对面的交流比短信和邮件更合适。在网上交流时，我们可以通过添加表情等方式来弥补非语言性信息的不足。

在讨论布伯的你我关系理论时，我们提到要根据沟通对象来决定说话的内容和方式。人际沟通能增进我们对他人的了解，因此关系越密切，我们就越能根据特定的对象采取相应方式。抽象的沟通目标（比如支持对方），需要根据特定的对象采取特定方式。在一个朋友看来是支持的方式，可能不适用于另一个朋友。我有一位亲密的朋友，每当我对她的想法有所质疑时，她就会退缩，然而我的另一位朋友则乐于参与挑战和讨论——与她们沟通的有效方法各不相同。我们必须了解我们的朋友需要什么，是什么让他们感到开心或失落，以及他们如何解读不同的沟通方式。学者们用"以人为中心"（person-centeredness）来指代有效地对不同对象采取合适的沟通方式的能力（Bernstein，1974；Burleson，1987）。因此，我们要根据目标、背景和对象来采取合适的沟通方式。

采用双重视角

提升人际沟通能力的核心在于采用双重视角，也就是了解我们自身和对方的观点、信仰、想法或感受（Phillips & Wood，1983）。当我们采用双重视角，就能了解他人对问题的看法和感受。在真实的对话中，我们必须了解对方对自己和所处情境的看法，以及他们个人的想法和感受。我们可能会有不同的看法和想表达的观点，但是他人的观点同样值得理解和尊重。

一项研究显示，人类试图理解和帮助他人的倾向可能是天生的（Tomasello，2009）。只有 14 个月大的婴儿也会主动帮忙捡起大人掉在地上的东西，即使这个东西跟他们无关（Wade，2009）。在大人的教养下，这种天生爱帮助他人的倾向会逐渐得到发展。

不能从他人的角度出发的人是以自我为中心的，他们常常把自己的看法强加给他人，用自己的视角来解读他人的经历。例如，罗伯托抱怨不知该如何写给主管的报告，他的同事雷蒙德对此说道："你只需要列出大纲，提出可行性就可以了，非常简单。""但是，"罗伯托说，"我不太会写作，常常不知道要写什么。"雷蒙德则说："那太傻了，人人都会写报告啊。我只需要一个小时就能完成我的报告。"在这个案例中，雷蒙德就没有理解罗伯托对写作的看法。如果你写作有困难，那么完成一份报告就不是件小事。雷蒙德没有从他对写作的看法中跳出来，去理解罗伯托的不同看法。

阿莎：

> 有时候我很难理解我的女儿。她喜欢的音乐在我看来特别糟糕，我也不喜欢她的穿着。在很长一段时间里，我都用自己的音乐和衣着品味来评判她，这让我们彼此疏离。她一直说："我不是你，为什么你不能站在我的角度看问题？"最终，我听取了她的建议，现在我们都尝试着理解对方的观点。这对我们来说并不容易，但是光靠一个人可建立不起一段关系。

就像阿莎所说，采用双重视角并不是一件容易的事，因为人类会自然而然地根据自己的视角和经历来看待问题。比如，父母就很难理解自己的孩子，尤其是青少年的观点（Fox & Frankel，2005）。然而，我们也可以逐步提升这方面的能力（Greene & Burleson，2003）。下面的三条原则有助于你理解他人的视角：

◎ 第一，认识到人们有只从自己的角度看问题的倾向，并努力抵制这一倾向。

◎ 第二，仔细倾听别人如何表达看法和观点，这样你就能了解他们的感受和不同事物对他们的意义。

◎ 第三，请他人解释他们的感受，某件事对他们来说意味着什么，或者他们如何看待某种情况。提问和探究细节的行为，在关系层面上传达了你的兴趣和你想了解的信息。

采用双重视角，并练习以上三条原则，可以提升你了解和回应他人观点的能力。

监管沟通过程

影响人际沟通的第四种能力是监管能力，也就是观察和管理自己的沟通的能力——很多时候我们不经意间就会这样做。在提出一个敏感话题之前，你提醒自己不要怀有戒心，也不要卷入无效的争论。在讨论过程中，克里斯可能说了一些让你失望的话，你可以有力地驳斥他，但是你并没有这样做，因为你不想伤害克里斯。在以上的例子中，你都在监管着自己的沟通过程。

在沟通前和沟通过程中，我们都会进行监管。沟通前，我们提醒自己应该或不应该说什么；沟通过程中，我们会保持警觉，在表达观点前思考措辞。在线交流可以让我们更有效地监管沟通。我们可以通过保存信息、重读内容来确认文字是否准确地传达了意图；在发送或发布内容之前，我们也可以再次编辑。监管能力可以让我们在沟通前有所准备，在沟通过程中评估有效性。

当然，我们不是随时都在进行监管。当我们和理解自己的人沟通，或谈论不重要的话题时，就不需要费心监管沟通过程。然而，缺失监管有时可能会伤害他人，或者让我们对自己产生负面看法。在某些情况下，我们由于陷入互动的状态而无法进行监管。一旦我们忽略了自我监管，就可能说出或做出一些让自己后悔的事。此外，有些人的监管能力不强，他们对自己与他人沟通的认识有限。沟通能力包括学会从他人的反馈中获取信息，并在与他人沟通的过程中监管自身沟通的影响。

注重沟通的道德性

提升人际沟通能力的最后一个技巧是注重沟通的道德性。这要求你在跟他人交流时（面对面或通过社交媒体）投入精力，把对方视为独一无二的人。在与他人交流时，你不能只把他们看作某个群体的成员，比如男人、同事或顾客；也不能将对方的感受视为错误、不合适或傻气的。相反，你必须尊重每个人和他们所传达的感受，即使你对此有不同的意见。

同时，就像你必须尊重他人一样，有道德的沟通也要求你尊重自己的观点和感受。最后，有道德的沟通者会尊重沟通过程的整体性。他们认识到沟通过程是充满互动、不断发展的，并且他们愿意去应对这种复杂性。此外，他们对多层次的意义和沟通的不可逆转性也很敏感。因此，"投入"对于关系、他人、我们自身和沟通过程都是非常重要的。

总之，人际沟通能力是指我们有效进行沟通的能力。沟通能力有 5 项具体的要求：（1）培养多种沟通技巧；（2）采取合适的沟通方式；（3）采用双重视角；（4）监管沟通过程；（5）注重沟通的道德性。思考一下，你最想提升哪方面的沟通能力，然后和自己约定努力在这门课中提升这方面的能力。

本章总结

本章开启了人际沟通的学习之门。我们首先对人际沟通下了定义，并学习了不同的沟通模式。然后，我们了解到与他人沟通能够满足我们生存和安全的基本需求，以及尊重、归属和自我实现等抽象需求，帮助我们有效地参与多元化的社会生活。

我们讨论了人际沟通的八项原则。第一，人际沟通不可避免。不管我们是不是意图传达某些信息，也不管别人是不是理解我们的意思，只要人们待在一起，沟通就一直发生。第二，人际沟通不可逆转，因为我们无法撤回自己与他人过去的言行。第三，人际沟通包含伦理选择。第四，语言的意义不只在其本身，更在于我们如何进行解读。第五，元信息传递会影响人际沟通中的意义。第六，我们用人际沟通来发展和维持关系。事实上，沟通对于人际关系来说是必不可少的，正是在与他人互动的过程中，我们才形成了指导人际关系的预期、理解和规则。第七，虽然人际沟通是有力而重要的，但它并不是万能药。第八，我们可以通过学习和实践相关原则、技巧，培养有效进行人际沟通的能力。我们注意到，本章讨论的沟通基础与网络和数字沟通有关，因此我们也探究了如何将上述理念应用到网络沟通之中。

有能力的沟通者会通过有效、适宜和道德的方式与他人进行互动，这意味着我们应该让自己的沟通方式适应特定的目标和场合。有效性和适宜性要求我们尊重个体和文化的差异。要做到这一点，我们需要培养多种沟通技巧，根据场合和对象采取合适的沟通方式，采用双重视角，监管沟通过程，注重沟通的道德性。在之后的章节中，我们会关注提升人际沟通能力的技巧。

关键概念

请练习为本章涉及的术语下定义。

道德性　反馈　符号　干扰　关系意义　过程　互动模式　监管　模式
内容意义　你我沟通　人际沟通　人际沟通能力　人我沟通　双重视角
物我沟通　系统性　线性模式　循环模式　以人为中心　元信息传递

话题延伸

请利用本章学习的原则来评估并分析这段对话，然后和作者建议的回应做比较。我们的网站上有更多相关视频，你可以与老师继续练习。

你的主管委托你指导新入职的员工托雅。两周后，你发现她是个负责且准时的人，工作也很主动。与此同时，你却发现她不太注重细节。你注意到她缺乏安全感，需要很多认可和称赞。你想向她反馈真实的意见，这样才有助于她提升工作表现，但又担心她会因此对你心存戒备。这一天，你约她见面讨论前两周的工作。

你：你觉得这份工作怎么样？

托雅：我非常喜欢这份工作，也在努力做到最好。没人说过我有什么问题，我猜我做得还好吧。

你：我注意到你非常负责任。

托雅：谢谢，所以我觉得自己做得还不错？

你： 如果别人说你还有可以提升的地方呢？

托雅： 我不太明白你的意思，没人跟我说过这些。

1. 接下来你会对托雅说什么？你会如何履行作为她导师的道德责任，同时照顾她缺乏安全感的特征？

2. 你对托雅、主管和公司的道德责任分别是什么？仔细思考一下这些责任的潜在冲突。

3. 如果你按照线性模式或互动模式跟她沟通，情况会有什么不同？

自我评估

请应用本章所学的知识，完成以下的自我评估测验。在线答题可以知道每项结果对应的含义。

目的： 评估你对自己在不同情况下的沟通能力的满意程度。

说明： 下面列出了 10 个人际沟通情境。想象自己置身于每个情境中，然后用不同的分数评估自己在这些场合自信沟通的能力。

5 对自己的沟通能力非常满意

4 对自己的沟通能力比较满意

3 不确定自己是否能有效沟通

2 对自己的沟通能力比较不满意

1 对自己的沟通能力非常不满意

_____ 1. 有人问了你一个不便回答的私人问题。你想表明自己不想回答，但是又不想伤害对方的感情。

_____ 2. 你的某位朋友最近开始酗酒，你认为这不利于他的身体健康。你想跟朋友聊聊这件事，但是又不想为这段友谊制造障碍。

_____ 3. 你真的非常在乎近期约会的对象，但是你们都不曾将感情付诸语言。你想表达自己的感受，却不确定对方会如何回应。

_____ 4. 在一次关于社会事件的激烈讨论中，对方说道："你为什么不肯听我把话说完?!"

_____ 5. 一位朋友与你分享了他的创意写作，并询问你他是否有天赋。你认为他写得并不算好，但你需要回应他的询问。

_____ 6. 你室友的生活习惯严重打扰了你。你想告诉他这让你感到困扰，但又不想伤害对方。

_____ 7. 一位同学想借用你的课堂笔记。你同意了，但后来发现他缺席了将近一半的课程，希望你来拯救他。你觉得这简直是剥削。

_____ 8. 你出席了一场聚会，却发现自己一个人都不认识。

_____ 9. 你的约会对象对你说了"我爱你"。你觉得自己很在意他，但还不到爱的程度（至少现阶段还没有）。对方期待着你的回应。

_____ 10. 一位朋友每次遇到问题的时候都来找你讨论，你也会给他关注和建议。可是每当你想谈论自己的问题时，他却好像总是没空。你想维系这段友谊，但又不希望它只是单向的付出。

_____ 总分（把每一项的分数加起来，总分在 10 到 50 之间）。

日常技巧

请完成下面的练习，进一步提升自己的沟通技巧。

1. 人际关系中的沟通

试想一下，如何将布伯的沟通理论应用到日常生活中。举例说明你和谁有着以下的关系类型（物我、人我、你我）。

物我：

_____

人我：

_____

你我:

_____

这些关系中的沟通有何不同? 在每种关系中, 你认为自己有哪些道德责任? 在物我和人我关系中, 你为什么不说在你我关系中谈及的内容? 不同层次的沟通如何影响你与他人的亲密度? 我们可以通过社交媒体产生或维持哪些关系?

2. 意义的不同层面

在接下来的 48 小时中, 请观察他人在关系意义层面上的沟通。记录包含以下特征的例子:

- ◎ 有来有往的沟通
- ◎ 缺乏回应的沟通
- ◎ 表示喜欢
- ◎ 表示不喜欢
- ◎ 表示居高临下
- ◎ 表示附属服从
- ◎ 表示平等

你观察到的现象如何体现在你自己的关系中?

3. 提升元信息传递能力

在以下的情境中, 请写出一个语言性或非语言性的元信息传递, 用以合适地表达你对之前对话的感受, 或者阐述自己的理解。

a. 你正在与某人争论, 但是对方似乎更想赢得这场争论, 而不是采取让双方都满意的办法 —— 你想改变对话的进行方式。

元信息传递:

_____

_____

b. 你的经理常常向你下达命令，而不是提出请求。你讨厌她每次都对你说"把前厅的工作接过来""立刻打扫一下储藏室""你明天要早点来"，你希望改变经理表达诉求的方式。

元信息传递：

_____

_____

c. 最近，你曾经的一位好朋友似乎在躲着你。当你遇到这位朋友时，他急切地想尽快结束对话。他不再直视你的眼睛，也不再跟你分享他的生活。你想知道发生了什么，该如何解读他的沟通方式。

元信息传递：

_____

_____

d. 你刚花了 10 分钟跟爸爸讨论为什么明年想去国外留学。此前，你爸爸认为留学是一种奢侈行为，你努力向他解释为什么留学会拓展你的视野，在你明年找工作时提升竞争力。你不确定爸爸是否理解了你的观点。

元信息传递：

_____

_____

4. 社交媒体使用

回看你在过去 12 小时内发送的邮件、短信以及博文。看看它们分别满足了你的哪些人际沟通需求。你会更多地用社交媒体来满足某些需求吗？

发布内容	需　求
_____	_____
_____	_____

概念应用

请思考本章概念在个人、工作场合和道德中的应用，写下你的感想。

个人　列出人际沟通可以满足我们的六项需求。对于每项需求，请根据自己的经历举例。将你的答案与同学的答案做比较。

工作　采访一位你感兴趣的工作领域的专家，让他们谈谈在这个领域取得成功所需要的沟通技巧。在这些技巧中，你已经具备了哪些？哪些方面你还需要继续提升？写下个人行动计划，利用本书及配套练习来提高你的人际沟通效率。

道德　思考一下人际沟通中互动模式和循环模式的道德影响。当我们将沟通视为互动或循环时，我们对他人的道德责任会有什么不同？

批判性思考

请批判性地思考本章提到的观点，写下你的感想。

1. 请到学校的就业指导中心看看招聘启事，记录一下有多少则工作描述要求沟通能力，与同学分享你的发现。

2. 回想一段你所经历的越来越紧密的关系，描述这段关系在最初阶段的状态。那时，它是物我、人我还是你我关系？在最初阶段，你们都讨论什么？有你会避免的话题吗？然后，请描述这段关系现在的状态。你们现在讨论什么？你能说出你们的共有经验随着时间的流逝而产生的变化吗？

3. 美国全国传播协会为有传播学背景的人士提供了就业信息。请登录他们的网站学习。（http://www.natcom.org/CommunicationCareerPaths/）

第二章
沟通与自我认知

本章涉及的话题

◎ 什么是自我

◎ 个人形象的呈现与协调

◎ 社交媒体与个人形象

◎ 自我丰富的指导原则

学习完本章后，你应该能够 ——

◎ 说出塑造自我认知的沟通形式

◎ 指出在特定沟通中关于形象呈现的例子

◎ 识别社交媒体理想化的身份呈现

◎ 应用本章学到的原则来制订个人目标

麦迪逊登录脸书，看看自己的朋友都在做什么。她的高中好朋友萨拉写道："一会儿要跟一个新认识的帅气男生出去玩。"麦迪逊回复"玩得开心！"，并暗暗希望自己也能认识一个新对象。她将页面下滑，查看其他朋友的情况。有人说他刚刚被学校的报刊选为体育编辑，有人说她的朋友为她举办了一场惊喜的生日聚会，还有人说她正在巴哈马享受完美的假日……

麦迪逊退出脸书，重重地坐在床上。"为什么我的生活这么无聊呢？"她不由得想，"我没有完美的假日，我的朋友从没给我生日惊喜，我也没有被选为编辑或其他什么。"跟朋友们相比，麦迪逊感觉她和她的生活都非常乏味。

你是否也看到过像这样的推文？仿佛其他人都过着完美的生活——理想的工作、美妙的冒险和机遇、成功的事业、优异的成绩、成群的友人，以及浪漫的爱好。你是否有着跟麦迪逊一样的疑惑：为什么你的人生不像其他人一样美好？如果是这样，请不必担忧，因为他们的人生可能并不像他们表现的那么美好。大多数人都会选择在网络上呈现积极的一面。他们会宣布自己的成就，发布生活中好的、值得兴奋的事情。他们很少会展现生活中无聊或不开心的一面。

在本章中，我们要探索自我认知——你是谁？你怎样形成自己的身份认知？在面对面或网络沟通中，你选择呈现自己的哪种（或哪些）身份？你应该如何提升对自我概念的了解？

什么是自我

在不同文化中，人们对自我的认知各不相同；甚至对于社会身份何时形成，他们也有不同的看法。在一些社会中，自我并不是在出生时就形成的，当然更不是出生前形成的（Morgan，1996）。澳大利亚中部的阿伦塔人就将早产儿视作非人类，视作误入孕妇体内的动物。在加纳，出生不满七天的新生儿也被看作非人类。如果一个婴儿没有活过七天，人们就会将其视为"幽灵小孩"，而不是真正的人类。加纳的父母不会

💬 **日常生活中的沟通** / 社交媒体

完美的自我

在最美的海滩跟最好的朋友度过了一个完美的周末；全身心地爱上了这个世界上最好的人；在年中业绩评估中收到了很好的评价；那么多人为我过生日，我感受到了他们每个人的爱；今天的历史考试完成得太棒了；得到了一个梦寐以求的暑期实习机会；刚听说我被明年的西班牙留学项目录取了……

难道每个人都过着激动人心的美好生活吗？事实并非如此，人们只是更倾向于发布生活中的正面新闻而已。与负面消息相比，人们更愿意发布正面消息（Tierney，2013）。大多数推文都聚焦于发送者本身。事实上，80%的推特用户都被归类为"自我传播者"（meformer），因为他们的推文都是关于自身的。虽然很多人其实并不以自我为中心，但这种正常的、把自己最好的一面展现出来的倾向在网上似乎被放大了——网络用户努力构建自我身份，呈现自己积极的一面。

这就不难解释为什么研究表明在脸书花费过多时间的人会出现焦虑情绪，并对自己的生活越来越不满意（Krasnova, Wenninger, Widaja & Buxmann, 2013）。

MindTap 回顾你过去一周的推文。有多少是关于自己的？有多少夸大了你生活中的正面性？

悼念存活不满七天的婴儿，因为社会教导他们这种孩子的存在是个错误，父母应该为他的去世感到高兴。对于传统的非洲塔伦西人来说，未满月的双胞胎也不被视为人类。

在西方文化中，我们认为人从出生的一刻就存在了，可是自我呢？虽然你对这个词的意思有大致的了解，但我们希望能用更精确的定义来展开讨论。自我产生于沟通之中，它是从社会角度出发的一个多维度的内化和行动过程。尽管很难对自我下定义，它却能引导我们关注和这个复杂概念有关的一些重要命题。

自我产生于与他人的沟通中

婴儿刚出生时并不清楚自己是谁，我们在与他人的沟通过程中才形成了自我认知。与他人的互动通常始于家庭，我们试着了解父母、兄弟姐妹和其他亲戚是如何看待我们的。后来，在与同伴和老师交流的过程中，我们对自己有了更多的认识。之后，在参加工作后，我们会了解同事、上级和顾客对我们作为职员的看法。同时，我们会使用媒体，这些信息让我们从更多角度了解自己和自己在社会中的位置。我们将许多关于我们身份的观点内化，形成自我认知的一部分。

我们通过内化两种视角的观点来形成自我：特定他人的视角和泛化他人的视角（Mead，1934）。下面就让我们来看看这两种帮助定义自我，指导我们如何思考、行动和感受的视角。

特定他人

第一种视角来自特定的他人，也就是我们生命中很重要的人。对于婴儿和儿童来说，特定的人通常指家人和看护者。之后，特定的人包括同伴、老师、朋友、教练、伴侣、同事，以及对我们生活十分重要的人。在婴儿与特定他人交流的过程中，他们逐渐了解别人如何看待他们，这就是自我认知的开始。我们注意到自我产生于外部环境，即特定他人对我们的看法和与我们的交流。

对大多数人来说，家人是影响我们自我认知的首要因素（Bergen & Braithwaite，2009）。母亲、父亲、兄弟姐妹以及平时的看护者对婴儿来说都非常重要。此外，一些家庭还包括住在一起的叔叔、婶婶、祖父母等。通常来说，西班牙裔和非裔美国人比大多数欧裔美国人有着更庞大的家族。在大家庭里长大的孩子，自我认知也会受到更多人的影响。在其他文化中，大家庭也很重要。在很多亚洲家庭中，祖父母、叔叔、婶婶，甚至表亲都会生活在一起（Ferrante，2013）。

家庭成员和其他对我们很重要的人，通过直接定义、反映性评价、身份脚本和依恋类型等方式来表达对我们的看法。如果父母告诉孩子他们是特殊的，是被珍惜的，那么孩子就会认为自己是值得被爱的；而如果父母表现出不想要或不爱孩子，那么孩子就会认为自己不值得被爱。

直接定义　跟字面意思一样，直接定义是通过给我们自身和我们的行为贴上标签，直接告诉我们是什么样的人的沟通方式。家人、同伴、老师等人会告诉你你是谁，以及他们期望你成为什么样子。正面的直接定义能提升我们的自尊心，比如"你很聪明""你很强壮""你是个很棒的足球运动员"；而负面的评价则会损害孩子的自尊心，比如"你就是个大麻烦""你很傻""你根本没希望"，负面的信息会伤害孩子的自我价值感。儿童权利斗士安德鲁·巴赫斯（Andrew Vachss，1994）就认为，精神虐待与其他形式的虐待具有同样的伤害。

我们生命中重要的人通常会为我们的种族和族群认知提供直接的定义。在包含多数种族的文化中，少数族裔成员经常做出特殊的努力，教导孩子们以自身种族或族裔的优势和传统为荣。因此，很多非裔美国人家庭中的种族意识训练，既强调对黑人文化的积极认同，又强调警惕白人的偏见意识。

安东尼：

> 我有一个双胞胎兄弟。我们非常努力地区分彼此，比如穿不一样的衣服，参加不一样的体育运动。但是一些高中同学仍然把我们看作"双胞胎"。他们看待我们的方式模糊了我们的个体意识。

当特定个人对孩子的行为做出反应时，也会进行直接定义。孩子扮鬼脸时，如果家长说"你太好笑了"，孩子就会认为自己是好笑的。如果孩子在清扫家具灰尘后得到家长称赞"你真是个好清洁员"，能帮得上忙就成了这个孩子自我认知的一部分。从直接定义中，孩子们知道了别人重视他们哪些价值，这也塑造了他们自己对这些方面的珍视。我仍然记得一年级在第一次阅读课上得 B 等级的屈辱历史，也同样记得四年级在赢得一次朗诵比赛后获得的无数称赞。那时候，我已经意识到我们家非常重视阅读。通过明确的标签和对我们行为的回应，家庭成员和其他重要的人直接定义了我们是谁，以及我们应该成为什么样的人。

直接定义会增强或削弱孩子的自尊心。因此，家人要对孩子的成就做出热情的回应。当婴儿学会走路时，他会对这个新成就感到高兴，露出开心的表情。然而，要让这种感觉完整，孩子需要别人的积极回应。家人需要微笑着说："哇，你做到了！"如果一个孩子早期的成就能得到注意和称赞，那么他就会更自信，并尝试更难的挑战。相反，如果孩子的成就被忽视了，那么他的自我期望也不会太高。

反映性评价 反映性评价是指我们对他人关于自己观点的认知。我们认为别人如何评价我们，影响着我们如何看待自己。这个概念与查尔斯·库利（Charles Cooley）的"镜中我"理论（looking-glass self）很相似，就像他富有诗意的评论一样："每个人于彼此都是一面镜子，反映出每个经过者的样子。"（1961，p.5）他人对我们来说就像镜子——我们从他们眼中看到的自己（我们的镜子）影响着我们如何看待自己。哪怕别人只是间接地传达了他们认为我们很聪明的信息，我们也可能会把这种评价反映在自己的行为和思考上。如果家人暗示他们认为我们很愚蠢或不招人喜欢，我们就可能会受他们的影响而如此看待自己。

当你做出某种行为的时候，你的父母有没有露出失望的表情？当你做了一件他们看重的事情时，他们是否会骄傲地微笑？如果是这样的话，你就会知道别人的评价是多么有效地反映出他们对我们行为的看法。家长（尤其是父亲）常常会鼓励孩子做符合他们性别的事：培养儿子的独立性、竞争心和进取心，而对女儿则鼓励更多的情感表达和温柔（Bryant & Check，2000；Fivush，Brotman，Buckner & Goodman，2000；Galvin，2006）。你的父母是否鼓励你遵从这些性别设定？很多父母会赞赏女儿的女性化表现，而批评儿子的任何女性化行为。反过来则不是这么明显，虽然很多父母（尤其是父亲）会鼓励儿子要男性化，但是他们对女儿的男性化表现则批评得较少。异性恋父亲会明显表现出鼓励儿子的异性恋倾向（Solebello & Elliott，2011）。

长久以来，人们认为母亲对于孩子的成长是必不可少的。但其实母亲的重要性仅仅是一部分，父亲也对孩子的成长起着非常重要的作用，而且父亲的角色与母亲相比有所不同（Bianchi，Robinson & Milkie，2006；Galvin，2006；Gray & Anderson，2010）。

与母亲相比，父亲常常更鼓励孩子去追求和达成目标。很多父亲要求孩子主动出击、承担风险，以及体验不熟悉的活动和环境。父亲常常比母亲更强硬，这有助于培养孩子的勇气和韧性。此外，父亲能帮助孩子培养自信心、自主性和对自己的高要求。

同龄人也会对我们做出评价，这些评价会影响我们看待自己的方式。下面这个例子就生动地体现了同龄人评价的影响。杰里米·贝姆的父母致力于无性别歧视育儿，所以当他戴发卡时，他的父母并未表示吃惊或反对。但是当杰里米戴着发卡去幼儿园时，却引来了不同的反应，其他小男生反复告诉他"只有女孩才戴发卡"。杰里米试图告诉他们，戴发卡跟男女无关，但是其他人非常直接地指出，如果杰里米戴发卡，那他就不是男生。最后，杰里米脱下裤子并宣布，因为他有阴茎，所以他就是男生。其他男孩笑道："每个人都有阴茎，而只有女孩才戴发卡！"（Monkerud，1990，p. 83）

我们不知道杰里米和发卡的后续故事。但是像其他人一样，杰里米很可能会受到同龄人评价的影响。

安德森：

　　我的外婆从未批评过我，即使有时候我明明该受到批评。在她身边，我总是感觉很棒，我知道在她眼里我不会做错事。这真是太好了！

当我们与他人交流并感知他们对我们的评价时，我们会知道自己在他人眼中是什么样的。社会比较是我们通过他人来评估自己的天赋、能力、素质等的过程。反映性评价基于我们如何看待他人对自己的评价，而社会比较则是我们用他人作为衡量自己的标杆。社会比较主要有两种形式。

爸爸的新工作

2008 年的经济衰退让男性在家庭生活中的角色发生了改变。2008 年至 2010 年间，有上百万美国人失业，达到自 1948 年劳工部有记录以来的最高失业数（Brooks，2010）。很多失业的男人成为家庭主夫，而他们的另一半则成为赚钱主力。一些男人很难接受从位高权重的工作转变为接孩子回家、陪孩子玩（Garcia，2008）。在世界 500 强公司工作了 20 年后被解雇的安德鲁·埃默里说：“这是自我认知很重要的一部分，它决定了你是谁。我花了很久才能告诉别人自己是干什么的。”（Kershaw，2009，p.E6）但是，经过最初的适应过程，很多男性发现了当全职爸爸的乐趣。事实上，很多人都希望找到能让他们和孩子有更多相处时间的工作（Kershaw，2009）。

第一，我们通过与他人做比较来确定我们与他们是相似还是不同。我们的性别、年龄、肤色、信仰相同吗？我们是否喜欢同样的音乐？是否有相似的背景？评估相似性和差异性可以让我们决定与谁合得来。研究表明，大多数人跟与自己相似的人在一起会更舒服，所以我们倾向于跟自己相似的人交往（Pettigrew，1967；Whitbeck & Hoyt，1994）。但是，这种倾向让我们没有机会了解经历和信仰与我们不同的人的观点。

第二，我们通过社会比较来对比自己与他人的能力。我的防守能力是不是跟亨德里克一样好？我的吉他弹得跟克里斯一样好吗？我跟塞雷娜一样聪明吗？我跟利同样有吸引力吗？我的脸书上有跟其他人一样多的朋友吗？将自己与他人做比较是正常的行为，它帮助我们形成了现实的自我概念。但是，我们不应该用不合适的标准来进行比较。比如，把我们的魅力和明星、模特相比是不现实的，我们也不必将自己的体育水平跟专业运动员做比较。

反映性评价和直接定义能加强或削弱我们的自我认知。当人们欣赏我们的优点和成就，接受我们的弱点和问题而不看轻我们时，就能加强我们的自我认知。当我们和这些人在一起时，我们会觉得自己更自信、更积极。但是，能提升我们自我价值感的人，在沟通中并不一定总是给予正面的评价——真正的朋友能看到我们的缺点，并帮助我们克服缺陷。好朋友不会丢下你，而是会相信你，并帮助你相信自己有能力改变。

当身边的人总是对我们或我们的价值给予负面评价时，我们对自己的评价就会降低。这些人强调我们的问题，贬低我们的目标和梦想，让我们注意到自己的缺点。当我们跟这种人在一起时，就会感到失落，我们会更加意识到自己的弱点，对自己本能完成的事情也失去信心。

反映性评价和直接定义并不局限于童年，而是贯穿我们的一生。如果老师评价一个学生在某个领域有天赋，学生就会得到鼓励。进入职场后，你就会得到同事和老板的评价：你进步得很快，或不适合自己的职位。他人对我们的评价塑造着我们对自己的看法。

反映性评价和直接定义可以通过自我实现预言（self-fulfilling prophecy）来影响我们的自我认知。自我实现预言是指我们将他人的期待和评判内化，然后以符合这些期望和评判的方式行事（Watzlawick，2005）。如果你在一门老师似乎不尊重你的课程中表现不佳，而在另一门老师认为你很聪明的课上表现得很好，那么你可能就明白什么是自我实现预言了。我们实践的预言最初都是由他人传达的，但因为我们会将他人的看法内化，所以他们的定义和预言最终会变成我们自己的。

我们很多关于自己的看法都是不准确的。有时候，曾经的标签已不再真实有效，但我们还是会继续相信它们。有时候，这些标签可能根本就不正确，但我们还是愿意相信它们。遗憾的是，当儿童有生理问题（如视力或听力受损）或在学习第二语言时，他们常常被别人骂"慢吞吞"或者"笨"。即便之后发现了造成困难的真正原因，孩子们也可能已经内化了一种破坏性的自我实现预言。

勒妮：

从我一年级开始，我外婆就说我很胖，说我永远也减不了肥。你可以想象这样的评价对我自尊心的伤害。我觉得自己再也没有办法解决肥胖问题了，体重一度高达 82 千克（对一个 1.65 米高的女生来说是很胖的）。之后，我认识了一群体重过重的人，我们坚信自己一定可以减肥成功。我减了 22 千克，却仍然觉得自己胖。这一看法最近才开始改变，因为我的朋友和家人都在说我有多苗条。我想我仍然会受到他人评价的影响。

身份脚本　特定他人也会通过提供身份脚本来影响我们的自我认知，这种脚本就是社会生活的规则（Berne，1964；Harris，1969）。就像剧本一样，身份脚本确定我们的角色、我们如何演绎角色，以及生活中的一些基本情节。回想一下你的童年，有没有听家人说过"我们是负责任的人""我们总是乐于助人""教育是通往成功的关键""争取做第一名"或是"要照上帝说的做"？这些就是我们在家庭中学到的一些身份脚本。

许多心理学家认为，我们生活的基本身份脚本可能早在 5 岁之前就形成了。也就是说，在我们几乎没有控制能力的时候，就已经形成了对"我们是谁"以及"我们应该如何生活"的基本理解。成年人拥有权力，所以儿童往往无意识地就将别人写下的脚本内化了。然而作为成年人，我们有能力审视和评估别人给予我们的身份脚本，并挑战或改变那些我们不想实现的设定。

MindTap
日常技巧　要了解更多身份脚本，请完成本章末尾的"回顾你的身份脚本"练习。

依恋类型　最后，特定他人会通过依恋类型来影响我们的自我认知。看护者模式可以让我们了解自身和他人的身份，以及该如何建立关系。通过对亲子互动的广泛研究，约翰·鲍比（John Bowlby，1973，1988）提出了关于我们如何从早期关系中学习的依恋理论。在这些关系中，看护者会让我们知道他们如何看待我们、他人，以及关系。

大多数孩子与父母（通常是母亲）形成第一段人际关系，因为女性通常主要负责照顾孩子。临床医生在对依恋类型进行研究后发现：首段人际关系极为重要，因为它形成了人们对此后关系的预期（Ainsworth，Blehar，Waters & Wall，1978；Bartholomew & Horowitz，1991；Guerrero，2008；Trees，2006）。第一段人际关系塑造了我们与他人的舒适距离，以及我们如何看待他人对我们的接受度和承诺（Butzer & Campbell，2008）。图 2.1 展示了四种主要的依恋类型。

当看护者以持续的爱和关注回应孩子时，孩子就会形成安全型依恋。相应地，孩子会形成正面的自我价值观（"我是惹人喜爱的"）和对他人的正面评价（"他人都很好且值得信任"）。安全型依恋者通常外向而富有爱心，能够在不伤害自尊的情况下应对关系中的挑战和沮丧。同样重要的是，这种人即使没有亲密关系也会

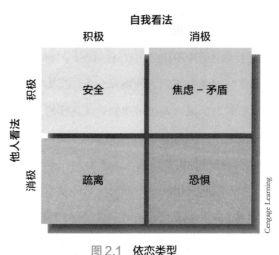

图2.1　依恋类型

感到舒适。他们的安全感可以让他们去参与亲密关系，而不必依赖关系证明自我价值。蕾切尔·多明格（Rachel Domingue）和德布拉·莫伦（Debra Mollen，2009）对同性及异性夫妇的研究发现，如果夫妻双方都是安全型依恋者，那么他们之间的相互沟通最具有建设性。

当看护者常常不在身边，或者用消极、排斥甚至虐待性的方式对待孩子时，孩子就会形成恐惧型依恋。被如此对待的孩子会觉得他们不值得被爱，他人没有爱心或不值得相信。因此，他们会认为自己是不被爱的，抗拒性地对待他人。恐惧型依恋者对人际关系往往抱着担忧的态度。虽然他们想发展亲密关系，但总是担心别人不喜欢他们，或者他们不够可爱。因此，成年后他们会避免与人接触，或者在关系中缺乏安全感。这种人也常常感到无望，很少透露心事，也很少从关系中得到满足感（Welch & Houser，2010）。

宗迪：

在我的祖国南非，像大多数女生一样，我意识到自己并不重要。我的名字叫宗多米尼，意思是"在快乐和痛苦之间"。快乐是因为我出生了，痛苦在于我是女孩而不是男孩。我现在一直挣扎着告诉自己，我是有价值的。

当看护者冷漠、抗拒地对待孩子，或不在孩子身边时，孩子会产生疏离型依恋。这些孩子并不认为自己不值得被爱，相反，他们认为他人无价值。因此，孩子形成了对自己的正面看法，而不重视他人和关系。他们把人际关系看作不必要或不需要的。

最后一种是焦虑－矛盾型依恋（也被称作痴迷型依恋），这是四种模式中最复杂的。其他三种模式都来自看护者某种一贯的对待方式，而焦虑－矛盾型依恋则来自看护者不断变化的对待方式。有时看护者充满爱心、体贴周到，有时他们则会变得冷漠或拒人于千里之外。这些看护者的交流方式不但变化多端，而且难以预测。对于孩子做的同一件事，他们可能周一给予正面回应，周二就态度大变。这样，孩子自然会产生焦虑情绪，因为他们非常依赖这些看护者（Miller，1993）。孩子倾向于认为成人是对的，他们会认为自己是问题的根源——他们不值得被爱或应该被虐待。最后，孩子可能会选择减少或避免依恋他人（Brenning，Soenens，Braet & Bosmans，2011）。

诺琳：

在我小时候，我的爸爸是个酒鬼，但我当时并不知道这一点。我只知道，他有时候爱我、跟我玩，有时候却无缘无故对我发脾气。有一次，他说我是他生命中的阳光，但是在同一天晚上，他又说希望我从未出生。即使现在我明白了是酒精让他如此反常，我仍然很难跟自己和解。

成年后，焦虑－矛盾型依恋的人会对关系感到非常棘手。一方面，他们知道他人可能是富有爱心的；另一方面，他们也意识到他人可能会伤害自己。受到看护者从前的影响，他们也会变化无常。某一天，他们可能充满热情；而第二天，他们又抗拒任何亲密关系。

临床精神科医生罗伯特·卡伦（Robert Karen，1997）的研究表明，社会经济阶层会影响人们的依恋类型。虽然美国约三分之二的中产阶级儿童得到了很好的照顾，但是对于穷苦家庭的孩子来说，他们要面对更多的困难：食物短缺、家徒四壁、无家可归、医疗保障不足。这些问题会让父母感到困扰和压抑，也让他们很难持续地给予孩子回应和关爱（Greenberg，1997）。

我们在首次亲密关系中形成的依恋类型往往会持续下去（Bartholomew & Horowitz，1991；Belsky & Pensky，1988；Bowlby，1988；Guerrero，1996）。但这也不是绝对的，我们可以通过挑战早年形成的不确定的自我认知，以及建立安全稳定的关系来改变我们的依恋类型。研究发现，父母带来的依恋类型的影响可以在之后的生活中被改变（Beth LePoire，Carolyn Shepard，Ashley Duggan，1999；Franz Neyer，2002）。也就是说，我们选择与之交往的对象会影响我们的依恋类型。

在结束讨论之前，我们应该注意到：多数关于依恋理论的研究是在美国进行的。我们能在其他社会文化中发现依恋类型与关系健康有同样的联系吗？这是一个研究团队近期提出的问题（Friedman，Rholes，Simpson，Bond，Diaz-Loving & Chan，2010）。他们发现，与个人主义文化（如美国）相比，焦虑型的人更容易在集体主义文化（如墨西哥、中国）中出现关系问题。

MindTap

日常技巧　为了更好地理解网络媒体所赋予的社会价值观，请完成本章末尾的"分辨网络媒体中的理想概念"练习。

泛化他人

特定他人并不是影响我们自我认知的唯一因素，米德所说的泛化他人（即共同体或社会群体）也会影响我们的自我认知。每个社会和社会群体都有其成员之间广泛认同的价值观、经验和理解，但这未必能得到其他文化或群体的认可。

文化　　每种文化都有大多数成员所遵循的价值观、规范和交往方式。人们一般通过三种方式来学习自身文化中的价值观。第一，我们在与已将文化价值观内化的人互动时学习。在一些文化中，孩子们发现成年女性顺从于男性；在另一些文化中，他们看到男女平等互动。在许多亚洲社会，家长教导孩子重视合作和团队精神，而不是竞争和个人成就（Yum，2000），而西方家庭可能更鼓励竞争意识。

第二，我们通过参加体现文化价值的机构学习人们普遍认同的社会观点。例如，司法机构告诉我们应该重视法律，惩罚违法者。西方文化中的婚姻制度告诉我们，社会普遍认为人们结婚后就成了一个小集体，这也是为什么已婚夫妇拥有财产的共同所有权。文化机构总是不可避免地反映了社会偏见。例如，虽然美国是个法制社会，但富有的人总能比穷人得到更多的"公正"。

第三，我们通过媒体来学习文化价值观，包括传统媒体（电视、报纸）、网络媒体和社交媒体。大众媒体已经成为我们日常生活的一部分。几乎所有（98.9%）美国家庭都拥有至少一台电视，平均每个家庭拥有的电视数（3.3 台）比家庭成员人数（不到 3 人）还多。其中，至少有一台电视平均每天会开机 8.3 小时以上（Media Trends Track，2010；Vivian，2011）。

此外，我们还通过社交媒体来与他人联系，塑造自己的形象，并了解周围在发生什么。在所有年龄段中，平均每人每星期花 53 小时浏览各种媒体，其中 38.5 小时是花在社交媒体上的（Kendall，2011）。媒体不只传递信息、教育受众，还是社会交往的媒介，它们也会传递文化价值观。研究表明，常看音乐视频和职业摔角的男性更有可能认为强制伴侣发生性关系是可以被接受的（Ensslin & Muse，2011；Kilbourne，2010；Yao，Mahood & Linz，2010）。

FX NETWORK/FOX 21/THE KOBAL COLLECTION/Picture Desk

研究表明，媒体为男生提供的模范角色非常有限（Lamb, Brown & Tappan, 2009）。研究者采访了700 名 4~18 岁的男生，让他们选择最认同的媒体人物。其中两种选择占多数：（1）充满攻击性，甚至有些暴力的超级英雄，他们往往拥有强力武器，而且不太尊重女性——比如影片《混乱之子》（*Sons of Anarchy*）的男主角贾克斯·泰勒（查理·亨纳姆饰）；（2）引人发笑的懒鬼，不喜欢上学，缺乏责任心，对生活没有规划。

在西方文化中，种族、性别、性取向和社会经济阶层是个人身份的核心。人们通过机构、媒体和社会互动来传达这些定义。

种族　在西方社会，种族被看作个人身份的首要方面。在美国，历史上受到优待的民族是高加索人。社会学家查尔斯·加拉格尔（Charles Gallagher，2012）注意到，我们很容易认为自己身处后种族时代，种族歧视不复存在，种族也无关紧要。我们能看到金发的非裔美国人和梳着脏辫的白人说唱者，我们也能看到非裔美国人当选美国的最高领导人。但是在这些形象背后，仍然潜藏着持续性的不平等，告诉我们并非生活在一个后种族时代（Higginbotham & Anderson，2012）。

在当今的美国，种族仍然在很大程度上代表了身份。虽然人们在种族平等方面

💬 **日常生活中的沟通 / 多样性**

学习意味着什么？

如果让你谈论关于学习的事情，你会用哪些词呢？是头脑、学校、思考、信息，还是求知若渴、勤奋刻苦？李瑾教授在她的著作《学习的文化基础：东方和西方》（*Cultural Foundations of Learning: East and West*，2012）中提到，在东西方文化中，人们对于学习的看法差异非常大。

李瑾认为，西方人将学习看作理解外部世界的一种方式。进而言之，这种对外部世界的理解可以让人们对世界实现一定的控制。虽然理解和控制世界是非常重要的，但学习并不见得那么重要。学生们有时会偷懒，他们在得到称赞时会更加努力，也会打趣太过于勤奋的同伴。

亚洲人更倾向于把学习看作培养个人道德和社会公德、提升自我的内在过程。如果犯错或表现不好，亚洲学生常常会被训斥。在老师批评他们后，他们会更加努力。在亚洲文化中，人们更倾向于对勤奋者表示认可。

MindTap　描述一下你如何看待学习——它有什么含义和目的。跟来自其他文化的同学交流观点。

已经取得了很大的进步，但白人的特权今天仍然存在。白人的孩子常常比其他种族的孩子就读更好的学校。政界、教育界和大多数企业的高层由白人男性主导，而有色人种以及妇女还在继续与录取、招聘和晋升中的歧视做斗争。种族对住房、医疗和预期寿命也有影响。

德里克：

我的妈妈常对我说："你必须比别人努力两倍才能实现别人一半的成就，因为你是黑人。"从记事起，我就知道我的肤色在这个社会中是一项劣势。我问妈妈为什么黑人要更努力，她说："这就是现实。"我猜她是在告诉我社会就是这样看待非裔美国人的。

苏：

媒体常常称亚裔美国人为"理想的少数派"。这是一种刻板印象，对我们中的一些人来说真的很难做到。我承认自己是个好学生，但我并不是完美的，而且特别不擅长计算机和数学。但是大家都认为我们天生就应该对此擅长。所以，虽然我是华裔美国人，但并不总是能够满足大家对我的期待。

种族的意义由社会塑造，这意味着它并不是一成不变的。美国历史提供了丰富的论据，证明种族意义的变化。在欧洲人到达东海岸之前，"白"这个字并没有用来表示种族或身份。美国的殖民者最早用白人这个标签来团结欧洲移民，因为他们往往有着不同的族群背景。第一代爱尔兰移民并未被视作白人（Negra，2006；Painter，2010）。随着他们逐渐融入白人的主流价值观，才开始被视为白人（Bates，1994）。

在美国以外，种族也有其他划

分方式。比如，南非将种族主要分为三类：白人、有色人种、黑人。在种族隔离时期，日本人被归为白人，中国人则被归为有色人种。

批判性白人研究指出，白人在西方文化中已经被正常化，以至于很多人认为种族、族群等名词仅仅指非白人，好像白人就没有种族或族群一样。人们常常用种族来表示非白人的身份（黑人议员、印度学生），对白人却很少如此。

性别　性别是西方文化中的另一个重点。虽然目前人们在性别平权方面已经有了很大进步，但社会对男女的期望仍然存在不平等。人们常常期待女性要会照顾人、支持他人、善于合作，而男性则被要求更独立、自信、勇于竞争。因此，争取自我价值或勇于竞争的女性有时会因为违背性别预期而得不到社会认可。男人如果背离了社会对男性的广泛看法，为人温柔体贴，就有可能被贴上"懦夫"的标签。

艾莉森：

> 在我很小的时候，有一天，我在室外的一个小游泳池里玩。那天很热，哥哥们把他们的上衣脱掉了，所以我也脱掉了自己的上衣。当妈妈看到我时，她非常生气，立刻让我把上衣穿上，说女生要有女生的样子。那时候，我明白了女孩要学会隐藏和保护自己的身体，而男孩不用。

性取向　第三个在社会中普遍存在的身份层面是性取向。从历史上来讲，异性恋被看作正常的性取向。如今虽然人们对其他性取向的偏见有所减少，但还是有些人会将同性恋、双性恋、变性人、跨性别者、双性人视为不正常的。

社会给予异性恋普遍的认可，却仍然在权利上拒绝承认其他性取向。例如，在美国，一对相恋的男女能得到宗教和法律的认可，他们可以在保险上为对方提供担保，他们不用交税即可继承对方的财产；但是同性伴侣的这些权利则得不到保护。

在 2013 年，最高法院判决同性婚姻与异性婚姻享有同等的联邦权利。一些宗教也开始允许举行同性伴侣的结婚仪式。越来越多的州开始承认同性婚姻，有些组织会为员工中的同性伴侣提供保险等福利。

大卫和布伦达

请想象一下，你是个男生却被当成女孩抚养长大，你的性别刚出生就被改变了，而你到了 14 岁才知道这件事 —— 这正是发生在一个人身上的真实事件（Butler，2004；Colapinto，2000；McClellan，2004）。

大卫出生时是个正常的男婴。在给他做割包皮手术时，医生犯了严重的错误，切掉了他的大部分阴茎。医生们认为大卫永远不可能再成为一个正常的男性，所以他们通过手术使大卫成了解剖学意义上的女性，并对他进行雌激素治疗，以增强他的女性魅力。他的父母将大卫的名字改为布伦达，把他像女孩一样抚养长大。布伦达一直不知道她出生时是男孩，但是她很抗拒被当成女孩。最终在 14 岁时，她知道了那个糟糕的割包皮手术。

布伦达决定像男人一样生活。他重新开始使用大卫这个名字，并停止了雌激素治疗。作为一个成年人，大卫有良好的家庭和朋友关系。在 25 岁时，他和一个有孩子的女人结婚了。然而，他显然无法完全适应自己的身份和社会的看法。在 2004 年 6 月，38 岁的大卫选择了自杀。

MindTap　如果你是大卫 / 布伦达的父母，当医生告诉你手术失败时，你会怎么做？

德尔：

我是同性恋，很多人觉得同性恋这个标签就代表了全部的我。一旦他们发现我是同性恋，就看不到我的其他特征了。他们意识不到其实我跟他们的相似之处远远多于不同之处。他们看不到我是学生（就像他们一样），我在学校努力学习（就像他们一样），我是基督徒（就像他们一样），我也担心测验和论文（就像他们一样），我喜欢棒球（就像他们一样）。他们只看到我是同性恋，这和他们不一样。

社会经济阶层　社会身份的第四个层面是社会经济阶层（Acker，2013；Scott & Leonhardt，2013）。虽然美国的阶级区分并不那么严格，但是人们所处的社会经济阶层还是影响着方方面面——赚多少钱，上什么学校，做什么工作，光顾哪种餐厅，开什么样的车……

社会经济阶层影响着马斯洛理论中人们的需求。例如，富裕的人有资源和闲暇时间去参与心理治疗、瑜伽、灵修，而这些是只能满足温饱的人难以企及的。

热纳瓦：

　　我觉得自己跟这里的大多数人都处不来，这种情形每天都在发生。当我走在校园里，我发现女孩们穿的鞋比我仅有的四双鞋加起来还要贵，我听到同学们在谈论一些我难以负担的餐馆和旅行。上周，我听到一个同学抱怨车载 GPS 太贵了，可是我连车都买不起。我不知道如何跟这些有钱人交流，但我知道他们看待世界的角度和我不一样。

认识到身份的不同层面非常重要，因为我们身份中的每一个层面都是相互关联的。种族与性别会相互作用，所以许多有色人种女性在我们的文化中受到了双重压迫和贬低。社会经济阶层和性取向也会相互影响，反同性恋、恐惧同性恋的声音在工薪阶层尤为强烈，因此身处贫困社区的同性恋者可能会遭到排挤（Langston，2007）。社会经济阶层和性别也是相互联系的，女性比男性更有可能生活在贫困中（Roux，2001）。性别和种族也有关联，黑人男性可能会面临白人男性所没有的困难。

我们也要知道，社会观念（泛化他人的观点）的形成不是一蹴而就的，而是在特定的文化、时期中不断构建起来的。社会价值观并不代表神圣的法律、绝对的真理或者事物的自然秩序。一个社会在特定时期推崇的观念，反映了那个时代和地点的主流价值观和偏见。

当我们注意到不同文化间价值观的巨大差异时，社会观念的建构性和任意性就变得尤为明显了。例如，在瑞典、丹麦、挪威，同性婚姻得到了充分的法律认可。日本文化期望成员能够融入集体，而不是突显个人（Gudykunst & Lee，2002），但个人主义在西方文化中是一项重要价值（Baxter，2011）。在一些文化中，男性更加情绪化、更依赖他人，而女性则果决自信、不太情绪化。与北美地区相比，美国以南的许多国家较少注重种族因素，跨种族婚姻更加普遍，也更广泛地被人们接受。

杰里米：

　　我的外婆总是对我说，我能在这所学校上学是多么幸运。她说我的外公只能进入传统的黑人学校学习，她记得吉姆·克劳时代和单独的浴室，以及所有那些我从未经历过的事。虽然现在我仍然能看到许多种族主义和歧视现象，但与她的交谈让我意识到，跟她们的时代相比，今天的种族主义和歧视已经少了很多。

在同一文化中，社会意义也因时间而异。例如，在19世纪，虚弱而苍白的外表是女性的理想形象，而到了20世纪中叶，女性更偏爱像玛丽莲·梦露一样强健的、有肉感的形象。今天，更瘦、更健美的身材是女性的理想形象。

社会对男性形象的定义也发生了改变。在19世纪，理想的男性形象是粗犷的男子汉，后来这种形象被精明的商人所取代——金钱取代了肌肉，成为男子气概的标志。如今，当社会在女性、男性和家庭的变化中挣扎时，理想的男性形象又改变了。男性逐渐开始承担照顾孩子的职责，而异性关系中的女性常比其男性伴侣有更高的收入。

其他社会观念也在改变。在10年或15年前，大多数人并不把网络关系当作真正的关系。如今，很多人通过网络互动来认识他人并建立关系（有时甚至是长期的关系）。

我们每个人都有道德责任决定自己接受哪些社会观念，并用这些观念来指导个人的行为、态度和价值观。我们也有道德责任去挑战我们认为有害或错误的社会观念。通过这种做法，我们参与了不断完善自我和社会的进程。

珍妮弗：

　　我的父母是相当拘谨和保守的人。他们一直教育我同性恋是有罪的，白人比其他种族优越。但我现在不这么想了，回家看望父母的时候，我一直阐述自己的想法。起初，他们很生气，说送我上大学不是为了让我接受一堆疯狂的自由主义思想。但渐渐地，他们开始有所改变。我想我能够通过发表自己的观点来改变他们的想法。

　　我们已经认识到，自我产生于沟通之中。在与家庭成员、同龄人和社会的互动中，他人会告诉我们他们对我们的看法，我们也从中学习社会和特定他人所持的主流价值观。这些观念会在一定程度上塑造我们，但这也只是个人身份的一部分。现在让我们来思考如何积极地塑造个人身份。

个人形象的呈现与协调

　　你是否曾害怕在某个场合丢脸？你是否曾做过某些事来挽回他人的面子？你是否展现了自己最好的一面，或玩世不恭的一面？如果是这样，你可能会对著名社会学家欧文·戈夫曼（Erving Goffman）的研究感兴趣，他致力于研究人们在日常交往中如何呈现自己的形象。

　　戈夫曼（1959，1967）用戏剧来比喻自我呈现的过程，他认为社交情境是人们进行表演的舞台。当我们在社交场合中与他人互动时，我们呈现出的形象是我们想让他人接受的自己。例如，在求职面试中，你想让面试官看到你的专业和对工作的了解。为了更可信地表演这个形象，你必须用能体现你想呈现的身份的方式来进行交流。这就涉及戈夫曼所说的印象管理，也就是我们如何利用沟通来说服别人相信我们呈现的面貌。在上述例子中，你需要穿戴整洁，与面试官保持良好的眼神交流，并向他提供你在过去工作中的实例，以显示你经验丰富、技能熟练。

　　但是你并不能完全控制自己的形象。戈夫曼强调，互动是社会性的，这意味着他人也参与其中，他们会对你呈现的形象有所回应。面试官可能会称赞你的成就和资历来肯定这种形象，也可能会提出质疑："看来你在担任主管时遇到了一些问题。"面试官也可能会直接拒绝你："你不符合这个职位的要求。"

大多数时候，人们会互相帮助对方保全颜面，因为我们不想感到尴尬，也不想让他人尴尬。换句话说，我们会努力支持他人呈现的形象，也希望他人这样帮助我们。

有时候，我们不确定自己的形象是否会被认可。为了解决这一状况，我们会进行预防性面子维护工作。比如，在提出面试官可能反对的观点之前，你也许会说："我也不是十分坚持这个观点，但是……"有时候，他人会质疑和拒绝承认你想呈现的形象，就像在上面的例子中，面试官说对方不适合承担管理职责一样。为了应对这些质疑，我们要做一些恢复性"脸面工作"。你可能会为这个问题找个理由："我那时刚刚开始工作，还不太清楚办事的程序，但我现在已经知道了。"你也可能会道歉，并且努力将对话引向积极的方向："你说得对，我本该对不同的事情采取不同的处理方式。不过好在我从错误中吸取了教训，我不会再重蹈覆辙了。"

我们可以看到，形象的呈现和协商是一个社交过程，因为它要求别人对我们呈现的形象有所回应。传播学者廷图米（Stella Ting-Toomey，2005，2009）发现，文化会影响我们对形象的偏好，以及我们如何处理关于形象的分歧。也就是说，文化中的规范、价值观、信仰和传统影响着我们对正面形象的看法，以及对他人的形象进行回应的方式。

在集体主义文化中，集体高于个人，人们很少当面反驳他人，因为这会造成集体内部的冲突。如果在集体主义文化中长大的玛丽亚不能接受在个人主义文化中长大的利昂所呈现的形象，她很可能会回避冲突，并想方设法帮助利昂找到一个可被接受的形象。在个人主义文化中，个人优于集体，人们更可能直接质疑他人，并且这种做法也是被社会广泛接受的。利昂可能会直接否认玛丽亚所呈现的形象，或者说："我不相信你。"他也可能会让玛丽亚自己调整个人形象。

现在，我们已经探讨了个人形象的形成和呈现，下面让我们来研究如何形成健康的自我形象，并促进它的发展。

社交媒体与个人形象

在这个部分，我们会讨论个人形象与社交媒体相关的三个方面。第一，请思考一下社交媒体为我们提供的直接定义和反映性评价。一项调查显示，近30%的12岁及以上的美国人在至少一个社交网站上有个人资料，60%的12岁及以上的美国人是社交媒体的重度用户（The Social Scene，2013）。这意味着我们会在网络和数字沟通中给予和获得大量评价。当你在脸书发布了一张照片，他人可能会回复"你看起来真棒"或者"好酷的衣服"。知道别人认为你很有吸引力可能会提升你的自信，但是如果他人的评价不那么正面呢？"你是不是胖了？""你的头发怎么了？"这些反映性评价可能会让你自我感觉没那么好。

与男性相比，女性更有可能将社交媒体视为自我发展的渠道。年轻女孩们会通过博客等社交网站讨论瘦身压力、要不要喝酒、要不要有性行为，以及如何穿戴的问题（Bodey，2009；Bodey & Wood，2009）。女孩们在网络社区中确认自己想要什么，并依靠他人的评论来明确自己的想法，获得对抗性别规范的自信。

社交媒体经常导致网络欺凌，有人会通过邮件或社交媒体发布短信、评论、谣言、让人尴尬的照片、视频以及虚假资料来伤害他人。不管信息是否真实，像"珍妮是个荡妇""安吉很胖"这样的直接定义都是很伤人的。2012年的一项报告显示，有43%的青少年曾遭受网络欺凌；对于LGBTQ群体的青少年来说，这个比例甚至达到53%（Burney，2012）。当被问到为什么人们在网上如此残忍时，一位男孩解释道："在脸书上，你可以尽情地刻薄。"（Hoffman，2010，p.A12）校园欺凌会止步于校园，受害者可以通过回家或拜访朋友来逃离处境；而网络欺凌没有必然的终点，它会一直伴随受害者，永不停止。

第二，就像本章最开始的场景所展示的一样，社交媒体也是进行社会比较的重要来源。我们阅读他人的更新，并将自己的成就、活动、朋友数量等与他人做比较。在社交网站上，大多数人都会强调生活中积极的一面，而减弱或忽略消极的一面。这提醒我们，在将自己与他人在网上呈现的形象做比较时，需要谨慎看待。第三，社交媒体允许我们有技巧地呈现形象。事实上，与面对面的沟通相比，社交媒体给了我们更多的时间来计划和雕琢自己想呈现的形象。我们可以多次修改个人资料，直到它变成我们想要的样子。我们可以只发布最好的照片，还能编辑照片让自己看起来更有魅力。同样地，我们会花时间来发布新的内容和回复朋友的内容。这意味着网络沟通有很大的策略性操作空间，甚至有可能歪曲事实。当然，我们在面对面沟通中也能进行策略性操作，但是我们不一定有那么多时间来准备自我介绍，也没办法修改自己说过的话。

自我丰富的指导原则

在本章的最后一部分，我们会提供发展和保持健康形象的指导原则。

对个人成长做出严肃承诺

第一条原则是最难，也是最重要的。你必须对个人成长做出严肃承诺。这并不像听起来那么简单，一个严肃的承诺不是说说而已。"我不想再过多对他人评头论足"这句话说起来简单，但是你必须真正投入精力才能带来改变。从一开始你就要意识到，改变自己的思维方式是一项重大工程。

形成自我是一个过程，它不可能一蹴而就，也不可能在你下定决心的一刻就发生改变。我们必须在一开始就认识到：这个过程中可能会有挫折，但是我们不会让挫折影响改变的决心。去年，我的一位学生说她想变得更自信，所以她开始更多地在课堂上发言。但当一位教授批评了她做的事时，她的决心就减弱了。改变对自己的看法是一个长期的过程，所以我们不能让挫折影响我们改变的决心。

另一个难以改变自我观念的原因是自我抗拒改变。很明显，人们更习惯待在舒适区。但如果你事先意识到自己可能会抗拒改变，就能对伴随个人成长的紧张情绪有所准备。

学习并运用有利于个人成长的知识

单凭承诺不足以带来自我意识的建设性变化。除此之外，你还需要掌握几类知识。第一，你需要知道自我形象是如何形成的。在本章中我们已经认识到，我们对自己的看法很大程度上来自社会构建的观点。根据你所学到的知识，你可以批判性地思考要接受或拒绝哪些社会观念。

蒂娜：

我不接受的社会价值观是：女性最好瘦成电线杆。我的很多女性朋友都在节食。即使她们因此变得虚弱，她们也绝不吃东西，因为这样才能减肥。我认识几个患贪食症的女生，这是一种很危险的疾病，但是与怕死相比，她们更怕变重。我拒绝接受这种社会观念。我不胖，也不瘦。我不像模特一样瘦，也不想变成那样。为了满足社会对女性的畸形审美而天天忍饥挨饿是很愚蠢的行为。

除了本书和课上学到的内容，还有其他资源能帮助你设定和达成个人目标。你可以参考一些关注个人成长的书籍和网站，也可以寻求他人的帮助。与他人沟通可以很好地了解人际关系，以及人们想在关系中获取什么。他人也能对你的沟通能力和改变进展提供有用的反馈。他人还可以成为你的榜样，如果你认识的某个人特别善于沟通，你可以通过仔细观察来学习他的特殊技巧。你可能不想完全照搬他人的做法，但是观察能让你更了解他人使用的具体技巧，然后你就可以将他人的技巧与自己的风格相适应。

其次，你需要了解关于自己的信息。我们如何看待自己是信息的其中一个来源，但是我们常常无法很好地了解他人对我们的看法，以及他人如何看待我们视为隐私的一些信息。

几十年前，约瑟夫·勒夫特（Joseph Luft，1969）和哈利·英厄姆（Harry Ingham）创建了一个影响自我发展类型的知识模型，他们称之为**约哈利窗**（Johari Window，见图2.2），这是他们名字的结合。

以下是四类与自我有关的信息：

1. 开放、公共的信息是大家都知道的信息。比如你的名字、身高、专业和音乐品味等，这些是你可以轻松与他人分享的公开信息。

2. 盲区包含别人知道，而我们自己不知道的信息。例如，即使我们认为自己隐藏得很好，他人也可能会看出我们的不安。他人也可能意识到我们自己不曾承认的需求和感受。

3. 隐藏信息是我们自己知道，但不想向大多数人透露的信息。你可能不会把你的弱点和过去的痛苦经历告诉很多人，因为你认为这是私人信息。

4. 未知区里是我们和他人都不知道的信息，包括你未被开发的资源、未被发掘的天赋，以及你对从未经历的事情的反应。在没有经历危机前，你不知道自己该如何应对；在没有孩子前，你也不知道自己会是怎样的父母。

获取关于盲区和未知区的信息是非常重要的。你可以通过接触不熟悉的领域、尝试新事物、体验新的沟通方式来扩展经验；还可以与他人互动交流，了解他人对自己的看法，以增加自我认识。我们可以通过反思他人的话语来洞察自己。只有当我们能给予他人安全感时，他们才会如实说出对我们的看法。但是请注意，关于你的匿名沟通可能是无效的。一些社交网站允许人们向会员的私人邮箱发送匿名评论。由于不用对自己的言论负责，有的人可能会发送一些攻击性的恶毒评论，比如"你很丑""大家都知道你是个失败者"等等。网络欺凌是残酷的，而当面批评时人们则会变得懦弱。

另一种了解他人如何看待自己的方式是对他们敞开心扉，这就引出了第二条原则。

在合适的时机自我表露

自我表露（self-disclosure）是指有意向别人表露他们很难通过其他渠道获知的、关于你自己的事情，这是了解他人如何看待我们的一种方式。例如，你可能会向密友透露一段让你感到尴尬或恐惧的经历。

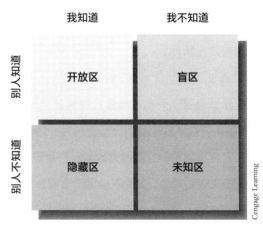

图2.2　约哈利窗

自我表露的好处　自我表露有着显著的好处。首先，它让我们更了解自己（Greene，Derlega，Mathews，2006）。有时，在对他人敞开心扉的过程中，我们的想法和感受会变得更加清晰。此外，通过观察我们如何处理他人的反馈，我们也能更深入地了解自己。我们有没有认真反思，并以此记录自己的成长？

　　第二，自我表露是一种宣泄方式（Vilhauer，2009）。与我们真正信任的人分享秘密，对于放下秘密是很有帮助的，我们不必再为了心里藏着事情而备受压力。然而，自我表露的这个好处并不是我们选择这样做的充分理由。如果你想分享的对象不能为你保守秘密，你可能会后悔这样做。

　　第三，与他人分享私人信息可以帮助我们自我确认。例如，如果你跟朋友说你是同性恋或变性者，而你的朋友给予了正面的回应，那你就得到了正面的确认。此外，他人的回应方式可以让我们对自己的身份和所做的事情产生新的看法。对于我们认为羞耻的事情，他人可能会有不同见解；对于我们的一些担忧，他们可能也会觉得没有必要。

　　第四，自我表露有时是道德的体现。如果你重视诚信，你可能会觉得有义务向他人披露信息以维护你的自尊。如果一个人得了疱疹，就需要提前告知伴侣接触可能带来的传染性，这是诚实和对他人关心的道德要求。

　　最后，自我表露往往是互惠的，如果你与一个朋友分享了秘密，他可能也会与你分享他的秘密（Forgos，2011）。互相表露的过程会加强人们对彼此的正面看法，也能提升人际关系。

自我表露的风险　尽管自我表露有很多潜在好处，它也存在一定的风险。比如，他人可能不接受我们分享的内容，变得不再那么喜欢我们，或者开始抗拒我们，甚至有可能用我们分享的内容来对付我们。自我表露还可能会伤害他人。例如，如果一个人说他爱你，但你回应说没有同样的感觉，他就可能会受到伤害。网络上的自我表露并不安全，因为它们可能会被其他人看到，我们无法保证他人会如何处理我们透露的信息。

在已经建立信任的关系中慢慢进行恰当的自我表露，才能让风险最小化。明智的做法是，在进行重大的自我表露之前，先通过有限的表露来逐步试探。我们可以从分享一些私人信息开始，这些信息不是高度私密性的，也不会被他人利用而造成损害。在进一步分享之前，我们可以观察别人做何反应，也可以观察对方是否会分享他的私人信息。由于自我表露存在风险，我们需要谨慎对待表露的时机和对象。

设立现实且合理的目标

只有设立现实且合理的目标，我们才能更好地做出改变。在强调完美主义的文化中，人们很容易陷入期望超过能力的处境。

如果你的目标是成为在任何场合都表现完美的沟通者，那么这个目标必将失败。相较而言，设立一系列更容易达成的小目标可能是更合理、更具建设性的。你可以致力于提升我们在第一章中提到的某一个沟通技巧，在熟练掌握这一技巧后，再开始设立第二个目标。

回想一下我们对社会比较的讨论，选择合理的对象来与自己做比较也是很重要的。跟塞雷娜·威廉姆斯（Serena Williams）或维纳斯·威廉姆斯（Venus Williams）比较网球水平就是不现实的做法，而跟天赋、训练水平与自己相似的人做比较则是比较合理的。

肯德里克：

　　我的大一生活过得非常受挫。在高中篮球队里，我一直是个明星，所以我觉得到了大学我也会是个明星。可是在第一天训练时，我发现有很多人水平比我高。他们真是太棒了，我感觉自己一无是处。回房间后，我给妈妈打了个电话，告诉她我在这里没有前途。妈妈说我不应该跟那些已经入队很久、受过训练的人做比较。她问我和其他大一球员相比如何，我说还挺好的，她告诉我这些人才是我的比较对象。

肯德里克的反思告诉我们，我们应该公正地评价自己。我们常常参照不公平的标准来判断自己的能力、制订自己的目标。例如，我的朋友梅格是一位成绩斐然的作家，但她时不时就会埋怨自己没有像邻居一样多做志愿者。梅格的邻居在家工作，所以她有更多的时间做义工。梅格意识到了自己并未在志愿活动中花太多时间，但她也应该意识到自己在写作方面取得的瞩目成就，这才是合理的。然而，在说起她的写作时，她却将自己跟全国知名的大文豪相比。梅格的自我评价对她来说是不公平的，因为她把自己与那些在特定领域极为成功的人相比较，却没有注意到这些偶像在其他领域表现平平。结果，她错误地认为自己在大多数方面都做得不够。我们应该公平地对待自己，清楚地认识自己的长处和优势，以及需要提升和改变的不足之处。

蒂莫特奥：

我非常纠结于自己的学业目标。对我和我的家庭来说，我有好的学业表现是非常重要的。我是家里第一个上大学的人，所以我必须成功。当我得 B 或 C，而班里其他人得 A 时，我感到非常难过。长久以来，我都对自己说："如果其他人比我成绩好，那说明我不如他们聪明。"但是我为了付学费，每周要工作 35 个小时，而其他同学要么不工作，要么比我工作的时间短，因此他们有更多时间来写论文和为测验做准备。当我将自己与其他和我工作时间相似的同学做比较时，我发现我的学习能力还不错——这对于我来说可能是更加公平的比较方式。

要对自己公平，你也要认识到自己是处在动态过程中的——这包括几层含义。首先，你需要接受现在的自己，将现在作为一个起点。你不必喜欢或赞许关于自己的所有事，但是你要接受现在的状况，作为前进的起点。这是你在过去所有的交流、反映性评价和社会比较中形成的自我。你无法改变过去，但是不一定要让它决定你的未来。

承认自己处在过程中，意味着你明白自己是可以改变的。现在的你不一定是 5 年或 10 年之后的你。别让失败、自我实现预言或无法改变的错误阻碍你的前进

（Rusk & Rusk，1988）。只要你设定现实的目标，做出真正的承诺并为改变而努力，你就会真正地发生改变。

心理学家朱迪思·奥尔洛夫（Judith Orloff，2009）认为，在同情心方面，我们对自己并不大度，很多人都将自我同情视为自我纵容。但是她认为，我们必须接受自己的不完美，将其作为自我成长过程中的一步。对自己缺乏关心和理解会减弱我们改变的动力和决心。相较而言，自我理解则能促进改变，因为它是从关心和支持自己开始的。

MindTap
日常技巧 练习如何提升自己，请完成本章末尾的"设立个人目标"活动。

寻求支持个人改变的环境

正如顺水行舟比逆水行舟更容易一样，如果我们的努力得到一定的支持，我们就更容易改变对自己的看法。你可以通过选择能帮助你实现目标的环境和对象，创造一个支持你成长的氛围。首先，请思考一下环境。如果你想变得更外向，那就要多出席社交场合；如果你想提升学业表现，图书馆就比派对更适合你。

埃琳：

> 大学前两年里，我常常参加各种聚会。我们永远在喝酒、跳舞、互相调情。在大二那年暑假，我得到了一份辅导高中生学习的工作。那里的老师都非常酷，他们总是朝着重要的目标努力。我想像他们一样——做出比参加派对更积极的改变。在我回到学校后，我发现真的很难推进这一目标，因为跟我一起出去玩的朋友并没有改变，而我已经变了。我不再和以前的朋友出去玩，而是开始参加服务组织，结识那里的人，并和那些我想成为的人一起做事。

第二，思考一下哪些人的评价能够帮助你做出改变。你可以有意识地和那些相信你、鼓励你成长的人在一起，把自己放在支持性的环境中。同样重要的是，要避开那些把我们拉下水或说我们不能改变的人。换句话说，给予我们正面反馈的人可以加强我们改变的能力。

与他人的沟通并不是唯一影响我们自我概念的因素，因为我们也会与自己沟通，这同样会影响我们的自尊和自信。其中，最具破坏力的自我对话形式就是**自我破坏**（self-sabotage）。这包括自我暗示自己并不好，自己什么事都做不成，努力改变无意义，等等。我们可能是在复述别人对我们的判断，也可能是在自己发明消极的自我实现预言。不管怎样，自我破坏都会将我们击败，因为它削弱了我们对自己的信念，打击了我们改变和成长的动力。

2012 年的一项调查关注了自我对话中一种极为普遍的现象——肥胖谈话（Arroyo & Harwood，2012；Martz，Petroff，Curtin & Bassini，2009）。肥胖谈话是关于体重的话题，比如"看看我，真是太胖了""我的屁股太大了""我的胃口好大"等等。大多数肥胖谈话都是负面的，显示出媒体展现的理想形象对人们的影响。由于肥胖谈话的消极性质，人们自然会对自己的身体不太满意，陷入更深的沮丧；而对自己身体不太满意的人往往又更喜欢参与肥胖谈话。换句话说，这形成了一个自我加强和自我破坏的循环。

积极的自我对话能够增强我们的动力和信心，它是解释和挑战负面信息的有效战略。当你下次再听到自己说"我做不到"或他人说"你永远改变不了"的时候，要用自我对话来抵御这些负面信息。请大声地对自己说：我能做到，我会改变。要学会用正面的自我对话来抵御关于自己的负面信息。

在结束讨论之前，我们应该明白，自我提升并不能仅仅依靠不加批判的正面沟通。如果我们只听得进去赞赏，尤其是不诚实的赞赏，那就无法得到成长和提升。真正的朋友会为我们提供建设性的批评意见，鼓励我们成为更好的自己。

总而言之，要提升自己，我们需要寻找支持自己成长和改变的环境。同时，要分辨出相信你有能力改变的人，以及用非建设性的方式批评你、打击你的人。这样，你就可以选择与那些能够帮助你实现自我提升的人互动了。

本章总结

在本章中，我们说明了自我是一个不断发展的过程。我们认识到自我并非与生俱来，它是随着我们与他人的互动逐渐形成的。通过沟通，我们学习并接受社会观念——这些观念可能来自特定他人、泛化他人或社会整体。不管是在网络沟通还是在面对面沟通中，反映性评价、直接定义和社会比较都塑造着我们看待自己的方式，以及我们如何随时间改变。泛化他人的观点包括关于个人身份的社会和文化视角，比如种族、性别、性取向和阶层。社会观念不是一成不变的，就像前人一样，我们会挑战和改变我们认为不合理的部分。

自我并不仅仅是特定他人和文化定义的结果，我们自身也在自我呈现中起着积极作用。不管是在线沟通还是面对面沟通，我们都能够决定在何种场合呈现何种形象。然后，他人可能会支持、质疑或拒绝接受这种形象。在沟通互动的过程中，我们不断地协调自己和他人的形象问题。

社交媒体对于发展和管理个人形象是十分重要的。就像面对面沟通一样，网络沟通也能提供直接定义、反映性评价和社会比较，它们影响着我们看待自己的方式。无论在面对面沟通还是在网络沟通中，自我形象管理（或称"脸面工作"）都同样重要。

本章最后一部分聚焦于提升自我的方式。其原则包括：对个人成长做出严肃承诺，学习并运用有利于个人成长的知识，在合适的时机自我表露，设立现实且合理的目标，公正地评价自己，以及寻求支持我们改变的环境。要改变对自己的看法并不容易，但它并非不可企及。当我们在力所能及的范围内做出选择时，我们就能实现惊人的改变。

关键概念

请练习为本章涉及的术语下定义。

安全型依恋　反映性评价　泛化他人　焦虑－矛盾型依恋　恐惧型依恋
社会比较　身份脚本　疏离型依恋　特定他人　网络欺凌　形象　依恋类型
印象管理　约哈利窗　直接定义　自我　自我表露　自我破坏　自我实现预言

话题延伸

请利用本章学习的原则来评估并分析这段对话，然后和作者建议的回应做比较。我们的网站上有更多相关视频，你可以与老师继续练习。

埃米在学期初遇到了黑利，她看起来充满自信又积极向上，埃米被她深深吸引住了。几个月后，她们成了好朋友。就在两个月前，黑利开始与丹约会。黑利和丹刚开始在一起时还很开心，但后来她逐渐变得不那么外向和活泼了。当埃米提议一起去做某事时，黑利说她不能去，因为丹想让她一直陪在身边。但埃米注意到，当他们在一起时，丹并没有给予黑利应有的尊重。埃米担心黑利在这段感情中遭受了语言和身体暴力。她想提供帮助。

埃米： 我很担心你，我不喜欢他对待你的方式。

黑利： 因为他说我很笨？我是很笨，但当我做了傻事时，我不能指望他没发现。

埃米： 但是他根本不尊重你。

黑利： 他是男生嘛，男生会直率地说出自己的想法。很多人的男朋友都是这样的。而且，我不觉得丹有什么问题，只要我不再做让他不舒服的事情就好了。

1. 回想一下你在本章学到的内容，你会如何回应黑利呢？

2. 社会比较观念如何影响黑利对于这段关系的看法？

3. 有什么方法可以让你成为黑利积极的"镜中我"？

4. 你该如何帮忙创造一个环境，以促进黑利自我概念的积极转变？

5. 什么样的行为是在支持黑利？你该如何既表达对她的支持，又表达对她这段恋情的不认同？

自我评估

请应用本章所学的知识，完成以下的自我评估测验。在线答题可以知道每项结果对应的含义。

目的：深入了解你和他人对你的看法。

说明：请根据自己与以下描述的符合程度，填写下表。

你的表格

使用以下标准，为每项内容的真实性评分：

5 非常符合

4 大多数情况下符合

3 有时符合

2 大多数情况下不符合

1 不符合或完全不符合

___ 1. 我是个乐观主义者

___ 2. 我是个成熟的人

___ 3. 我是个外向的人

___ 4. 我会为他人着想

___ 5. 我有野心

___ 6. 我一般是开朗乐观的

___ 7. 我很情绪化

___ 8. 我是个可靠的朋友

___ 9. 我并不因循守旧

___ 10. 我很坚定

表格：请熟知你的人填写

评估下列每项与_____的符合程度，使用如下标准：

5 非常符合

4 大多数情况下符合

3 有时符合

2 大多数情况下不符合

1 不符合或完全不符合

_____ 1. 他 / 她是个乐观主义者

_____ 2. 他 / 她是个成熟的人

_____ 3. 他 / 她是个外向的人

_____ 4. 他 / 她会为他人着想

_____ 5. 他 / 她有野心

_____ 6. 他 / 她一般是开朗乐观的

_____ 7. 他 / 她很情绪化

_____ 8. 他 / 她是个可靠的朋友

_____ 9. 他 / 她并不因循守旧

_____ 10. 他 / 她很坚定

日常技巧

请完成下面的练习，进一步提升自己的沟通技巧。

1. 回顾反映性评价

为了理解反映性评价如何影响你的自我认知，请尝试下列练习。

a. 在横线上用五个词语描述自己。（比如：负责、有野心、内向、愚笨、有趣、聪明、害羞、健壮……）

b. 然后，回想一下哪些人在你生命中尤为重要。请努力想出至少五个对你很重要的人。

c. 现在，思考一下这些人会如何看待你在 a 中描述的特质。

描述自己的词语

他人对此的评价

_____   _____

_____   _____

_____   _____

_____   _____

你能从生活中特定他人的反映性评价中追溯你对自己的看法吗？

2. 回顾你的身份脚本

为了掌控自己的人生，我们首先必须了解影响人生的因素，学会辨识父母教给我们的身份脚本。

a. 首先，回忆一下父母传达的关于"我们是谁"和"你是谁"的信息。你能听到他们要求你遵循规则的声音吗？

b. 然后，写下这些脚本。尝试捕捉父母在向你传达这些脚本时所用的语言。

c. 现在，回看这些脚本。哪些如今看来是合理的？你是否曾遵循对你没有建设性的内容？你有没有不同意其中的某条？

d. 最后，做出承诺，去改变那些对你不是很有用或与你的价值观冲突的脚本。

等成年后，我们就可以重写脚本。但在此之前，我们必须意识到家庭对我们的教导，并承担起为自己的人生书写脚本的责任。

3. 分辨网络媒体中的理想概念

选择一个你经常访问的热门网站，记录上面的文章和广告的关注点。它们展现了社会崇尚的哪些价值观？请尝试分辨它们强调的主题和人物的类型。

该网站传达了哪些关于性别的文化价值观？其中的文章怎样看待女性或男性，期望他们成为什么样的人、做什么样的事？针对该网站的广告提出同样的问题。

有多少广告在强调女性美容、抗衰老、瘦身、照顾他人和吸引男性？有多少广告在强调男性力量、男子气概、成功和独立？对于网络媒体推崇的男女理想形象，你有什么结论？

4. 设立个人目标

利用本章最后提出的原则，设立你的个人目标。在确定目标的重点后，用以下提示来让你的目标更有用、更可行。

a. 你的目标是否足够具体，是否切合实际？

b. 你用来衡量目标实现情况的标准是否合理？你的社会比较方式是否公正？

c. 你能否分辨出支持你努力实现目标的人和环境？

概念应用

请思考本章概念在个人、工作场合和道德中的应用，写下你的感想。

个人　根据本章学习的内容，设立一个具体、合理、现实的自我提升目标。明确能够支持你做出改变的环境。

工作　说出一个在工作中对你很重要的人。描述这个人对你的直接定义以及你对此的反映性评价。在工作中，它们如何影响你的自我认知？它们对你的整体影响又是什么？

道德　回想一下过去两周你的网络推文和个人资料变更。你是否夸大了某些事？你的推文是否准确反映了关于你的正面和负面消息？夸大事实或只发布生活中的积极信息是不道德的行为吗？

批判性思考

请批判性地思考本章提到的观点，写下你的感想。

1. 分别与一位至少比你大 20 岁的男性和女性交谈，再分别与一位至少比你大 30

岁的男性和女性交谈。在每段对话中，请询问当他们 20 岁的时候，社会对男性和女性的表现有何期待，对人们的行为和穿着有何要求，什么样的行为、目标和态度被认为是不恰当的。请将他们的回答与今天的状况做比较。

2. 与班上其他同学讨论种族的概念。你可能会想重读本章中关于种族和身份的内容。根据本章内容和你的个人经历，你认为种族更多是一种生理或遗传特质，还是一种社会建构？种族是对人进行分类的合理方式吗？为什么？

3. 请回想一下，你有没有努力改变却并未成功的时候？用本章最后提出的五条原则来进行评估。在了解这些原则之后，如今的你会如何实现这些改变？

4. 跟同学和朋友讨论自我形象的影响是掌握本章内容的一种方式。请选择一个能让你感到舒服的人探讨个人信息。一旦决定了交谈对象，就请他分享在早年或当下生活中他对身份脚本和直接定义的回忆，以及它们如何影响自我认知。同时，也请准备好分享你自己的回忆和它们对你的影响。

5. 请观看电影《猫鼠游戏》（*Catch Me If You Can*）。这部电影讲述了小弗兰克·阿巴内尔（莱昂纳多·迪卡普里奥饰）的人生。父母离异、家庭破碎的成长背景让他走上歧途，成了一名伪装者和罪犯。同时，电影也讲述了卡尔·汉拉蒂（汤姆·汉克斯饰）的故事，他是一名追踪阿巴内尔的侦探，后来成了后者的人生导师。在观看这部电影时，请运用本章提到的概念。下面的提示可能会对你有所帮助：

a. 判断阿巴内尔的依恋类型

b. 指出直接定义的例子

c. 指出阿巴内尔伪装术的成功和社会比较之间的联系

d. 汉拉蒂是如何支持阿巴内尔改变自我认知的？

第三章
感知与沟通

本章涉及的话题

◎ 人类感知的过程

◎ 影响感知的因素

◎ 社交媒体与感知

◎ 提升感知和沟通能力的指导原则

学习完本章后，你应该能够 ——

◎ 了解感知是如何由选择、组织和解释意义的方式所构成的

◎ 了解影响个人感知的因素

◎ 举例说明你的感知与社交媒体的互动关系

◎ 运用本章的指导来提升你的感知能力

本章聚焦于沟通的核心 —— 意义。为了理解人们如何创造关于自己和行为的意义，我们需要理解感知和沟通之间的互动关系。我们将会看到，感知塑造着我们赋予沟通的意义，影响着我们的沟通方式。同时，沟通影响着我们对他人和环境的感知。

在进一步阅读之前，请尝试一笔连接图 3.1 中的九个点。你只能使用不超过四条直线，并且线与线之间必须是相连的。

本章探讨的是感知和沟通的关系。我们首先会讨论感知的三个过程。接下来，我们会思考影响感知的因素。然后，我们会将本章所学的内容应用于数字和网络沟通。最后，我们会学习提升感知能力的指导原则，这样我们就可以更有效地沟通了。

图 3.1　**九点问题**

在展开这些话题之前，让我们先回到九点问题。你能将这些点连接起来吗？大多数人在解题时都会遇到困难，因为他们把九个点看作一个正方形，并试图在这个正方形的范围内把这些点连接起来。但是，如果想在正方形中用四条线连接九个点是不可能的。其实，有几种解题方式可供选择，本章末尾会提到其中一种。

这个练习提出了一个重要观点，即语言和感知的关系。如果你将这些点限定在正方形里，就无法解决这个问题。在日常沟通中，语言影响着我们看待他人、环境、事件、行为和我们自己的方式。同时，我们的感知也塑造着事物对于我们的意义，从而形成我们用以命名的标签。我们会根据自己对他人的感知和定义来进行沟通，如果我们的标签限制了感知，就可能错过一些机会。下面，我们会解释感知和沟通的复杂关系。

人类感知的过程

感知是人们通过选择、组织和解释他人、物体、活动、场景和其他现象来主动创造意义的过程。请注意，感知是一个主动的过程。我们并不是被动地接受外部世界"有什么"，而是主动地理解自我、他人和互动。因此，我们会有选择地注意某些事物，然后组织和解释我们选择性注意的内容。事物对我们的意义取决于我们注意到的方面，以及我们对这些方面的组织和解释。因此，感知不是简单地接受外部现实，而是不断投入精力去构建意义的过程。

感知包括三个过程：选择、组织和解释。这些过程是连续的，也是相互融合、相互影响的。例如，在某个特定场景中，我们选择的感知对象影响着我们组织和解释这个场景的方式。同时，我们组织和解释这个场景的方式，又影响着我们接下来对感知对象的选择。

选 择

现在，请暂停一下，注意你身边正在发生的事情。环境里有音乐吗？房间是冷还是暖，是整洁还是凌乱，是大还是小，是明亮还是昏暗？你能闻到什么味道吗——正在被烹饪的食物，吃剩的爆米花的霉味，或是古龙香水的味道？你能听到屋外活动的声音吗？现在，想一下你自己的状态如何：你困吗？饿吗？感到舒服吗？你是否头疼或觉得哪里疼痛？你的书是用什么纸印刷的？书上的字是大是小？容易阅读吗？你喜欢书的大小、配色和设计吗？如果你正在阅读电子书，那么你觉得屏幕分辨率高吗？颜色和显示质量好吗？

在阅读本章内容之前，你可能没有意识到这些现象，因为你一直在关注这本书的内容。你往往将注意力集中于你认为重要的地方，而忽略了书的其他部分和你周边的环境——这是我们日常生活中的典型现象。我们不可能参与环境中的每件事情，所以我们将精力集中在当前与自己最相关的事情上。

我们的选择基于以下几个因素。首先，有些现象本身的特质就会吸引人的注意力。例如，我们会发现某些事物很突出，因为与其他事物相比，它们更大、更强烈或更不寻常。所以，相对于轻柔的声音，我们更容易听到响亮的声音；相对于白纸黑字的信息，我们更容易被网络上闪亮的广告所吸引。在这张照片中，你可能更容易被浅色的靴子所吸引，因为它在其他靴子中脱颖而出。此

外请注意，我们的眼睛并未聚焦于士兵本身，而是聚焦于靴子。

改变也能引起关注，这就是为什么我们会将与朋友的愉快沟通视为理所当然，而只注意到关系紧张的时刻。

最近的研究表明，人类可以克服这种关注吵闹或新奇刺激的倾向。我们可以利用前额叶皮质，也就是大脑的规划中心来有意地集中注意力（Gallagher，2009；Tierney，2009）。我们可以通过自我暗示来将注意力集中于某一特定现象。事实上，教育就是让人们学会自我暗示，对此前从未见过的事物加以注意的过程。现在，你正在学习如何更好地意识到自己感知的选择性，从而未来更多地通过自己注意到这一点。在科学类课程中，你学习如何注意分子结构和化学反应。请看图 3.2 中的白色花瓶，然后再看一次，你会注意到这不是花瓶，而是两张侧脸。现在，你看到侧脸了吗？

我们选择注意何事，也受到我们的身份和最近发生的事的影响。我们的动力、需求影响着我们看到／看不到的事物。如果你刚结束一段恋爱关系，就更有可能在聚会上注意到某个充满魅力的人。动力也能解释绿洲现象，即虽然实际上没有水，但被困在沙漠中的饥渴之人也会看到水的这种幻觉。在一系列实验中，研究人员发现比起不想要的事物，人们更容易看到他们想要的事物，比如金钱或者口渴时的水（Balcetis & Dunning，2013）。

图 3.2　**感知**

文化同样影响着我们对感知对象的选择。在美国，自信和竞争意识是人们鼓励培养的良好品质，所以积极参与竞争并努力超越他人并不是让人感到意外的事。相较而言，由于一些亚洲传统文化强调团队意识、合作和保全面子，因此竞争往往被看作反常和负面的（Gudykunst & Lee，2002）。在韩国，年龄是身份的一个重要象征，年龄越大的人越受尊重。很多韩国人也会将家庭关系置于首要位置。因此，与西方人相比，韩国人更习惯在交流时注意对方的年龄和在家庭中的身份。韩国的语言就反映了他们对年龄和家庭关系的重视，在面对不同年龄和家庭地位的人时，他

💬 **日常生活中的沟通 / 社交媒体**

非注意盲视

以下哪件事最容易让司机分心？

    a. 听录音带

    b. 用手持电话交谈

    c. 使用语音转文字系统

    d. 用免手持电话交谈

答案是 c。令很多人意外的是，研究显示最让司机分心的是仪表盘系统，它可以让司机用语音发送指令，比如开灯、订购食物或在脸书上发文。汽车销售商一直声称这个昂贵的系统会让司机更加安全，因为它能确保司机的双手一直在方向盘上。但是人们发现问题不在于双手，而在于司机把注意力放在了信息娱乐系统上，而不是关注路况。

当司机需要专注于一项事物，比如在脸书上发文时，很容易出现非注意盲视的情况，也就是不看眼前事物的倾向（Lowy，2013）。他们不再观察前方路况，不再注意行人或交通标志，也不再查看后视镜。这一结论是根据参与研究的大学生所显示的脑电波、眼动、反应时间等驾驶能力指标得出的。

> **MindTap** 你是否曾意识到，当你在打电话、听音乐或发短信时，你对周围其他事物视而不见？

们会使用不同的称谓。一位来自韩国的同学解释道，他们在对前辈讲话时会在词语最后加上 yuh 或 yo。例如，一个年轻人想表达他要去某个地方，就会对家里的长辈说"gahsaeyuh"或"gahsaeyo"（"告辞"），而对朋友则只说更加随意的"gahndah"（"之后见"），"gahndah"传达的意思是"我要走了"。

组　织

一旦我们选择了注意的对象，我们就必须理解它们。我们会将自己注意到的事物组织起来，并赋予它们含义。**建构主义**（constructivism）是一种解释人们如何组织经验的理论，它认为我们会运用**图式**（schemata）认知结构来组织和解释经验（Burleson & Rack，2008）。我们会通过四种图式（见图 3.3）来理解人际沟通现象：原型图式、个人建构图示、刻板印象图式、脚本图式（Hewes，1995；Kelly，1955）。

💬 **日常生活中的沟通／多样性**

哪条线更长？

a 线更长还是 b 线更长？这两条线其实一样长，但是对某些人来说可能并非如此。这个现象被称为"缪勒莱耶错觉"（Muller-Lyer illusion）。如果你是西方人，你可能会认为 b 线更长。然而，如果你是非洲卡拉哈里沙漠的桑人，你可能会认为两条线一样长。为什么会这样呢？

研究者发现，文化不仅塑造着我们的行为和价值观，还塑造着我们的感知（Henrich & Norenzayan，2010；Watters，2013）。西方人生活在一个充满角落的世界里（比如房间和建筑物中的方形墙角），所以他们学会了在三维层面上感知线条；而生活在工业化程度较低的文化中的人，看到的墙角较少，因此他们的感知还未被训练成三维视角。在研究了十几种文化后，研究者发现美国人更倾向于认为 b 线更长。

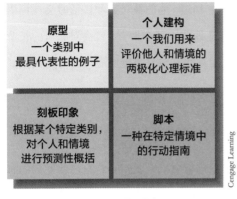

| 原型
一个类别中
最具代表性的例子 | 个人建构
一个我们用来
评价他人和情境的
两极化心理标准 |
| 刻板印象
根据某个特定类别，
对个人和情境
进行预测性概括 | 脚本
一种在特定情境中
的行动指南 |

Cengage Learning

图 3.3　认知图式

原型图式　原型图式界定了最清晰或最能代表某个类别的例子（Fehr, 1993）。当你想到老师、领导、朋友或同事等类别时，每一类人都有一个典型的代表人物，这就是原型图式。例如，如果简是你最好的朋友，那么她就是你对于朋友的原型图式。简这个原型会帮助你判断还有哪些人属于朋友这个类别。在认识伯特后，你会问自己他和简有多像。如果你认为伯特和简有很多相似之处，那你就会将他归到简所代表的类别中，也就是将他当作朋友。原型图式通过把人和现象归类来组织感知，然后我们会思考这些对象有多接近我们的原型或这个类别的典型。

达米恩：

　　我的理想朋友类型就是我的好兄弟杰克逊。多年前，当我陷入困境时，他一直站在我身边。我曾经跟一群吸毒的人混在一起，自己也开始吸毒。很快教练就发现了这一切，并暂停了我在队里的活动。我觉得自己完蛋了，于是更加肆无忌惮地吸毒。但是杰克逊并没有放弃我，也不允许我自我放弃。他带我去了戒毒所，并且连续三周每天都陪我去那儿。在我因为犯毒瘾或不舒服而整夜哭泣时，他从未离开我，而是一直陪在我身边。在我成功戒毒后，杰克逊陪我一起去见教练，商讨让我重新归队的事。

对于各种关系，我们也有原型图式（Fehr, 1993；Fehr & Russell, 1991；Hasserbrauck & Aaron, 2001）。大多数美国人对于浪漫关系的原型图式都强调信任、关爱、诚实、友谊和尊重。虽然在想到爱情时，人们也会想到激情，但是比起陪伴、关爱和舒适的生活方式，激情就显得不那么重要了。此外，大多数美国人对于长久关系的原型图式，也反映了媒体对获取物质财富和休闲享受的强调（Bachen & Illouz，1996）。

个人建构图式　个人建构图式是我们在两极判断的维度上衡量他人和情境的"心理尺度"（Kelly，1955）。比如，聪明 / 不聪明、友善 / 不友善、负责 / 不负责、坚定 / 不坚定、有吸引力 / 无吸引力。我们依靠个人建构来评估他人和情境。这个人有多聪明、多善良、多负责任、多有吸引力？原型图式能够帮助我们确定现象的大致类别，而个人建构图式能让我们对他人和情境做出更具体的评估。

李耐：

我判断人的首要标准是看他们是否独立。在韩国，我们不像西方人那样注重个人主义或个人独立。我们更倾向于把自己看作家庭和社区的成员，而不是个体。来到美国之后，我首先注意到的就是人们对独立性的强调，这一点现在也是我判断他人的重要方式。

CBS/Photofest

我们往往会使用某种建构来认识问题，因此个人建构塑造着我们的感知。请注意，我们会通过自己选择的建构来组织感知的对象和它的意义。因此，如果他人的某些品质不涉及我们的个人建构，我们就可能注意不到这些品质。

在影片《疯人疯语》（*The Crazy Ones*）中，罗宾·威廉姆斯扮演的西蒙·罗伯茨就是一位非传统的广告经理，他可以说是"老板"这一刻板印象的反面代表。

刻板印象图式　刻板印象是一种对个人或情境的预测性概括。我们会将某人或某事归入某个类别，然后再结合我们的个人建构来推测他们的行为。比如，如果你给某个人贴上了自由主义者的标签，那么你就可能刻板地认为他会投票给民主党，并且会支持环境保护。对于兄弟会 / 姐妹会成员、军队人员、运动员和来自其他文化背景的人，你可能都有自己的刻板印象。刻板印象反映的内容不一定真实，它往往是基于我们对群体的感知或内化的社会观念而形成的。

凯蒂：

当我在一家广播电台做暑期实习时，我很难让那里的同事尊重我。我很有事业心，付出了很多努力才得到那份实习，但是同事们都觉得我只是一个没头脑的大学生。他们表现得好像我是在随便玩玩一样，但我是真的想学习电台的实际运作。无论我做什么，他们都不把我当回事，因为他们把我归入了一个与我毫无关系的类别中。

研究表明，大多数美国人（无论种族）都有种族偏见，这使得他们对白人有着不自觉的偏好。你没有看错——黑人和其他种族的人同样更偏爱白人（Nosek & Hansen，2008）。身为非裔美国人的文化评论家雷娜·凯莉（Raina Kelly）就曾认为聚会上的一个黑人男子可能是罪犯。她说："身为黑人并不能让我摆脱对非裔美国人的无意识的负面情绪。"（2009，p.28）

对种族的刻板印象会让我们忽视某个特定类别中人们的差异。"亚洲人"这个大标签就没有区分不同的文化背景，比如日本、马来西亚、尼泊尔和中国。"美国原住民"是一个非常宽泛的类别，包括各种北美土著部落（Vickers，1999）。我的学生维诺瓦就认为"美国原住民"这个词让人们忽视了不同部落间的差异。

维诺瓦：

人们对美国原住民有一种刻板印象。那些非美国原住民认为我们都是一个样子，无论长相、行为、信仰还是传统，但事实并非如此。克劳人和阿帕奇人的差别就像肯尼亚人和纽约人的差别一样大。一些部落的历史充斥着侵略和暴力，而另一些部落则有着和平共处的传统。我们崇拜不同的神明，有不同的部落仪式和习俗。如果人们刻板地将我们归入一个群体，这些差异就都消失了。

刻板印象可能准确，也可能不准确。有时，我们会对某个群体产生误解；有时，群体中的某些个体成员并不符合群体的特点。有意思的是，在世界很多地区，美国人常常被负面的刻板印象所环绕，人们常常觉得美国人非常自大或有种族中心主义倾向。因为当他们到其他地方旅游时，往往不会讲当地的语言，却期待当地人讲英语；他们希望得到奢华的接待，甚至期望当地人遵循美国的规范和偏好——比如，在主菜前先上沙拉（这是美国的习惯，对于大多数欧洲国家来说并非如此）。但就像其他群体一样，美国人也是多元化的——一些美国人会说其他语言，也能接受平常的对待，而另一些人则做不到或不愿意。虽然我们可以利用刻板印象来预测周围发生的事，但是我们必须记住，这些刻板印象是基于我们的感知而非客观事实形成的，否则刻板印象就会产生不好的影响。

脚本图式　最后一个认知图式是脚本图式。脚本图式是我们行动的指南，它包括在特定情境中我们对自身和他人一系列行为的预期。脚本图式基于我们在各种情况下的互动经验和观察。虽然我们通常没有意识到，但我们的很多日常活动都是有脚本的。在校园里，我们跟熟人打招呼时有自己的脚本（"嗨，最近怎么样？" "没什么特别的。"）。在应对冲突、跟教授谈话、跟柜员交流或跟同事讨论工作时，你也有相应的脚本。

💬 日常生活中的沟通 / 工作场合

工作场合中的种族刻板印象

布伦达·艾伦（Brenda Allen）是一名研究种族和工作关系的传播学者。她的研究显示，工作场合中的一些种族刻板印象会导致误解（Allen，2006）：

> 所有黑人男子都喜欢体育。
> 所有少数族裔成员看起来都一样。
> 凡是有西班牙裔姓氏的人都能说一口流利的西班牙语。
> 有色人种都是种族问题专家。
> 表达性沟通是非理性的。

MindTap　在你工作的地方，有什么与种族有关的刻板印象吗？

脚本图式可以有效地引导我们的沟通过程。然而，脚本并不总是准确的或有建设性的，因此我们不应不加批判地接受它们。比如，如果你的父母常常发生激烈的、破坏性的争吵，你学到的可能就是不利于关系发展的冲突脚本。如果你成长于一个歧视某些种族的社区环境，那么在使用这个脚本指导自己的活动前，你应该先批判性地对其进行评估。

我们讨论的这四种认知图式是相互联系的。杰罗姆·格罗普曼医生（Jerome

💬 **日常生活中的沟通** / 多样性

"我听不懂老师的口音"

学生们常常抱怨很难听懂国际教师说的话。因此，美国已有十几个州通过法律建立了针对国际助教的英语标准。在约翰·格拉瓦（John Gravois，2005）看来，这些法律可能并未解决真正的问题。

格拉瓦的疑问是：问题究竟在于国际助教说不清楚英语，还是有些美国学生没有认真听？因为学生可能会对国际助教存有刻板印象，认为他们的英语并不熟练。为此，传播学教授唐·鲁宾（Don Rubin）设计了一项实验。

鲁宾录下了一位来自俄亥俄州中部的美国男子的讲课录音，并把这段录音放给学生听。他告诉一半的学生，这位讲师是"来自波特兰的约翰·史密斯"，同时他将一名美国男子的形象投影到屏幕上。然后，他将这段录音放给另一半学生听，告诉他们这是"来自北京的李文书"，并将一名亚洲男子的形象投影出来。

在听完录音后，学生们被要求在一份课程记录上填写缺失的单词。结果显示，认为老师是亚洲人的学生比认为老师是美国人的学生多犯了 20% 的错误。因此鲁宾认为，学生们对国际老师存在刻板印象，觉得他们的英文水平不如美国老师。虽然学生们听到的是同一段录音，但他们认为李文书的英文不如约翰·史密斯流利。

MindTap

日常技巧 章节最后的"认识自己的图式"可以帮助你理解本章提到的认知图式。

Groopman，2007）就提出了一个很好的案例，他认为医生的认知图式会导致误诊或错误对待病患的情况。例如，一个人跌跌撞撞地闯进急救室，口中不时喃喃自语。如果医生据此断定这个人是流浪汉（原型），他就可能认为这个人只是喝醉了，睡一觉就能清醒，而不对其进行体检。相反，如果医生认为这是个有工作的中产阶级，他就可能会将走路不稳和自言自语看作某种病症。因此，医生会要求为对方体检并诊断问题。

原型图式、个人建构图示、刻板印象图式、脚本图式能够帮助我们组织对他人和社会现象的感知。这些认知图式反映了特定他人和泛化他人的观点。在人际沟通的过程中，我们会内化社会文化对现象的分类、衡量和预测方式，以及在各种情况下的行为规范。

解　释

即使我们有选择地感知了现象，并利用图式来组织这些感知，它们对我们的意义也不甚清晰。因为现象本身并没有内在意义，是我们通过解释自己注意到的和组织的内容来赋予它们意义。解释就是用我们认为有意义的方式来阐释感知的主观过程。为了解释他人行为的意义，我们会为其构建解释或归因。

归因　**归因**（attribution）是对某件事情发生的原因或某人行为的解释（Heider，1958；Kelley，1967；Manusov & Spitzberg，2008）。如图3.4，归因有四个维度。第一个维度是控制点，即将个人行为归因于内部因素（他对迟到的人没有耐心）或外部因素（交通堵塞让他很沮丧）。第二个维度是稳定性，它将行动解释为稳定性因素（她是A型人格）或不稳定因素（她这么做是因为她现在头很痛）。

第三个维度是特定性，它按照行为本身是适用于大多数情况（他花钱大手大脚）还是适用于特定情况（他花了很多钱买衣服）来解释行为。稳定性和特定性看起来似乎一样，但它们属于不同的维度。稳定性关乎时间（原因是短暂的还是持续的），而特定性则关系到解释的范围（是所有的情境、活动、地点还是特定的场景和地点）。下面我们结合这两个维度来解释安吉拉为什么对弗雷德大喊大叫：

维 度

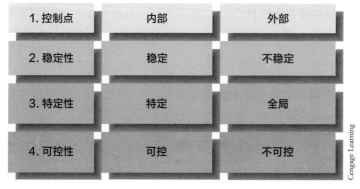

图 3.4　归因的维度

◎ 稳定和特定：她冲弗雷德（特定）喊，因为她脾气不好（稳定）。

◎ 稳定和全局：她冲所有人喊（全局），因为她脾气不好（稳定）。

◎ 不稳定和特定：她冲弗雷德（特定）喊，因为她那天赶时间（不稳定）。

◎ 不稳定和全局：她冲所有人（全局）喊，因为她那天赶时间（不稳定）。

　　第四个维度是可控性。我们是否会要求某个人对某一行为负责？我们通常只会让人们对他们能够控制的行为负责。如果我们将安吉拉冲人大吼的行为归因于她的坏脾气，那么比起考试周睡眠不足（不稳定），或短时期内（不稳定）服用药物（外部），我们更有可能对她做出严苛的评判。我们如何解释他人的行为，会影响我们对他人的感知以及与他们的关系。我们对他人的感觉是正面还是负面，取决于我们对他们行为的解释。

　　归因错误　研究者总结了人们在进行归因时常犯的两种错误。第一种是**自利性偏差**（self-serving bias），顾名思义，这是一种对自己和自身利益的偏向。研究者发现，有些人在归因时更倾向于为自身利益服务（Hamachek，1992；Manusov & Spitzberg，2008）。例如，如果你在一次测试中表现很好，你可能会说这是因为你是个聪明人（内部、稳定），你总是很负责（全局），并认真学习（可控）。在观看体育比赛时，我们也常常将队伍的胜利归结于运动员可控的内部稳定因素，而将队伍的失利归结于无法控制的外部不稳定因素（Wann & Schrader，2000）。

基科：

每当我考砸了或论文写砸了，我总会找理由说要么是教授不公平，要么是我那周要做的事太多，不能按原计划复习。但如果是我的朋友考得不好，我则更倾向于认为他们不擅长那个科目，或者他们不够自律，等等。

自利性偏差还有一种表现方式。为了避免承担责任，我们往往会将负面行为和失败归因于特定的、不可控的外部不稳定因素（Schutz，1999）。在对一次考砸了的测验进行解释时，你可能会说是因为教授（外部）出了太多棘手的问题（不稳定、特定因素），所以你的考试准备完全没有帮助（不可控）。换句话说，不当行为是由外力造成的，我们对此无能为力，但我们所做的一切好事都反映了我们的个人素质和努力。自利性偏差会扭曲我们的感知，导致我们把好事过度地归功于个人，对不好的事情则推卸责任。如果自利性偏差影响了我们对自身行为的解释，我们就会对自己和自身行为形成一种不切实际的印象。

对自利性偏差的研究有一个很重要的特点——大多数调查的研究对象都是西方人。进一步的研究发现，自利性偏差在不同文化中的影响程度不同。西方人存在更明显的自利性偏差问题（Heine & Hamamura，2007）。墨西哥人（Tropp & Wright，2003）、美洲原住民（Fryberg & Markus，2003）和智利人（Heine & Raineri，2009）则更少出现自利性偏差的问题。一些东亚文化鼓励人谦卑，所以很多人甚至会出现自我贬低的偏差（Heine & Hamamura，2007）。

第二种归因错误是**基本归因错误**（fundamental attribution error），它涉及控制点的维度。我们常常高估他人不当行为的内部原因，而低估外部原因；相反，我们会低估自身不当行为的内部原因，而高估外部原因（Schutz，1999；Sedikides，Campbell，Reeder & Elliott，1998）。

我曾参与咨询的一起法律案件就显示了基本归因错误的现象。一位女士因工作调动而起诉了她的雇主，她声称雇主是因为性别歧视而调动她；但雇主否认歧视女性，并解释说此次调动是因为这位女士工作表现不佳。年度表现评估等工作记录和这位女士自己的证词表明，她确实没有履行所有的工作职责，她也曾多次被告知这一点。此外，这位雇主的雇佣和晋升记录显示，在过去十年间，他雇佣和提拔的人近 50% 是女性和少数族裔。

在庭审中，原告被问及她的表现是否可能影响雇主做出调职的决定。她回答说："不，他这么做是因为他不想跟女性一起工作。"由此，她完全否定了可以解释

> ## 💬 日常生活中的沟通 / 见解
>
> ### 形成自己的建立良好关系的方式
>
> 我们如何看待伴侣的行为极大影响着我们在一段关系中的幸福感（Bradbury & Fincham, 1990；Fletcher & Fincham, 1991；Friesen, Fletcher & Overall, 2005；Seligman, 2002）。处于幸福关系中的伴侣常常以积极的态度看待对方，他们会将伴侣做的好事归因于内部、稳定和全局性的原因。"他帮我们拿了 DVD，因为他是个好人，总是做一些贴心的事。"幸福的伴侣会将对方不好的行为归因于外部、不稳定和特定性的原因。"她昨天冲我吼，是因为最近压力太大了。"
>
> 相较而言，不幸福的伴侣常常以消极的态度看待对方。他们会将对方好的行为归因于外部、不稳定和特定性的原因。"他帮我们拿 DVD，是因为他那天恰好有时间。"而对方不好的行为则出于内部、稳定和全局性的原因。"她昨天冲我吼，因为她就是这样一个烂人，从来不考虑别人的感受。"消极的归因进一步加深了悲观的想法，并削弱了发展关系的动力。不管归因是正面还是负面的，都可能会成为自我实现预言。
>
> 相关调查显示，归因模式关系着婚姻质量和原谅行为。如果我们把伴侣的越轨行为归咎于个人的不负责任，我们就不太可能原谅他们（Fincham, 2000；Fincham, Paleari & Regalia, 2002；Finkel, Rusbult；Kumashiro & Hannon, 2002；McCullough & Hoyt, 2002）。

雇主决策的外部因素，而把所有责任都推给了内部原因（所谓的性别歧视）。当被问及她是否认为自己的表现让她与其他同事相比更无足轻重时，她说："不，影响我表现的唯一问题在于别人的干扰和不配合。"因此，她拒绝为自己的工作失误承担任何责任，并把所有责任都推脱到她无法控制的工作环境上。在法庭上，我向陪审团解释了何为基本归因错误，并分析了这位女士的证词是如何体现这个概念的。陪审团最终做出了有利于雇主的裁决。

MindTap
日常技巧　请完成本章末尾的"防范基本归因错误"练习。

在之前的学习中，我们已经知道感知涉及三个相互关联的过程。第一个过程是选择，即只注意并参与某几件事情。第二个过程是组织，即使用原型图式、个人建构图示、刻板印象图式、脚本图式来组织我们选择感知的内容。最后一个过程是解释，即为我们收集和整理的感知赋予意义。归因是我们用来解释自身和他人行为的主要方式。

虽然我们分别讨论了选择、组织和解释，但事实上它们可能会以不同的顺序发生，也可能会同时发生。我们的解释影响着我们用来组织经验的认知图式，我们组织认知的方式也影响着我们对关注和解释的选择。

影响感知的因素

人们对于同一情境和对象常常有不同的感知。在这个部分，我们将学习影响感知的几个因素。

生　理

人与人之间感知不同的一个原因是，我们的感觉能力和生理结构不同。如果你很累或压力很大，你很可能会比平时更消极地看待事物。例如，在你情绪低落时，一位同事的玩笑可能会激怒你，但如果你心情不错，则不会为此生气。我们每个人都有自己的生物节律，它影响着我们感知的敏感程度。

医疗状况是另一个影响感知的生理因素。如果你曾经服用过会影响思维的药物，你就会知道它们能多么显著地改变你的感知。在激素或药物的影响下，人们可能会变得严重抑郁、偏执或反常性快乐。医疗引起的身体变化也会影响我们的选择性感知。我的背部疾病会周期性地限制我的行动，因此当背部出现问题时，我会敏锐地察觉到楼梯和不平整的地面；而当背部没出现问题，我几乎不会注意到这些细节。

预 期

预期也会影响我们选择注意的对象（Bargh，1999）。想象一下，如果一个朋友说："我想给你介绍一个特别酷的男生，他幽默、体贴、很会聊天，我觉得你会喜欢他。"那么很可能你会期待喜欢上这个人，并且察觉朋友提到的这些好品质。而如果你的朋友说："这家伙就是个累赘，他太以自我为中心，还很无聊。"那么你的期待值就会比较低，也不太会注意到这个男生的任何优点。

预期对于感知的影响，解释了我们在第二章中讨论的自我实现预言。如果一个孩子认为自己不讨人喜欢，那他就更可能注意到沟通中的拒绝而不是认可。如果一名员工被告知具有领导潜力，那么他就会更容易注意到自己职业上的成功和优势，而不太注意自己的劣势。

在很多沟通情境中，预期都会影响感知。如果你听说新来的同事"很有团队意识"，那么你可能更容易注意到他的合作行为，而不太注意他的竞争性行为。如果你听说一个校园组织正在招收新成员，而且待人非常友好，你就更有可能对该团体成员产生积极的看法。

年 龄

年龄是影响感知的另一个因素。与 20 岁的年轻人相比，60 岁的长者在看待各种事物时有更多的经验可供参考。在我 22 岁读研究生时，我跟爸爸说光靠助教的工资很难维持生活。但爸爸说，在20世纪30年代初，只要能有钱吃饭他就很开心了。因为我爸爸经历过大萧条，所以他对于苦日子的理解比我更深刻。

随着年龄增长，我们的经历也逐渐增多（无论是愉快的还是充满挑战的），我们对于很多事情的看法都会有所改变。年少时似乎难以承受的问题，到了30岁往往就可以轻松解决，因为我们有了更多的经验来应对和处理生活中的挑战。

文化

在本章和上一章的学习中，我们知道了自己会受到文化的影响，它涉及价值观、信仰、理解、实践，以及我们与一群人共享的解释方式。文化的影响是如此深入，以至于我们通常很难意识到它是如何有力地塑造了我们的感知。

试想一下当代美国文化对人们感知的影响。美国文化强调科技和速度，很多美国人希望事情快点进行，最好能立刻完成。人们会通过短信、邮件来传递信息，在全国各地飞来飞去，吃微波快餐食物。相反，在尼泊尔和墨西哥等国家，日子通常更悠闲，人们花更多的时间聊天、放松，参与低调的活动。

美国文化极其强调个人主义，人们鼓励和赞许个人主动性（Baxter，2011）。在更强调集体主义的文化中，身份是以家庭成员而不是以个人素质来界定的。集体主义文化更注重家庭的价值，因此与美国文化相比，年长的人会受到更多的尊重和照顾。在一些强调公共生活的国家，也常有重视家庭的政策。除美国外，每个发达国家都会给予新生儿父母（包括养父母）至少六周的带薪育儿假，有的国家甚至提供一年的带薪假。

现在，美国的很多医生和商务人士都被鼓励学习其他国家的文化习俗。因为如果不了解文化差异，就很有可能造成误解。

社会地位　除了受到整体文化的影响，我们还会受到自身所处的特定社会群体的影响（Hallstein，2000；Haraway，1988；Harding，1991；Wood，2005）。一个人的立场是一种观点，它源于对群体社会位置（即社会群体成员共有的物质、社交和象征性条件）的政治意识。属于有权势、地位高的社会群体的人，往往会维护赋予他们特权的制度体系，而不太可能察觉到它的缺陷和不公。相反，那些属于弱势群体的人则更容易看到不平等和歧视现象（Collins，1998；Harding，1991）。

女性和男性往往占据着不同的社会位置。例如，与男性相比，女性更经常扮演看护者的角色。但是，我们之所以会将女性跟照顾联系起来，并非出于任何母性的本能，而更多是因为她们扮演着看护者（母亲、姐姐、保姆）的社会角色。这些角色教会女性关心他人，注意他人的需求并以他人的需求为先。承担看护者角色的男性通常也会变得照顾和包容他人，并对他人的需求非常敏感。

贾尼丝：

　　我一直都是个非常独立的人。很多人甚至觉得我有点自私，因为我总是优先考虑自己。直到我生了第一个孩子，并在家里陪了他一年，这让我在很多基本方面都改变了。我认为自己最重要的任务就是照顾蒂米，所以我整天都在关注他。我首先想到的是他，而不是我自己。我学会了分辨他哭声的细微差别，这样我就能知道他到底是饿了，或是需要换尿布，还是需要陪伴。一年后当我回归工作时，很多同事都说我变了——我能更细心和敏感地注意到他们说的话，而且更愿意花时间与他们沟通。我猜是当妈妈让我学会了新的沟通模式。

在维持关系的投入方面，性别差异也很明显。很多女性被社会赋予了关系专家的角色，因此她们被期望更多地去照顾关系（Brehm，Miller，Perleman & Campbell，2001；Wood，1993，1994c，1998，2001，2011b）。人们常常假定女性知道问题的症结并懂得如何解决问题。

种族、族裔群体也是塑造感知的一种社会位置。斯坦·盖恩斯（Stan Gaines，

1995）关于美国少数族裔的研究发现，与大多数欧裔美国人相比，非裔和拉丁裔美国人更倾向于将家庭和社区作为身份认知的核心。在亚洲很多文化中，人们也常常将自己视为更大群体中的一员。我们在整体文化中的成员身份和在特定社会群体中的位置，影响着我们如何看待他人、情境、事件和自己。

角色　角色也塑造着我们的感知。为了完成角色所接受的训练和角色的实际要求，都影响着我们注意的对象，以及我们如何解释和评价这个角色。教授们在评价课程时，常常会看学生们的兴趣如何，他们是否阅读了课程材料，以及他们是否会将课程知识应用到生活中。学生们告诉我，他们在评估课程时会考虑上课时间、测验的次数和难度、是否需要写论文，以及教授是否风趣。

人们从事的职业会影响他们的关注对象和行动、思考方式。从医之人接受的专业训练让他们能非常敏感地观察到身体症状，律师都受过分析性思维的训练，而从事人力资源工作的人则要对他人的情绪和生活状况保持敏感。

社会角色也会影响我们对情感表达的感知。要求公正和客观的职业可能会鼓励成员隐藏自己的情感，因此当别人表达情感时他们可能会感到不舒服。我们将在第七章里更全面地讨论社会角色与情感表达之间的关系。

认知能力

除了生理、文化和社会影响，认知能力也塑造着人们的感知。我们对周边环境和他人的了解程度，影响着我们对他们的感知情况。

认知复杂度　在感知、组织、解释他人和环境时，人们会使用不同类型和数量的认知图式。认知复杂度是指人们使用的个人建构（请记住，这是我们用来评价他人和情境的两极化标准）的数量、抽象程度，以及它们如何相互作用以塑造感知。大多数儿童的认知系统都比较简单，他们只依赖很少的个人建构。相比于抽象的和关注心理的类别，他们更关注具体的类别，而不太了解众多个人建构之间的关系。

通常来讲，成年人的认知比儿童更复杂。然而，不同成年人的认知复杂度也不相同，这会影响他们的感知。如果你只把人分成好人或坏人，那么你对他人的感知就存在局限。同样地，与关注心理层面的人相比，只关注具象信息的人的理解力往往层次更浅。例如，你可能注意到一个人特别有魅力，他喜欢讲笑话，非常善于言谈——但这些都是具象的感知。在更抽象的心理层面，你可能会推测这些具象的行为反映了他具有安全感和自信的个性。这是一个更复杂的感知过程，因为它解释了对方行为背后的原因。

如果你之后发现这个人在课堂上非常安静呢？认知复杂度低的人很难将新信息融入原有的观察之中。他们可能会选择忽略新的信息，因为它不符合原来的认知；或者选择推翻原有认知，那么这个人就会被重新定义为很害羞（Grockett，1965；Delia，Clark & Switzer，1974）。认知更加复杂的人则会将所有信息融合为一个整体。也许他会这样总结：这个人在社交场合非常自信，可是在学术场合则缺乏安全感。

以人为中心　　以人为中心与认知复杂度有关，因为它需要抽象思维和使用多样的认知图式。正如第一章所讨论的那样，以人为中心是一种将他人视作独特个体来进行感知的能力，而这首先依赖于我们做出认知区分的能力。认知复杂度高的人会用更多、更抽象的认知图式来解释他人。其次，他们会利用对特定他人的了解来引导对话。因此，他们所使用的语言、词语和非语言行为都符合对方的经历、价值观和兴趣——这就是所谓的以人为中心的沟通。

请回想一下第一章所讲的"你我"关系，即在关系中，人们彼此了解并把对方视为独特的个人。要做到这一点，我们必须了解他人，但这需要大量的时间和互动。随着我们更了解某人，我们就能逐渐将其从群体中区分出来（"罗布不像我知道的其他政客那样执着""跟大多数计算机专业的学生相比，艾伦对人更感兴趣"）。我们与他人的互动和共同体验越多，就越能了解对方的动机、感受和行为。当我们将他人作为个体去理解时，我们就会微调对他们的感知。因此，我们会更少地依赖刻板印象。这就是为什么跟陌生人或不太熟的人相比，我们跟熟悉的人能更有效地沟通。

史蒂夫：

  我刚开始跟谢里约会的时候送了她玫瑰花，希望她知道她对我来说很特别。玫瑰花是"恋人之花"，不是吗？但是后来我发现，原来玫瑰是她父亲最爱的花，他的葬礼会场布置了满满的红玫瑰。这些玫瑰让谢里感到难过，因为它们让她想到父亲的离世。还有一次我送了她巧克力，但是后来发现她对巧克力过敏。虽然现在我知道了她喜欢的花和事物，但是这些经历告诉我，一般的法则并不总是适用于每个人。

  以人为中心并不是同理心。同理心是感同身受的能力，即感受他人在某种情境中的感受。以人为中心是一种认知技巧，它使我们能够在努力理解他人的基础上，尽可能地与他人建立联系（Muehlhoff，2006）。通过投入时间和精力，我们可以了解更多他人对于世界的看法，即使这些看法与我们的看法不同。这些知识和认知复杂度让我们能够有效地进行以人为中心的沟通。

  当我们从他人的视角看待问题时，我们会试图理解某件事对他的意义，这其中就包含对他人的评判。如果我们用自己的标准来衡量事情是对是错，是合理还是疯狂，我们就无法理解别人的观点。相反，我们必须先抛开自己的见解，才能真正进入他人的世界。这样做可以让我们从对方的角度理解问题，从而更有效地沟通。在此后的互动中，我们可以选择表达自己的观点，也可以选择不同意对方的观点。这都是合理的，但是认识他人的观点与发表自己的观点同样重要。

自 我

  影响感知的最后一个因素是自我。请回想一下，我们在第二章中讨论的四种依恋类型的人对亲密关系的看法和态度有什么不同。安全型依恋的人认为他们值得被爱，他人是值得信任的。因此，他们通常会以积极的方式感知他人和关系。与之相对，恐惧型依恋的人认为自己不值得被爱，别人也不会爱他们。因此，他们可能会认为关系是危险而有害的。疏离型依恋的人倾向于对自己持正面看法，对他人持负面看法，并认为亲密关系是不必要的。焦虑－矛盾型依恋的人会深陷于关系之中，以难以预料的方式感知他人。

每个人往往都有某种**内隐人格理论**（implicit personality theory），即个体通常在不知不觉中形成关于他人心理和行为假设的理论。大多数人认为一些品质会同时存在。比如，你可能会认为外向的人也是友好、自信和有趣的。这一假设反映了外向这一品质伴随的内隐人格理论。

总之，生理、文化、社会角色、认知能力和我们自己影响着我们如何感知并解释他人和他们的经历。在本章的最后一个部分，我们会学习提升感知准确性的方法。

社交媒体与感知

与前几章一样，我们现在要思考本章内容如何应用于数字和网络沟通。我们将重点关注社交媒体和感知的三个联系。

首先，我们对社交媒体的选择塑造着我们对事件、问题和他人的看法。如果你关注了勒什·林博（Rush Limbaugh）的推特，你可能会从保守的角度看待国内和国际问题。但是如果你关注蕾切尔·玛多（Rachel Maddow）的推特，你就可能对同一议题持更自由的观点。林博常常贬低女权主义者（feminists），称她们是"费米纳粹"（feminazis）；而玛多认为自己是女权主义者，并对女权主义议题持赞成态度。林博偏向企业利益，常常支持企业减税，促进资本主义发展；玛多则不站在企业立场，认为企业应该交更多的税，并赞成打压一些资本主义倾向。到底谁是对的？这个问题并没有客观答案，但是你关注的博主影响着你对这些议题的看法。

第二，文化背景也影响着我们的数字和网络沟通的内容。你可以做个实验，看看你认识的不同种族的朋友的社交媒体资料。他们是否经常发布夸耀个人成就的内容？有多少张照片是他们与家人在一起的？他们是否经常提起家庭成员和家庭观念？现在，再来看看你认识的女性和男性的资料。他们发布关于关系问题和体育的内容的频率如何？你观察到的趋势与我们讨论过的关于东西方文化差异以及性别差异的讨论一致吗？

第三，思考一下社交媒体与我们对时间的感知和期望的关系。当你给某人发短信时，你是否期待立刻得到回复？如果一位朋友几小时甚至几天都没有回复，你会感到沮丧吗？当你的网络连接中断或速度很慢时，你是否感到恼火？对于这些问题，大多数人的回答都是肯定的。这是因为通信技术的发展加快了我们对时间的感知和预期。100年前，人们通过书信交流，往往要等上几周才能得到回复。50年前，电话还是固定电话，因为价格昂贵，人们也很少打长途电话。40年前，大多数人都没有个人电脑，更没有平板电脑和智能手机，电子邮件也不存在。随着通信技术的发展，我们对时间的看法改变了，过去看来很短的一段时间现在则变得非常漫长。

社交媒体也改变了我们的空间感。当我们能在手机上看到全国各地发生的抗议活动或世界各地发生的海啸时，世界似乎变小了。有了媒体的帮助，我们不再局限于现实的、面对面的互动。我们可以通过Skype跟异地的朋友远程沟通，参与视频会议，进行网络交友，甚至参加千里之外的学校开设的课程。这意味着我们不再受到物理位置的限制，而可以参与其他地方的事项。以上只是社交媒体影响我们对自己和世界的看法的众多方式中的三种。

提升感知和沟通能力的指导原则

感知是人际沟通的核心，因此我们需要谨慎地形成看法并检查它的准确性。现在，我们要讨论提升感知准确度的七个准则，从而提高人际沟通的质量。

认识到所有的感知都是片面和主观的

我们的感知总是片面而主观的。它们是片面的，因为我们不可能感知一切；它们是主观的，因为它们由我们的生理、文化、立场、社会角色、认知能力和个人经验所塑造。一部你认为好笑的电影也许在你的朋友看来非常无聊。

萨利娜：

　　前几周我遇到一个女生，她说自己要举办一场派对，会有很多很酷的人在。她问我想不想参加，我说："当然，为什么不呢？"但是当我到那里后，发现每个人都在喝酒——我的意思是大喝特喝。他们播放着奇怪的音乐（有些病态），而且不停地播放《洛基恐怖秀》（*Rocky Horror Picture Show*）。他们的声音太大了，以至于邻居都跑来让我们放低声音。几个小时后，大多数人都烂醉如泥。这不是我认为的有趣，这些人在我看来也不酷。

　　感知的主观性和片面性告诉我们，在人际关系中有几点需要注意。第一，当你和另一个人对某件事情产生分歧时，你们两个人都不一定是错的。更有可能是因为你们的关注点不同，你们的个人、社会、文化、认知和生理等感知资源存在差异。

　　第二，要提醒自己，我们的感知和任何外部事物一样，都基于我们自己。如果你认为一个人特别跋扈，这很可能是因为你缺乏安全感，或者感觉难以融入集体。你也许认为一个人非常有侵略性，但其他人可能觉得这个人自信而坚定。记住感知具有主观性和片面性，就可以尽量避免认为自己的感知才正确，或者它们完全基于外在事物的倾向。

避免读心

　　读心假设我们能了解对方的想法、感受或看法。当我们解读他人时，我们表现得好像知道别人在想什么，但这可能会给我们带来麻烦。婚姻咨询师和传播学者认为，读心会导致冲突（Dickson，1995；Gottman，1993）。读心的危险在于我们可能会误解他人。

　　思考以下几个例子。一位主管注意到某位员工连续几天上班迟到，因此认为他对工作不上心。吉娜与朋友亚历克斯见面时迟到了，亚历克斯以为吉娜仍然在为之前发生的事生气。一位朋友没有回复你的短信，所以你认为他在生气。

当我们说"我知道你很失落"（对方说自己失落了吗？你为什么觉得自己知道对方心情不好的原因？）或"你不再关心我了"（也许对方太忙了或心事重重，无法像之前一样体贴），我们是在猜测他人的想法。当我们告诉自己，我们知道他人会有什么感受或反应，或者知道他们会怎么做时，我们也是在读心。因为我们并不是真的知道，而只是在猜测。当我们解读他人想法时，会将自己的观点强加给别人，而不是让他们说出自己的想法。这可能会导致误解和憎恨，因为大多数人都更愿意说出自己的想法。

孔苏埃拉：

　　读心快把我逼疯了。我的男朋友总是在猜测我的心意，而且他经常猜错。上周，他买了一场音乐会的票，因为他"知道"我想去。如果我周末没有安排旅行计划，我可能确实会想去，可是他根本没有确认过我的日程安排。很多时候，当我们聊天时，他说了一些事，在我回答前他就会说："我知道你在想什么。"然后，他就会继续说他自以为是的想法。通常他都想错了，然后我们就会开始争论，为什么他总是猜测我的想法而不是直接问我？我真希望他能直接问我在想什么。

与他人交流看法

第三条准则是由前两条准则直接引出的。因为人们的感知是主观而片面的，而读心并不是弄清他人想法的有效方式，所以我们需要与他人交流看法。

交流看法是一种重要的沟通技巧，因为它能帮助人们相互理解。要做到这一点，首先你应该说明自己注意到的情况。例如，某人可能会对同事说："我发现你最近在团队会议上不怎么说话。"然后他应该确认一下对方是否也这样想："你觉得是这样吗？"最后，可以请对方解释他的行为。在这个例子中，他可以问："你为什么觉得自己不爱说话了？"（如果对方不觉得自己不爱说话，那可以问："我感觉你最近总是在会议上看备忘录，没怎么说话。我说得对吗？"）

在交流看法时，我们需要使用试探性的语气，而不是教条性或指责性的语气。这样可以降低对方的防御心理，鼓励良好的讨论氛围。你只需要让对方知道自己注意到了一些事情，希望对方能说出他的看法。

MindTap

日常技巧 请完成本章末尾的"使用试探性语气"练习。

区分事实和推论

有效的人际沟通还需要区分事实和推论。事实基于观察，而推论则包括事实之外的解读。例如，假设某人上班总是迟到，有时还在讨论时打瞌睡，同事们可能就会觉得这个人很懒、缺乏动力。这里的事实是这个人来得很晚，而且有时会睡着；但是认为这个人很懒和缺乏动力则是超越事实的推论。这位同事疲惫的原因可能是有第二份工作、孩子生病，或者正在服用诱发嗜睡的药物。

我们很容易混淆事实和推论，有时会把后者当作前者。当我们评价"这个员工很懒"时，我们做出了一个看似事实的陈述，并可能会将它视为事实。为了避免这种倾向，我们可以使用更多的试探性词语。例如，"那位员工似乎缺乏动力"或"那位员工可能有点懒"就是更试探性的表达方式，使说话人不至于把推论当作事实。推论有其自身的作用，但是如果不将事实和推论区分开，我们就可能造成误解。

避免自利性偏差

自利性偏差会扭曲人们的看法（对西方人来说尤其如此），所以我们需要仔细监测。请观察自己，看看你是不是常把失败或负面行为归因于不可控因素，而将成就归功于自己的努力。自利性偏差使我们更容易注意到自己的所作所为，而不是他人做过的事。显然，这会影响我们对他人的看法，就像珍妮特在她的评论中解释的那样——

珍妮特：

多年来，我和丈夫都会因为家务事吵架。我总是批评他做得不够多，也讨厌自己要做这么多事。他总是说他也做了很多事，可我就是没注意到。在学习过自利性偏差的概念后，我在家做了一个实验。我观察了他一个星期，记下了他做的每件事。的确，他做过的事比我想象中多得多。我从未注意到他会把衣物分类，每天遛狗四次，在晚饭后擦净灶台。我注意到了自己做的所有事，却只注意到他做的大事，比如用吸尘器打扫房间。我完全没有注意到他为这个家做出的许多贡献。

监测自利性偏差也会影响我们对他人的看法。就像我们倾向于大度地评价自己一样，我们也可能过于苛刻地评价他人。回想一下，看看自己是不是常将别人的成功归因于外部因素，而将他们的缺点和失误归因于可控的内部因素。如果你是这样做的，就请更大度地评判他人，并观察这会怎样影响你对他们的看法。

防范基本归因错误

现在，我们来讨论解释中的第二个错误：基本归因错误。当我们高估了他人不良行为的内因而低估了外因，或低估了导致我们自身失败的内因而高估了外因时，就会出现基本归因错误。我们需要防范这种错误，因为它扭曲了我们对自己和他人的看法。

为了防范这种错误，你应该提醒自己主动寻找他人行为的外部原因。不要假设他人不好的行为反映了他的动机或个性，而要问自己："在这个人所处的境况中，有哪些因素可能会导致这种行为？"为了避免低估自身错误行为的内因，你可以提出相反的问题。与其把不当行为归因于你无法控制的环境来逃避责任，不如问问自己："我自身有哪些因素影响了我的行为？"要防范基本归因错误的倾向，我们就要寻找影响他人沟通的外部原因，以及影响自身沟通的内部原因。

警惕标签化

为我们感知的事物命名，可以帮助我们更好地认识它们。但是，就像语言会让事情固化一样，它也会将思维固化。一旦我们给感知到的事物贴上标签，我们就会对这些标签而不是真实状况做出反应。如果是这样，我们的沟通方式就会变得不太恰当。

想象一下这种情况：假设你和其他五位同学在一个小组里学习，有一位叫安德烈娅的同学总是在提问，占据了很多小组学习时间。结束后，一位同学说："天哪，安德烈娅太自私、太不成熟了，我再也不跟她一起学习了。"另一位同学说："她并不自私，她只是担心自己这门课的成绩，所以在小组讨论中有些亢奋。"这两位同学分别给安德烈娅贴上了"自私"和"不安"的标签，因此他们对待安德烈娅的方式可能会不同。一旦他们根据自己主观和片面的看法给安德烈娅的行为贴上标签，他们就会根据这些标签来对安德烈娅采取行动。

在进行人际沟通时，我们只会感知事实的某些方面。我们的知觉总是与事实有差距，因为它们是片面而主观的。如果我们再给感知到的事物贴上标签，就离现实情况又远了一步。当我们回应的不是行为或对他人的感知，而是我们强加的标签时，离现实就更远了。这个过程可以用抽象阶梯来说明（见图3.5），这是早期的一位传播学者所强调的概念（Hayakawa，1962，1964）。

我们应该注意自己施加的标签，以使沟通适应特定人群。有效的人际沟通者要对他人的偏好保持敏感，小心地选择用词。在我们谈论身份问题时，这一点尤其重要。大多数同性恋者都抗拒"同性恋"（homosexual）这个标签，他们可能不喜欢被这样称呼。很多残疾人认为"残疾人"（disabled people）这个词暗示他们仅仅因为生理或心理状况就失去了所有能力；他们更喜欢用"身体有缺陷的人"（person with disabilities）来代替"残疾人"（Braithwaite，1996）。

为了解不同种族的人偏爱何种身份标签，美国劳工部曾调查了6万个家庭。调查显示，不同种族的成员有不同的身份偏好。在黑人中，44%的人希望被称为"黑人"（black），28%的人喜欢"非洲裔美国人"（African American），12%的人想被称为"非裔美国人"（Afro-American），16%的人更喜欢其他的标签或没有偏

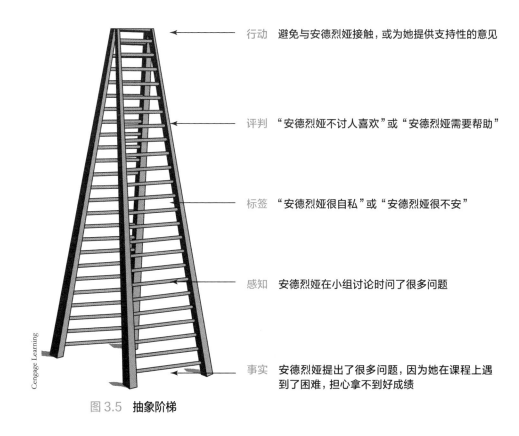

行动　避免与安德烈娅接触，或为她提供支持性的意见

评判　"安德烈娅不讨人喜欢"或"安德烈娅需要帮助"

标签　"安德烈娅很自私"或"安德烈娅很不安"

感知　安德烈娅在小组讨论时问了很多问题

事实　安德烈娅提出了很多问题，因为她在课程上遇到了困难，担心拿不到好成绩

Cengage Learning

图 3.5　抽象阶梯

好。近半数的美国印第安人希望被称为"美国印第安人"（American Indian），有37% 的人想被叫作"美洲原住民"（Native American）。大多数西班牙人想被称为"西班牙裔"（Hispanic），而不是"拉美裔"（Latino/Latina）。大多数白人都想被称为"白人"（white），只有 3% 的人希望被称为"欧洲裔美国人"（European American；Politically Correct，1995）。

　　如果没有称呼他人的普遍原则，有效的沟通是可能的吗？事实上，只要我们愿意投入思考和精力，就是有可能的。首先，我们要假设自己并不知道别人想如何被称呼，而且一个群体中并不是所有人的偏好都相同。即使我的朋友玛莎希望被称为"黑人"，也不代表其他黑人都有这样的偏好。我们可以询问他人什么样的称呼是合适的。"询问"这个行为表示我们关心他们的喜好并尊重他们，而这正是人际沟通的核心。

准确的感知能力并非天生，而是一种可以练习和提升的沟通技巧。遵循以上的七个原则，可以帮助你更准确地进行感知。

💬 **日常生活中的沟通** / 见解

真相，全部真相，只有真相

龙尼·布洛克（Ronnie Bullock）因绑架和强奸一名妇女而被判刑 60 年，但是 DNA 检测显示他并没有犯罪。像很多犯人一样，布洛克在很大程度上是根据目击证词被定罪的。"就是这个人，我永远不会忘记他的脸。"这句话往往能让陪审员们信服——问题是，目击证词并不一定是准确的。

近年来，由于 DNA 检测技术的发展，很多已定罪的犯人得到了重新审判。在 DNA 检测无罪的案件中，有近 75% 的案件涉及目击者的证词（Beil，2011）。

为什么目击者的证词不一定可靠？一个原因是目击者的看法会受到语言的影响（Feigenson，2000）。在一项实验中（Trotter，1975），实验对象观看了一部关于交通事故的影片，然后他们被要求填写一份问卷，其中包括关于影片中实际没有出现过的东西的问题。与被问到"你有没有看到一个破碎的前灯？"的人相比，被问到"你有没有看到那个破碎的前灯？"的人更常作证说看到了。得克萨斯大学的心理学家罗伊·马尔帕斯（Roy Malpass）指出了目击证词不准确的另一个原因：选择性知觉（selective perception）。研究表明，目击者会选择性地关注武器，这种现象被学者称为"武器聚焦"。当聚焦点在武器上时，人们就不太会注意拿武器的人（Miller，2000）。因此，人们在回忆持械者外表的时候就会产生偏差。

美国司法部出版的《目击者证据：执法指南》（*Eyewitness Evidence: A Guide for Law Enforcement*，1999）总结了关于目击证词的研究，并提供了提升证词可靠性的准则。要了解更多有关目击证据的内容，请登录他们的网站（http://nij.ojp.gov/）。

MindTap 你认为法庭在判决时应该采用目击证词吗？为什么？

本章总结

在本章中，我们探讨了人类的感知，这个过程包括选择、组织和解释经验。这三个方面在实践中不是独立的，而是相互影响的。我们选择性注意到的事物会影响我们的解释和评价。同时，我们的解释也是观察周遭世界的棱镜。在感知过程中，选择、解释和评价不断地相互作用。

我们已经知道感知受到很多因素的影响。我们的知觉能力和生理状况影响着我们注意的对象，也影响着我们对周边刺激的敏感度。此外，我们的文化背景和社会地位影响着我们对世界的看法和与世界的互动。社会角色、认知能力和我们自身也会影响我们的感知。因此，感知过程反映了我们的内在素质和外在环境。像面对面沟通一样，数字和网络媒体的沟通也反映并塑造着我们的看法。

了解感知的运作过程可以帮助我们提升自己的感知能力，我们讨论了 7 条原则：

1. 认识到所有的感知都是主观和片面的，对于某一种状况或某一个人没有绝对正确或最优的理解。

2. 由于人们的看法不同，我们应该避免读心，不要假设自己知道别人的想法或他人行为的意义。

3. 跟他人交流看法是个好主意，它包括阐述你的看法，并询问他人的看法。

4. 区分事实和推论。

5. 避免自利性偏差，因为它会导致我们对自己太仁慈，对他人太严苛。

6. 防范基本归因错误，它会降低我们对沟通的解释的准确性。

7. 注意我们使用的标签。要意识到我们的标签反映了我们对事物的看法，并且要对他人偏好的语言保持敏感，尤其是在我们描述他人身份的时候。如果我们将九个点限制在一个正方形内，我们就无法解决九点问题；如果我们的标签限制了自己的感知，我们就看不到真实的自己和他人。图 3.6 展示了九点问题的一种解决方案。

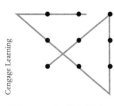

图 3.6　**九点问题的解决方案**

关键概念

请练习为本章涉及的术语下定义。

读心　非注意盲视　感知　个人建构　归因　基本归因错误

建构主义　脚本　解释　刻板印象　立场　缪勒莱耶错觉

内隐人格理论　认知复杂度　同情　图式　文化　自利性偏差

话题延伸

请利用本章学习的原则来评估并分析这段对话，然后和作者建议的回应做比较。我们的网站上有更多相关视频，你可以与老师继续练习。

你的朋友吉姆告诉了你他跟父母之间的问题。吉姆认为，他的父母对他有不切实际的期望。他只是一个成绩中游的学生，但是他的父母却因为他成绩不够好而感到生气。上个月回家的时候，他爸爸这样说：

吉姆爸爸： 我给你交学费不是让你去跟朋友开派对的。我们支持你上学，你却老是得C。你需要再用功一些。

吉姆： 我是很喜欢跟朋友出去玩，但是这跟我的学习成绩无关。爸爸是个聪明人，能轻松地应对大学课程，所以他认为很简单。我不知道他那时候是什么样的，但我认为现在情况不同了，我所有的课程都很难，不管我怎么努力学习都得不了A。我应该怎么才能让他们相信我已经尽力了？

1. 吉姆和他的父母都对他的考试成绩做出了解释。请描述一下他们分别将其归因于什么原因。

2. 你认为吉姆的归因准确吗？你可以通过询问哪些问题来帮助判断他的看法是否准确？

3. 当吉姆和他的父母评估他的大学生活时，有哪些建构、原型和脚本运作其中？

4. 你可以对吉姆说些什么，以帮助他和父母对学业达成一致意见？

日常技巧

请完成下面的练习，进一步提升自己的沟通技巧。

1. 认识自己的图式

　　本章关注的是感知过程如何影响你对他人的印象。请将你所学到的知识应用到你日常使用的认知图式中。在你遇到新的朋友时，注意你所使用的认知图式。首先，注意你如何给这个人归类，你认为他是朋友、约会对象、同事，还是邻居？然后，确定你评价他们时所使用的建构。你关注的是身体特征（吸引人/不吸引人）、智力特征（聪明/不聪明）、心理特征（有安全感/没有安全感）还是人际沟通特征（友好/不友好）？

　　接下来问问自己，如果使用不同的原型对人进行分类，你是否会依赖不同的建构？现在，注意自己是如何用刻板印象图式来看待这个人的。根据你使用的原型和建构，你期望他会做什么？最后，确定你的脚本，或你期望你们之间的互动如何展开。

2. 防范基本归因错误

　　以下每个情境都有一个内部归因。请基于外部因素，写出可能解释对方行为的其他原因。

a. 你交往了一段时间的约会对象又来晚了，这已经是他这个月第三次迟到了。你很生气，认为他不在乎你的感受。

b. 你的上司从未抽出时间和你沟通。你很沮丧，认为他将你从工作圈中排挤出去了。

c. 你在跟你的朋友谈论毕业去向，你感到很焦虑。但你注意到朋友看起来心不在焉，他一边跟你聊天一边发短信。你心里想："如果你这么以自我为中心，都不能花时间陪我聊天，我就不需要你这个朋友了。"

在以下每一个场景中，我们都对你的行为进行了外部归因。请根据可能影响你行为的内部因素，写出另一种解释。

a. 你正在赶项目，因此当朋友来找你聊天时，你并没有邀请他进屋，在聊天时也不太积极。你的朋友说："你真是个混蛋。"你心想："这不关我的事，我在做项目，快来不及了。"

b. 在跟你的室友争论谁去买东西时，你真的很生气，于是你脱口而出："你都那么胖了，别再想买吃的事情了。"你的室友看起来很受伤并离开了房间。事后，你心想："好吧，如果她不是那么好争辩，我就不会那样说了。"

c. 在工作中，你的上司批评你填写表格太粗心。你对此不屑一顾，因为你认为上司要求的无意义的文书工作太多。

3. 文化价值观

西方文化的价值观如何影响你的日常看法和行为？回想一下，你注意到有哪些活动体现了下面五种文化价值观。

例如，下列活动体现了"竞争"这一价值观：竞技性体育、分数系统，以及在闲聊中试图插话的行为。

工作效率

_____

个人主义

_____

速度

_____

年轻

_____

财富

_____

和同学讨论文化价值观对于日常看法和活动的影响。

4. 虚拟世界观

为了更好地了解社交媒体呈现的事件和议题，请完成下列练习。

a. 选择近期你感兴趣的一个政治议题（政府预算、国际关系、投票权利、选举等）或人物（总统、参议员、公职候选人）。

b. 上网搜索这个议题或人物，然后分别访问至少一个保守派和自由派网站。辨别两种网站在描述这个议题或人物时的差异，以及它们所提供的相关信息和观点。

5. 观察自己的读心情况

观察你的读心倾向，尤其是在你感觉自己很了解对方的稳定关系中。当你发现自己正在猜测对方的心意时，请停下来，告诉对方你注意到了什么，然后请对方解释他们的看法。首先，请验证一下对方是否同意你所观察到的事物，然后请对方解释和评估相关事项。

读心例子	他人的看法	他人的解释
_____	_____	_____
_____	_____	_____

6. 使用试探性语气

为了对自己混淆事实和推论的倾向更敏感，在接下来的 24 小时内，请注意你用来描述他人和互动的语言。注意诸如"是"等暗示事实信息的词语。你有没有发现在一些情况下，使用试探性语气会更加准确？

现在，将你的观察扩展到其他人和他们使用的语言。当你听到别人说"她 / 他 / 他们是……"时，他们是在陈述事实，还是在做推断？

概念应用

请思考本章概念在个人、工作场合和道德中的应用，写下你的感想。

个人 回想一下自己的社交媒体使用情况。你的注意力是否更容易被明亮的视觉效果和嘈杂的听觉刺激所吸引？例如，你是否更喜欢有生动图片和鲜艳色彩的网站？

工作 思考工作场合中存在的自利性偏差的例子。描述一下你如何使用自利性偏差来解释自己和同事的行为，或者同事是怎样用自利性偏差解释你和他的行为的。

道德 自利性偏差是不道德的吗？这样做对自己和他人是不诚实的吗？

批判性思考

请批判性地思考本章提到的观点，写下你的感想。

1. 为了理解社会地位如何影响你的看法，请尝试去了解一个陌生的社会群体。如果你是白人，你可以去参加黑人教堂的服务，或者美洲原住民组织的公开会议。如果你是基督徒，你可以去犹太教堂或佛教寺庙。在这些陌生的环境中，是什么让你印象深刻？你会注意到哪些语言和非语言沟通？你之所以注意到它们，是因为在你平时所处的文化环境中没有这种情况吗？你的社会立场会让你注重或忽略什么？

2. 思考你的个人观念中存在的基本归因错误的例子。描述一下你会如何解释自己和他人的行为。然后，用刨除基本归因错误的方式再次解释。

3. 请做一项调查，以了解校园里的学生更喜欢如何定义他们的身份。询问黑人更喜欢被称为"黑人""非洲裔美国人""非裔美国人"还是其他标签。询问白人如何定义自己的种族。询问西班牙裔的学生用什么术语描述他们的种族。将你的发现与美国劳工部的调查结果做比较。你们学校的学生是否反映了全国偏好？除了本章探讨的调查结果外，还可以询问来自中国、日本、韩国和其他国家的学生的种族认知。

4. 请用抽象阶梯描述自己的一次人际沟通中的感知、沟通和行动之间的关系。首先，尽可能完整地描述总体情境（你的描述不可能完全完整）。然后，描述你注意到的行为和环境。接下来，观察你如何将事件和在场的人物标签化。最后，描述你在这种情况下的行动。现在，思考一下有没有其他可选择的感知方式，它们又会如何影响你的标签和行动。

第四章
语言的世界

本章涉及的话题

◎ 语言的符号本质

◎ 语言沟通的原则

◎ 象征能力

◎ 言语社区

◎ 社交媒体和语言沟通

◎ 提升语言沟通能力的指导原则

学习完本章后，你应该能够 ——

◎ 认识到语言在特定互动中的模糊性和抽象性

◎ 理解语言沟通的重要原则

◎ 运用本章原则，在自己的语境中找出关于象征能力的例子

◎ 说出自己和他人对于性别等其他言语社区的期望

◎ 认识人们在社交媒体中使用的特定语言

◎ 运用本章的指导原则来提升你的语言沟通能力

2004 年，法国米约大桥（Millau Viaduct）通车，一举夺得"世界最高桥梁"的称号。德国报纸称此高架桥"飘浮于云端之上""优雅而轻盈"，法国报纸则将其描述为"庞大的混凝土巨人"（Begley，2009a）。两家报纸都在赞美这个壮观而新颖的建筑，但他们的描述呈现的观感却完全不同。也许德国人用了一种更为女性化的视角看待这座桥，因为德语中的"桥"（brücke）是阴性词；而法语中的"桥"（pont）则是阳性词，这或许能解释为何法国报纸会赞美这座桥的规模和力量。

本章内容建立在第三章关于语言与感知的关系的讨论之上。语言或语言沟通塑造着我们认识世界的方式（Gentner & Boroditsky，2009）。语言也是我们表达自我及与他人建立关系的主要方式。本章将从象征的定义和符号的力量谈起，接着讨论不同的言语社区，以理解不同的社会群体如何使用语言。然后，我们将探讨象征能力和言语社区与网络和数字化沟通的关联。在章节末尾，我们讨论了有效语言沟通的指导原则。

语言的符号本质

　　文字是符号，它是对其他现象任意、模糊、抽象的代表。比如，你的名字便是代表你自己的一个符号。词语"房屋"代表某种特定形式的建筑。"爱"作为一个符号，代表某种热烈的情感。所有语言都是符号，但并非所有符号都是语言。艺术、音乐和许多非语言行为就是感情、思想和体验的符号代表。为了更好地理解符号，我们将探讨符号的三个特征：任意性、模糊性和抽象性。

符号是任意的

　　符号是任意的，这意味着文字与其代表的内容之间并没有本质的联系。比如，"书籍"一词与你现在正在读的内容并无必然的内在联系。"书籍"和与其类似的特定词语的使用看似合理，只是因为特定社会或社会团体中的成员同意以特定的方式使用它们，但它们本身与所指的事物并没有本质的对应关系。所有符号都是任意的，只要我们都同意用某些符号指代某些事物，我们就可以轻易地替换它们。当我们发现口中的词语在其他文化中并非表示同一事物时，语言的任意性就很明显了——这种情况有时甚至有些滑稽。"胡椒博士"（Dr. Pepper）汽水制造商就从中学到了

拉里，如果你愿意的话，我想向你介绍一下苏珊，我的……呃……同伴……唔……我的伴侣……你知道的，我的搭档……事实上，我最亲密的朋友……呃，唔，我的爱人……我的灵魂伴侣……我重要的另一半……

哦，你们在恋爱？在一起了？是一对？是情人？是夫妻？是家庭伴侣？对吗？

Reprinted with permission of John Grimes

一课，他们发现这种饮料原本的宣传语在英国行不通，因为在英国"I'm a pepper"（我是一颗胡椒）意味着"I'm a prostitute"（我是一个娼妓；Leaper，1999）。

因为语言是任意的，所以词语的含义会随时代而变化。在 20 世纪 50 年代，"gay"的意思是"轻松的、愉快的"，如今它一般指代选择同性作为伴侣的人。称某人为"geek"（怪胎）和"nerd"（书呆子）曾是一种侮辱，如今它们却可以被用来表示对某人技术专长的钦佩。

语言的任意性能使我们发明新词。在 20 世纪 70 年代，有人注意到女性常被称为"Miss"或"Mrs."，它们都指代了一种婚姻状态，而男性的"Mr."则无此暗示。为消除这种不平等，人们便创造了"Ms."一词，它可以表示所有已婚或未婚的女性。"disrespect"（不尊重）曾是一个名词，后来有些非裔美国人开始将它用作动词，表示贬低某人的行为，现在这个词及其缩写"dis"已经被广泛使用。当手机开始流行时，人们创造了"landline"（座机）一词用以指代移动电话的前身。

语言的任意性也使我们得以创造特殊的词语，或者赋予词语非常规的含义。大多数群体都有一些只有成员才能理解的群体内部术语。一起工作的人往往会共享一些外部人员无法理解的专门词语。家庭成员间也常常使用只有家人才能理解的用语。《家庭用语》（*Family Words*，2007）的作者保罗·迪克森（Paul Dickson）认为，家庭内部的昵称是亲密关系的标志。他还指出，有些家庭会发明只有他们自己才能理解的词语（比如用"niblings"来表示侄子或侄女），这些词语能够增强家族成员

在电影《贱女孩》（*Mean Girls*）中，绰号为"Plastics"（魔鬼身材）的超人气团体中的女孩们会使用"fetch"（酷）和"fugly"[1] 等团体内部用词。

间的亲密感。一些家庭发明的用语反映了特殊的时刻或经历。迪克森在书中提到，一个家庭用"hysterical markers"指代公路上的历史标记（historical markers），因为此前他们最小的孩子念错了"historical"的发音。

1　"fucking ugly"（非常丑）的组合词。——译者注

符号是模糊的

符号是模糊的，因为它们的含义并不明确。"买得起的衣服"在赚取最低薪资的人和富裕的人那里代表的是完全不同的事物。一位朋友来北卡罗来纳州看望我时，认识到了词语含义的地区差异。她在一家餐厅点了冰茶，第一口就差点被呛到，她惊呼："啊！怎么这么甜！"我解释说，南方的茶里都加了糖，如果想喝不加糖的茶需要特别注明。

在学习语言的过程中，我们不仅要学习词语，还要学习社会赋予它们的意义和价值。在美国，大多数孩子都知道狗是四条腿的生物，是人类的朋友、家庭的成员，它们在看守和放牧等方面很有用。而在有些国家，孩子们了解到狗是一种四条腿的生物，和其他生物一样，它们可以作为人类的食物。因为符号是模糊的，所以无法保证人们会对词语的含义达成一致意见。

伊桑：

去年夏天，经理要求我们为顾客提供更个人化的服务。这是打造我们店"一个关心你的人"品牌的一部分。我们尝试这样去做，却在理解"更个人化"的含义时遇到了困难。我会询问客户诸如这样的问题："您今天过得怎么样？您找到想要的东西了吗？"而另一位销售员则认为要发表一些个人评价，比如"这件毛衣很漂亮"或"您的儿子举止很得体"。还有一位销售员开始与顾客分享自己的个人经历，比如告诉他们自己和男朋友之间的问题，并询问顾客的意见。当然也有销售员采用正规而简短的说辞，比如："非常高兴为您服务，您是我们店的顾客，我们希望使您感到舒适。"几天后，经理把我们喊进去，清楚地解释什么是"更个人化"。

语言的模糊性可能会导致朋友或伴侣间的误解。马丁娜对她的朋友说，他眼下不够专心（attentive），意思是希望他在聊天时不要发短信；然而朋友却将其理解为她希望两人能更经常地聚在一起聊天[1]。

---

1 朋友可能将"attentive"理解成了"殷勤的"。——译者注

这种模糊性也可能在工作场合让人困惑。试想一下这种情况：你对上司说希望得到关于工作表现的反馈，但你并未讲清想要哪种反馈，以及希望上司评价工作的哪些方面，因此你的上司可能会感到困惑。更有效的说法是：我希望您能就我书面报告的完整性给出评价。

符号是抽象的

最后，符号是抽象的，它们并不是具体的或有形的。词语可以代表思想、人物、事件、物体、感情等等，但它们并不是所指的事物本身。我们在第三章曾讨论过抽象化的过程，即我们一步步远离具体事实的过程。符号越抽象，造成混淆的可能性就越大。过度概括便是造成混淆的一种方式。婚姻咨询师阿龙·贝克（Aaron Beck，1988）的报告指出，过于笼统的语言会扭曲伴侣双方对一段关系的理解。他们可能会说一些宽泛而负面的话，比如"你太消极了"。大多数情况下，这种表述太过笼统，因此并不准确。然而，这种将经验符号化的过程，塑造着双方对经验的思考方式。

我们可以通过少用抽象的语言来降低误解的可能性。"我希望你别打断我讲话"比"能不能别这么霸道"的说法更明确，"男士们在周五不必打领带，女士们也不必穿高跟鞋"比"周五的穿着可以随意一些"的说法更清楚。

语言沟通的原则

我们已经看到，语言是任意、模糊和抽象的。现在让我们来探究一下语言的运作方式，我们将讨论语言沟通的四个原则。

语言与文化相互映照

沟通反映了文化历史、价值观和见解。它也通过命名和规范文化所重视的实践来创造或再现文化。历法命名了文化中的重要日子，你的日历上是否标出了圣诞节、感恩节、新年和逾越节（Passover）？宽扎节（Kwanzaa）、浴佛节（Vesak Day）、老年节（Elderly Day）和斋月（Ramadan）在日历上吗？大多数西方历法反映了主流文化中的犹太教与基督教传统。

为了进一步理解文化价值观如何与语言交织在一起，我们可以思考谚语或俗语所体现的文化价值观。美国有句谚语"人各为己"（Every man for himself），它是否意味着男性才是唯一标准？或者它反映了个人主义的价值观？"早起的鸟儿有虫吃"（The early bird gets the worm）又是什么意思？它是否意味着主动性会带来成功？

其他文化中的谚语也表达了独特的价值观。墨西哥俗语"生活匆忙的人将很快死去"（He who lives a hurried life will soon die）表达了什么价值观？这种时间观与美国主流的时间观有何不同？非洲有两句流行的谚语，"无人可占有孩子"（The child has no owner）和"养育一个孩子需举全村之力"（It takes a whole village to raise a child），中国的类似表达是"只要了解一个人的家庭，就知道这个人是什么样了"（No need to know the person，only the family；Samovar & Porter，2000）。日本有句谚语"露在外面的钉子会被敲"（It is the nail that sticks out that gets hammered down；Gudykunst & Lee，2002）。这些谚语表达了什么价值观？它们与西方主流价值观有何不同？

很多亚洲语言都有描述特定关系的特定词语，比如"曾祖姑母""外叔祖父"和"幼子"。这些词语反映了传统亚洲文化对家族关系的重视（Ferrante，2006）。英语中表示特定亲属关系的词语要少得多，这说明西方文化不太重视直系亲属之外的关系。

语言的文化差异有时会给工作造成困难。近年来，到中国寻求工作机会的美国人越来越多。这些美国人很快发现，他们从小被教导的发表意见的做法，在中国并不受欢迎。此外，直截了当的表达方式也被认为是不礼貌的（Seligson，2009）。

沟通也在改变文化。沟通改变文化价值观的主要方式是以其他理解为事物命名。比如，"约会强奸"一词发明于20世纪80年代后期。虽然在此之前可能就有很多女性曾被迫与她们的约会对象发生性关系，但在这个词被创造出来之前，人们无法将此类事件描述为一种暴力犯罪行为（Wood，1992）。同样，对其他性行为的文化理解也因为一些新造词发生了变化。比如在以前，人们认为"性骚扰"和"婚

💬 日常生活中的沟通 / 社交媒体

谷歌即我们自身

专栏作家大卫·布鲁克斯（David Brooks，2013）称，自20世纪60年代起，美国文化开始变得越来越个人主义和缺乏道德关切。为支持这一论断，布鲁克斯阐述了一项基于谷歌数据库的研究，这项研究可以让用户看到从1500年至2008年间的出版物中某些特定词语和短语的使用频率（Twenge，Campbel & Freeman，2012；Twenge，Campbel & Gentile，2012）。 自1960年以来，类似"自我"和"以我为先"这样的个人主义用语的使用频率远远高于"社群""分享""联合"和"公共利益"等集体性用语。还有研究者发现，在过去的50年中，人们越来越少地使用"美德""勇敢""刚毅""谦逊"和"善良"等道德性词语（Kesebir & Kesebir，2012）。这些语言上的变化使布鲁克斯开始好奇："我们越来越少地提及社会关系和社会责任，是否因为它们对我们的生活渐渐不那么重要？"（p. A21）

MindTap 你是否和大卫·布鲁克斯一样，认为美国人变得越来越个人主义，而更少地致力于维护社群的道德规范？

内强奸"这两个词描述的行为是可被接受的。随着社会对同性关系的认识、接受程度的提高，"家庭伴侣""同性伴侣"等词语也得到了认可。

瓦妮莎：

　　如果我在20年前的大学里，人们可能会直接叫我怪胎或者女变态[1]。现在人们——至少一部分人——接受了我是跨性别者（trans）的事实。我觉得20年前甚至没有"跨性别者"这个词。我相信那时就有跨性别群体，但他们一定苦于无法找到表明身份的方式。

1　原文为 dyke，意为女同性恋者，含有冒犯之意。——译者注

> 💬 日常生活中的沟通 / 多样性
>
> ### 多元文化下的语言
>
> 虽然"多元文化"这个词最近才开始流行，但我们的社会和语言一直都处于多元文化中（Carnes，1994）。你知道以下日常用语的文化起源吗？
>
> 1. brocade（织锦）　　2. chocolate（巧克力）　　3. cotton（棉花）
>
> 4. klutz（笨手笨脚）　5. khaki（卡其色）　　6. silk（丝绸）
>
> 7. skunk（讨厌鬼）　　8. gingham（格子布）　9. noodle（面条）
>
> 10. zombie（僵尸）
>
> **MindTap**　写出这些词语的文化起源。你能补充一些在美国常用的借自其他文化的日常用语吗？

　　语言是社会运动用以改变文化生活和意义的主要工具。在 20 世纪 60 年代，美国的民权运动凭借沟通来改革公共法律，并渐渐改变了公众关于黑人的看法。马丁·路德·金和马尔科姆·X 这样强大的领导者，赞扬了非裔美国人的传统和身份。语言同样改变了社会对于残障人士的看法。虽然"残疾人"是一个长久以来被人们普遍接受的用语，但现在大部分人都意识到这个标签可能带有冒犯性，并且知道更好的表达是"身体有缺陷的人"（Braithwaite，1996）。环境运动使我们意识到自己的"碳足迹"（carbon footprint）。

语言的意义是主观的

　　因为符号是抽象、模糊和任意的，所以词语的意义从来都不是不证自明或绝对的。相反，我们在与他人互动的过程中，通过在脑海中进行的对话来构建意义。构建意义的过程本身就是象征性的，因为我们依靠词语来思考其他词语或事物的意义。

　　词语有多重含义。虽然我们通常意识不到自己为解释词语做出的努力，但我们其实不停地在构建词语的意义。"家庭"一词会让那些拥有幸福美满家庭的人感到温暖，但也可能会让那些家里充满压抑和暴力的人感到焦虑。

在《摩登家庭》(*Modern Family*) 的某一集中，格洛丽亚将"弱肉强食的世界"(dog eat dog world) 直译过来说："这毫无道理！谁想要生活在狗吃狗的世界里？狗狗亲亲的世界 (Doggy-dog world) 才更有爱，那里到处都是小狗狗！"

语言的使用有规则导向

在语言沟通中，有一些不言自明、广为人知的规则 (Argyle & Henderson, 1985; Schiminoff, 1980)。沟通规则是人们关于沟通意义和在特定场合如何沟通的共同理解。例如，我们都明白应该轮流发言，发表辱骂性言论可能会被赶出聊天室，在图书馆里要轻声讲话。在与家庭成员和其他人沟通的过程中，我们会在不经意间吸取沟通的规则，这些规则指导我们如何进行沟通及如何解读他人的沟通。朱迪·米勒 (Judi Miller，1993) 的研究显示，儿童早在 1~2 岁就开始理解和遵守沟通规则了。

有两种规则主导着我们的沟通 (Cronen, Pearce & Snavely, 1979; Pearce, Cronen & Conklin, 1979)。**规范性规则** (regulative rules) 明确了谈话的时间、地点和对象。例如，有些家庭规定不能在吃饭时争吵。此外，家庭还会告诉我们关于冲突的规则。比如，你是否被允许反对父母或长辈的观点？在不同文化和社会群体中，规范性规则各不相同，在一种文化背景下被接受的现象在其他文化中可能是不合适的。

由美子：

我努力教导孩子遵循日本本土的风俗习惯，但是他们却在学习如何当美国人。我曾经斥责 7 岁的女儿不该大声讲话，也不应该在未经允许的情况下讲话。可是她告诉我，其他孩子都可以大声讲话，而且想说话的时候就直接说话。我告诉她直视别人是不礼貌的，但她说这里的人都这样做。她的交流方式像一个美国人，而不是日本人。

构成性规则（constitutive rules）规定了解释和开展不同类型沟通的方式。我们学习如何表现尊重（倾听、眼神接触）、友好（微笑或网络聊天中的微笑表情）、喜爱（亲吻、拥抱）和专业（准时、自信）。我们也学习如何根据不同的角色开展沟通，比如作为好友（表示支持、忠诚）、负责的员工（准时完成工作、自信的口头展示）和理想的伴侣（表示尊重和信任、忠诚、分享秘密）。与规范性规则一样，构成性规则也由文化和社会群体所塑造。

诺厄：

　　在高中时，我最好的朋友是查德。他是个比我厉害的吉他手，但他经常陪我练习节奏，让我也能有出彩的机会。这是他表达关心的一种方式，因为他不会跟其他人一起练节奏。他在我家时也不会吸烟或喝酒，这表示他尊重我和我的家庭规则。

　　有时候，我们不一定会意识到自己遵守的沟通规则。大多数情况下，我们没有注意到那些关于沟通时间、地点、对象和方式的规则。只有当规则被打破，或者我们意识到自己抱有期望时，我们才会意识到规则的存在。维多利亚·德弗朗西斯科（Victoria DeFrancisco，1991）的研究揭示了配偶间的一种明显模式，即丈夫会打断妻子，且不怎么回应妻子发起的话题。丈夫和妻子都没有意识到这些规则，但他们的沟通还是维持了这种模式。意识到规则的存在，可以让你改变那些不利于有效沟通的规则。

埃米莉：

　　我和男朋友在做计划方面有着让人很沮丧的模式。他会说："这周末你想做什么？"我回答："不知道啊，你想做什么呢？"然后，他会提议两三件事并问我是否感兴趣。即使这些事我并不喜欢，我也会说都不错。这种模式持续了很久，因为我们俩都不愿将自己的意愿强加于对方，这让我们无法说出自己真正的喜好，所以在做选择时就形成了一个恶性循环。两周前，我跟他讨论了这方面的事情，他也同意我们之间的模式让人沮丧。因此，我们发明了一条新的规则：每个人都要说出自己想做什么，而对方必须说清自己是否喜欢。自从建立了这个规则，我们在做计划时就开心多了。

MindTap

日常技巧 为了进一步了解自己在沟通中遵循的规范性规则和构成性规则，请完成本章末尾的"沟通规则"练习。

沟通起止点塑造意义

在写作中，我们会使用逗号、句号和分号来确定文章的开头、停顿和结尾。同样地，在人际沟通中，起止点也确定了互动事件的开始和结束（Watzlawick, Beavin & Jackson, 1967）。为了使沟通有起止，我们要确定互动何时开始，以及由谁来开启互动。当我们对此意见不一时，就可能产生误解。如果你听过孩子们争论是谁先动手打架的，你就会理解沟通起止点的重要性。

要求－退缩模式是一个常见的关于沟通起止点冲突的例子（Bergner & Bergner, 1990；Caughlin & Vangelisti, 2000；Christensen & Heavey, 1990；Wegner, 2005）。在这种模式中，一方试图通过谈话营造亲近感，另一方则会为了保持自主性而避免亲密谈话（见图 4.1）。

一方越是主动地推进私人性谈话（"告诉我你最近的生活怎么样"），另一方就越是退缩（"最近没发生什么事"）。每个人都将对方的行为视为对话的起点。因此，要求者认为"我主动追求是因为你在退缩"，而退缩者认为"我退缩是因为你在追求我"。这种要求－退缩模式也常见于亲子沟通中（Caughlin & Ramey, 2005）。一位家长告诉自己 17

我退缩是因为你在追求我。

我主动追求是因为你在退缩。

我更努力地追求是因为你更加退缩了。

我更加退缩是因为你追得更紧了。

图 4.1 **要求－退缩模式**

岁的女儿，她应该穿得更得体（要求），而孩子可能会因此开始穿更加暴露的上衣（反抗家长的控制）。看到这件上衣后，家长告诉孩子不能穿成这样去上学（进一步要求）。孩子对此的回应是换一件更加暴露的上衣，并夺门而出（进一步反抗父母的控制）。

客观正确的起止点并不存在，因为它取决于主观认知。当沟通双方对沟通节奏有不同的理解时，他们对于彼此沟通的含义就有不同的感受。为了打破要求－退缩等具有破坏性的循环模式，人们要意识到他们可能会对沟通节奏产生不同的理解，并且应该讨论双方遵循的模式的差异。我们要意识到沟通循环取决于每个人，任何一个人都可以通过改变他的谈话内容来打破这个循环。

哈尔：

　　沟通的起止点能帮助我理解我跟女朋友的关系。我们刚在一起的时候，她经常生气，可是我不知道为什么。我心想，到底发生了什么？为什么我们都还没开始说话你就生气了？但是事实上，她可能在为昨晚或很久之前发生的事而生气。对我来说，不管上次发生了什么争吵，在我们当时分开之后就结束了。但是对她来说，争吵可能并没有结束。

语言沟通的意义产生于文化教育、主观解释、沟通规则和起止点。这四项原则凸显了人们构建意义时的创造性。现在，让我们来探究语言沟通如何影响我们自身和我们的关系。

象征能力

我们使用符号的能力让我们生活在一个充满思想和意义的世界中。我们不只对现实环境做出反应，还会思考并改造它们。语言哲学家们发现了象征能力影响我们生活的五种方式（Cassirer，1944；Langer，1953，1979）。在我们讨论每种方式时，请思考一下它如何影响你的生活和关系。

语言定义现象

定义是最基本的象征能力。我们会通过符号来定义经历、人物、关系、感受和思想（Pinker，2008）。就像第三章里提到的，我们施加的定义塑造了事物对我们的意义。多年前，语言学家本杰明·沃夫（Benjamin Whorf，1956）和人类学家埃德温·萨皮尔（Edwin Sapir）提出了**语言决定论**（linguistic determinism），即语言决定了我们的感知和思考方式（Hoijer，1994）。根据这个理论，我们无法感知和思考未被命名的事物。

然而，随着时间的推移，语言决定论逐渐被否定。许多例子表明，即使不知道确切的名称，人们也能对事物进行感知。杰夫·农贝格（Geoff Nunberg，2003）注意到，阿拉伯语中没有单独表示妥协的词，但是有很多短语可以表示相同的意思。传说中，美洲部落的黑脚族人第一次看到马时将它称为麋鹿犬，因为它们的体形很大，长相有些像麋鹿，还能像狗一样驮东西。对于不熟悉的物种，他们从熟悉的词语中找到了指代方式。

💬 日常生活中的沟通 / 多样性

万物皆有其名！

想象一下，如果你已经 27 岁却不懂得语言，会是什么样子？伊尔德方索称自己 27 岁还不会语言的经历简直暗无天日。他说他无法理解时间的概念，也不知道时间是如何流逝的。他没有生日的概念。他只能通过记住钟表指针的位置来按时上下班，但是并不理解时针和分针的含义。他甚至不知道耳聋和听力的意思（Words，2013）。

1991 年，24 岁的苏珊·夏勒在一所社区大学教聋哑学生阅读。她注意到一个比大多数学生年长的男子每天都站在教室后面。苏珊走近这名男子，发现他是聋哑人且不会手语。这个人就是伊尔德方索。夏勒陪他一起学习了好几天，却没有任何进展。终于有一天，当她用手语拼写"猫"这个词时，伊尔德方索明白了她在用手描述一种有胡须的毛茸茸的动物。伊尔德方索哭了起来，他终于意识到每一种事物都有名字，各种名字、语言让他有了接触世界的机会。

虽然大多数学者不再认同语言决定论，但是一些人接受了一个更加温和的说法——语言反映和塑造着我们的感知和思想。这种观念有助于我们理解为什么有些词和短语不能被翻译成其他语言。马斯科吉-克里克部落的语言包含一个专门指代父母与子女之间的爱的词（Seay，2004）。在已经消亡了的太平洋岛民的语言中，有很多其他语言没有为其命名的鱼类名称（Nettle & Romaine，2000）。

语言塑造观念　当我们给某人贴标签时，我们会把注意力集中在这个人及其活动的特定方面，而忽略其他方面。我们可能会将某人定义为环保主义者、教师、厨师、老板或父亲，每一个定义都会引导我们关注这个人的某些方面。我们可能会跟环保主义者讨论荒野立法，跟老师讨论课堂作业，跟厨师交换食谱，跟老板谈论工作，跟父亲交流育儿故事——我们倾向于根据自己对他人的定义来感知和与人交往。

语言的归纳性　当我们用一个标签来代表一个人的全部时，我们就在归纳。我们常常通过唯一的符号来定义某人，而忽略了这个人的其他方面。有些人把男同性恋者和女同性恋者归总起来，就好像性取向是他们身份的唯一层面一样。然而，我们并不会根据性取向来归纳异性恋者。归纳与刻板印象不同，当我们用刻板印象看待某人时，我们会根据一个群体的特点来下定义。而当我们对某人进行归纳时，我们抹去了他的大部分特征，只关注他的身份的一个方面。

贾迈勒：

我非常了解归纳，因为很多人总是把我归纳为黑人，好像那就代表了全部的我。有时在课堂上，老师会让我阐释一下作为非裔美国人的观点，但是他们不会问我作为一个医学预科生和在职学生的看法。我是非裔美国人，但是这不是我的全部。

语言塑造和影响关系　在定义关系中的经验时，我们使用的符号会影响我们对关系的思考和感受。我和我的同事曾询问一些情侣如何定义彼此之间的差异（Wood，Dendy，Dordek，Germany & Varallo，1994）。我们发现，有些人认为这些差异是让关系保持活力和趣味的积极力量，另一些人则将差异视为问题或亲密关系的障碍。情侣们对差异的定义直接影响着他们的处理方式。将差异视为正面力量的情侣以好奇心、兴趣和充满希望的方式来对待它们。相反，认为差异是负面问题的情侣往往会否认差异，避免谈论它们。

我们用来思考关系的语言会影响关系的发展。处于满意关系中的伴侣在谈论问题时，会更多地谈到"我们"，而处于负面关系中的伴侣则更多地谈论"我"（Williams-Baucom，Atkins，Sevier，Eldridge & Christensen，2010）。总是使用负面标签形容关系的人会增强对讨厌事物的意识（Cloven & Roloff，1991）。也有研究表明，专注于关系中好的方面的伴侣更能意识到对方和关系的优点，而不是不完美之处（Bradbury & Fincham，1990；Duck & Wood；Fletcher & Fincham，1991；Seligman，2002）。这表明，在谈论或思考关系时，我们需要注意自己使用的语言。

语言的评判性

语言并非中立或客观的，它充满了价值判断，这是语言的内在特征。我们很难找到一个绝对中立或客观的词语。因此，我们使用的特定词语会影响我们的看法。

卡里姆：

> 我的弟弟在伊拉克战争中牺牲了。最糟糕的是，他不是在战场上牺牲的，而是被美国军队误杀的。我们被告知他死于"友军火力"。友军？真是个糟糕的词。

语言反映和塑造感知 我们倾向于用强调优点、淡化缺点的语言来描述我们喜欢的人，对于不喜欢的人我们则会有相反的描述。餐厅常常采用积极的词语来提升菜品的吸引力。一道被描述为"伦敦鲜嫩原汁烤牛排，搭配多汁蘑菇"的菜就比"带血牛肉配菌类"更让人有食欲。

也许你听过一些描述，关于我们如何形容自己、我们喜欢的人和不喜欢的人做出的相同行为——我很随性，你很凌乱，她很邋遢；我很有规划，你很有条理，他有洁癖；我很坚定，你很有攻击性，她横行霸道。这些例子都表明，我们倾向于使用反映自身价值和观点的语言。

近年来，不同群体对自身名称的偏好更加敏感。"非裔美国人"这个称呼强调了文化来源，而"黑人"则侧重于肤色。讲西班牙语的加勒比海地区的人通常认为自己是拉美裔，而来自墨西哥和中美洲、南美洲国家的人通常认为自己是西班牙裔（Glascock，1998）。

既定观点用语　既定观点用语（loaded language）指的是带有强烈倾向性从而扭曲原本意义的词语。"老家伙"和"老顽固"等词容易让我们对老年人产生轻蔑或同情等态度，"老年人""年长者"等词则反映了更加尊重的态度。

梅纳德：

> 我对语言也很敏感，只是我不太知道现在哪些语言会冒犯他人。在我年轻的时候，"黑鬼"（Negro）这个词是被公认接受的，后来它变成了"黑人"（Black），现在又是"非裔美国人"（African American）。有时我忘了这一点，就会说出"黑人"甚至"黑鬼"，然后就会被指责为种族歧视。过去将女性称为女孩是礼貌的行为，现在我这样做则会冒犯一些女同事。今年，我听说我们不应该再称呼"盲人"或"残疾人"了，而应该说"视力障碍"和"身体缺陷"。我实在是跟不上变化了。

很多人可能会对54岁的梅纳德感到同情。的确，要跟上语言的变化是很难的，有时我们不可避免地会无意中刺激或冒犯他人。然而，我们还是应该尽力了解哪些词语带有冒犯性，从而避免使用它们。当他人用冒犯性的语言称呼我们时，我们也应该说明这一点。只要我们坚定地说出来（不是对峙性地讲话），他人基本都会尊重我们的语言偏好。

语言会让他人受辱　语言可以用来侮辱和贬低他人。儿童就常常通过取外号来嘲弄他人。即使在儿童长大后，侮辱性语言也依旧存在。侮辱性语言的其中一种形式是**仇恨言论**（hate speech），即用极端侮辱、非人化的语言指称某些社会群体的成员。几年前，布朗大学的一名学生丹尼斯·汉恩就在庆祝 21 岁生日的时候制造了全国性的新闻。在醉酒后，汉恩来到校园中央的一个广场，说出了一些如"黑鬼"（niggers）和"死基佬"（faggots）这样的恶毒咒骂。因为此事，汉恩被布朗大学永久开除。

不幸的是，汉恩的行为并不是孤例。在全国各地，校园内外都爆发了仇恨言论。少数民族公民的汽车和住宅被涂上带有恶意和辱骂性的信息。洗手间和其他公共设施建筑上也有贬低同性恋等群体的涂鸦。人们在网上发布恶毒的谣言和仇恨信息（Lewin，2010b），很多网络仇恨群体把儿童和成年人都视为目标（Waltman，2003）。

语言是强大的，它影响着我们和他人的看法。这意味着我们每个人都有道德责任去了解语言的作用，避免发表不文明的言论，同时拒绝忍受他人的冒犯。

语言组织认知

我们会用符号来组织自己的认知。正如第三章中提到的，我们依靠认知图式来对自身经验进行分类和评估。我们组织经验的方式会影响它们对于我们的意义。例如，你对朋友的原型图式影响着你对特定朋友的判断。当我们将某人归入朋友这个类别时，这个类别就会影响我们解读这个人和其沟通的方式。同样的一句话，如果来自敌人就会被认为是冒犯，而若是朋友说的则可能会被视为打趣。语言本身并不会改变，但它们的意义会随着我们的组织方式和交流对象而改变。

语言可以让我们进行抽象思考　语言的组织性特征可以让我们思考一些抽象的概念，比如正义、诚信、健康的家庭生活等。我们会用广义的概念来超越特定、具体的活动，由此进入概念思维和理想的世界。在进行抽象思考时，我们不必单独考虑每一个具体的现象，而可以用更宏大的概念来思考。

语言会产生刻板印象　抽象思考能力同样也会扭曲我们的思维。其中一种主要的方式就是刻板印象，即用泛化的思想来概括整个类别的人或时间。例如，"参加联谊会的女生都家境富裕""老师都很聪明""运动员都是愚蠢的""女权主义者都讨厌男人""信仰宗教的人都很善良"。我们要意识到，刻板印象可能是正面的，也可能是负面的。虽然这些泛化的印象可能适用于群体中某些甚至大多数成员，但是总有一些成员不符合刻板印象的情况，而且每一种刻板印象都只关注了身份的一个侧面。

刻板印象总是用一种普遍性的认知来归类某种经验或人物。当我们使用"运动员""非裔美国人""女同性恋者""男性""蓝领工人"等群体性词语时，我们可以看到这些群体成员的共性，却意识不到个体之间的差异。

刻板印象与归纳有关，因为当我们用刻板印象看待某人时，可能看不到这个人的其他方面（刻板印象没有体现的方面）。例如，如果我们将某人看作大学生联谊会的成员，我们就可能只看到了他跟其他联谊会成员的共同点，而没有注意到他的政治立场、个人价值观和对家庭的贡献等方面。

很明显，我们需要做一些泛化的归类，因为我们不可能将每件事情都视为一个独特的现象。然而，刻板印象容易让我们忽略一些重要的差异。因此，我们有必要对刻板印象进行反思，在归类现象时要注意它们的差异。同时我们要提醒自己，分类只是一种工具，而不是客观的描述。

语言能让我们做假设性思考

想象一下，五年后的你会在哪里？你童年最美好的回忆是什么？你认为朋友会在半小时内给你发短信吗？要回答这些问题，你必须进行假设性思考，也就是思考不属于当下场景的经验和想法。因为我们可以进行假设性思考，所以我们可以计划、想象、回忆、设定目标、考虑另一种行为方式或想象的可能性。

我们的想象可以超越当下的具体环境　通过使用符号，我们让假想成为可能。我们会给想法命名，这样我们就可以将其保留在脑海中并进行反思。我们可以设想现实中不存在的事物，可以回忆过去的事情，也可以畅想未来。我们的想象力解释了为什么我们可以设定目标并为之努力。例如，你在学习和写论文方面投入了很多时间，因为你把自己想象成了一个拥有大学学位的人。这个学位现在看来并不真实，拥有学位后的自己也不真实，但是这个想法却足够真实，可以成为你努力多年的动力。

我们生活在时间的三个维度　假设性思考也让我们不仅仅活在当下。在我们当下的生活中，充满了对历史的认知和对未来的规划，它们都影响着我们现在的生活。在工作场合，我们经常会想起过去跟同事的互动，并预测未来的互动，这两者都会影响我们当下的沟通方式。

亲密关系会受到过去和未来的影响，其中最强的"黏合剂"就是共同的经历（Bellah，Madsen，Sullivan，Swindler & Tipton，1985；Bruess & Hoefs，2006；Wood，2006a）。只要回想起曾经一同经历过的风雨，伴侣们就会努力克服现在的困难。对未来的信念也是维持亲密关系的一种理由。对于不会再在我们生活中出现的人，我们与之沟通的方式就会不同于那些会继续存在于我们生活中的人。谈论未来也会拉近伴侣之间的距离，因为它让共度时光这个想法成为现实（Acitelli，1993；Wood，2006a）。

雷切尔：

在大一的第一周，我参加了一次聚会，喝得酩酊大醉。高中时我从来没有喝过酒，所以我不知道酒精的威力。当时情形非常糟糕——呕吐、头晕……第二天早上醒来时，我真后悔自己喝了那么多。但从长远来看，我觉得这是件好事。因为后来每当我感觉喝太多了，我就会想起那晚喝醉的事情，想起我多讨厌自己喝醉的样子，这让我在喝更多酒之前就打住了。

假设性思考有助于个人成长　在第二章中我们提到，我们需要接受自我成长的过程，从当下的自己出发寻求进步。这就需要你记得自己早期是什么样子，感激自己已经取得的进步，并用理想中的自己鼓励自我继续提升。

杜炯：

有时候，我会感到非常沮丧，因为我的英语不够好，也不太了解这个国家的习俗。但是每当我想起自己两年前刚到这里的样子，我就不会那么沮丧了。我当时完全不会说英语，对这里的习俗也一无所知。意识到自己取得的进步，让我不至于对仍旧未知的部分那么沮丧。

语言能让我们自我反思

就像我们用语言来反思外部事物一样，我们也用它来反思自己。根据米德（1934）的研究，自我可以分为两个方面。第一个是主我（I），即自发的、有创造力的自我。主我会根据内在需求和欲望产生冲动性反应，而不考虑社会规范。客我（Me）是具有社会意识的自我，它监控和调节主我的冲动。客我从他人的社会视角反思主我。主我不会体现社会观念和期望，但是客我却受到两者很大的影响。在争论中，你的主我可能想奋力羞辱你不喜欢的人，但是你的客我会抑制这种冲动，并提醒你羞辱他人是不礼貌的。

通过分析主我的行为，客我会对主我有所反思。这意味着我们可以思考自己想成为什么样的人，并设定自我目标。客我会为主我的行为感到羞愧、骄傲或后悔，

💬 日常生活中的沟通 / 工作场合

警察有了新的测谎工具

测谎仪的原理是通过声调和节奏来判断诚实度，但这种检测方式并不是特别可靠。现在，执法部门有了一种新的测谎工具——被审讯者供词中的细节。新的研究表明，当人们说谎时，他们会严格遵循一套说辞，并且坚持下去（Coldwell，Hiscock-Anisman，Memon，Colwell，Taylor & Woods，2009）。在受审时，他们不会进一步补充细节和对上下文的评论，因为这只会增加他们记忆的负担。相反，当我们在讲述一个真实的故事时，我们会添加20% 至 30% 的细节（Carey，2009）。诚实讲述的人没有脚本，他们也倾向于回忆有关事件背景的细节——谁在场，发生了什么——这些细节往往与事情主干无关。研究人员解释说："如果你说的是事实，这种心理层面的复述会激发你想起更多外部细节。"（Carey，p. D4）2009 年夏天，研究人员开始向圣迭戈警方培训审讯和判断技巧。

> **MindTap** 请朋友分别描述一个真实的和虚假的事件，然后用上述研究进行检验。请思考，在不同情况下故事的详细程度有何不同。

之所以会产生这些情绪，是因为我们会自我反省。我们把自己置于未来的时间，考虑之后自己会如何看待现在的行为，从而控制自己当下的行为。

埃莉丝：

> 我在流浪人员收容所做志愿者。有时，当我面对那些来这里领取食物或寻求住所的人时，我真想晃醒他们，告诉他们要让自己的人生过得有条理。我对那些不想努力改变自我现状的人感到沮丧。但是我知道，每个人都在打击他们——他们最不需要的就是听一个从未经历过困境的大学生唠叨更多。所以我没有将沮丧表现出来，我想这就是客我的部分控制了主我部分。

我们可以监控自己的沟通　就像在第一章中讨论过的，自我反思赋予了我们监控自己的能力。例如，在跟朋友讨论时，你可能会在心里对自己说："天哪，我一直在谈论自己和自己的烦恼，却从没问过她的情况。"根据这个监控，你就会开始询问朋友的生活境况。在与来自不同文化背景的人交流时，我们会提醒自己，对方可能有不同的价值观和沟通方式。自我反思可以让我们监控自己的沟通，并调整沟通方式使之更加有效。

我们可以管理自己的形象　正如我们在第二章中提到的，我们希望在人际沟通中呈现一种特定的形象（Ting-Toomey，2009）。因为我们会从他人的视角来反观自己，所以我们可以调整自己的沟通方式，在他人眼中呈现出积极的一面。在面试时，你可能会努力让自己看起来更自信、更勤奋。在与你想了解的人沟通时，你可能会比平常更加细心。为了适应特定的场合和对象，我们不断调整自己的沟通方式。

我们会使用符号来对经验进行定义、分类和评估，进行假设性思考并自我反思。这些能力都帮助我们在个人和人际生活中创造意义。在使用符号进行沟通时，我们要注意它们所带来的道德责任，以及它们对我们的影响。

言语社区

虽然人类都会使用语言，但是我们使用语言的方式并不相同。在与特定他人和泛化他人交往的过程中，我们会学习特定的词语和语言仪式的含义。毫无疑问，来自不同社会群体的人有不同的语言使用和解释方式。

当人们分享沟通的目的和方式时，就形成了一个**言语社区**（speech community；Labov, 1972）。回想一下第三章里关于社会位置的讨论，言语社区产生于社会位置，也就是说处于同一社会位置的人倾向于对沟通形成共同理解。同一个言语社区的成员分享着外人所没有的沟通观点，这也是不同社会群体容易产生误解的原因之一。

言语社区不是由国家或地理位置决定的，而是由人们对沟通方式的共同理解决定的。西方社会中有很多不同的言语社区。比如，非裔美国学者的报告显示，非裔美国人通常比大多数欧洲裔美国人能更自信地交流（Hamlet, 2004；Johnson, 2000；Orbe & Harris, 2001；Ribeau, Baldwin & Hecht, 1994），也更常说一些风趣的话（Kelley, 1997）。韩国、日本和一些南亚国家更多地将沟通视为建立社区的方式，而不是维护个人的手段（Diggs, 1998, 2001）。

性别言语社区

在众多言语社区中，性别言语社区得到了较广泛的研究。相比于其他言语社区，我们对性别言语社区有更多的了解，所以我们会把它作为一个特殊的言语社区来探讨，并讨论不同言语社区成员间可能出现的误解。研究者们既调查了女性和男性在社会化过程中对沟通的不同理解，也调查了他们在实践中不同的沟通方式。

社会化中的性别言语社区　早期的一项研究表明，儿童的游戏是性别社会化的主要方式（Maltz & Borker, 1982）。在此之后，很多研究者都开始研究孩子在游戏群体中性别社会化的过程（Clark, 1998；Leaper, 1994, 1996；Martin et al., 2000；McGuffey & Rich, 2004）。他们发现，儿童游戏大多是性别隔离的，不同性别的孩子玩的游戏有着显著的差异。这些差异似乎教导男孩和女孩们使用不同的沟通规则和解读方式。

传统意义上女孩喜欢的游戏（如过家家等），涉及的参与者较少，需要通过谈话来协商玩法（因为没有明确的准则），并且依赖玩家之间的合作和敏感度。棒球和战争等典型的男孩游戏则参与者较多，并且有着明确的目标和规则，所以玩家在过程中需要的沟通较少。男孩喜欢的大多数游戏都带有很强的竞争性，包括团队之间的竞争和团队内个人地位的竞争。在游戏的沟通过程中，男孩和女孩对于为何、何时以及如何沟通产生了不同的理解。

实践中的性别沟通　关于男性和女性沟通方式的研究表明，在童年游戏中习得的沟通规则将会延续到人们的成年交往中。例如，女性的沟通方式通常更具表现力，并且更关注感情和个人议题，而男性的沟通往往更注重工具性和竞争性（Johnson，1989；Martin et al.，2000；Mulac，2006；Wood，1994b，1994c，1998）。

两性之间的另一个普遍差异在于男女对于亲密关系基础的看法。对大多数男性来说，两人一起参与的活动是亲密友谊和浪漫关系的主要基础（Inman，1996；Metts，2006a，2006b；Swain，1989；Wood & Inman，1993）。因此，男性通常会通过和对方一起做某些事或为对方做某些事来巩固关系。对大多数女性来说，沟通是亲密关系的主要基础（Becker，1987；Braithwaite & Kellas，2006；Metts，2006a，2006b；Riessman，1990；Taylor，2002）。

我们要认识到，男女之间的这些普遍差异只是程度的问题，并不是绝对的两极（MacNeil & Byers，2005）。男性有时候也会饱含情感地表达，女性有时也会开展工具性的谈话。我们同样要注意，并不是所有女性都遵循女性的沟通规则，也不是所有男性都遵循男性的沟通规则。

MindTap

日常技巧　为了进一步了解性别言语社区对于社会化的影响，请完成本章末尾的"打破性别沟通规则"练习。

性别言语社区中的误解　不同性别社区的社会化是造成男女之间一些常见误解的原因。其中一种情况发生在女性和男性讨论问题的时候。通常，当女性向男性讲述一件烦心事时，男性会提供建议或解决方案（Duck，2006；Tannen，1990；Wood，1994c，1996，1998）。他认为沟通主要是工具性的，因此他首先想到能够通过做什么来表现支持。然而，女性群体大多将沟通视为与他人建立联系的方式，因此在提出具体可行的解决方案之前，她们往往希望先有感情的共鸣和交流讨论（Guerrero，Jones & Boburka，2006）。正因如此，女性有时会觉得男性这种务实的回应方式是无情的、迟钝的。反过来，当女性仅表示同情和支持而不提供解决问题的切实建议时，男性可能会感到很沮丧。

男女互动中的另一个难题是不同的倾听方式。在社会化的过程中，女性被认为是反应灵敏和富有表现力的。当别人说话时，女性倾向于发出一些表示倾听的声音，如"嗯""是的"和"我知道你的意思"（Tannen，1990；Wood，1996，1998）。她们以此表示自己的专注和感兴趣。然而，男性群体并不太重视沟通中的回应，所以当他人说话时，男性很少发出类似的声音（Guerrero et al.，2006）。因此，女性有时会觉得男性没有在听她们说话，因为他们不会像女性所习惯和期待的那样将倾听和关注表达出来。但是要注意，这并不意味着男性不善于倾听。事实上，男性的许多倾听表现并没有被一些女性当作倾听，因为男性和女性对于倾听有着不同的调节和建构规则。

当女性说"让我们聊聊吧"时，可能会引起一个常见的误解。对大多数男性来说，这通常意味着麻烦，因为他们把这个请求解读为暗示关系中存在问题。然而，对于女性来说，这并不是谈论关系的唯一（甚至主要）原因。女性言语社区将谈话视为构建亲密关系的主要方式（Riessman，1990）。因此，女性常常通过谈论彼此

的关系来提升亲密度。然而，在社会化过程中，男性倾向于认为沟通是工具性的，只有存在问题时，才有必要谈论关系（Acitelli，1988，1993）。对很多男性来说，加深亲密关系的首选方式是一起做事。苏西的评论就说明了这种差异。

苏西：

我和男朋友已经交往 3 年了，我们很认真地恋爱，所以我希望我们的周年纪念日可以特别一点。我建议一起出去吃顿浪漫的晚餐，并讨论一下我们的感情。可是安迪说那听起来很无聊，他想去一场有很多人参加的音乐会。当时，我觉得这意味着他不像我一样在乎这段感情，但是相比起我们在一起这件事，他可能认为我们一起做某件事更能增进感情。

💬 **日常生活中的沟通** / 社交媒体

法庭中的城市词典

如果有人叫自己"杰克小子"（jack boy），他会是贼吗？钓鱼交友（catfishing）违法吗？这只是现代法庭面临的众多问题中的两个侧面（Kaufman，2013）。如果法院人士想了解流行俚语，传统的词典可能帮不上忙，因为这些词典很少收录最新的流行语。请搜索"城市词典"（Urban Dictionary，网址为 www.urbandictionary.com），这是一个由阿龙·佩卡姆（Aaron Peckham）于 1999 年创建的众包平台，当时他还是个大一学生。

2013 年，威斯康星州的一所法院需要对一起案件做出裁决，这起案件关于一名已定罪的小偷是否需要向受害者支付赔偿金。为了做出裁决，法院查阅了城市词典，希望了解罪犯称自己为"杰克小子"的含义。在城市词典中，该词的定义是"对没有戒备的人或商店进行偷窃或夺取"，因此法院判决小偷败诉。此外，城市词典将钓鱼交友定义为"捏造身份的网络掠夺者"，这帮助法院裁定了另一起案件。

MindTap 你认为法院依据网络词典来判决法律案件恰当吗？为什么？

性别只是众多言语社区的一个例子。即使生活在同一个社会中，来自不同社会群体的人也有不同的沟通方式（Johnson，2000）。网络社区也有特定的沟通方式，新成员要想有效参与沟通，就必须学习这些方式。认识并尊重不同言语社区的差异，可以提高我们在多元文化中参与沟通的能力。

社交媒体和语言沟通

上述关于语言沟通的知识如何应用于网络和数字互动？最明显的一种方式就是我们会创造新的词语来描述社交媒体特有的沟通经验和模式。其中一些词是已有词和短语的变体，如好友列表、即时信息、网络礼仪、网络暴力、聊天室。其他词则是全新的，为了描述网络空间发生的事情而发明。例如，博客（最早叫作网络日志）指的是在线日记，推特指的是非常短的信息。15 年前，这些词语并不存在，或者没有现在的意思。思考一下，在使用社交媒体的过程中，我们还创造了哪些新词？

沟通的规则也适用于网络和数字沟通。在网络空间，关于沟通时间、地点、对象的规范发生了什么改变？对于哪些人你会选择不给他们发短信，而是打电话或发邮件？对于哪些人你不发邮件只发短信？有没有什么信息不适合发布在脸书上？

现在请想一想我们在网络空间遵循的相关规范。发短信时，什么内容算是粗鲁的？在脸书上，什么样的评论算是支持？在网络上，怎样算是表示关心？你如何在网上表示友好或不感兴趣？

MindTap

日常技巧　为了加深你对社交媒体语言的认识，请完成本章末尾的"翻译指导"练习。

提升语言沟通能力的指导原则

在所学语言知识的基础上，我们将探讨提高语言沟通效率的准则。

采用双重视角

有效开展语言沟通的一个关键准则是采用双重视角。这要求我们以人为中心，在沟通时认识到他人的观点并将其纳入考虑。有效的人际沟通并不是独角戏，而是人与人之间的联系。我们说话的方式应该体现对他人及其观点的认识。例如，在与外国人沟通时，我们就要避免过多地使用习语。一家日本公司的 CEO 克雷格·内勒（Craig Naylor）就举了一个好笑的例子以说明习语造成的困扰："我刚来日本时向别人说了一些习语，并花了 15 分钟解释为什么这个机会像雪球在火热的地狱却不融化一样[1]。"（Sanchanta，2010，p. B6）同样地，当女性在倾诉问题时，采用双重视角的男性会意识到对方可能更需要同情和支持性的倾听，而不是解决问题的建议。有效的沟通者会尊重并适应沟通对象的观点。

卢克：

> 很长时间以来，我都认为我家隔壁的那个人非常奇怪。我从不接触猎枪，也不赞成运动狩猎。但是他非常喜欢打猎，这让我很困扰。为此，我试图了解他的来历，所以我问他为什么这么喜欢打猎。他告诉我，他是跟他爸爸学的打猎。只有在打猎的时候，他和爸爸才有真正的交流。当他打到第一只鹿时，他爸爸真心为他感到骄傲。他还告诉我，他跟一起打猎的朋友关系最好。虽然我还是不喜欢打猎，但现在我明白了为什么打猎对他来说很重要。这与猎物无关，而是关乎他和爸爸以及好友共度的重要时光。

我们不需要为了迎合他人的观点而放弃自己的观点。事实上，放弃自己的观点就像忽视他人的观点一样不健康。顾名思义，"双重视角"包括两种视角，它要求我们尊重自己和他人的观点。大多数人都能接受差异，但如果别人忽略或不尊重我们的观点，我们就会感到不被认可。

1　原文为 have a snowball's chance in hell，意指希望渺茫。——译者注

掌控自己的情绪和观点

我们使用语言的方式常常会模糊我们对自己的感受和想法的责任。例如，我们会说"你气死我了"或"你伤害了我"，好像我们的感受是由他人造成的一样。在更微妙的层面上，我们有时会把自己的反应归咎于别人。"你要求太高了"这句话的真实含义是你对他人的要求或期望感到恼怒 —— 恼怒是你的感受。

虽然我们解读他人的方式可能会使我们产生某些感受，但他人并不会直接引起我们的回应。在某些情况下，他人可能会强烈地影响我们的想法和感受。但是，即使在最极端的情况下我们也要记住，他人不需要对我们的情绪负责，我们要对自己的情绪负责。如果你告诉别人他们让你产生了否认自身责任的某种感受，这可能会引起别人的防备心理，并不会促进健康人际关系的发展。

有效的沟通者会使用语言对自己的想法和感受负责。他们会说出自己的感受，而不是怪罪他人。要做到这一点，就需要更多地谈论"我"而不是"你"，不要将自己的想法和感受归咎于他人。表 4.1 举例说明了二者的差别。

"我"语言和"你"语言有两个区别。第一，"我"语言承担个人责任，而"你"语言则将责任投射到他人身上。第二，"我"语言比"你"语言更具描述性。"你"语言往往是抽象和指责性的，这也是它不能有效促进改变的原因之一。"我"语言则对我们不喜欢的行为进行了确切的描述，而不是直接将我们的感受归咎于对方。

表 4.1 "你"语言和"我"语言

"你"语言	"我"语言
你让我对这个工作感到紧张	当你看我工作时，我感到紧张
你伤害了我	当你忽视我的话时，我感到受伤
你让我感觉自惭形秽	当你说我很自私时，我感到自惭形秽
你太霸道了	当你对我大吼大叫时，我感到受制于你
你侮辱了我	当你在朋友面前提到我的问题时，我觉得受到了侮辱

刚开始使用"我"语言时，有些人会感到尴尬。这是正常的，因为我们大多数人都已经习惯于依赖"你"语言。然而，只要有决心并努力实践，你就能学会使用"我"语言交流。

当你习惯使用"我"语言后，会发现它的很多优点。首先，与"你"语言相比，它更不容易让人产生防备心，因此"我"语言打开了沟通的大门。一般来说，在表达批评或不满时，"你"语言更容易激起防备心理或愤怒的情绪。但是在表达赞美时，"你"语言可能更容易被接受。例如，在 2005 年的一项研究中，埃米·比普斯（Amy Bippus）和斯泰茜·扬（Stacy Young）发现，当一些人成为积极的"你"语言目标时，他们会做出积极的回应（例如"你让我感觉太棒了"）。

第二，"我"语言更加诚实。当我们说"你让我感觉……"时，我们歪曲了自己的责任，因为他人并不能控制我们的感受。最后，"我"语言比"你"语言更有力量。当我们说"你让我感觉如何"时，我们把自己的情绪控制权交给了别人。这削弱了我们的个人力量，也降低了我们做出改变的动力。"我"语言可以让你掌控自己的感受，同时向他人解释你如何解读他们的行为。

尼利：

　　我原本觉得"我"语言这个想法很傻，但还是完成了课上布置的练习。令人惊讶的是，我发现我使用了很多"你"语言，这让我失去了对自身情绪和行为的控制。比如，我会说"是你让我说那些话的"，但事实上我可以控制自己是否要那样说。但当我说出"是你让我说的"时，我推卸了自己的责任。

MindTap

日常技巧　请练习使用"我"语言，完成本章末尾的"使用'我'语言"活动。

尊重他人的感受和想法

有没有人对你说过"你不应该有这种感觉"？如果有，你就知道当他人认为你的感受不真实、不准确或不可接受时，这是多么令人愤怒。如果别人认为我们的想法是错误的，我们也会有同样的感受。当有人说我们的想法或感受是错误的时，我们往往会感到受伤或不被尊重。有效的沟通者不会争论或贬低别人对他们的感受和想法的评价。即使你的感受和想法与他人不同，你也可以尊重他人的想法和情绪。

当别人可以为自己发言时，强行为他们发言是非常不妥当的方式，我们不应该假设自己能够理解他们的感受和想法。每个人都有独一无二的经历和看待生活的方式，我们很难完全掌握别人的想法或感受。虽然我们可以采用双重视角，但是我们并不能假设自己能完全掌握他人的情况，也不能替他们发声，这并不是支持性的行为。

尤为重要的是，我们不应假设自己能理解来自其他文化背景或社会群体的人。最近，我课上的一个印度女生讲述了她面对的歧视，然后一个白人男生说："我知道你的感受，偏见真的很伤人。"虽然他想表示支持，但是他的回应却激怒了那个女生。她反驳道："你根本不知道我的感受，除非你自己也是女性和非白人，不然你根本没有权力这样说。"

尊重他人的感受和想法是有效人际沟通的基石。当我们向不同的观点、感受和想法敞开心扉时，我们自身也会得到成长。如果你不明白他人的话，就请他们进一步详细说明——这表明你很感兴趣，并尊重他们的专业知识和经验。邀请他人阐述、解释或延伸他们的想法能够增进人与人之间的理解。

力求准确清晰

符号具有任意性、抽象性和模糊性，因此总是存在误解的可能。此外，个人和文化差异也会形成对词语的不同解释。虽然我们不能完全消除误解，但我们可以将误解降到最小。

意识到抽象的层次　　当我们意识到抽象的层次后，出现误解的可能性就会降低。很多误解是过于抽象的语言造成的。假如一位教授说："你的论文应该表现出对复杂概念及其实用意义的把握。"你知道该如何写出让教授满意的论文吗？可能不会，因为这句话太抽象了。下面是一个更具体的描述："你的论文应该包括概念的定义，并举例说明它们如何应用到现实生活中。"有了这个更加具体的说明，你就

尊重他人的经验

著名传播学者玛莎·休斯敦（Marsha Houston）向我们解释了"声称理解"是如何伤害他人的。她写道，白人女性绝不能告诉非裔女性她们理解黑人女性的经历。休斯敦这样解释（2004）：

我听过很多类似的说法，比如"因为性别歧视跟种族歧视一样严重""因为我看过《考斯比一家》（The Cosby Show）""因为我是少数群体的一分子，我是犹太人，我是意大利人，我体重过重……"但是，相似的经历不应混为一谈。如果你认为我所经历的偏见与你的相同，那么我的独特经历就被抹去了（p.124）。

能清楚地了解教授的期望。

然而，有时候抽象的语言才是合适的。抽象的语言可以让我们进行概括，这是非常必要和有用的。我们的目标是根据特定的沟通目标和场景来确定合适的抽象层次。当说话者和倾听者对话题有相似的具体知识时，就可以使用一些抽象的语言。例如，一对老夫妇可能会用"轻松的喜剧"和"沉重的电影"来指代两种电影类型。这是因为他们一起看过很多电影，他们对"轻松"和"沉重"这两个抽象的术语有共同的参照物，所以不太可能产生误解。同样地，老朋友之间可能会直接说"我们出去玩吧"，并懂得"出去玩"所暗示的活动。当沟通双方没有太多共同的经验和理解时，就需要使用一些更具体的语言。例如，在友谊的早期阶段，对朋友说"今天我们一起出去玩吧，可以看场比赛然后去吃比萨"就比说"我们出去玩吧"更有效。在刚开始约会时，说"今晚我们一起看部电影，然后在你家吃晚餐吧"就比"让我们今晚随意一点"表达得更清楚。

当人们谈论自己想让对方做出的改变时，抽象的语言特别容易导致误解。如果采用具体的语言和事例，就能帮助对方更加确切地理解哪些行为是不受欢迎的，哪些行为是人们所希望的。例如，"我希望你在家里多帮忙"并没有说明什么才算是帮忙。是吸尘和洗衣服,购物买菜,还是帮忙做饭?除非说话者提供更具体的描述,否则对方很难明白说话者想要什么。同样地,"我想跟你更亲密一点"可能意味着说话者想跟对方相处久一点,谈论彼此对关系的看法,一起做事情,有更刺激的性生活,或者其他事情。

限定语言 另一种提高沟通准确性的方式是对语言进行限定。有两种类型的语言需要加以限定。首先,我们应该限定概括性的语言,这样我们就不会误导自己或他人,把一个概括性的表述误认为绝对的表述。"政治家都是骗子"是一个错误的表述,因为它过于笼统。更加准确的表述应该是"一些政治家已经被证明是不诚实的",限定性的语言可以提醒我们注意话语的局限性。

MindTap

日常技巧 请练习把模棱两可的语言转换成具体的语言,完成本章末尾的"清晰地沟通"活动。

在描述和评价他人时,我们也应该限定语言。静态评价是指用固定不变的方式来做出评价。当评价对象是人时,这种方式尤其会带来困扰,"安很自私""唐不负责任""鲍勃很大方""薇很依赖人"……当我们使用"是"这个字时,我们暗示着某些事物是固定不变的。事实上,我们并非一成不变,而是在不断变化。一个在某段时间内很自私的人,在其他时间可能并不自私;一个在某种情况下不负责的人,在其他情况下可能很负责。

肯:

我爸妈总是在进行静态评价。七年前我刚拿到驾照的时候出了一次小车祸,之后还超速拿过罚单。但从那时起,我的行车记录都保持良好,可是你知道我父母怎么说吗?我爸爸总是叫我"暴力赛车手",而妈妈在我每次开车前都要对我进行安全教育。他们觉得我跟16岁时没有区别。

索引是早期传播学者开发的一种技术，目的是提醒我们，我们的评价只适用于特定的时间和情境（Korzybski，1958）。在索引时，我们会说"安在 2016 年 6 月 6 日的行为很自私""唐在工作委员会时很不负责""鲍勃在大学时很大方""薇在高中时很依赖他人"……你发现了吗，我们在使用索引时会指出具体的时间和情境。心理索引提醒我们，我们和他人都可能会发生显著的改变。

本章总结

在这一章里，我们讨论了词语和意义的世界。我们生活在独特的人类宇宙中，我们会使用符号。由于符号是任意、抽象和模糊的，因此词语本身没有固有的意义。相反，我们会根据我们所处的文化和社会群体认可的观点和价值取向，基于与他人的互动以及我们的个人经验，通过解释符号来构建意义。我们也会利用沟通的起止点来构建意义。

我们不只存在于此时此地的物质世界中，还会用语言来对自己、他人和经历下定义、做评估和归类。此外，我们还使用语言进行假设性思考，因此我们可以考虑各种替代方案，并能同时生活在时间的三个维度中。最后，语言可以让我们自我反思，这样我们就能够监控自己的行为。

虽然一个社会的成员会使用同一种语言，但是人们使用语言的方式并不总是相同的。我们在不同的群体或言语社区中学习沟通和解释沟通的规则。不同的社会群体有不同的沟通规则，因此我们不应该假设他人的词语使用方式与我们一样。同样地，我们也不应该假设他人的沟通规则与我们相同。

在本章最后一节，我们讨论了提升语言沟通效果的原则。由于词语对不同的人来说有不同的意义，而且不同的社会群体有不同的交往规则，因此出现误解在所难免。为了最大限度减少误解，我们应该采用双重视角，把握自己的想法和感受，尊重他人的想法和感受，并对抽象性、概括性和静态评价进行监控。

在第五章里，我们会继续讨论人类沟通的世界，探索非语言沟通的美妙领域。

关键概念

请练习为本章涉及的术语下定义。

"你"语言 "我"语言 抽象性 仇恨言论 符号 沟通规则

沟通起止点 构成性规则 归纳 规范性规则 既定观点用语

静态评价 模糊性 任意性 索引 言语社区

话题延伸

请利用本章学习的原则来评估并分析这段对话，然后和作者建议的回应做比较。我们的网站上有更多相关视频，你可以与老师继续练习。

五周前，埃德开始了一份新工作。他非常喜欢这份工作，并且认为自己在这家公司前途一片光明。上周，埃德被邀请参加公司的年会和颁奖典礼。年会的邀请函上只写着"希望能在那儿见到你"，且没有"敬请回复"要求，所以埃德没有向任何人提及他不会参加，因为他当晚要去观看女儿的戏剧表演。然而，当埃德下周一早上到公司时，他的经理却找他谈话。

经理： 嘿，埃德，你没有参加周六的年会啊，我还以为你对公司的事很上心。

（虽然有些困惑，埃德还是试图解释。）

埃德： 我女儿当晚有一场戏剧表演。

经理： 我不管你为什么没来，但我们真的很在意谁和我们在一起，而谁不在。

在与已经工作几年的同事交流后，埃德意识到高层领导将年会视为象征公司团结和忠诚的"御前演出"（command performance）。

1. 如何用构成性规则来解释埃德和经理之间的误解？

2. 埃德应该如何学习公司的相关规范，以获得跟长期员工一样的理解？

3. 应该如何用语言固有的模糊性和抽象性来解释埃德和经理之间的误解？

4. 埃德应如何弥补缺席公司年会造成的损失？他可以对经理说什么？他可以如何运用"我"语言、索引和双重视角来开展沟通？

自我评估

请应用本章所学的知识，完成以下的自我评估测验。在线答题可以知道每项结果对应的含义。

目的： 下表可以让你衡量你对他人观点的接受能力。

说明： 请使用下面的量表，根据自己的符合程度评分。

5 非常符合

4 大多数情况下符合

3 有时符合

2 大多数情况下不符合

1 不符合或完全不符合

_____ 1. 如果别人和我的看法不同，我很肯定是对方错了。

_____ 2. 在跟朋友聊天时，我会努力理解他们的观点。

_____ 3. 我相信我们能用合理的方式看待大多数问题和情况。

_____ 4. 如果别人的观点与我的观点截然不同，我很难站在别人的角度看问题。

_____ 5. "穿上别人的鞋走一英里路"[1]的建议对我来说是有意义的。

_____ 6. 在我对别人说任何批评的话之前，我会想一想，如果我是那个人，听到我的话会有什么感觉。

_____ 7. 当有人说了一些伤害我的话时，我试着思考他为什么会这样说。

---

1 原文为 walk a mile in another's shoes，意指站在别人的立场上思考。——译者注

_____ 8. 我担心试图理解别人的观点可能会削弱我自己的观点。

_____ 9. 当我与他人的观点不一致时，我会努力理解他们为什么会有这样的想法和感受。

_____ 10. 我认为，即使不同意别人的观点，也可以真正地去理解他们。

日常技巧

请完成下面的练习，进一步提升自己的沟通技巧。

1. 沟通规则

想一想你在沟通中所遵循的规范性规则和构成性规则。针对下面的每一项，找出你学到的两种规则。

规范性规则

写下你所遵循的规范性规则：

- 与长辈交谈
- 晚餐时的互动
- 早晨的第一次交流
- 回应上司的批评
- 在校园里跟朋友打招呼
- 与教授交流

构成性规则

你会如何通过沟通来表现：

- 尊重
- 爱
- 不尊重
- 支持
- 事业心
- 蔑视

在你确定了自己的规则后，与班上的同学交流各自遵循的规则。你们的规则中是否有反映整体文化规范的共同点？是什么让人们的规则出现差异？

2. 打破性别沟通规则

这个练习可以提高你对性别言语社区如何塑造不同性别的沟通方式的认识。

a. 选择一个与你的性别有关的语言沟通社会规范，并故意在与他人的互动中违反该规范（例如：女性请尝试更坚定自信地交流，或者更频繁地打断别人；男性请尝试更多地谈论关系和情感话题）。

b. 描述一下他人是如何对你违反性别沟通规范的行为做出反应的。

c. 描述一下当你违反规范并且他人对此做出回应时，你的感受如何。

3. 翻译指导

为了加强你对社交媒体中的特殊语言的认识，请列出社交网站上出现的一些缩略语 [例如 BRB（be right back，马上回来）、ROFL（rolling on the floor laughing，爆笑）、SRSLY（seriously，说真的）] 和术语（例如转发、推特），然后翻译一下这些缩略语和术语。如果你对这些语言很熟悉，以至于无法分辨哪些是网络语言，就请很少使用社交媒体的人来帮你做出区分。

缩略语	翻译	术语	翻译
————	————	————	————
————	————	————	————
————	————	————	————

4. 使用"我"语言

在接下来的三天里，当你使用语言时，请尽量用"我"语言来复述一遍。思考一下，这会怎样影响你对事情的感受和观点？ "我"语言如何影响你与他人的沟通？当你把握自己的感受，并且描述（而不是评价）他人的行为时，对方是不是没那么有防备心了？ "我"语言是否有利于实现建设性的改变？

现在你已经了解"我"语言和"你"语言的模式，请监测一下，当他人使用"你"语言来描述你时，你的感受如何。当朋友或伴侣说"你让我感到……"时，你是会产生防备心还是感到内疚？试着教他人使用"我"语言，这样你们的关系就会更加诚实和开放。

5. 清晰地沟通

要想清楚地表达自己的意思，就要学会把模棱两可的词语转化为具体的语言。请练习翻译下面的语句。

例子：

模糊的表述：你很无礼。

清晰的表述：我不喜欢你打断我说话。

模糊的表述	清晰的表述
你太自负了。	_____
我想要更多自由。	_____
你发了太多短信。	_____
我希望我们更亲近。	_____
你的工作马马虎虎。	_____

概念应用

请思考本章概念在个人、工作场合和道德中的应用，写下你的感想。

个人　想一想你和同龄人常用的、一般不被其他年龄层的人使用（或理解）的俚语和口语表达。这些术语对你来说有用吗？它们在你和同龄人的交流中起了什么作用？

工作　回想一下，你现在和过去从事的工作中有哪些构成性规则？怎样才算是"专业""高产""态度不好""有团队精神"？

道德　有哪些道德规定引导你使用"我"语言，哪些引导你使用"你"语言？哪一种更符合道德规范呢？

批判性思考

请批判性地思考本章提到的观点，写下你的感想。

1. 为了理解假设性思维的重要性，请尝试活在当下，不带任何回忆、预想和自我目标 —— 你觉得这会对你的生活产生怎样的影响？

2. 看看你们学校的涂鸦墙，你有没有发现既定观念用语、刻板印象和仇恨言论？与班上的同学分享你的发现。

3. 你和你所属的群体曾被贴上哪些你不喜欢的标签？解释一下这些标签对你的影响。

4. 注意新闻媒体如何描述不同种族的成员。如果某个人不是白人，电视节目、报纸和其他媒体对其的描述有何不同？人们是否经常根据种族（黑人、亚洲人、西班牙人等）来描述少数群体？有人被描述为白人吗？

第五章
语言之外的世界

本章涉及的话题

◎ 非语言沟通的定义

◎ 非语言沟通的原则

◎ 非语言沟通的类型

◎ 社交媒体和非语言沟通

◎ 提升非语言沟通能力的指导原则

学习完本章后，你应该能够 ——

◎ 确定校园情境下的非语言沟通规则

◎ 评估自己的非语言沟通能力

◎ 列举九种非语言沟通示例

◎ 在社交媒体中采用沟通的双重视角

◎ 运用本章的指导原则来提升你的非语言沟通能力

克里斯·梅森对我说："这是一份危险的工作——一步出错，就会有人丧命。"那是一个凉爽的早晨，克里斯和他的团队来我家移除一棵受损的树木。这棵树最顶部的三分之一已经断了，但仍然与树的其他部分相连，还被卡在周围的树上。

我和克里斯说话的时候，团队的资深员工埃里克正在给自己绑安全带。固定好后，埃里克举起手，起重机操作员加里将埃里克向上吊起。埃里克将钢丝绳固定在树的顶端，然后微微低了低头，于是加里让他下降了5英尺（约1.5米）。在这个高度，埃里克开始用电锯锯树顶。在锯最后一下前，埃里克用一只脚顶住树干，这样万一树顶反弹的话，他就可以一脚蹬开。加里见状，开始把分离的树顶往与埃里克相反的方向拉。埃里克顺着绳索滑到地面，解开防护索，加入另一名成员乔希的工作，乔希正在将树已倒下的部分锯成小块。

克里斯把砍下的树枝拖到粉碎机中。他每次去拿树枝的时候，都会先碰一下乔希或埃里克的后背。"我必须让他们知道我在他们身后，否则他们一转身，锯子可能就会锯到我。"克里斯后来向我解释了团队成员之间精心策划的非语言沟通。他告诉我，在起重机、电锯和粉碎机运转的时候，口头语言是行不通的。"没人能听到你说的话，另外，我们还戴着隔音耳机。"他解释道，因此他会培训自己的组员进行非语言沟通。"当你经过一个正在使用电锯的人时，请先碰一下他们以告知你的存在。""加里知道要关注头部的动作——如果系着防护绳索的人仰头，便把他升高；如果低头，则把他放低。""有人系着防护绳索在起重机上作业的时候，地面上的人需要一直注意他的情况。"

在这个工伤频发的行业中，克里斯带领的团队中从来没有工人受伤，原因之一就是他了解非语言沟通的重要性，也教导团队成员有效地运用非语言沟通。

本章将探讨非语言沟通的魅力之处。在开始之前，我们先给非语言沟通下个定义，并且指出它和语言沟通的异同之处。然后，让我们认识一下非语言沟通的四项原则。本章的第三部分将讨论非语言沟通的类型，第四部分则会探究非语言沟通在数字和网络沟通中的应用。在本章的最后，我们给出了提升个人非语言沟通能力的指导原则。

非语言沟通的定义

非语言沟通是指除了语言之外的关于沟通的所有方面。它不仅包括手势和肢体语言，还包括说话的方式，比如语调、停顿、语气、音量和重音。非语言沟通还包括影响沟通效果的环境特征、个人物品（如珠宝、服装）以及仪表。

据学者估计，非语言行为占了整体沟通的 65%~93%（Birdwhistell，1970；Hickson，Stacks & Moore，2004；Mehrabian，1981）。要理解沟通的语言和非语言维度，我们先来认识一下两者的异同。

语言沟通和非语言沟通的相似之处

非语言沟通在四个方面与语言沟通类似：它是象征性的，它有规则指导，它可能是有意或无意的，它反映了文化。

非语言沟通是象征性的　与语言沟通一样，许多非语言沟通也是象征性的，这意味着它是任意、模糊和抽象的。因此，人们可能会对眨眼这个动作附加不同的意义。根据语境和参与者的不同，眨眼可以表示眉目传情、开个玩笑，或者只是这个人眼睛里进了东西。

非语言沟通有规则指导　在特定的社会中，我们对于在各种情境下哪些非语言沟通是合适的以及它们的意义有共通的认识。微笑一般被理解为表示友好，而皱眉通常被视为表达不悦。

我们通过遵守这些规则（通常是无意识的）来创造不同的互动氛围。例如，人们在参加葬礼时和观看球赛时会选择不一样的着装。在自己家里，家具的挑选和布置通常都是为了提升舒适感和互动氛围；但是在办公室，家具的挑选和摆放则更可能是为了提升工作效率和专注程度。

非语言沟通可能是有意或无意的　和语言沟通一样，非语言沟通也可以被刻意控制。例如，需要参加面试的时候，你可能会精心挑选服饰，以营造一种专业干练的印象。

然而，非语言沟通也可能是无意识和计划外的。当面试官提出一个刁钻的问题时，你可能会无意识地皱眉或低垂双眼。因此，非语言的行为有时是受控制的，有时则是无意识的。

MindTap

日常技巧　完成本章末尾的"校园中的非语言沟通规则"练习，认识你所在学校的规则。

非语言沟通反映了文化　和语言沟通一样，非语言沟通也受到文化背景、价值观、习俗和历史的影响。在我们学习自身所处文化语言的同时，我们也在学习它的非语言规范。例如，在美国和其他许多国家，商务会议开始和结束时人们有握手的传统。但是在另一些国家，鞠躬或亲吻脸颊才是迎送商业伙伴的标准方式。在美国，朋友和情侣在用餐时相互品尝对方的食物是很常见的事，但这在许多德国人看来是极其不礼貌的行为。非语言沟通反映了不同的文化价值观和理念，但人们也存在着一些普遍的非语言行为。著名的非语言行为学者保罗·埃克曼（Paul Eckman）发现，来自东西方文化背景的人对于愤怒、厌恶、恐惧、快乐、悲伤和惊讶的面部表情所代表的意义具有一致的看法（Eckman & Friesen，1971；Eckman，Wagner & Manstead，1989）。埃克曼还发现，虽然新几内亚福尔部落（Fore tribe）的成员不识字，也从未接触过媒体，但是他们对这些表情所代表的含义也有相同的看法。还有一些证据表明，鄙视也是一种被人们普遍认可的表情（Matsumoto，1992）。

语言沟通和非语言沟通的不同之处

语言沟通和非语言沟通也有差异，人们赋予这两种沟通形式不同的意义。下面，让我们来分析这两种沟通的三个不同之处。

非语言沟通更加可信　大多数人认为，在表达真情实感方面，非语言沟通比语言沟通更可靠（Andersen，1999）。当语言沟通和非语言沟通传达的信息不一致时，情况更是如此。如果你说你感觉良好，但是看起来闷闷不乐、嘴角下垂，别人就很可能不会相信你表达出来的语言信息。

虽然人们更倾向于相信非语言行为，但这并不意味着非语言行为就是诚实的，或者我们能够准确地解释这些行为。正如人们会操纵语言沟通一样，我们也会操纵非语言沟通。政治家们不仅要接受演讲培训，还要进行非语言沟通训练来提升自己的形象。来自亚特兰大的非语言培训师帕蒂·伍德（Patti Wood）分析了2004年总统大选中候选人的非语言沟通行为（Basu，2004）。她的结论是，乔治·W.布什（George W. Bush）在竞选中经常微笑和眨眼，这让他建立起了与选民之间的联系。

非语言沟通是多渠道的　非语言沟通往往同时发生在两个或两个以上渠道中，而语言沟通则通常发生于单一渠道（渠道是指传递信息的途径。例如声音通过声波传播，面部表情通过光波传播）。人们可以看到、听到、闻到或尝到非语言沟通，也可以同时通过其中的多个渠道接收非语言沟通信息。如果你微笑着触摸一个人并耳语情话，那么非语言沟通就同时发生在三个渠道中。

非语言沟通的多渠道性质隐含着一个意义，那就是选择性感知可能会在其中产生影响。如果你是视觉导向型人，那么相比嗅觉和触觉线索，你可能会更多关注视觉线索。但如果你是触觉导向型人，你就可能会对触觉线索给予特别的关注。

非语言沟通具有连续性　最后，与语言沟通不同，非语言沟通具有连续性。语言符号有开始和结束点。我们说一些话或写一些文字，然后我们停止说话或写作；但是我们一直在调整自己的姿势和面部表情。同时，环境的非语言特征（如光线或温度）也会持续影响交流互动及其传达的意义。

非语言沟通的原则

以下四个原则可以增强我们对非语言沟通如何影响人类互动意义的理解。

非语言沟通可以补充或替代语言沟通

研究人员指出，非语言行为和语言沟通之间存在五种互动方式（Andersen，1999；Guerrero & Floyd，2006a）。第一，非语言行为会重复语言信息。例如，你可能会在说"是"的同时点头。第二，非语言行为会强调语言信息。例如，你可以通过提高音量来强调特定的词语。第三，我们会使用非语言行为来补充语言文字。见到朋友的时候，你可能会说"很高兴见到你"，并用一个温暖的拥抱来强调你所表达的语言信息。音乐（非语言）通常能补充和加强歌词（语言）的效果。例如，关于浪漫爱情的歌词往往伴随着舒缓的节拍和柔和的音乐（Sellnow & Sellnow，2001）。第四，非语言行为可能与语言信息相矛盾。比如，有人可能会用带有敌意的语气说"没什么不好"。最后，我们有时会用非语言行为替代语言沟通。例如，别人向你问路的时候，你可能会指指左边。这些方式都表明非语言行为可以补充或替代语言沟通。

非语言沟通可以规范互动行为

比起语言线索，非语言行为更能调节人与人之间的沟通过程（Guerrero & Floyd，2006a）。在对话中，我们一般能感觉到别人什么时候讲完，什么时候轮到我们说话。很少有明确的语言提示来告诉我们什么时候该说话，什么时候该保持沉默。在与朋友交流的过程中，大家一般不会说"轮到你发言了"，或者举起提示牌说"我讲完了"。相反，对话中的轮流发言、你来我往通常是以非语言的形式来调节的。如果我们不想被人打断，我们就会避开别人的视线，保持正常说话的音量和语速。当我们发言完毕时，我们会把视线投向别人，以示"现在其他人可以发言了"。如果我们想邀请某个特定的人发言，我们就会直视他的双眼。虽然通常我们并不会注意到这些规范互动交流的非语言行为，但我们依靠它们来知晓何时该发言，何时该保持安静。

非语言沟通可以确立关系意义

我们在第一章里讨论过,沟通的意义有两个层面。现在来回顾一下,意义的内容层面就是字面含义,而关系层面则定义了沟通者的身份及他们之间的关系。非语言沟通常常作为"关系语言"来表达关系的整体感觉(Guerrero & Floyd,2006a;Manusov & Patterson,2006)。非语言沟通可以传达三个维度的关系意义。

响应 非语言沟通经常传达的一层关系意义是响应。响应的关键是**即时性**,这是增加沟通者之间亲密感的一种行为。在面对面的交流中,即时行为包括微笑、眼神接触、点头和专注的姿势。在网络交流中,我们可以通过使用表情符号来传递感情,通过立即回复聊天室讯息或评论来表示响应。研究者发现,老师的即时行为与学生的学习动力和情感性学习之间呈显著的正相关(Pogue & AhYun,2006;Witt,Wheeless & Allen,2004)。

沟通者的姿势和面部表情之间的同步性或和谐性,也能反映他们相处时的舒适程度(Guerrero & Floyd,2006a)。长期一起工作、关系良好的同事在互动时往往会模仿对方的表情和姿势。同样地,家庭成员之间也会具有某些相似的表情和动作。

艾伦:

> 我上过的最有用的职业发展研讨会,教会了我如何通过坐姿和眼神来表示我的兴趣。我们的指导老师说,很多时候男性不会通过点头和眼神交流来表露他们的兴趣。这就解释了为什么我管理的一些女员工总是抱怨说,她们和我谈话的时候我似乎从来不会对她们的谈话内容产生兴趣——不是我不感兴趣,只是我没有通过非语言行为表现出来。

喜爱 关系意义的第二个维度是喜爱。非语言行为往往是我们对他人的正面或负面感觉的灵敏指标。微笑和善意的触摸传达了积极的情感,而皱眉和带有敌意的姿势则表达了对立。

除了这些在西方社会中通行的规则外,特定的语言群体还有一些更具体的规

社交控（FoMO）

你是社交控吗？如果是，你并非唯一受此困扰的人。社交控（FoMO）是"fear of missing out"的缩写，意为害怕错过。这个短语是用来形容人们对错过别人生活中发生的事而感到焦虑的情况。渴望跟上他人的活动并不是新鲜事，但是社交媒体加剧了这种渴望。研究者的报告发现，高度害怕错过的人会比其他人更可能在开车时查看和发送信息，以及在上课时查看邮件和短信（Przybylski，Murayama，DeHaan & Gladwell，2013）。

但这只是问题的一部分，社交控也影响了工作效率。高效的沟通者会在60%~70%的时间里进行眼神交流，但现在人们眼神交流的频率远低于此——有时它们只占沟通时间的30%（Shellenbarger，2013）。眼神交流减少的一个重要原因就是人们对电子设备的关注——在开会时查看短信，在吃饭时瞥一眼棒球赛比分。这种查看其他事物的行为意味着你没有把注意力放到和你在一起的人身上，这在职场上可不是件好事。《像CEO一样说话》（*Speak Like a CEO*，2005）的作者苏珊·贝茨（Susan Bates）向企业高管提供沟通技巧培训。她说，在会议期间频繁查看智能手机"相当于有一半的时间没有出席会议"，它传递出的信息是在场人士不及你手机上的人重要。

> MindTap　当你和他人面对面交谈时，请注意自己的眼神交流情况。你查看智能手机的频率如何？

则。男性化的言语社区往往更强调情绪控制和独立精神。因此，相比起女性，男性更少使用非语言行为来表达情感；而比起男性，女性在交流中通常坐得更近，微笑和眼神交流的次数也更多，这反映了女性社会化的价值观（Hall et al.，2000；Reis，Senchak & Solomon，1985）。和亲密伴侣相处时，女性比男性更可能握住对方的手或抚摸对方（Atsuko，2003；Knapp & Hall，2006）。女性也更倾向于通过非语言方式表达自己的情感，因为这在女性言语社区中是受到鼓励的行为。

非语言行为也能反映出婚姻伴侣之间的情感关系。幸福的夫妻通常比不幸福的夫妻坐得更近，也有更多的眼神交流。此外，互相喜欢的人更常触摸对方，在身体姿势上也更亲近对方（Guerrero & Floyd，2006a；Burgoon et al.，1995）。

威尔：

关于我父母最美妙的事之一，就是他们总是互相保持联系。我指的不是语言，更多的是眼神注视和肢体触摸。妈妈说话的时候，爸爸总是会看着她。每当他们其中一人走进房间，而另一个人已经在房间里时，他们就会触摸对方——拍拍肩、挠挠背什么的，好像他们总是在与对方接触沟通。

权力　关系意义的第三个维度是权力。我们使用非语言行为来维护主导地位，并为自身的地位和影响力进行谈判（Remland，2000）。我们已经了解了性别社会化，因此对于以下情况并不感到奇怪：男性通常比女性占有更大空间，说话声音更大，使用更有力的姿态以显示自身权威（Hall，1987；Leathers，1986；Major, Schmidlin & Williams，1990）。

身份也会影响通过非语言方式表达权力的倾向。触碰他人这个动作体现了权力，因此有权力的人倾向于触摸权力较小的人。例如，老板触碰秘书的频率远高于秘书触碰老板的频率（Hall, Coats & Smith-LeBeau，2004；Spain，1992）。时间也与一个人的身份地位有关系，被认为重要的人可以让其他人等待。你去看医生的时候，即便已经预约好了时间，是不是也经常要等待？位高之人赴约和参加活动时也会迟到，但他们不会因此承担严重的后果。然而，如果权力较小的人迟到了，他可能就会面对人们的不满、遭到惩罚或被取消预约。

杰瑞：

去年夏天，我在华盛顿一家大型会计师事务所实习，那里的空间布局确实很讲究。像我这样的实习生在一楼的两个大房间里工作，我们的桌子由隔板分开。新员工在二楼工作，每人有一个小隔间。你在公司的级别越高，你的办公室也越

高 —— 就是字面上的意思。我是说，总裁和副总裁一共六人占据了整个顶层，而四十多个实习生则挤在一楼。

杰瑞的观察表明，空间可以传达权力关系。有权之人通常比没有或只有一点权力的人拥有更大的空间。大多数高管都有宽敞的办公室，而他们的秘书只有较小的办公室或办公台。随着人们在组织阶梯向上流动，他们也会拥有更大的办公室。住宅也反映了家庭成员间的权力差异。成年人通常比儿童拥有更大的空间，男性比女性更常拥有自己的房间、椅子或其他特殊空间。

响应、喜爱和权力是关系意义的三个维度，它们通常由非语言沟通来传达。

非语言沟通反映和表达文化价值观

和语言沟通一样，非语言沟通也反映了特定的文化（Guerro & Farinelli, 2009）。这意味着大多数非语言行为并非出自本能，而是人们在特定文化的社会化过程中习得的。

你是否见过汽车保险杠上贴着"如果你看得清这个，你就离得太近了"这样的标语？这个标语表明了北美人强烈的领地意识。他们重视私人空间，讨厌任何人擅闯地盘，并且会为此斗争。在其他文化 —— 所谓的**高接触**（High Contact）文化中 —— 人们的领地意识较弱。例如，许多巴西人在商店、公交车和电梯里紧紧地站在一起，当他们撞到人时也不会道歉或后退（Andersen et al., 2002）。在许多中东国家，男性走路时通常会把手臂搭在男性同伴的身上；但是在美国，除非是在体育活动中，否则男性朋友之间的亲密接触并不常见。

分发给驻伊美军的伊拉克文化智能卡片（Iraq Culture Smart Cards）向美军提供了伊拉克的非语言沟通规范，以帮助士兵们适应新的文化。一

HBO/Photofest

在热门电视剧《黑道家族》（*The Sopranos*）中，托尼的非语言行为既反映了他的权力，也反映了他的文化背景。

些在美国人看来很正常的行为在伊拉克人看来则是冒犯，比如在和男性交谈时身体后倾或远离，用左手触碰他人，露出鞋底或脚……这些行为在伊拉克人看来都是无礼的（Word for Word，2005）。

眼神交流的模式也反映了文化价值观。在北美，人们看重坦率和自信，因此与他人眼神接触被认为是合宜的，也是真诚的表现。但是在许多亚洲和北欧国家，直接的眼神接触则被视为粗鲁和无礼的行为（Axtell，2007；Samovar & Porter，2000）。另一方面，巴西人的眼神接触往往太过强烈，以至于让一些美国人觉得无礼。想象一下这在跨文化商业谈判中会造成的困惑吧。

文化训练也会影响我们表达情绪的种类和方式（Matsumoto，Franklin，Choi，Rogers & Tatani，2002）。例如，许多在传统意大利和犹太社区长大的人比在英语和德语社区长大的人更善于表露情感。在日本和其他许多亚洲文化中，对他人表达负面情绪通常被认为是不礼貌的行为。在美国，展现消极情感则没有那么多限制。

不同文化对时间的取向也有所不同。一些文化采用**单一时间观**（monochronic），而另一些文化则采用**多元时间观**（polychronic）。大多数西方文化在时间观念上是相对单一的，而南美许多文化则更多元。单一时间模式的文化将时间视为珍贵的商品，它需要被保存、规划和小心维护。在这种文化中，人们在一段时间内只做一件事，并且重视准时和效率。因此，人们被期望准时赴约、工作和上课，并需要快速完成工作（Honoré，2004，2005）。

相比之下，多元时间模式的文化以更全面、更有机的视角看待时间。这种文化的成员假设许多事件同时发生，因此他们很少强调准时。会议可以晚些开始，人们可以在讨论开始后才加入。在多元时间文化中，无关紧要的讨论和社交谈话是正常会议的一部分。人们甚至可以在没有特殊理由的情况下取消会议，而这在单一时间模式的文化中是不太可能发生的。

乔希：

去年，我和妻子把房子重新油漆了一遍。我们雇佣的公司有很多西班牙裔工人。其他工人都会在早上 8 点开工，但是他们从来不会。他们通常在 8 点 30 分或 9 点才到现场，在工作的时候还会休息和聊天。但我要说的是，他们也会待到 5 点多才走。他们并不急着离开——就像他们不按时开工一样，而白人工人一到 5 点就准时离开了。

科技可以改变我们的时间节奏，甚至我们的时间观念。电脑、手机和平板电脑的运行速度鼓励我们期待事情快速发生。此外，人们对多任务处理能力的日益重视，也促使我们在与人交流的同时做其他事情。因此你经常会看到人们为了接听电话而中断面对面的交谈，在课堂讨论期间发信息，或者在开会时查看短信。

💬 **日常生活中的沟通** / 工作场合

工作场合中非语言沟通的文化差异

越来越多的公司正在走向国际化，但是并非所有受到调动或与国际同事有业务往来的员工都能理解和适应新文化的非语言规范（Axtell，2007；Martin & Chaney，2008；Morrison & Conaway，2006）。例如，在德国，在音乐会和其他许多公共场合咳嗽被认为是非常无礼的行为。在印度，吹口哨被视为冒犯他人。在加纳，交叉双腿被认为带有侮辱意味（Samovar，Porter & McDaniel，2009）。中国人在说话时往往不会使用太多手势，他们认为美国人习以为常的手势会让人分心。

商务人士之间相互送礼是很常见的情形，但这也带来了许多误会。使用蓝色或黑色的礼品包装纸可能会冒犯许多亚洲人，因为这些颜色在一些亚洲文化中象征死亡。如果一个日本人没有当面打开获赠的礼物，可能会让美国人心里不舒服——但在日本，不当着送礼者的面打开礼物是一种习俗。一个美国人可能会向他希望与之共事的新加坡经理送一份贵重的礼物，以此给对方留下好印象；但不幸的是，这位新加坡经理很可能会认为这份贵重的礼物是企图行贿——这并不是一个好印象。

前往 http://www.executiveplanet.com，了解不同文化中合宜的商务着装、礼品赠送和交际规范。

总之，这四个原则为我们提供了理解非语言沟通的基础。第一，非语言沟通可以补充或替代语言沟通。第二，非语言沟通可以调节互动。第三，非语言沟通在表达关系意义时比语言沟通更有力。最后，非语言沟通反映和表现了文化价值观。

非语言沟通的类型

现在，我们已经准备好探索非语言沟通的类型了，我们使用以下类型来建立关系、规范互动以及表达个人和文化身份。

肢体语言

肢体语言（kinesics）指的是身体姿势和肢体动作，包括面部活动。很明显，我们会通过身体姿势来传递很多关于自身感受和自我评价的信息。一个昂首挺胸走路的人可能会被认为充满自信，而无精打采、拖着脚走路的人则可能会被视为缺乏自信。

人类在学会语言沟通很久之前就开始通过手势进行沟通了（Corballis，2002）。心理学教授苏珊·戈尔丁－梅多（Susan Goldin-Meadow，2004）指出，许多人"用手势说话"，这种方式实际上有助于一些人思考。我们使用手势来强调口头语言和表达情感。我们使用一种手势来表示"好的"，使用另一种手势来表达鄙视。但是，手势在不同文化间并非总是共通的。例如，在美国代表"好的"的手势（大拇指和食指形成一个圈，其他三个手指向上），在法国则代表毫无价值，而在伊拉克这个手势被视为淫秽下流（Morrison & Conaway，2006；Word for Word，2005）。有趣的是，一些西方人用竖中指来表达鄙视，而罗马人早在2000多年前就用这个手势来传达同样的意思了（Mahany，1997）。

我们的面部是复杂情感的传送器。我们的眼睛可以射出愤怒之剑，发起挑战或者含情脉脉。我们可以用面部表示不赞同（皱眉）、怀疑（挑眉）、仰慕（热情地注视）或抗拒（凝视）。面部动作可以传达我们与人互动的意愿。在课堂上，学生不想被老师点名回答问题时通常会把视线向下看。如果西方人想邀请别人互动，他们会看着对方微笑表示欢迎对话（Gueguen & De Gail，2003）。然而，在一些传统的亚洲社会中，直接的眼神接触和向非亲密之人微笑可能会被视为无礼。

诗人称眼睛为"心灵的窗户"是有原因的。我们的眼睛传递着一些最为重要和复杂的信息——关于我们对他人的感觉。如果你观察婴儿，你就会发现他们关注的是他人的眼睛。即使是成年人，也倾向于通过观察他人的眼睛来判断他们是否诚实、感兴趣、友善和自信。弗吉尼亚·里士满（Virginia Richmond）和詹姆斯·麦克罗斯基（James McCroskey，2000）发现，如果上司看着下属时面带微笑，把头偏向下属，那么下属会认为这样的上司更值得信赖、更具人际吸引力。此外，上司的非语言行为与下属的工作积极性和工作满意度呈正相关的关系。

触 觉

触觉（haptics）就是触摸的感觉。许多学者认为，触摸和被触摸对健康生活至关重要（Benjamin & Werner，2004；Field，2003）。小时候被父母紧紧地、温柔地抱着的婴儿，长大后往往会充满自信，形成安全的依恋类型（Field，2003；Mwakalye & DeAngelis，1995）。

触摸也表现权力与身份。地位高的人比地位低的人更常触摸他人或侵入他人的空间（Hall，2006；Hall et al.，2004）。性别化的接触模式也反映了女性比男性更常触摸他人的文化观念。一般来说，父母更少触摸儿子，并且触摸儿子的时候也没有触摸女儿那样轻柔。男性和女性在早期生活中接触到的这些模式，也教会了他们使用触摸和解释他人触摸的不同规则。成年后，女性倾向于通过触摸表达喜欢和亲密，而男性则比女性更常通过触摸来彰显权力和控制（DiBaise & Gunnoe，2004；Hall，2006；Jhally & Katz，2001）。

研究显示，我们对事物的感觉会影响我们的行为（Schmid，2010）。在一项实验中，人们被要求对一辆标价 1.65 万美元的汽车讲价。在第一轮报价被汽车销售商拒绝之后，坐在硬板凳上的人平均提价 896.5 美元，而坐在柔软舒适椅子上的人平均提价 1234.5 美元。在第二项实验中，人们被要求通过简历来评估求职者。这些简历分别被夹在重 0.75 磅（约 0.34 千克）和 4.5 磅（约 2.04 千克）的写字板上。实验发现，拿着较重写字板看简历的人比拿着较轻写字板的人对应聘者的评价更好、更认真。

在今天的青少年群体中，拥抱是一件大事。他们会通过拥抱来问候、告别、表示团结和表达感情。事实上，高中生有一整套词汇来区分不同的拥抱（Kershaw，2009a）：朋友抱（friend hug）、熊抱（bear hug）、熊爪抱（bear claw）、握手抱（shake and lean）和三人抱（triple）。职业篮球运动员也依赖触摸。在 2008 赛季，优秀球队的队员比不太成功的球队队员更多地相互触摸。最优秀的球员也是触摸他人次数最多的球员。凯尔特人队（Celtics）的凯文·加内特（Kevin Garnett）是所有球员中触摸他人最多的人。在罚球命中后，加内特立即把手臂伸向了四名队友（Keltner，2009）。

💬 **日常生活中的沟通** / 见解

一个吻 = 6.4 卡路里

歌手王子（Prince）也许在他的歌曲《吻》（*Kiss*）中捕捉到了接吻的浪漫，而谢里尔·科尔什鲍姆（Sheril Kirshenbaum，2011）的新书《接吻的科学》（*The Science of Kissing*）则提供了一些关于接吻的事实。

- 大约三分之二的人在亲吻时头会偏向右侧。
- 经常伴随着接吻的心跳加快、血压升高是由神经递质多巴胺引起的，这种物质与愉悦和情绪反应有关。
- 深情热吻每分钟可能会消耗 6.4 卡路里。
- 一个人的一生大约花费两周时间接吻。
- 男性往往比女性更喜欢湿吻，也许是因为这种方式能够转移男性的唾液，而唾液中含有睾丸素，可能会增强女性进一步亲密接触的兴趣。
- 闭唇式接吻只需要运动两块面部肌肉，而法式热吻则需要动用全部的 34 块面部肌肉。
- 接吻也会交换细菌——你不会想知道到底有几百万细菌——没错，是几百万！

仪 表

西方文化极为重视仪表。正因如此，在面对面的交往中，大多数人都会注意他人的外表，我们常常根据别人的外表对他们做出初步评价。西方文化对身体吸引力和年轻外表的重视，也导致了饮食紊乱、类固醇和其他药物滥用，以及整容手术的盛行。

经济学家丹尼尔·哈默梅什（Daniel Hamermesh，2011）的研究表明，吸引力程度高于平均水平的人比低于平均水平的人更有可能多赚 3%~4% 薪水。在他们的平均职业生涯中，这加起来可能超过 20 万美元。更有吸引力的人也更容易找到工作，获得贷款批准和更好的贷款谈判条款。

不同文化有不同的外形审美。目前，西方文化强调女性以瘦和年轻为美（Bodey & Wood，2009；Hesse-Biber & Leavy，2006）。有 50%~80% 的女孩才到 9 岁就试图减肥（Rhode，2010）。75% 的美国女性说，外貌是影响她们自信的主要因素，有 33% 的人认为外貌比工作表现或智商更重要（Rhode，2010）。对于男性，当下的西方文化强调身材健硕、肌肉发达（Roosevelt，2010）。

并非所有文化或社群都看重或鼓励女性以瘦为美。在传统的非洲社会中，丰满的身材被视为健康、繁荣和财富的象征。拥护这种价值传统的非裔美国人接受或更喜欢体重高于目前白人理想型体重的女性（Schooler，Ward，Merriwether & Caruthers，2004；Walker，2007）。但是，中产阶级和向上层社会流动的非裔美国女性则更在意自己的体重，也往往更容易患上饮食紊乱症。

钱德拉：

　　我一点也不觉得像个笔杆子的身材有什么好看的。为什么白人女孩都想要那种竹竿样的身材？我肯定不要，和我一起玩的女孩也不喜欢。男孩子也不喜欢。我认识的男孩喜欢有点曲线和丰满的女孩，那样更女性化。

物 品

物品（artifacts）是我们用于宣示身份、传统和个性化环境的个人物件。许多人在网上用头像来象征自己的身份。在面对面的交流中，我们通过发型、妆容、服

出售美丽

越来越多人痴迷于拥有或塑造完美的躯体。人们想要更大或更小的乳房、鼻子和下巴。他们希望这里的脂肪少一点，那里的脂肪多一点。他们希望秃头上有头发，脸上没有汗毛。他们希望摆脱腿部静脉曲张，消除脸部皱纹。他们想紧致皮肤，提拉眼皮，紧实腹部。

女性最常做的手术项目是隆胸、紧腹、吸脂、眼皮整形和乳房提升。男性中最热门的手术项目是抽脂、眼皮整形、隆鼻和拉皮。人们也越来越多地依靠打肉毒杆菌这类治疗手段—— 2011 年，他们一共打了 4030318 针，平均每针 405 美元（美国美容整形外科医师协会，American Society of Aesthetic Plastic Surgeons，2012）。

整形手术的趋势往往反映了人们审美观念的变化。数年前，当一个名叫崔姬（Twiggy）的纤瘦模特成为超模的时候，做乳房缩小术的女性人数创下了纪录；而大胸是当下人们对女性理想身材的审美，这在很大程度上解释了为什么自 1992 年以来，做隆胸手术的人数增加了 700%（Levy，2005；Rives，2005）。在安吉丽娜·朱莉（Angelina Jolie）成为超级明星后，做植入丰唇手术的人数上升了 21%，这种手术的效果比注射式丰唇更持久（Barrett，2004）。2009 年，有超过 2.1 万人进行了丰唇手术（Louis，2010）。等人们对乳房和嘴唇大小的时尚审美再度发生变化时，可能需要接受更多的整形手术来消除原有手术痕迹。

> **MindTap**　你在多大程度上会通过外表来评判他人？在深入了解一个人后，那种基于外表的第一印象是否发生了改变？

饰和个人物品来打造自己的形象。医生通常穿着白大褂，脖子上挂着听诊器。教授出行时提公文包，而学生通常背双肩包。白领往往穿着职业装和皮鞋，而蓝领工人则更多穿着牛仔裤或工作服和靴子。军队要求军人穿军装，将个人界定为团体的一个成员。此外，军服上的肩章条纹和奖章代表了军衔和军功。

我们用物品来定义个人领地。艺术爱好者用画作和雕塑装点自己的家。宗教家庭通常会在家里摆放圣景图和《圣经》《古兰经》等经典。洛曼（Lohmann）、阿里亚加（Arriaga）和古德弗伦德（Goodfriend，2003）发现，在家里摆放如婚纱照这样象征着夫妻关系的物品的夫妻，通常比没有这样做的夫妻更亲密。在社交网站上，人们也会装饰自己的个人主页，展示对他们重要的和反映他们身份的照片。

珍妮塔：

> 每次搬家，我首先拿出来的就是奶奶做的被子。即使在夏天不需要被子的时候，我也会先取出它，把它放在我能看到的地方。我是由奶奶带大的，看到那床被子是我把她留在生命中的方式。

玛丽·凯瑟琳·贝特森（Mary Catherine Bateson，1990）在她的著作《谱写人生》（*Composing a Life*）中指出，通过在房子里放置对我们很重要的东西，我们将房子变成家。我们在房间里装点上表达自身经验、关系、价值观和个性的物品，让原本非个人的空间变得熟悉和舒适。我们使用特别的人送给我们的杯子，在周围放上我们感兴趣的书籍和杂志，在自己的空间世界里装点上自己喜欢的物件。

虽然近年来服饰变得更加中性化，然而一旦你走出校园，就会发现性别上的风格差异还是很明显。女性有时候会化妆，穿有蕾丝或其他软装饰的衣服，也会穿裙子、长筒袜、高跟鞋，佩戴珠宝首饰——这些元素都符合文化上的理想女性形象。男性通常不会佩戴珠宝首饰，他们的服饰和鞋子功能性更强，装饰性更弱。平底鞋可以让人舒适地行走和在有需要的时候奔跑，而高跟鞋则不行。男性的服装更宽松，束缚性更小，而且还有可以装钱包、零钱、钥匙等物品的口袋。相反，女性的服饰往往比较合身，通常也没有口袋，因此就有必要携带手包。服饰也能反映民族身份。近年来，商家推出了更多带有民族风格的服装和首饰，让人们可以更容易地买到展现独特文化传承的物品。斯科特·弗雷斯纳（Scott Fresener，1995）在他幽默风趣（但也很严肃）的《T恤衫》（*The T-Shirt*）一书中，介绍了拥有数千件T恤衫的人。对他们来说每一件T恤衫都很重要，因为它代表了他们身份和个性的某个方面。

文身也越来越流行。每五个美国人中就有一人至少有一个文身，年轻人比老年人更可能有这种"身体艺术"（Stancliff，2013）。文身的动机多种多样，有的为了纪念特殊的人和场合，有的为了表明精神信仰，还有的则为了宣示价值理念。

环境因素

环境因素是影响我们感受和行为的背景元素。例如，我们会对建筑、色彩、房间设计、温度、声音、气味和光线做出反应（Sternberg，2009）。房间里如果放着舒适的椅子就会让人放松，如果放着硬座椅则会让人产生拘谨感。昏暗的房间可以营造浪漫的气氛，而漆黑一片的房间则会让人感到压抑。

我们在闷热的夏季容易感到昏昏欲睡，而在清爽的秋天则更有精神。有时即使我们并不想吃东西，闻到诱人的食物香气仍会感到饥饿。我们的身体会与光线同步反应，所以我们在白天比在晚上更有精神。在夜间的工作环境中，人们用额外的照明或人工天窗来模拟日光，以使工作者保持警觉。

大多数快餐店的环境设置希望顾客快速用餐完毕并离开，但是高档餐厅的设计则鼓励顾客长时间地停留，以便在酒水和甜点上多消费。一项研究发现（Bakalar，2012），哈迪餐厅（Hardee's restaurant）的一部分被改造成高级餐厅——桌上铺着桌布，放着蜡烛，还有一面隔音墙将这个区域与餐厅其他区域分隔开。虽然在餐厅的普通区域和高级区域就餐的顾客吃的是一样的食物，但是在高级区域就餐的顾客用餐时间更长，吃的食物更少，对食物的评价也更高。

噪声的大小可能也与社会地位有关。社会地位较低的监狱里噪声不断，经济穷困的人往往生活在噪声最严重的环境中（Keizer，2010）。在办公场所，高管们通常有私人办公室，他们可以关上房门把不想听到的声音挡在门外；而级别较低的员工往往在没有门的隔间办公，或者和其他同事共享办公区域。

宽扎节

仪式让人们得以认可和庆祝重要的价值理念（Otnes & Lowrey，2004）。宽扎节（Kwanzaa）设立于 1966 年，是一个相对较新的节日，旨在让非裔美国人重视他们的非洲传统和维持家庭日常活动。因此，无论在历史上还是在今天，宽扎节都象征着家和家庭在非裔美国人心目中的中心地位（Bellamy，1996；George，1995）。

基纳拉（Kinara）是一个插有七支蜡烛的烛台。在宽扎节期间，人们每天都要点燃一支蜡烛。左边的三支红色蜡烛象征抗争，分别在节日的第二天、第四天和第六天点燃。第二天的蜡烛象征自决原则，第四天的蜡烛象征社区内的合作经济，第六天的蜡烛象征创造力。而烛台右边的三支绿色蜡烛象征未来。第三天的蜡烛插在最右边，代表合作与责任，第五天的蜡烛象征目标，第七天的蜡烛代表信念。中间的蜡烛为黑色，代表黑人之间的团结。

Mark Adams/Getty Images

在宽扎节第六天会举行一个名为卡拉姆（Karamu）的盛宴，以传统的非洲食物和家庭美食为主要特色。因此，宽扎节庆祝的也是非洲人和非裔美国人代代传承的食物。

> **MindTap**　在你的家庭文化和宗教节日中，重要的物品是什么？

空间关系与个人空间

空间关系（proxemics）指的是空间以及我们如何使用空间（Hall，1968）。每种文化都有自己的规范，规定人们应当如何使用空间，与他人保持多少距离，以及不同的人享有多少空间范围。在美国，我们通常与他人保持 4~12 英尺（约 1.2~3.7 米）的社交距离，但是对于亲密的朋友和伴侣，我们感到舒适的距离是 18 英寸（约 0.5 米）及以下（Hall，1966）。当我们对某人生气时，我们会远离他，如果他要靠近我们，我们就会觉得反感。**非语言期望理论**（nonverbal expectancy theory）显示，社会确立了人与人之间的距离规范，违反这些规范会导致他人对我们做出负面回应（Afifi & Burgoon，2000；Burgoon & Hale，1988；Mongeau，Carey & Williams，1998）。

加里：

　　我们管理培训内容的一部分就是学习如何管理地盘。老师告诉我们，我们应该努力让竞争对手进入我们的办公室，而不是我们去他们的办公室——这让我们占有优势，就如同主场比赛的队伍拥有优势一样。我们还了解到，如果我们需要批评下属，应该去他们的办公室，这样他们感受到的威胁更小，也更愿意做出改进。培训老师还强调，当我们要与另一家公司谈判协议时，到第三方地点会谈尤为重要。老师警告说，永远不要去对方的地盘开会，因为那会让他们占据优势。

不同文化背景下，人们感到舒适的空间量是不同的。美国是个人主义文化社会，因此人们重视私人空间以及个人的权利、目标和选择。美国人的个人主义有助于解释为什么经济条件允许的家庭会给每个孩子配一间独立卧室。同样地，美国企业通常配有独立的办公室或者至少是隔间，这样每位员工都有自己的个人空间。相比之下，在集体主义文化中人们更重视群体和社区。因此，集体文化社会中家庭、办公场所和公共区域所需的个人空间较少也就不足为奇了（Andersen，2003）。

1999 年的电影《上班一条虫》（*Office Space*）讲述了整天加班、对工作不满的 IT 工作者的故事。影片中的一个经典场景就是三名员工挤在一个办公隔间里和同事开会。

人们如何安排空间反映了他们之间的亲密程度，以及他们的互动意愿（Guerrero & Floyd，2006a）。在家中，相互依赖的夫妻往往比较为独立的夫妻拥有更多的公共空间和更少的个人空间。不太喜欢交流互动的家庭在家具摆设上就不鼓励交谈——椅子可能相隔很远，也不是相对放着，而是都朝向电视机。

时间观

时间观（chronemics）指的是我们如何看待和使用时间。在西方文化中有一个规范，地位高的重要人物可以让别人等待（Hickson et al.，2004）。反之，地位低的人则被要求准时。即使你已经预约了医生和律师，你去见他们的时候可能仍然需要等待，有时还会等很长时间，这种情况并不少见。这传达出的信息是，医生的时间比我们的时间更宝贵。教授上课可以迟到，让学生等待，但是学生迟到可能就会受到批评。公司下属开会要准时报到，但是老板可以姗姗来迟。

请想一想美国人的日常用语，其中有很多都反映了"时间是非常宝贵的"这个文化观念（Lakoff & Johnson，1980）。比如"不要浪费时间"（Don't waste time），"节约时间"（Save time），"花费时间"（Spend time），"没空"（Can't spare time），"投入时间"（Invest time），"没时间了"（Run out of time），"安排时间"（Budget time），"时日无多"（Borrowed time），"失去的时间"（Lose time），"有效地利用时间"（Use time profitably）。有很多文化对时间的态度更为宽松，不认为开会或上课迟到是不礼貌的。

我们与不同的人相处的时间长短反映了我们的人际关系优先级。一般情况下，我们和喜欢的人待在一起的时间比和不喜欢或让我们厌烦的人在一起的时间多。在工作场所，人们也会把时间花在更重要的人身上。银行从业者花更多时间与拥有大额账户的客户会谈，经纪人与投资大客户往来的时间更多，建筑师花更多时间与大型建筑公司而非个人委托者往来，筹款人也会在慷慨的捐赠者身上投入更多时间。

副语言

副语言（paralanguage）是指发声但不使用语言的沟通方式。它包括咕哝和喘息这样的声音，以及音量、音调和语调等声音特质。副语言还包括重音、发音和句子的复杂性。

我们的声音是多变的工具，向他人提供了解读我们的线索。例如，耳语表示秘密和亲密，而大喊大叫则表示愤怒。嘲弄的语气与婚姻中的不满密切相关（Gottman，Markman & Notarius，1977）。嘲笑或讽刺的语气能比文字语言更有力地表达蔑视。

在某种程度上，我们通过控制声音来控制形象。例如，在求职面试中，当我们想展现自信时，我们可以有意发出坚定和肯定的声音。然而，一些我们无法控制的声音特质也会影响他人对我们的看法。比如，一个带有明显布朗克斯口音的人可能会被认为是个傲慢的人；而一个带有南方拖腔口音的人，人们可能会刻板地认为他很懒惰；带有外国口音的人则会被认为不如母语人士聪明——但是事实并非如此。

副语言也反映了文化传统，表明我们是特定沟通群体的成员。例如，一般来说，非洲裔美国人的语言比高加索人的语言有更广的发声范围，更多样的抑扬顿挫、节奏变化、重读和音质（Garner，1994；Ribeau et al.，1994）。

MindTap

日常技巧　请完成本章末尾的"副语言线索"练习。

沉 默

最后一种非语言沟通是沉默，它能够传达强有力的信息。"我不和你说话"事实上无声胜有声。我们用沉默不语来传达不同的含义。例如，亲密的两人融洽相处时并不需要言语，这时的沉默代表满足。沉默也可以表达尴尬，如果你在第一次约会时经历过冷场，就能理解这种情况。在许多东方文化中，沉默表示尊重和体贴。

安静的环境可以安抚重症婴儿。医院的重症监护育婴房发现，隔离噪声的特制耳机可以减少呼吸机、通风设备和医院其他设备给婴儿造成的压力。耳机内设有一个微型麦克风，它能够探测出刺激性的低频噪声，通过发出抗噪声波将噪声消除。在测试中，研究者发现戴了耳机的婴儿睡眠干扰更少，血压变化也较小（"Cyberscope"，1996）。同样地，一些医院如今也在采取措施减少噪声，因为人们发现噪声会导致病人血压升高，阻碍伤口愈合，还会导致其他不利于病人康复的情况（Landro，2013）。

然而，安静和沉默并不总是让人愉悦的。在一些家庭中，家长忽视管教孩子，不管孩子说什么或做什么，家长都不理他们。在之后的人生中，你也可能会发现"沉默策略"。如果你曾对别人说"你好"却没有得到任何回应，你就会知道这种沉默是多么令人不安。即便别人不是有意不理你，但你仍然会有被忽视的感觉。我们有时会故意疏远亲密的朋友，不回复惹我们生气的朋友的短信。在西点军校这样的军事院校，如果学生被认为违反了校规，沉默也会作为剥夺学生存在感的一种方式。

金德：

　　沉默是你能对他人做的最残忍的事情。我父母就是这样管教孩子的。他们说我们不听话，然后拒绝和我们说话——有时长达几个小时。我无法形容从他们那里得不到任何回应的感觉有多可怕，我觉得自己仿佛不存在。我宁愿受到体罚。我永远不会对我的孩子使用沉默这种惩罚方式。

复杂的非语言沟通系统包括肢体语言、触觉、仪表、物品、环境因素、空间关系、时间观、副语言和沉默。在本章的最后一节，让我们来看一看如何提高非语言沟通的有效性。

社交媒体和非语言沟通

正如人际沟通的各个方面一样，非语言行为也与社交媒体有关。也许最明显的问题是，与面对面沟通相比，非语言沟通在数字和在线沟通方面受到更多限制。电子邮件或短信里的文字并不能告诉我们撰写者是认真的、讽刺的还是开玩笑的。为了让别人明白应该如何解释我们的文字，也为了让我们知道如何解释他人的文字，我们需要向别人发出信号，这种必要性催生了表情符号，比如：

（ ::[ ]:: ） 创可贴，象征舒适

; ） 微笑 + 眨眼，象征调皮

=^.^= 猫，象征活泼

但是对于一些人来说，表情符号还不够直白，于是表情贴图就诞生了。人们通过发送这种类似卡通的图标来取代文本信息。表情贴图最早风行于日本，如今也在西方流行起来，因为人们渐渐发现文字甚至表情符号都不足以表达他们想表达的东西。随着表情贴图的兴起，争夺"萌"主的竞赛也拉开了帷幕，很多初创公司都在竞相设计推出最萌表情。Path 公司推出了俏皮的袋熊"威拉"（Willa），脸书推出了有时会变成独角兽的"胖吉猫"（Pusheen）和非常情绪化的冰激凌甜筒"纳波利"（Napoli）。脸书创始人马克·扎克伯格发送了一个蓝色的大拇指，象征着赞同；一位本科生发送了一只睡眼惺忪的兔子来表示她很累（Rusli，2013）。不同语言的使用者在分享表情贴图时无须借助翻译。

非语言沟通在社交媒体中第二个有趣的方面是电子足迹的规模大小。有的人每天都会更新他们的脸书主页，有时候甚至更频繁，而另一些人则不太经常更新主页。有的人几乎会对他人发布的所有内容发表评论，而另一些人则更有选择地发表评论。没有研究告诉过我们电子足迹的大小意味着什么，但人们在其所占据的空间里的差异是显而易见的。电子足迹并不会因为我们删除文字或照片而消失，因此我们在网上发布内容或发短信时一定要谨慎。

第三，正如我们在本章前面所指出的，数字沟通会与面对面的沟通形成竞争关系，有时甚至会干扰面对面沟通。你在和他人面对面谈话时是否会查看或发送短信？（不要以为你发短信时仍然有眼神交流，别人就注意不到了！）如果有这种情况，这样是否传达了你希望表达的反应程度？双重视角也会让你考虑到与你面对面交流的人，他是否也和你一样社交媒体不离手？如果不是，你也许就得将注意力放在面对面的互动上了。

家具制造商也注意到了社交媒体在人们生活中的重要性。传统的家庭办公室过时了，专门为移动办公设计的椅子和躺椅正在流行（Hrabi，2013）。居家办公风格系列的家具拥有宽大的扶手，可以放置笔记本电脑，人们也可以对扶手进行任意调整。

提升非语言沟通能力的指导原则

下面两条非语言沟通指导原则可以减少你和别人相互误解的情况。

监控你的非语言沟通

想一想我们之前讨论的使用非语言沟通来宣示身份的方式。你展示的是你想要的形象吗？朋友们有没有告诉过你，他们和你讲话时你看起来似乎不感兴趣、心不在焉？如果是这样，你可以监控一下自己的非语言行为，以便在交流中传达更高的参与感和兴趣度。

你的空间布置是促进了你想要的互动交流，还是干扰了良好的沟通？关注生活世界中的非语言层面的因素，能够让你更有效地使用非语言行为实现人际交往目标。

谨慎解读他人的非语言沟通

虽然书店里充斥着承诺教你读懂非语言沟通的指南书，但是并没有万无一失的方案。如果有人认为我们可以精确地解读像非语言沟通这样复杂、模糊又个人化的东西，那就太天真了。

在本章里，我们讨论了人们赋予非语言沟通的含义。重要的是，你要认识到这些只是概括性的总结。我们无法说明在特定的情况下，任何特定的行为对特定的人意味着什么。例如，我们曾说过，幸福的夫妻往往比不幸福的夫妻坐得更近。通常来讲，在西方社会确实如此。但是有时候，对彼此感到非常满意的夫妻也喜欢保持距离。在工作环境中，别人不看我们可能是因为他们正忙于解决问题，而非有意忽视我们。不同的文化社会对于如何表达和解读非语言行为也有不同的规则。因为非语言沟通是模糊和个人化的，所以我们不应想当然地认为自己可以完全精确地解读它。有效的沟通者会在意识到个人和情境因素的情况下，对非语言沟通的解释进行范围限定。

个人因素 关于非语言行为的概括总结只能告诉我们通常的情况是什么，它们也许不适用于特定的个人。虽然在西方文化中，眼神接触通常表示即时回应，但也有人在倾听时会闭上眼睛集中注意力。同样地，双手交叉的严肃姿态通常表示敌意或对互动缺乏兴趣，但同样的动作也可能表示一个人感觉很冷，正努力让自己的身体保持暖和。在对自己谈论的事物不感兴趣时，大多数人说话的语调就没那么抑扬顿挫，也会较少使用手势，并且保持松弛的姿势。然而，我们在疲惫时也会表现出这些行为。

💬 **日常生活中的沟通 / 多样性**

维持多元社会的治安

《维持多元社会的治安》（*Policing a Multicultural Society*）是发放给即将成为纽约警察的新入职人员的一本培训手册，目的是让警员了解一些可能会令他们产生误解的习俗和行为（Goldstein，2013）。以下是手册中的一些建议：

1. 华人移民不习惯向陌生人求助，他们会感到不自在。
2. 非洲移民握手时只是手掌轻轻触碰一下，而不是西方人常见的那种有力的紧握。
3. 波多黎各家庭成员间常进行眼神示意，这不应当被解读为不向警察诚实作答的信号。
4. 来自墨西哥农村地区的移民往往会避免与官方人士直接眼神接触。
5. 新阿拉伯移民在被警方拦下后，很可能会下车。这是礼貌和尊重的表现，并不是威胁。
6. 阿拉伯移民经常大声讲话，这不应当被解读为吵架或打架（比如，这并不能代表发生了家庭暴力）。

书中最有意思的建议是，不要假定任何少数族裔的所有成员都是一样的。该手册警告说，不要因为一个群体中的少数人做了坏事，就刻板地认为这个群体的所有成员都是坏人。这份指南建议警员推己及人，想一想如果少数警察卷入丑闻，而市民认为所有警察都是不道德的人，他们自己会有什么感受。

因为非语言行为是模糊的，而且在不同文化和个人间存在差异，所以我们要谨慎地解读他人的行为。有一种好方法是我们在第四章中所讲的——依靠"我"语言，而不是"你"语言。当别人没有看我们的时候，"你"语言可能会让我们不准确地认为"你在沟通时缺乏兴趣"。更负责任的说法是使用"我"语言，即"你不看我的时候，我觉得你对我说的话不感兴趣"。使用"我"语言提醒我们要对自己的判断和感觉负责。此外，这种方式也降低了因为没有正确解读他人的非语言行为而让他人产生防备心理的可能性。

情境因素 我们的非语言沟通也反映了我们所处的情境。大多数人在自己的地盘上比在别人的地盘上更自在，所以我们在家里会比在商务会议或公共场所更友善、更开朗。我们也会根据场合穿衣打扮。学生们在校园里看到的我穿着职业装，但当他们到我家里或在街上遇到我的时候，往往会惊讶地发现我穿着牛仔裤或运动装。

周围的物理环境并不是影响非语言沟通的唯一情境。正如我们所看到的，包括非语言层面在内的所有沟通都反映了特定文化的价值观和理解。如果我们将自己的规范和规则强加给来自其他文化的人，就很可能会误解他们的意思。

美玲：

我在这个国家经常被误解。在这里的第一个学期，一位教授叫我更自信些，要在课堂上大声发言。我告诉他，我做不到。教授说我应该主动表达看法，但是我从小受到的教育不是这样的。在中国台湾，那是非常鲁莽和难看的行为，我们被教导不要跟老师大声说话。现在我已经来这里三年了，有时候我也会在课上发言，但是和其他美国同学相比，我还是比较安静。我知道教授认为我不太聪明，因为我较少发言，但这是我在自己成长的文化中受到的教育。

即使在我们自己的国家也有多样的言语社区，每个社区都有自己的非语言行为规则。如果我们用女性言语社区的规范来评判男性，那我们就有误解他们的风险。一位没有发出"倾听声响"的男性，很可能在按照男性言语社区的规则专心倾听。同样，如果女性在倾听男性说话时点头和发出声音，男性往往会误以为女性表示赞同。根据女性言语社区的规范，持续的反馈是表示感兴趣的一种方式，这不一定代表赞同。我们在解读他人时应尽量采用双重视角，尤其是涉及不同社会群体的时候。

如果我们监控自己的非语言沟通，并且在解读他人的非语言行为时考虑个人和情境因素，那么我们就能成为更有效的非语言沟通者。

本章总结

在这一章里，我们探讨了语言之外的世界。我们首先指出了语言沟通和非语言沟通之间的异同，接着讨论了非语言沟通怎样补充或替代语言信息，调节互动交流，反映和建立关系意义，以及表达文化价值观。社交媒体的沟通限制了一些我们在面对面沟通中依赖的非语言行为种类，因此我们开发了表情符号等方式，用以在网络或社交媒体上传达非语言含义。

我们讨论了非语言沟通的九种类型。它们是：

- 肢体语言（脸部和身体运动）
- 空间关系（空间的使用）
- 仪表
- 物品
- 环境因素
- 触觉（触摸的使用）
- 时间观（对时间的使用和态度）
- 副语言
- 沉默

每一种非语言沟通都反映了文化理解和价值观，也表达了我们的个人身份和对他人的感情。从这个层面上讲，非语言沟通具有戏剧性，因为它是我们塑造和呈现自我形象的主要方式。

非语言沟通和语言沟通一样是象征性的，因此它不具有内在的意义——它的意义是我们在解读非语言行为时构建出来的。沟通的有效性要求我们学会监控自己的非语言行为，并谨慎地解读他人的非语言行为。

关键概念

请练习为本章涉及的术语下定义。

触觉　非语言沟通　副语言　即时性
空间关系　时间观　物品　肢体语言

话题延伸

请利用本章学习的原则来评估并分析这段对话，然后和作者建议的回应做比较。我们的网站上有更多相关视频，你可以与老师继续练习。

赖德女士前来向医生咨询自己感到疲惫的原因，以下是她与扎格医生的交流。你受聘帮助医生学习如何更有效地倾听患者的发言。

扎格医生： 赖德女士，所有的检查都显示你一切正常。

赖德女士： 如果正常，为什么我老是觉得累？

扎格医生： 也许你需要更多睡眠。

赖德女士： 我已经比以前睡得多了，但是近半年来，不管我睡几个小时，我都感觉疲惫。

扎格医生： 检查结果显示，你没有任何疾病。你感到疲惫也许是情绪问题，这在你这个年龄段的女性里很常见。你要不要考虑转去做心理咨询？

赖德女士： 疲劳和我的年龄无关。我才 35 岁，6 个月前我还很正常。

扎格医生：你可以试着比以前多睡一会儿。

赖德女士：我刚跟你说过，我已经比以前睡得久了，但这没有帮助！我想知道的是……

扎格医生：赖德女士，你不要激动。我知道怎么解读检查结果，从身体上看你是正常的。

赖德女士：医生，这对我来说并不正常。我无法好好工作，也没有精力照顾家庭。

扎格医生：我希望我能帮助你。

请指出，赖德女士可能会将医生所表现出的哪些非语言行为解读为对她缺乏关注和兴趣。

1. 在赖德女士与扎格医生对话期间，她的非语言沟通有什么变化？是什么原因引起了变化？

2. 根据你在本章及前几章所学到的关于有效人际沟通的知识，你会给扎格医生哪些反馈建议，让他能更有效地与患者沟通？

自我评估

请应用本章所学的知识，完成以下的自我评估测验。在线答题可以知道每项结果对应的含义。

目的：研究人员（Richmond，McCroskey & Johnson，2003）开发了一个评估即时行为的测试。即时行为是指表达反应能力和好恶的行为。

说明：使用下面的量表来说明这 26 个表述对你的适用程度。有的表述看起来可能有些重复，但是你需要认真回答每一项。

5 非常频繁

4 频繁

3 偶尔

2 很少

1 从来没有

_____ 1. 在与人交谈时，我会用手和手臂示意。

_____ 2. 在与人交谈时，我会触碰他人的肩膀或手臂。

_____ 3. 在与人交谈时，我使用单调或低沉的声音。

_____ 4. 在与人交谈时，我的眼睛会看向别处。

_____ 5. 在与人交谈时，如果他人触碰我，我会躲开。

_____ 6. 在与人交谈时，我的身体姿势很放松。

_____ 7. 在与人交谈时，我皱着眉头。

_____ 8. 在与人交谈时，我避免眼神接触。

_____ 9. 在与人交谈时，我的身体姿势很紧张。

_____ 10. 在与人交谈时，我和他人坐或站得很近。

_____ 11. 在与人交谈时，我的声音单调或低沉。

_____ 12. 在与人交谈时，我使用各种声音表达方式。

_____ 13. 在与人交谈时，我会使用手势。

_____ 14. 在与人交谈时，我非常活跃。

_____ 15. 在与人交谈时，我的面部表情冷淡。

_____ 16. 在与人交谈时，我会向他人靠近。

_____ 17. 在与人交谈时，我会直视他们。

_____ 18. 在与人交谈时，我浑身僵硬。

_____ 19. 在与人交谈时，我的声音变化很大。

_____ 20. 在与人交谈时，我避免做手势。

_____ 21. 在与人交谈时，我的身体向他人倾斜。

_____ 22. 在与人交谈时，我与他人保持眼神交流。

_____ 23. 在与人交谈时，我尽量不和他们坐或站得太近。

_____ 24. 在与人交谈时，我的身体向与他们相反的方向倾斜。

_____ 25. 在与人交谈时，我面带微笑。

_____ 26. 在与人交谈时，我避免触碰他人。

请完成下面的练习，进一步提升自己的沟通技巧。

1. 校园中的非语言沟通规则

要想更清楚地了解非语言沟通的规则，请到校园内人流集中的地方去，花15分钟观察该处的非语言行为规则。例如：当两人迎面而来，谁会移向旁边？人们眼神接触的频率和持续时间如何？人们迎面走过时向对方微笑的频率如何？男性和女性都会微笑吗？

2. 物品和身份

· 童年时期的物品如何影响你的性别认同？父母给了你什么样的玩具？他们是否曾阻止你玩某种类型的玩具？你是否想要那些不符合社会性别规定的玩具（比如男孩想要洋娃娃，女孩想要玩具火车）？你的父母允许你玩这些玩具吗？

· 现在，想一想父母给你穿的衣服。如果你是女孩，你的父母是否希望你穿公主裙并保持整洁？如果你是男孩，父母给你穿的衣服是不是允许你尽情玩耍，弄得脏兮兮的？

· 你有没有反映你的民族身份的物品？哪些物品是你在节日庆典和信仰活动中要用到的？你有没有反映你的民族传统的首饰或服装？

3. 副语言线索

请用"哦，真的"来表达以下含义：

· 我不相信你刚刚说的话。

· 哇！真有意思。

· 我觉得你的评论很无聊。

· 那是流言蜚语！

· 难道你以为我这么快就能把报告写好？

现在，用"你爱我"来表达以下含义：

· 你真的爱我吗？我没感觉到。

· 这招没用的。我和你说过，我们结束了。

· 你做了那些事之后，怎么可能还爱我！

· 我？你爱的是我？

· 你？我不认为你爱过任何人。

4. 使用"我"语言来讲述非语言行为

"我"语言让非语言沟通变得更加负责和明确。请练习将"你"语言翻译成"我"语言来描述非语言行为。

示例：

"你"语言	"我"语言
你在盯着我看。	你这么热烈地看着我，我感到不自在。

"你"语言	"我"语言
我讨厌你那一副什么都知道的眼神。	_____
从你的表情可以看出，你不相信我。	_____
别围着我转。	_____
你的 T 恤有些冒犯他人。	_____

概念应用

请思考本章概念在个人、工作场合和道德中的应用，写下你的感想。

个人 观察你的房间或公寓。家具的摆设是促进还是阻碍互动？公共空间（游戏室、客厅）与个人空间（书房、卧室）的比例如何？你对空间的安排反映出你怎样的身份认同和偏好？

工作 描述一下你打算从事的职业中男性和女性的典型着装。有没有某些类型的着装在这个职业中是不合适的？如果有，为什么？

道德 当你在与他人进行面对面会议或社交时，查看或发送短信是否不礼貌？这样做的道德标准是否因沟通对象的不同而不同？请解释你的答案。

批判性思考

请批判性地思考本章提到的观点，写下你的感想。

1. 思考律师的非语言沟通所传递出的信息（请见"肢体语言"部分）。律师试图用非语言行为来影响陪审团成员的做法涉及哪些道德问题？法官限制律师使用非语言行为又涉及哪些道德问题？这是否侵犯了言论自由的权利？

2. 去校园周边的餐厅。描述一下餐厅的座位、灯光、音乐（若有）、餐桌间的距离和装潢的色调。你能否发现非语言沟通模式和餐厅昂贵程度之间的关系？

3. 阅读一篇专门研究触觉沟通的论文。请访问 Haptics-E，网址是 http://www.haptics-e.org。

4. 位于华盛顿州斯波坎和加利福尼亚州拉霍亚的非语言研究中心成立于 1997 年。该中心出版了《手势、符号和肢体语言线索的非语言字典》（*The Nonverbal Dictionary of Gestures, Signs, and Body Language Cues*），并介绍了人类学家、考古学家、生物学家、语言学家和沟通研究学者关于非语言行为的论文。欲了解更多信息，请访问 https://www.thebalancecareers.com/nonverbal-communication-skills-2059693。这个网站提供了非语言沟通的小技巧，也有《手势、符号和肢体语言线索的非语言字典》的链接。

第六章
专注倾听

本章涉及的话题

◎ 倾听的过程

◎ 倾听的障碍

◎ 无效倾听的形式

◎ 使倾听适应沟通目的

◎ 社交媒体和倾听

◎ 有效倾听的指导原则

学习完本章后，你应该能够 ——

◎ 描述倾听过程中的六个要素

◎ 列出阻碍专注倾听的主要外部和内部障碍

◎ 指出自己的无效倾听行为

◎ 指出日常生活中需要倾听的原因

◎ 认识到社交媒体会如何妨碍专注倾听

◎ 运用本章的指导原则来提升你的倾听技巧

安娜·德沃尔·史密斯（Anna Deavere Smith）是剧作家、MTV 驻场艺术家、麦克阿瑟基金会（MacArthur Foundation）"天才"奖获得者、帝势艺术学院（Tisch School of the Arts）表演研究讲师、纽约大学教授。她的独角戏《镜中之火》（Fires in the Mirror）获得了高度赞誉，这部戏讲的是布鲁克林皇冠高地的族裔冲突。她的另一部戏《暮光之城：洛杉矶》（Twilight: Los Angeles）也广受好评，这部电影聚焦于被指控殴打罗德尼·金（Rodney King）的警察被无罪释放后爆发的骚乱。她还在《美国总统》（The American President）中扮演总统的新闻发言人，在《费城》（Philadelphia）中饰演一名律师助理。此外，她还在剧集《白宫风云》（The West Wing）中扮演一个常驻角色。

安娜·德沃尔·史密斯还在她的简历上列出了另一项专业成就——在耶鲁大学教授医学院学生，在纽约大学给法学院学生上课。你可能会好奇，她有什么资格指导医学生和法学生。毕竟，她既不是医生也不是律师。

安娜·德沃尔·史密斯是一位技艺精湛的倾听者——这就是为什么她受聘指导医学院和法学院的学生。医生和律师需要学会倾听，而传统的医学和法学训练并没有教授学生如何好好地倾听，这也是学校找上安娜的原因。她说："倾听不只是听别人一字一句地告诉你，你必须用心去听……这是一项辛苦的工作。"（Arenson，2002，p. 35）在指导未来的医生和律师如何倾听病人和客户的意见时，史密斯强调了全身心与他人同步的重要性。

医生和律师不是唯一需要认真倾听他人的群体，我们每个人都需要倾听。请回想你通常度过的一天，你就会发现倾听（或尝试倾听）至少占据了一半的清醒时间（Wagner，2001；Wolvin，2009）。你在上课时倾听，在与熟人的闲聊中倾听，在电话中听父母说话，在商店里听店员说话，在工作时听上司和客户说话，也听朋友讲述他们的生活。

在本章中，我们将讨论倾听以及如何有效倾听。首先，我们会探究倾听涉及哪些方面。其次，我们将指出有效倾听的障碍，并且学习如何使这些障碍最小化。我们还会探讨无效倾听的一些常见形式。本章的第四部分解释了不同类型的倾听，以及每种形式所需的不同技巧。然后，我们将这些概念应用于数字和网络环境。在本章的最后，我们提出了一些提升倾听有效性的指导原则。

倾听的过程

倾听是一个复杂的过程，它所涉及的远不止我们的耳朵。为了更好地倾听，我们需要依靠耳朵、头脑和心灵。图 6.1 所示的汉字"听"就反映了倾听的多面性，其中包括象征眼睛、耳朵和心灵的符号。

虽然我们常常混用"倾听"（listen）和"听"（hear），但实际上这两个词是有区别的。"听"是声波撞击鼓膜时发生的一种生理活动。耳聋或有听力障碍的人通过读唇语或手语，在视觉上接收信息。"倾听"具有心理和认知层面的意义，而单纯的听觉或者说生理上的信息接收行为是不具有这些意义的。

图 6.1 汉字"听"

国际倾听协会（International Listening Association，1995；见网址 http://www.listen.org）强调，倾听是一个积极的过程，这意味着我们必须付出努力才能良好地倾听。我们可以把倾听定义为一个积极、复杂的过程。在这个过程中我们需要专注，在生理上接收信息，选择和组织信息，解读信息，回应和回忆信息。

专注

倾听的第一步是专注，专注是指在倾听的时刻完全在场——这也是安娜·德沃尔·史密斯教给医学院和法学院学生的内容。当我们专注于一件事的时候，就不会去查看短信，不会想周末的安排，不会只关注自己的感受和反应。相反，我们会完全跟随对方的思路，试图理解对方在说什么，而不强加自己的观念、判断或感受。专注就是下决心认真倾听他人。在身体上，这可以表现为全神贯注、采取参与互动的姿势、保持眼神交流、表示对对方所说的内容感兴趣（Bolton，1986）。

专注倾听涉及从他人的角度出发，因此也培养了我们的双重视角——这是有

良好倾听 = 职场晋升

在工作场合，不善于倾听的代价可能非常高。没有充分倾听病人的医生可能会误诊或对病情处理不当（Christensen，2004；Nyquist，1992；Scholz，2005；Underwood & Adler，2005）。出于这个原因，越来越多的医疗机构聘请沟通专家为医生和护士进行倾听培训。他们宁可支付顾问咨询费，也不想花钱支付因倾听不良而导致的诉讼官司费用。

不仅医生需要善于倾听，许多领域的高管也常将倾听列为一项必要的职场技能，其重要性超过了包括管理能力和技术能力在内的其他技能（Darling & Dannels，2003；Gabric & McFadden，2001；Landrum & Harrold，2003）。

倾听能力被认为是高效的管理人士最重要的一个特质（Winsor et al.，1997）。它也是会计师最重要的沟通技能（Morreale，2004）。倾听能力也与职业发展有关，不善于倾听是一些人无法在职场晋升的主要原因（Deal & Kennedy，1999）。

> **MindTap** 倾听的哪些目的与你的职业规划最为相关？

效沟通的基石。此外，专注倾听也能提高对方的沟通有效性。当人们感到我们确实在认真倾听时，他们通常会更加具体和深入地表达自己的观点和看法。

专注是一种选择。它不是什么技巧，也不是一些人拥有而另一些人没有的才能。如果你不愿意全身心地倾听他人，那么再多的技巧也无法让你成为一个优秀的倾听者。

> **MindTap**
> **日常技巧** 请完成本章末尾的"培养专注"练习，提升你的专注能力。

马里萨：

　　我一直认为自己是个优秀的倾听者，直到我在日本生活了两年。日本文化赋予倾听很深的含义。我意识到大多数时候我只是在听别人说话，通常当他们还在说话的时候，我就开始想自己要如何回应。我一直都没有用心倾听。

在生理上接收信息

倾听的第二个过程是听，或者说在生理上接收信息。正如我们之前提到的，听是一个声波撞击鼓膜的生理过程，因此我们能够感知音乐、人声或交通等声音。对于有听力障碍的人来说，可以通过其他方式接收信息，比如书写、唇语和手语。

接收信息是倾听的前提。对大多数人而言，听觉是自动的、无障碍的。但是，有听力障碍的人在接收口头信息时可能会遇到困难。我们在与这些人交流时应当面对他们，并且询问他们能否清楚理解我们的意思。

听力障碍并不是限制生理接收信息的唯一障碍。在长时间专注于沟通后我们会感到疲倦，听力也会随之下降。你可能已经注意到，上 75 分钟的课要比上 50 分钟的课更难以集中注意力。背景声音也会影响听力。如果音乐和电视的播放声音很大，手机铃声在响，或者有人在附近说话，我们就很难清楚地听对方讲话。

女性和男性在倾听方面似乎也有一些差别。一般来说，女性比男性更关注沟通的整体。因此，许多男性倾向于关注对话中的特定具体内容，而女性则更关注整个对话，她们会注意细节、话题切入和对话中的关系意义。著名的传播学者朱迪·皮尔逊（Judy Pearson，1985）认为，这可能是大脑两个半球分工不同的原因。女性通常右脑更为发达，右脑控制创造性和整体性思维；而男性往往左脑更发达，左脑掌管分析性和线性信息处理。最近的研究也表明，女性在倾听时往往会同时使用左右脑，但是男性则倾向于只使用更为发达的左脑（"Men Use"，2000）。这并不意味着女性比男性具备更好的倾听能力，而是说他们的倾听方式有些不同。

马克：

　　我的女朋友让我感到惊讶。有时我们会进行一次对话，不久之后我们当中的一个可能会再次提起这次对话。通常我记得的就是我们在谈话中决定的事情。她也记得这个，但她还记得所有的细节，关于我们当时在哪儿，谈话时周围发生

能力错觉

　　你以为多任务处理可以让你做更多事吗？你认为即使听课时一边给同学发短信，一边查看 eBay 上的最新产品也能吸收课堂内容？研究人员收集的大量证据证明，多任务处理并不会提高效率或生产力。事实上，人类的大脑根本没有能力同时进行两项概念性任务（Brown，2010；Gallagher，2009；Rubinstein，Meyer & Evans，2001）。当你认为自己在处理多项任务时，实际上你的大脑正在不同的任务中快速切换。每次切换，大脑都要重新定位，这既费时间又费精力。实验一再表明，人们在一段时间内只做一件事比同时做好几件事的速度更快，正确率更高（Klingberg，2008；Foerde，Knowlton & Poldrack，2006；Nass & Yen，2010；Opir，Nass & Wagner，in press；Rubinstein et al.，2001）。

　　很多人在同时处理多项任务时，都会觉得自己处于工作巅峰状态，他们从跳进跳出的多个任务中获得兴奋感。这是戴维·格伦（David Glenn，2010）所说的"能力错觉"（illusion of competence）。戴维说，这在那些经常在上课时发短信和查看脸书的学生身上表现得尤为明显。但是在回忆或综合分析信息时，这些学生就会处于劣势，因为他们根本没有真正掌握信息。

　　人类在学习时会使用大脑的两个部分。在从事单一任务时，大脑中的海马体帮助我们获取信息，让我们之后可以回忆和应用这些信息。当大脑被要求同时处理两项及以上的任务时，它则更多依赖于纹状体。纹状体控制着习惯性学习，其应用信息的能力有限（Foerde et al.，2006）。因此，当一个人试图同时做一件以上的事情时，他依靠的是在管理信息的灵活性和复杂性方面能力较弱的那部分大脑。

　　MindTap　你进行多任务处理的频率是？你有没有感到上文所说的那种"兴奋"？

了什么，以及我们两人在对话中提到的特殊内容。我从来没有注意过这些东西，所以之后也完全不记得。

选择和组织材料

倾听的第三个要素是选择和组织材料。正如第三章所讲的，我们并不能感知周围的一切，而是选择性地注意环境中的一些信息和要素。我们关注的内容取决于很多因素，包括我们的兴趣、认知结构和期望。选择性倾听也受到文化的影响。胎儿还在子宫里的时候就开始适应他们所在文化语言的声音（"Babies Seem"，2013）。因此，学习第二语言的人可能会发现很难识别出非母语的声音（Monastersky，2001）。

鉴于我们更有可能注意到那些激烈、响亮、不寻常的或在某些方面比较突出的听觉刺激，我们可以据此来监控自己选择性倾听的倾向。这也意味着我们可能会忽略那些轻声说话、不希望引起注意的沟通者。亚裔学生因坦曾经告诉我，因为她说话柔声细语，美国人经常忽略她说的内容。如果我们能意识到自己有忽视轻声说话的人的倾向，我们就可以采取措施防范这种情况发生，以免冷落他人或遗漏重要的信息。

查德：

> 我去年做了一个膝盖手术。医生说我需要一个成年人陪同，我说我的朋友杰克会送我来，也会来接我。但是医生说："不行，他必须全程陪同。"医生解释说，焦虑心情和麻醉可能会导致我无法认真倾听医嘱。当时我觉得医生的看法不对，但事实证明他是对的。手术结束后，医生向我解释了膝盖的术后保养，以及术后可能会出现的正常和非正常状况。我以为自己很清醒，状态一切正常，但是等杰克开车送我回家后，我已经不记得医生说过的话了。

一旦我们选择了要关注的内容，接下来我们就会把自己留意到的这些刺激加以整理组织。我们试图理解的不仅是内容，还有说话的人。他是紧张还是平静？他对建议持开放态度还是闭塞态度？他是不是想发泄情绪，所以在有机会表达感受之前不想听别人的意见？最后，我们会决定应当如何将对话进行下去。

重要的是请记住，当我们使用自己的图式来理解情境和他人的时候，我们是在建构他人和他们的沟通。换句话说，我们通过选择和组织沟通内容来创造意义。这一点提醒我们，我们的看法是暂时性和开放性的。在互动的过程中，我们可能需要修正自己的看法。

解读沟通

倾听的第四步是解读他人的沟通。有效解读的最重要的原则是以人为中心，这样你才能了解他人的视角和观点。当然，你不可能总是认同他人的观点，也不一定会同意他们对自己、他人和情境的看法。运用双重视角并不要求你同意他人的观点，但是它要求你认真努力地理解他人。

用自己的方式解读他人，是我们能够给予他人的最大的礼物。但是，我们常常将自己的意愿强加于人，试图纠正他人的所思所感，或者与他们争论，用我们自己的话覆盖他人的话。

巴特：

我在结婚和工作数年之后决定重返学校完成学业。当我跟同事们说起这件事时，他们都对我大加指责。他们说我就是想当个大学生，寻求轻松的生活，还试图超越他们。我爸爸说，我有妻子和孩子，辞职是不负责任的行为。他还说，任何一个有自尊心的男人都不会这样做。似乎所有人对于我要做什么和为什么这样做都有自己的看法，但是他们的看法和我毫无关系，真正听我说话的人只有我的妻子伊莲。当我告诉她我在考虑重返学校的时候，她首先问的是："这对你来说意味着什么？"她没有假装理解我，也没有一开始就和我争论。她只是问这对我意味着什么，然后一直听我讲述自己的感受。她完全专注于理解我——也许这就是我们结婚的原因。

回　应

有效的倾听还涉及回应，即表达关注和兴趣。我们在第一章中曾指出，人际沟通是一个同时听和说的相互作用过程。我们并不是在他人结束讲话时才做出回应，而是在整个互动过程中都做出回应——这就让倾听成为一个积极主动的过程。优秀的倾听者在互动过程中会通过全神贯注的姿势、点头、眼神交流和"嗯嗯""继续"这样的声音回应，让别人知道他们是感兴趣的。这些非语言行为表明了交谈的专注度和参与度。在关系意义层面，回应传达了我们对对方的关心。

记 忆

倾听的最后一个方面是记忆，即记住你听到的内容的过程。根据传播学教师罗纳德·阿德勒（Ronald Adler）和罗素·普罗克特（Russell Proctor，2014）的研究，我们在听到一则信息后，能马上记住的内容还不到一半。随着时间的推移，能记住的东西进一步减少。在听到信息 8 小时之后，我们只能记起来约 35% 的内容。因为我们会忘记自己所听到的内容的三分之二，因此确保记住最重要的那三分之一就非常重要了。有效的倾听者会放过很多细节，以便记住更重要的内容。在本章后面的小节，我们会讨论记住信息的策略。

倾听的障碍

我们已经看到，专注倾听涉及很多方面，而更为复杂的是倾听的障碍。专注倾听的障碍有两大类：沟通情境中的障碍和沟通者的障碍。你有没有注意到，本节要讨论的概念被组织成两大类，这是为了帮助你记住基本信息。

外部障碍

沟通情境中存在许多阻碍专注倾听的障碍。虽然在很多情况下我们并不能控制外部障碍，但是我们可以认识它们，并尝试减轻它们产生的噪声。

信息过载　我们参与的沟通数量如此之多，以至于我们很难总是全身心地专注倾听。请回想你的一天，你可能要上 3 个小时的课。你学到了多少知识，考试的表现如何，取决于你能否专注倾听课堂教学内容（这些内容往往很难）。在听完一节50 分钟的历史课后，你又听了 50 分钟的沟通学课程，接着又听了 50 多分钟的商业课程。在这三段时间里，你接收了大量的信息。下课后，你收到来自朋友的 3 条短信 —— 你需要记住这些短信，并在当天结束前回复。之后你开始上网查资料，发现有 300 多个网站和你的研究主题相关 —— 你怎么可能处理完它们提供的所有信息？接着你去工作，你的上司传达了一个新的工作流程。因为时间太赶，他只是快速向你描述了一下，希望你能自己理解并且遵循这个流程。

我们经常被这些似乎应当理解和记住的信息所淹没。为了应对信息过载，我们通常会筛选周围的谈话，就像我们对电话答录机上的留言进行筛选一样。我们通过这种方式来决定什么时候认真倾听，什么时候只需要流于表面（Todorov, Chaiken & Henderson，2002）。

雷蒙德：

　　我结婚快 30 年了，所以我知道什么时候要仔细听埃德娜说话，什么时候一只耳朵进一只耳朵出就可以了。她是个话痨，大多数时候她讲的东西并不重要。但是当我听到暗号，我就知道要认真听了。如果埃德娜说"我真的对这样那样的事感到失望"，或者说"我们有麻烦了"，我就会竖起耳朵。

信息的复杂性　信息越详细、越复杂，就越难理解和记忆。以英语为第二语言的人常常觉得从句很多的复杂句或俚语表达非常难懂，有时甚至连英语母语者也会被一些复杂信息弄得头晕。对于那些充满术语、细节和复杂句子的信息，我们常常充耳不闻。但是，如果我们被信息的复杂性吓倒，就可能在学校或职场中表现不佳，也可能会让我们的朋友失望。

当我们不得不去听那些密集信息时，我们应当调动更多的精力。此外，做笔记和提问也有助于我们理解和记住难懂的信息。第三种策略是在听的过程中对信息分类，将想法以之后容易回忆的方式组织起来。

噪声　有效倾听的第三个障碍是物理噪声。当你在看演唱会或比赛的时候，你可能必须对旁边的人大喊大叫才能让对方听到。虽然大多数的噪声不像人群那样嘈杂，但是在你沟通的时候，周围总是会出现一些噪声：它可能是背景音乐或电视声，附近的其他谈话，正在鸣叫的传呼机，外面的雷声或交通声。

格雷戈里：

我从事销售工作很长时间了，我知道什么时候客户真的感兴趣，什么时候不感兴趣。如果对方在我在他的办公室时接电话，我就知道他没有关注我说的话。接电话或开着门让其他人可以来访，就说明他们对我或我所代表的服务不感兴趣。

格雷戈里提醒我们，允许注意力分散表明了关系意义层面的兴趣缺失。优秀的倾听者会尽可能地减少环境干扰。如果有人希望和你交谈，比较贴心的做法是关掉电视或调低音乐的音量，也可以离开嘈杂区域以便减少分心的事物。同样地，在参加讲座、音乐会、会议或其他活动时，关掉手机铃声也是礼貌的做法，因为铃声会分散其他听讲人的注意力。实际上，根据认知心理学家的报告，短信、电子邮件和电话的提醒声不只会影响他人，也会让你自己分心，使你无法全身心地关注和你在一起的人（Begley，2009b）。

在工作场合控制自己不要分心也很重要。有近20%的员工因在会议期间使用电子设备而遭到斥责（Williams，2009）。包括联合精英经纪公司（United Talent Agency）和创新艺人经纪公司（Creative Artists Agency）在内的许多公司都禁止员工带手机参加会议。

内部障碍

除了外部障碍之外，我们自身的五个障碍也会妨碍倾听：沉浸于自我、预先判断、对情绪化的语言做出反应、缺乏努力，以及未能认识或适应不同的倾听风格。

沉浸于自我　当我们沉浸在自己的思想和关注中时，就无法关注其他人在说什么。也许你曾在考试前参加了一个讲座，之后你会发现那个讲座的内容你根本没有

技术过载

我们的时代由数字和在线沟通主导。我们可以比以往任何时候都更快速地与他人取得联系，即使他们在旅途中或在度假，我们也能找到他们。然而，对于这些技术带来的不间断的信息流，许多人感到不堪重负。

你也许曾怀疑通信技术的发展是否阻碍了人与人之间有意义的交流，这并不是一个过时的问题。每时每刻处于在线状态是否减少了我们与他人互动的其他方式？作家乔纳森·科尔曼（Jonathan Coleman，2000）讲述了某个夏夜参加女儿曲棍球训练的故事。当时另一名球员的父亲站在他身旁，这位父亲完全沉浸在电话中，没有注意到场上的女儿一直朝着他看，希望能得到他的关注和肯定。如果我们随身携带手机，手机一响我们就接听电话，这样真的还能关注面对面的沟通吗？如果我们参与了不止一个对话或活动，我们真的能很好地倾听包括当面交流和电话交流在内的所有对话吗？如果我们不能做到，那么是否正如科尔曼所言，科技只是制造了我们与他人亲密无间的假象，实际上却使我们与他人离得更远？

听进去——这是因为你专注于即将到来的考试。也许你正在和同事聊天，但是你发现，因为一直在考虑自己的事，你根本就没有听同事讲话。

道恩：

作为一个听众，我觉得我最大的问题是总在想自己的事情。就像那天我的朋友玛尔塔来找我，说想和我聊聊她和男友的关系。我认真听了几分钟，之后就开始思考我和泰德的关系。过了一会儿——我不知道多久——玛塔对我说："你根本就没在听。你的脑子在哪里？"她说的没错，我的脑子完全在另一个地方。

当我们沉浸在自己的想法中时，我们就不能完全专注于他人。安娜·德沃尔·史密斯在描述她如何在紧张的面试中保持心态时说："我把自己放空。在听别人说话的时候，我自己的判断和偏见肯定会冒出来。我知道如果不把这些东西清除，我将一无所获。"（Arenson，2002，p.35）。偶尔走神对我们来说是很自然的事情。当这种情况发生时，我们应当注意到自己的聚焦点已经分散，并积极主动地把思维拉回来，回到正在讲话的人和他所传达的信息意义中。

预先判断　另一个可能导致无效倾听的原因是我们对他人的沟通带有预设（O'Keefe，2002）。有时我们认为自己已经知道他人要讲什么，因此便不会认真倾听。回忆一下我们之前讨论过的读心你就会意识到，想当然地认为我们知道他人的所思所感是不明智的。在另一些情况中，我们事先认定别人无法向我们提供什么东西，因此我们便不认真听讲。在一项关于医患沟通的研究中，当医生让病人描述病症时，他们通常在平均 23 秒后打断病人说话——医生就是在这么短的时间内判断出病人无法提供更多的信息（Levine，2004）。

当我们做预先判断时，我们就会认定他人是不对的，因为我们否定了他们自己的声音，并将他们的话语强加到我们先入为主的思维模式中——这其实贬低了他人的价值。先入为主也导致我们在与他人沟通时学到的事物大大减少。如果我们事先认定别人没有什么值得说的，我们就早早关闭了学习新事物的可能性。

对情绪化的语言做出反应　有效倾听的第三个内部障碍是我们对情绪化的语言（那些能引起强烈反应的词语，无论是正面的还是负面的）做出反应的倾向。你可能会发现一些词语能让你感到舒心或愉悦，而另一些词语则令你反感。当人们对这些可能唤起情绪的语言做出反应时，可能就无法准确理解对方的意思。

政治家们总是希望选民能对特定词语做出情绪性的反应。近年来，许多政治人士经常提到家庭观念和环境责任，因为他们知道很多选民会对这些词语产生强烈的积极情绪。一些政客并不希望选民对这些词的含义进行批判性思考，而只希望选民将选票投给他们，支持他们的政策。

当我们对情绪化的语言做出反应时，我们可能并没有理解对方想传达的真正含义。我们不假思索地对特定词语做出反应，放弃了批判性地思考对方说的话以及仔

菜谱医学

医生丽娜·温（Leana Wen）和乔舒亚·科索夫斯基（Joshua Kosowsky，2013）认为，菜谱医学（Cookbook Medicine）是引起很多误诊和不必要医学检测的原因。在他们的《当医生不倾听》（*When Doctors Don't Listen*）一书中，温和索科夫斯基指出，医生越来越多地依靠算法或流程图来诊断病人的疾病。医生会按照心脏病算法来治疗一位胸部疼痛的病人，或根据肺炎算法来治疗一位发烧咳嗽的病人（Zuger，2013）。这种方式提高了治疗病人的效率，它在许多情况下是行得通的。

但是有时候，胸部疼痛是因为被落下的石头砸到，发烧咳嗽则是由支气管炎引起的。温和科索夫斯基说，问题在于算法使医学非人格化了。他们呼吁医生在下诊断书或判断疾病之前花更多的时间倾听病人的意见。正如好的厨师做饭时不会照搬菜谱一样，好的医生也不应让菜谱医学代替对病人意见的倾听。

细考察其意义。防范这种情况发生的方法之一是留意那些容易引起我们强烈情绪反应的词句。如果我们能够意识到这点，就能督促自己不要在欠考虑的情况下做出反应。

缺乏努力　专注倾听是一件很辛苦的事，你需要密切关注他人说话的内容，领会他们的意思，提出问题并给予回应，时刻让对方知道我们参与其中。要做到这些并不容易，因为我们还需要控制环境噪声，抵御疲惫、饥饿和其他可能妨碍倾听的生理状况。

因为积极的倾听需要付出很多努力，所以我们无法总是做得很好。有时我们可能想好好倾听，但是难以投入所需的精力。出现这种情况时，你可以要求对方推迟沟通，直到你有足够精力可以专注倾听为止。如果你解释说想推迟沟通是因为你真的对沟通内容很感兴趣，希望自己能够更好地倾听，对方很可能会感谢你的真诚和对倾听的执着。

未能认识或适应不同的倾听风格　有效倾听的最后一个内部障碍是未能认识或适应不同的倾听风格。我们应该采取多样的倾听方式，原因有二。第一，我们的倾听目的不同，所需的技巧也不同。倾听可能是为了获取信息，也可能是为了支持他人，或是为了获得乐趣。我们将在本章后面的内容里讨论倾听的类型。第二，文化和语言群体的差异也会形成不同的倾听方式。在一些文化中，倾听意味着安静地听他人讲话；在另一些文化中，倾听则意味着在他人讲话时参与其中。在美国，与正在说话的人频繁但非持续地进行眼神交流被认为是礼貌的。在另一些文化中，持续的眼神交流是一种规范，还有一些文化严格限制眼神接触。

即便在美国，不同的性别、种族或语言群体也有不同的倾听规范。因为女性的社会化将对话视为形成和发展关系的一种方式，所以女性倾向于保持眼神交流，给予对方大量的声音和语言反馈，并且通过点头和表情来表示兴趣（Tannen，1990；Wood，1994c，1998，2011a）。而男性语言群体注重情绪控制，因此大多数男性只使用较少的语言和非语言符号来展现兴趣和注意力。如果你了解这些差异，就可以调整你的倾听风格，分别对女性和男性做出适当的回应。

珍妮弗：

我曾经对我的男朋友很生气，因为我觉得他没有认真听我说话。我和他讲事情的时候，他只是坐在那里，什么也不说。他对我说的话没有任何反应，比如面部表情或其他什么的。我曾好几次指责他不听我讲话，而他又像我刚才说的那样毫无反应。现在我知道了，他其实在听，只不过没有以我期待的方式。我现在已经不指望他在我说话的时候表现出很多情绪或者做出什么回应了，那不是他的方式，但我知道他在倾听。

种族也会影响倾听的风格。大多数白人遵循的交流规则是当有人在说话时其余人不应说话，尤其是在正式场合。但是在一些非裔美国人社区，在他人讲话时说话是表示兴趣和积极参与的一种形式（Houston & Wood，1996）。因此，一些非裔美国人可能会在谈话过程中插话说"再多说点"或"我就知道是那样"，以此表示他们正在专心听讲。许多黑人教会也比白人教会更强调参与性，教会成员通常会对牧师所讲的内容做出回应。在马丁·路德·金发表"我有一个梦想"演讲时，他的话得到了万千听众的呼应。

不同的语言群体培养了不同的沟通风格，所以我们不应当自动将我们的规则和解读强加于他人。相反，我们应该努力理解和尊重他人的风格，并按照他们的方式有效地听取意见。

无效倾听的形式

我们已经讨论了有效倾听的障碍，现在让我们来看一看**无效倾听**（nonlistening）的形式。我们之所以称这些模式为无效倾听，是因为它们不涉及真正意义上的倾听。接下来我们将讨论六种无效倾听的类型，你可能会觉得很熟悉，因为其实我们大多数人都不时会出现无效倾听。

伪倾听

伪倾听（pseudolistening）就是假装倾听。在伪倾听的时候，我们看起来是全神贯注的，但实际上我们心不在焉，思绪飘在远方。有时尽管我们对谈话内容不感兴趣，但我们想表现出认真的样子，或者当我们对所讲的内容很熟悉，所以不需要集中注意力的时候，我们就会假装倾听（O'Keefe，2002）。还有时我们假装倾听是因为不希望伤害正在分享心路历程的人的感情。

奥利维娅：

很多学生在枯燥的课堂上都会假装倾听，我也不例外。我在课堂上回复邮件，查看社交网站或者在网上购物，但是我每隔一两分钟就会抬头看看教授，让他以为我在做笔记。

奥利维娅也许会吃惊地发现自己的教授并没有上当。大多数教员都知道，很多在上课期间使用笔记本电脑的学生充其量只是把部分精力放在了课堂上。在表面的社交对话或枯燥乏味的讲座中，我们可能会有意识地选择伪倾听。如此一来，即便我们真的不感兴趣，也会显得很有礼貌。虽然在某些情况下假装倾听可能是合宜的，但也会付出代价：因为我们并没有真正地倾听，所以要承担错失信息的风险。

假装倾听者在需要做出回应时往往就露馅了。一个常见现象是听者给出的回应与说者所讲的内容无关。比如，马丁向瓦拉莉娅讲述了自己的求职面试，而瓦拉莉娅询问了他所到访的城市："你更喜欢纽约还是亚特兰大？"虽然这与马丁讲的求职面试的主题有关，但是它和对话的重点不相干。瓦拉莉娅没有真正倾听，因此没有抓住主题。如果她询问马丁"你今晚想去哪里吃晚饭"，这个回应就与马丁所说的内容完全无关了。

垄 断

垄断（monopolize）就是不断将谈话重点放在自己身上，而不是倾听对方。垄断有两种典型策略。第一种是改变谈话路径，也就是一个人把话题转回自己身上。比如，艾伦告诉她的朋友马拉，她和她的室友有矛盾，而马拉把话题转到了自己身上，她回答说："我知道你的意思。我的室友是个十足的邋遢鬼，这还只是她的一个毛病。让我来告诉你我都得忍受些什么……"改变谈话路径就是把谈话重点从说话人身上转移到自己身上。

垄断的另一种策略是插话，把注意力从说话者身上转到我们自己或我们感兴趣的话题上。插话也可以与改变谈话路径结合起来——先打断他人说话，然后把谈话转到一个新话题上去。在一些情况下，这种转移性插话会借助提问和质疑来打断说话者。例如，艾略特提出社会保障局到 2030 年会入不敷出，而保罗如此回应道："你怎么会这么想？你怎么能确定？总统说我们正在修复这个体系。"保罗在打断了艾略特之后，可能会把谈话转到他更感兴趣的话题上："说到总统，你认为他会让国会批准他想在国家安全方面做出的改变吗？"改变谈话路径和转移性插话都是垄断谈话的策略，它们与认真倾听正好相反。以下的对话就说明了什么是垄断谈话，也表明了它会让人感到多么不舒服。

查克： 我实在对经济学这门课很灰心，我好像根本就理解不了。

萨莉： 嗯，我知道你的意思。我也在经济学里苦苦挣扎，但这与我正在上的统计学课程相比简直是小巫见大巫。我的意思是，我要完全被统计学给弄垮了。

查克： 我记得你刚学经济学的时候是多么挫败，但最终你还是学会了。我似乎就做不到，但是我的专业需要选这门课。我试着复习课堂内容，但是……

萨莉： 我不觉得复习有什么帮助。你为什么不把精力集中在其他课程上，用那些课的成绩来拉高平均成绩呢？

查克： 这不是重点。我想学懂经济学。

萨莉： 你觉得你遇到麻烦了？你知道现在我有三篇论文和一门考试悬在头上吗？

查克： 我在想是不是要请个家教。

　　萨莉对查克的担忧没有表现出任何兴趣，而是一直在推动自己的话题。她很可能根本不理解查克的感受，因为她并没有真正关注他说的话，并没有真正倾听对方。

　　垄断对于被忽视的人和垄断者自身来说都代价高昂。比起一个愿意倾听他人所思所感的人，一个喜欢主导沟通的人从他人那里学到东西的机会要少得多。他们会认为自己已经了解自己的感受和想法，所以没有什么可学的了！

　　重要的是我们要认识到，并不是所有打断都试图垄断谈话。我们也会通过打断来表示兴趣、支持以及要求详细阐述。出于这些原因的打断并不会把注意力从说话者身上转移到别处；相反，它肯定了说话者，并继续把关注的重点放在他身上。研究表明，女性比男性更可能通过打断他人来表示兴趣和支持（Anderson & Leaper，1998；Stewart，Stewart，Friedley & Cooper，1990）。

选择性倾听

　　第三种无效倾听是**选择性倾听**（selective listening），也就是只关注沟通的某些部分。在某种程度上，所有倾听都是选择性的，因为我们不可能关注周围的一切。然而，有了选择性倾听，我们就可以筛选出信息中我们不感兴趣的部分，而把注意力集中在我们感兴趣的话题上。比如，当老师说"考试会考这个"的时候，学生会立刻高度集中注意力；员工会特别注意关于加薪、裁员和假期的谈话；拥有海边房产的人则会高度关注有关飓风的信息。

当我们抗拒那些令我们感到不自在的话时，也会出现选择性倾听。例如，吸烟者可能会选择性地不听有关吸烟危害的报道。我们也可能会屏蔽那些批评我们的话。如果你的朋友说你是个喜欢对他人评头论足的人，你可能不会接受这个观点；当男友或女友说你自私时，你可能会选择性地不听这种意见。我们都会遇到让我们感到无聊或不安的话题，然而选择性倾听是不明智的，因为这种做法有可能让我们错失有价值的信息或见解。

防御性倾听

上完烹饪课后，特尔玛为朋友路易丝的生日准备了一个蛋糕。路易丝看到蛋糕后说："哇，你真是太好了！我妈妈总会在我生日时给我做一个特别的蛋糕，她还会给蛋糕装饰精美的裱花。"特尔玛回答说："好吧，抱歉我没能把蛋糕装饰得很华丽。我想我在烹饪方面还有很多需要学习的地方。"特尔玛的回答说明她在进行**防御性倾听**（defensive listening），也就是将沟通中不带有批评性或恶意的言论视为个人攻击、批评或敌意。当我们进行防御性倾听时，我们会假设他人不喜欢、不信任或不尊重我们，因此无论他们是多么纯粹和没有恶意，我们都会把自己的假设动机代入他们的话语中。

很多人都有防备心理，认为各方都会对他们提出批评。他们几乎在他人说的任何话中都能察觉负面的评价。在另一些情况下，防御性倾听仅局限于特定的话题，或者当我们自认为能力不足的脆弱时刻。一位担心自己表现不佳的员工，即使在同事温和的评论中也可能听出批评意味；一个没有通过考试的学生，可能会在被问到学习如何的时候听出人们对他智力的怀疑。防御性倾听会扭曲我们对他人所表述的信息的认知。

Fox／Photofest

在戈登·拉姆齐（Gordon Ramsay）的《地狱厨房》（Hell's Kitchen）中，你很难不成为一个防御性倾听者。

伏 击

伏击（ambush）指的是为了伺机攻击他人而仔细倾听。与我们讨论过的其他类型的无效倾听不同，伏击是非常认真地倾听，但它并不出于真正理解他人的愿望。相反，伏击者集中注意力倾听是为了搜集他们可以用来攻击说话者的弹药。克丽丝塔在她的组员卡尔阐述市场营销活动的时候听得非常认真，当卡尔说完后，克丽丝塔突然攻击道："你说我们可以在月底前做出整个活动的初步方案，但你忘了下星期因为年会我们少了两天工作日。还有，你的计划要求一些外包，你哪里来的外包资金？"克丽丝塔的回应表明，她倾听卡尔的想法不是为了理解并与他合作，而是为了找出其中的弱点并加以攻击。

克拉林：

我第一任丈夫是个十足的伏击者。如果我跟他聊我买的一条裙子，他会听我讲很长时间，直到知道裙子的价格，然后攻击我，说我乱花钱。有一次，我向他讲述我和一位同事之间的问题，他的回应都在说我的不是，对于我同事的不对之处他则只字未提。跟他说话就像是自己给自己下套，备受攻击。

不足为奇，伏击往往会引起他人的防备心理。如果人们感觉自己即将遭受攻击，那么很少有人愿意再开口说话。在第八章中，我们会更仔细地考察引起他人防御性回应的沟通。

字面倾听

无效倾听的最后一种形式是**字面倾听**（literal listening），也就是只听内容而忽略关系层面的意义。我们已经知道，所有的沟通既包含内容也包含关系意义。当我们按照字面意思倾听的时候，我们只关注内容意义，而对他人的感受以及他们与我们的关系漠不关心。林赛的评论为只关注内容意义的字面倾听提供了一个很好的例子。

林赛：

当我发现必须做手腕手术时，我告诉了老板，说我需要请一段时间的假。他听了之后，向我解释了病假政策。他没有表示同情，没有表示关怀，也没有对我说希望手术成功，这些话他一句也没有说。

字面倾听可能会令他人不悦。当我们从字面上倾听的时候，我们不会努力去理解他人讲话时的感受，也不会去认可他们的为人。

我们已经看到，有效倾听存在很多障碍。情境障碍包括信息过载、信息的复杂性和噪声。此外，我们的内心还有五种潜在干扰：沉浸于自我、预先判断、对情绪化的语言做出回应、缺乏努力和未能认识或适应不同的倾听风格。这些有效倾听的障碍结合在一起，形成了六种无效倾听：伪倾听、垄断、选择性倾听、防御性倾听、伏击和字面倾听。学习这些内容，有助于你思考如何更专注地倾听。

使倾听适应沟通目的

有效倾听的第一个要求是确定你的倾听目的。我们为了愉悦、获取信息或支持他人而倾听时的方式是不同的。下面，我们将讨论每一种有效倾听所需的特定态度与技巧。

为愉悦而倾听

通常，我们会为了愉悦而倾听。我们听音乐是为了愉悦身心，听广播节目是为了享受或消遣。为愉悦而倾听不要求我们记忆或回应信息，唯一的指导原则就是要专注和控制分心。就像在课堂上专心听讲可以让我们获得信息一样，专心地为愉悦而倾听可以让我们从听到的内容中获得充分享受。在为愉悦而倾听的时候，控制干扰因素也非常重要。聆听一首美妙的莫扎特协奏曲会让人感到非常愉悦，但如果同时开着电视，情况就并非如此了。

为信息而倾听

当我们为信息而倾听的时候，我们的目标是获取和评估信息。我们在课堂上、在政治辩论中、在重要的新闻报道里，以及在看病或问路等需要指引的事项中都会为了获取信息而倾听。在上述每一种情况中，我们的倾听目的都是获取和理解信息，以便采取适当的行动。

专注　首先，专注是非常重要的。面对复杂或混乱的信息时，不要让你的思绪游离，而要将关注点集中在信息上面，尽可能多地接收信息。之后，你可以就你在倾听过程中不是很明白的地方提出疑问。

控制障碍　请试着将沟通环境中的噪声最小化。你可以关上窗户以阻隔交通噪声，或者调整室内温度使其令人舒适。你还应该尽量减少心理上的干扰因素，清空脑海中可能分散注意力的顾虑和想法，摈弃那些影响有效倾听的执念和偏见。此外，控制好对情绪化语言的反应也很重要。我们必须付出切实努力，培养内心深处的平静，以便充分地倾听他人的意见。

提问　要求说话者进一步澄清或阐述，有助于你理解最初没有掌握的信息，并加深你对已经理解的内容的了解。"你能解释一下你说的……是什么意思吗？"和"你能明确说明……之间的区别吗？"这些问题能够扩展你的理解。提问是对说话者的一种赞许，因为它们表明你对谈话内容感兴趣，并且希望了解更多。

运用辅助方式回忆　为了理解和记住重要的信息，我们可以运用第三章中讨论的感知原则。例如，我们已经知道，我们倾向于注意和记住重复的刺激。要想运用这项原则来提升你的记忆能力，就要在听到重要信息之后立即向自己重复这些信息。重复你遇见的人的名字也能让你免于忘记他人姓名的尴尬。

另一种提升记忆能力的方法是使用**记忆术**（mnemonics），即辅助记忆模式。你在学习的过程中很可能已经这样做了。比如，你可以创建记忆术 MRSIRR，也就是听的六要素"专注、接收、选择、组织、解读、回应、记忆"（mindfulness，receiving，selecting，organizing，interpreting，responding，remembering）的首字母缩写。如果你的上司要求你对接收到的信息进行编码和输入，你可能会创造 CLAIM 这个词来记忆，CLAIM 就是上司指示中每一个关键词的首字母组合。如果你遇见一个名叫基特的人，想记住有关这个人的一些事情，你可能会把这些事与基特名字中的每一个字母联系起来：基特（Kit）来自艾奥瓦州（Iowa），他要成为一名老师（Teacher）。

整理信息　提升记忆能力的第五个技巧是整理你所听到的信息。例如，假设一位朋友告诉你他觉得数学课很难，他对此感到担心；他还想知道他读的历史专业可以找什么样的工作，要找份好工作是否有必要读研，并且他说自己需要准备一份暑期实习。你可以把这些问题重新归纳成两类：短期问题（数学课、实习）和长期问题（历史专业的就业、是否读研），以此降低信息的复杂性。即便你忘记了具体内容，这两个类别也能让你记住朋友所担忧的问题的关键。重复、记忆术和整理信息是提升记忆能力的方式。

不善于倾听很可能导致错误和问题，这也是为什么现在许多公司会要求员工参加倾听训练工作坊。例如，星巴克要求员工学会倾听订单，并将顾客的要求按照大小、口味、牛奶和咖啡因等关键词重新整理。当顾客在点单时大声说出"双倍脱因咖啡大杯"或"加冰脱脂牛奶卡布奇诺小杯"的时候，这会非常有帮助。

为支持他人而倾听

当我们倾听朋友的忧虑，倾听伴侣讨论我们之间的关系，或者帮助同事解决问题的时候，我们进行的是**关系倾听**（relationship listening），即为支持他人而倾听（Bender & Messner，2003；Welch，2003）。特定的态度和技巧有助于提升我们的关系倾听能力。

专注　有效的关系倾听的第一个要求是专注。回顾一下，这也是为获取信息和乐趣而倾听的第一步。但是当我们对关系层面的意义感兴趣时，就需要一种不同的专注。这时候我们关注的不是信息，而是内容之间及内容背后的含义，以便理解对方在沟通中表达出的感受、思考或需求。

谨慎地评价　在为帮助他人而倾听时，明智的做法是尽量避免做出评价式的回应（至少在刚开始时）。将自己的评价强加于他人会把我们与他人及其感受剥离开来，在沟通中制造隔阂。但是有时候，提供意见和评价却是合适的，也是向他人表达支持的方式。有时，我们关心的人真心希望得到我们的评价，在这种情况下，我们应当诚实地表达自己的感受。尤其是当他人面临左右为难的道德困境时，他们可能会寻求信赖之人的判断。

我的朋友科迪莉亚曾受邀为一位总统候选人工作，但当时她已经同意接受另一份工作。她和我谈起她面临的窘境，并询问我的意见。虽然我明白她想加入竞选活动，但是我无法告诉她我赞成这个选择。我告诉她，在我看来，食言是不对的。然后我和她一起考虑如何与她未来的雇主接洽，争取晚一点入职。畅谈之后，科迪莉亚感谢我的真诚坦率。在这个例子中，我作为她真正的朋友的一部分责任是做出判断。只有在他人要求我们做出评判，或者我们认为他人可能会犯下严重的错误时，这么做才是合适的。

如果有人询问我们的意见，我们应当尽量以一种不否定他人的方式提出看法。我可以这样对科迪莉亚说："你怎么能食言？这是不道德的。"呃——非常否定的态度。很多时候，人们会用"好吧，是你让我说实话的"或"我认为这是建设性的批评"这样的说辞来为自己的刻薄评价找借口。然而，有时评判比诚实还要伤人。如果我们想支持他人，就用真心来表达支持，而不是让他们受伤。

洛根：

　　我讨厌建设性批评这个说法。每次我爸一说这个，随之而来的就是一通贬低。现在，当我遇到问题或者为生活中的一些事感到担忧时，我不会去找他。他总是评判我的感受，然后告诉我应该怎么想和怎么做——这只会让我的心情变得更糟。

理解他人的观点　　只有理解他人的观点和含义，我们才能做出有效的回应。要做到这一点，我们必须重点关注那些向我们提供了他人感受及想法线索的语言和非语言行为。

改述（paraphrase）是指我们将他人提供的信息解释反馈给他人，以此来明确他人的意思或需求。例如，朋友可能会向你倾诉："我觉得我弟弟在玩毒品。"我们可以这样改述："所以你担心你弟弟在尝试毒品？"这样我们就可以确定朋友是否有证据表明弟弟涉毒，以及朋友是否真的担心有这种可能性。

朋友的回应可能是："不，我没有任何切实的理由去怀疑他，但我就是担心，因为现在毒品在高中是如此泛滥。"这就明确地告诉了我们，朋友更担心的是毒品问题本身，而没有任何证据表明他弟弟在尝试毒品。改述还有助于我们了解他人的心情。如果一个朋友大呼小叫道："这真是烦死我了！"我们并不清楚朋友是生气、失望还是沮丧。我们可以通过回应"你似乎非常生气"来弄清楚到底哪种心情占据上风。如果朋友确实感到生气，那么她会表示认同；如果不是，她则会明确说明她处于哪种心情。

理解他人的另一个策略是使用**微小鼓励**（minimal encourages），即通过表示有兴趣听到更多内容，委婉地请求他人进行具体阐述。微小鼓励的例子有"请告诉我更多内容""真的吗""继续""我支持你""发生什么事了"和"我明白了"。我们还可以使用非语言的微小鼓励，比如挑眉、点头或睁大眼睛。微小鼓励表示我们在倾听、跟随对方的思路并且对谈话内容感兴趣——这鼓励他人继续说下去。请记住，微小鼓励不应该打断或改变谈话的方向。有效的微小鼓励只是简短的插话，目的是促使而非干扰对方讲话。

另一种增强对他人观点的理解的方式是提出问题，深入了解说话者的所感所想。例如，我们可能会问对方"你觉得怎么样"或者"你计划怎么做"。我们提问的另一个原因是希望知道对方想从我们这里得到什么。有时候，我们并不清楚对方是需要建议，还是需要一个可以依偎和哭泣的肩膀，又或是一个可以发泄情绪的安全场所。如果我们不知道对方需要什么，我们可以问："你是想寻求建议吗？"直接提问表示我们想提供帮助，也能让对方告诉我们如何更好地提供帮助。

表达支持　一旦我们理解了对方的意思和观点，表达支持就非常重要了。这并不一定要求我们认同对方的想法或感受，但要求我们向对方表示支持。即使在不认同的情况下，我们也可以通过诸多方式表示支持。比如，你可以说你理解朋友的艰难处境，知道这是一个多么艰难的决定，或者你理解朋友的心情（即便你并非处于那种心情）。支持他人的最基本的方式就是专注倾听，因为全身心地倾听表明你足够关注和关心他人。

谢里尔：

当我告诉母亲我要嫁给布鲁斯的那一刻，她给了我一份最伟大的礼物。布鲁斯不是犹太人，而在我的家族里从没有人和非犹太人结婚。我看得出母亲非常失望，但是她并没有试图掩饰。她问我是否明白这将会在养育子女和家庭关系上造成怎样的复杂情况。我们聊了一会儿，她意识到我已经考虑清楚和不同信仰的人结婚意味着什么。然后她叹了口气说，她本来希望我能找到一个不错的犹太男人，但无论我做什么，她都会支持我，而且我们家也欢迎布鲁斯。她告诉我，她养育我长大是希望我为自己着想，而我正是这样做的。她的举动让我备感爱意和认可。

社交媒体和倾听

我们讨论的倾听怎样应用于社交媒体？本章涉及的概念至少在三个方面与社交媒体有关。首先，一些在线交流需要倾听。当你使用 Skype 或 Facetime 和朋友或家人聊天时，你需要使用与他人面对面交流时相同的倾听态度和技巧。

第二，我们越来越多地接触社交媒体，这可能会成为有效倾听的障碍。哈佛商学院教授莱斯莉·珀洛（Leslie Perlow）是《与智能手机共眠》（*Sleeping with Your Smartphone*，2013）一书的作者。她在书中断言，手机可能会威胁并占领我们的生活，她认为如果专业团队完全杜绝社交媒体，他们就有大把时间专注于倾听和团队合作。人们需要回归面对面交流，真正地看着对方，从对方身上获得能量。高度创造性的工

💬 **日常生活中的沟通** / 见解

年度最佳倾听者

成立于 1979 年的国际倾听协会（International Listening Association）致力于改善个人、社会、政治和专业领域中的倾听情况。其每年年会的亮点是宣布年度最佳倾听者，下面是获得过此项殊荣的一些人士：

吉米·卡特（Jimmy Carter）

亚历克斯·黑利（Alex Haley）

安·兰德斯（Ann Landers）

巴拉克·奥巴马（Barack Obama）

比利·格雷厄姆（Billy Graham）

米歇尔·奥巴马（Michelle Obama）

杰克·尼克劳斯（Jack Nicklaus）

奥普拉·温弗瑞（Oprah Winfrey）

苏济·耶尔·玛尔塔（Suzy Yehl Marta）

霍华德·舒尔茨（Howard Schultz）

休·唐斯（Hugh Downs）

哈维尔·佩雷斯·德奎利亚尔（Javier Perez du Cuellar）

作环境也依赖倾听——真正的倾听（Brady，2013；Korkki，2013）。

第三，我们在网上交流时需要锻炼批判性思维。我们此前提到，任何人都能在网上发布内容，因此内容的准确性无法得到保证。在你浏览博客或推文时，应当问自己一些批判性问题，比如：是什么让这个人在这个问题上形成这样的立场？这个人是否有既得利益或者和利益攸关方有任何联系？这个人过去发布的信息准确性如何？另一种保持批判性思维的方式是查看相同问题的其他消息来源，看看不同来源的看法是否一致。一致性并不等于正确，但它能让你对网上的信息做出评估。

有效倾听的指导原则

以下三项指导原则是对本章内容的总结，它们有助于你有效倾听。

专 注

相信你已经多次读到这条建议——这是有效倾听的核心，所以需要不断重复。专注就是全身心地投入体验当中。它要求我们把自己的预设和其他事情放到一边，完全关注当下正在发生的事情。专注倾听是我们可以给予他人的最高赞誉，因为它传达出他人对于我们非常重要这个关系意义。专注需要自律和投入。我们必须克制自己不去评判他人，不去支配谈话，不让自己分心。专注还要求我们把精力放在他人身上，致力于人际沟通过程的完整性。专注是有效倾听的首要原则。

适当地调整倾听

和所有沟通活动一样，倾听也因目的、情境和人物的不同而不同。倾听的有效性取决于我们倾听的目的、倾听时的语境，以及倾听对象的需求和情况。

当我们为愉悦而倾听时，我们应该心无旁骛，尽量减少干扰，以便从倾听中获得尽可能多的享受。当我们为获取信息而倾听时，应持批判态度，对信息材料做出评价并重点关注内容层面的意义，这将提高倾听的有效性。当我们进行关系倾听时，则需要截然不同的技巧。关系意义和内容意义同样重要，我们希望传达给对方的是坦率和关怀。因此，我们要根据不同的目的来调整倾听风格和态度。

有效的倾听也需要适应他人。有些人需要提示和鼓励才会表达看法，而另一些人只需要我们安静、专心地倾听。改述有助于一些人明确他们的想法或感受，但是另一些人并不需要这种帮助。我们需要熟练掌握各种倾听行为，知道什么时候什么行为是恰当的。回忆一下第一章所讲的：能使用不同的技巧，并且能判断什么时候该使用哪种技巧，这是人际沟通能力的基础。

> **MindTap**
>
> **日常技巧** 请完成本章末尾的"学会改述"训练，练习你的改述技巧。

积极倾听

认识到倾听涉及的各个方面后，我们就会了解倾听需要付出多么积极的努力。为了有效倾听，我们必须主动集中注意力，组织和解读他人的观点和感受，在内容和关系意义层面表达我们的兴趣，还要记住说话者所讲的内容。在一些情境下，我们要协同倾听，与说话者形成积极的伙伴关系，帮助解决问题。这真是一项艰巨的工作！

认识到专注倾听是一个积极主动的过程，可以让我们准备好投入有效倾听所需的努力。在专注倾听的过程中，你可能会发现改述和使用微小鼓励有所帮助。这两种技巧都表示你对对方所讲的内容感兴趣，并且愿意参与其中。

> **MindTap**
>
> **日常技巧** 请完成本章末尾的"使用微小鼓励"训练，练习将微小鼓励纳入你的对话之中。

本章总结

特蕾莎修女（Mother Teresa）在接受丹·拉瑟（Dan Rather）采访时道出了倾听的智慧（Bailey，1998，p. C5）：

丹·拉瑟： 您祈祷的时候会对上帝说什么？

特蕾莎修女： 我倾听。

丹·拉瑟： 好吧，那上帝说什么？

特蕾莎修女： 他倾听。

在本章中，我们明白了专注倾听是一个复杂且需要付出努力的过程。我们一开始区分了听和倾听这两者的不同。听是一个生理过程，我们自身不需要付出努力；倾听则是一个复杂过程，涉及在生理上接收信息，对信息进行选择、组织、解读、回应和记忆。要做到有效倾听，则需投入努力和技巧。

有效倾听有许多障碍。外部障碍包括信息过载、信息复杂性和沟通环境中的外部噪声。此外，倾听还可能受到其他因素的影响，包括沉浸于自身、预先判断、对情绪化的语言做出反应、缺乏努力，以及未能根据情况调整我们的倾听风格。这些障碍导致了各种形式的无效倾听，包括伪倾听、垄断、选择性倾听、防御性倾听、伏击和字面倾听。在本章中我们还指出，社交媒体也会干扰倾听。在开会时发短信或在与他人交谈时接电话，都表示我们没有用心关注身边的人。

我们指出了适用于不同倾听目的的技巧和态度。为愉悦而倾听需要专心，以及努力减少干扰和噪声。为获取信息而倾听要求我们保持专注和批判性思考，组织和评估信息，通过提问来明确和加深理解，通过记忆辅助方法来记住复杂的内容。当我们在网上查找一个话题的资料时，批判性思维是非常重要的，因为网络信息发布的便利性使我们无法保证信息的准确性。关系倾听也要求专注，但是还需要另外的倾听技巧。不管是面对面交流还是通过社交媒体交流，谨慎评判、改述、提供微小鼓励和表达支持都可以提升关系倾听的有效性。

我们讨论的这些概念形成了三个有助于提升有效倾听能力的指导原则。第一，我们必须专注。第二，我们应根据倾听的目的和对象来调整我们的倾听技巧和风格。最后，我们应当记住，倾听是一个积极主动的过程，我们要做好准备为了娴熟倾听而投入精力。在讨论沟通关系的动态发展时，我们会再回顾这里提到的一些概念。

关键概念

请练习为本章涉及的术语下定义。

防御性倾听　伏击　改述　回应　记忆　垄断　倾听　听

微小鼓励　为信息而倾听　为愉悦而倾听　为支持他人而倾听

伪倾听　选择性倾听　专注　字面倾听

话题延伸

请利用本章学习的原则来评估并分析这段对话，然后和作者建议的回应做比较。我们的网站上有更多相关视频，你可以与老师继续练习。

克里斯蒂娜在假日期间回家看望父母。一天晚饭后，母亲走进她的房间，当时克里斯蒂娜正在电脑前打字。她的母亲坐下后，发生了以下对话。

母亲：我打扰到你了吗？

克里斯（克里斯蒂娜的昵称）：没有，我只是在发邮件。

母亲：给什么人发邮件？

克里斯：就是个男生。

母亲：是你在学校里交往的人？

克里斯：不完全是。

母亲：（笑）好吧，亲爱的，要么你在和他交往，要么就不在。你们俩在约会吗？

克里斯：是的，你可以说我们在约会。

母亲：（笑）他是个什么样的人？

克里斯：他风趣、聪明、很会聊天。我们志趣相投，也有很多相同的价值观。布兰登超级好，我从来没见过像他这样的人。

母亲：我什么时候能见见他？

克里斯：得等到我见到他以后（笑）。我们是在网上认识的，现在才开始讨论要不要见面。

母亲： 网上认识的？你刚才还说得好像很了解他一样！

克里斯： 我确实了解他，妈妈。我们谈了很多——我们互相告诉对方很多东西。

母亲： 你怎么知道他告诉你的就是真的？你怎么知道他不是个 50 岁的杀人狂魔呢！

克里斯： 妈妈，你 Lifetime 频道的电影看多了。布兰登 23 岁，在读大学，他的家庭就像我们的一样。

母亲： 你怎么知道？他有可能在撒谎。

克里斯： 那又怎么样？我在学校里碰到的男生也有可能撒谎。

母亲： 你不知道那些怪人都会去在线约会网站吗？

克里斯： 妈妈，布兰登不是怪人，我们也不是在约会网站上认识的。我们是在一个谈论政治话题的聊天室里认识的。

母亲： 克里斯，你不能对一个连面都没见过的人认真。

克里斯： 妈妈，我见过他，只不过不是面对面。我对他的了解比那些我交往过几个月的人都要多。

母亲： 亲爱的，这真的让我很担心，请不要独自去见他。

克里斯： 妈妈，我都后悔告诉你我们是怎么认识的了。这就是为什么之前我没跟你讲有关他的事。不管我说什么都不会改变你对网络约会的看法。

母亲：（顿了一下）你说的没错。我没有给他——或你——一个机会。让我们重新来一次，告诉我你喜欢他什么。

克里斯： 他很体贴。

母亲： 体贴？怎么个体贴法？

克里斯： 如果我哪天说了什么，他一两天后会回复，我能看出他的回复是经过仔细考虑的，这让我觉得他对我所说的内容真的感兴趣。

母亲： 所以他真的在意你说的话？

克里斯： 没错，我约会过的很多男生都不会这样做，他们从来不回应我说的话。而且当我把对布兰登所说内容的看法反馈给他的时候，他真的在倾听。

母亲： 他重视你的想法和意见？

克里斯： 没错！这就是他的特别之处。

1. 指出对话中克里斯母亲的无效倾听和有效倾听。

2. 在这段对话的初期，你认为克里斯母亲在倾听时的主要障碍是什么？

3. 指出克里斯母亲选择专注倾听后所使用的具体倾听技巧。

4. 克里斯母亲没有继续对克里斯的安全表示担忧，这是不道德的吗？

日常技巧

请完成下面的练习，进一步提升自己的沟通技巧。

1. 培养专注

在要求你倾听的情境中，请遵照以下指导原则，培养专注倾听的能力。

· 清空脑海中的思绪、想法、计划和顾虑，对他人的看法持开放态度。

· 将注意力集中在正在与你互动的人身上。对自己说：我要专注于此人，关注他的所思所感。

· 如果你发现自己正在组织话语以回应他人，请尝试将这些思绪放到一边，它们会使你无法专注于他人的话语。

· 如果你有点走神，不要责备自己——这也是分散注意力的行为。你要做的是慢慢把注意力重新集中到跟你在一起的人以及他所说的内容上。有其他思绪入侵是很正常的事，只要把这些思绪放在一边，再次将注意力集中到对方身上就可以了。

· 让对方知道你在用心倾听：给予一些非语言回应（如点头、面部表情），提出问题以鼓励对方具体阐释，保持眼神交流。

· 评估你专注倾听的程度。你是否理解对方的想法和感受？在听他讲话时，你的关注程度是否比听其他人讲话时更高？

2. 提升记忆能力

应用我们讨论过的原则来提升你对内容的记忆能力。

· 下次当你遇到某人时，请在对方自我介绍后，在心里连续重复三遍他的姓名。这样做是不是能让你更容易记住这个名字？

· 在下一次人际沟通课后，花15分钟时间复习笔记。尝试大声朗读出来，这样你既能听到也能看到主要概念。这能否让你更好地记住课堂所学的内容？

· 创造和使用记忆术来帮你记住沟通中的基本信息。

· 把复杂信息重新归类整理。试着用这个方法来处理课堂上学到的内容。为了记住本章的主要概念，你可以用主要的小标题来组织分类：倾听的过程、倾听的障碍、无效倾听的形式、倾听的目标和指导原则……PONGG（process，obstacles，non-listening，goals，guidelines 的首字母缩写）记忆术可以帮助你记住这些类别。

3. 专注倾听的障碍

为了使你进一步认识到社交媒体阻碍专注倾听的程度，在接下来几天里，请着重观察你的倾听习惯。根据以下范例，确定你的社交媒体使用情况如何妨碍你充分积极地倾听。

倾听目的	情境	对倾听的影响
示例： 为支持他人而倾听	我一边给姐姐发短信，一边听朋友讲她最近和男朋友吵架的事情。	即便我使用了像"嗯嗯"和点头这样的微小鼓励，朋友仍然对我感到生气，她说我没有在听她说话——虽然我确实在听。因为我在面对面谈话时还在给姐姐发短信，所以让朋友觉得我根本没有在倾听。

4. 学会改述

通过改写下列表述来练习有效倾听：

a. 我现在承受了太多压力。

_____

b. 我对自己为完成学业而借的那些钱感到忧虑。

_____

c. 下周末和父母见面的时候我要告诉他们我是同性恋，我对此感到紧张。

_____

d. 我不知道一旦帕特去了新的工作岗位，我还能否和她保持现在的关系。

_____

5. 使用微小鼓励

使用微小鼓励回应下面的话，练习如何鼓励他人阐释他们的想法和感受。

a. 我真的很担心去读研这件事。

_____

b. 我不确定我是否符合老板对新员工的期望。

_____

c. 我刚刚得知我入围了明年奖学金的角逐。

_____

d. 我觉得我的女朋友劈腿了。

_____

e. 我已经面试了 4 个月，但是还没有找到任何工作。我开始怀疑自己到底能
不能找到工作。

_____

f. 我对这段关系的进展感到兴奋！我从来没有和像克里斯这样细心体贴的人
在一起过。

_____

概念应用

请思考本章概念在个人、工作场合和道德中的应用，写下你的感想。

个人　对你来说，哪种无效倾听最常发生？请举一些例子。各个例子之间是否有相同点——也许是情境或对象的类型？你可以怎样降低这种无效倾听的发生频率？

工作　想想你现在或以前的工作场所存在的不同种类的噪声。每种类型的噪声在多大程度上干扰有效倾听？

道德　确定为获取信息而倾听和为支持他人而倾听的道德原则。这两种倾听目的的道德承诺有何不同？

批判性思考

请批判性地思考本章提到的观点，写下你的感想。

1. 你的倾听模范是谁？描述一下这个人的哪些行为让他的倾听变得有效。他的行为如何契合本章讨论的有效倾听指导原则？

2. 指导这三种倾听的道德原则是什么？在为获得信息而倾听和为支持他人而倾听时，采用不同的道德原则是否合适？

3. 记录你一天中的倾听活动。你花了多少时间为获得信息而倾听、为支持他人而倾听以及为愉悦而倾听？

4. 应用我们在本章讨论的记忆策略。创建记忆术，组织并整理听到的内容，听完后立即复习。采用这些策略后你的倾听效率有没有提高？

5. 国际倾听协会的网站（www.listen.org）上有丰富的学习资源，你可以在那里学习更多关于倾听的知识，并与那些意识到倾听在日常生活中的重要性的人士交流。网站上有测试和改进倾听能力的练习，还有关于倾听的小故事、格言和互联网讨论小组，以及为想了解更多信息的人士提供的阅读书目。

第七章
情绪与沟通

本章涉及的话题

◎ 情商

◎ 理解情绪

◎ 有效表达情绪的障碍

◎ 社交媒体和情绪

◎ 有效表达情绪的指导原则

学习完本章后，你应该能够 ——

◎ 衡量自己的情商

◎ 区分不同的情绪理论

◎ 了解人们无法有效表达情绪的原因

◎ 指出人们在社交网站上表达情绪的方式

◎ 运用本章中的指导原则来提升情绪表达的技巧

我和姐姐卡罗琳多年来一直很亲密。当她的第一个孩子米歇尔出生时，我和卡罗琳都对家庭新成员的到来而高兴，但是我也感到自己被挤出了她的生活。卡罗琳一心扑在女儿身上，以至于几乎没有时间陪我。她以前经常会打电话给我，但现在我们几乎不通话了。当我给卡罗琳打电话时，她经常长话短说，因为她要去给米歇尔喂奶或者换尿布。和朋友南希一起吃午饭时，我向她抱怨："卡罗琳再也没有时间陪我了，我好生气！"

南希说："在我听来，你更像感到受伤，而不是生气。"

我当时的感受是什么？是生气还是受伤，或是两者都有？情绪，或者说心情，是我们生活的一部分。我们会感到快乐、悲伤、羞耻、自豪、尴尬、妒忌、失望和其他许多情绪，并且通过沟通来表达情绪。我们会使用非语言的方式（如微笑、颤抖、脸红），或者语言方式（如"我很兴奋""我对面试感到紧张"），又或是两种方式的结合来表达情绪。

虽然我们会感受和表达情绪，但我们并不总是能有效地做到这一点。有的时候，我们无法确定自己处于什么情绪。我在试图描述我对卡罗琳不太关注我这件事的感受时，就无法确定自己的情绪。有时，即使我们认识了自己的感受，也不一定能明确、有效地将其表达出来。我们是想发泄情绪，还是希望别人来安慰、道歉或表达同情？我们需要培养识别和表达情绪的能力，这样才能开展良好的沟通。

在本章的开篇，我们将讨论与智商相辅相成的情商。我们会先定义什么是情绪，并研究试图解释情绪产生原因和方式的各种理论。然后，我们将探讨为什么有时候我们无法表达情绪，以及我们该如何有效地表达情绪。在本章的第四节，我们会讨论怎样将这些关于情绪的知识应用于数字和在线沟通。最后，我们会提出情绪表达的指导原则，这些原则既能促进我们的个人成长，又能提升我们与他人的关系质量。

情 商

如果你看过《生活大爆炸》（*The Big Bang Theory*），你一定知道由吉姆·帕森斯（Jim Parsons）饰演的谢尔顿·库珀（Sheldon Cooper）这个角色。谢尔顿似乎对他人（甚至自己）的感受漠不关心，因此经常伤害和冒犯他人。《生活大爆炸》是一部喜剧，谢尔顿的情感无能增加了喜剧效果。但是在现实生活中，情感低能的人对他们自己或对他人来说一点都不好笑。

心理学家丹尼尔·戈尔曼（Daniel Goleman）和同事发现了一种不同于智商的智力类型。他们将其命名为情商（或称 EQ），这是一种识别感受的能力，它可以帮助我们判断何种情绪在何种场合是合适的，并且将这些情绪有效地表达出来（Goleman，1995a；Goleman，Boyatzis & McKee，2002；Ciarrochi & Mayer，2007；Niedenthal，Kraut-Cruber & Ric，2006）。情商这个概念建立在卡罗尔·萨尔尼（Carol Saarni，1990）关于"情感能力"的研究之上。情感能力包括认识我们自身的情绪，同时感受多种情绪，认识和同情他人的情绪，意识到我们的情绪表达对他人的影响，以及理解情绪表达中的文化规则。虽然一些学者认为情商不是智商的一部分，而是一种独特的智能；但是大家都有一个普遍的共识——情商对人际交往的有效性非常重要。

通过一个具体的例子，我们能更清楚地理解什么是情商。假如你正在开车，后面那辆紧随其后的车突然超车开到你前面，差点撞到你的车身左前板。你会是什么感受？又会怎么做？你可能会朝他大骂，或者紧随他的车来报复他。有这种情绪和做法是可以理解的，但是这样的回应并没有表现出很高的情商。高情商的回应可以是——深呼吸，告诉自己要冷静，播放自己最喜欢的音乐，思考为什么那名司机要这样开车：也许他有急事，也

《生活大爆炸》里的谢尔顿正在用维恩图（Venn diagram）分析自己的情绪反应。

许他的车爆胎了，也许他想尽快前往孩子足球比赛的场地。这是一种比较明智的情感反应，说明你既意识到了自己的情绪，也能理解对方的立场。此外，这也平息了你的愤怒，反映了你对社会规范的认识，而且不会导致危险或不良后果。

情商和幸福感有关。情商高的人比情商低的人更容易构建令人满意的关系，他们对自己更坦然自信，和他人一起工作时更有效率，而且身体也更健康（Goleman，1995a，1995b，1998；Goleman et al.，2002；Landa & López-Safra，2010）。情商包括以下特点：

· 意识到自己的情绪

· 应对情绪，不被情绪控制

· 不被挫折和失望扰乱

· 疏导情绪，帮助自己达成目标

· 即使他人没有直接言明，也能够理解他人的情绪

· 倾听自己及他人的感受，从中学习

· 认识情绪表达的社会规范

· 强烈而又现实的乐观主义精神

情商不仅仅是了解自己的情感，还需要有能建设性地表达情绪的技巧，以及认识他人感受的能力。戈尔曼（2006）说，因为人与人是相互联系的，所以一个人向另一个人表达情感的方式也会影响对方——就像感冒一样。如果我们表达生气，他人可能会以愤怒或抗拒作为回应；如果我们表达爱或渴望亲近，他人可能会做出更积极的回应。为了更好地说明这一点，让我们回到我与南希的对话中。在聊了一会儿后，我说："我想我会打电话给卡罗琳，告诉她我对自己被挤出她的生活感到生气。"

南希坦露道："嗯，当我的朋友佩妮生了孩子，并把心思都放在孩子身上的时候，我觉得我的心情和你一样。"

我问道："那你做了什么？"

"我告诉她，我想她。"

情商和职业晋升

研究人员从 150 家公司搜集了数据，以研究平庸雇员和超级明星雇员之间的差别（Goleman，1998；Goleman et al.，2002）。他们发现，不论是打印机修理工、CEO 还是科学家，智商对职场成功的贡献占比都不超过 25%。两类员工之间更大的差别来自情商。而且，随着工作难度的增加和职位级别的提高，情商的重要性也会提升。简而言之，职业晋升取决于其他特质，例如自制力、主动性、同理心、政治头脑和合作沟通能力。

在职业生涯的早期阶段——申请提供培训的学校时，情商也很重要。许多工商学院，包括圣母大学门多萨商学院、达特茅斯大学塔克商学院和耶鲁大学管理学院，都会测试申请者的情商并将此作为录取的参考因素之一（Korn，2013）。

请访问在线网站，了解更多关于情商的信息。职场情商联盟（Consortium for Emotional Intelligence in the Workplace）的网址为 http:// www.eiconsortium. org。情商研究院（EQ Institute）的网址为 http://eqi.org。进入网站后，点击情商链接，你在那里会找到情商的定义、自我测试、参考书目，以及为大学生撰写有关情商的论文提供的建议。

要了解有关情商的批评，请阅读凯文·墨菲（Kevin Murphy）的《情商批评》（*A Critique of Emotional Intelligence*，2006）一书。

MindTap 你能否指出，情商在哪些方面对你计划从事的职业是重要的？

想她？我对此思考良久。我确实想念卡罗琳，告诉她这一点是坦诚地吐露我的心声。告诉卡罗琳我想她，也许能够打开恢复我们的亲密关系的大门；而告诉她我感到生气或怨恨，也许并不会改善我们之间的关系。

通过与南希的对话，我发现愤怒是一种防御性反应，为了避免承认自己的受伤和无助。那天晚些时候，我给卡罗琳打了电话，告诉她我很想她。她也立即做出了温馨的回应："我也想你。等我们都调整好了自己，适应了米歇尔的到来后，就又有时间在一起了，那时我会很高兴的。"多亏了南希对情绪的洞察力，帮助我认识了自己的情绪，明白如何有效表达这些情绪，我才能有效地将我的心情传递达给卡罗琳。

理解情绪

虽然情绪是人和人际沟通的基础，但是我们很难准确地定义情绪。一些研究人员声称，人类感受两种情绪：一些情绪基于生物学，因此是本能和普遍的；另一些情绪是我们在社会互动中习得的（Kemper，1987）。然而，关于哪些情绪是基本情绪，学者的看法并不一致（Izard，1991；Shaver，Schwartz，Kirson & O'Connor，1987；Shaver，Wu & Schwartz，1992）。此外，很多学者认为，区分基本情绪和习得情绪没有什么实际作用（Ekman & Davidson，1994）。

许多学者认为，大多数或所有的情绪在很大程度上都由社会建构。例如，我们从特定的他人和泛化的他人那里学到何时该感到感激、尴尬等情绪。卡罗尔·塔夫里斯（Carol Tavris，1989）在其著作《愤怒：被误解的情绪》（*Anger: The Misunderstood Emotion*）中说，愤怒并不完全是基本或本能的情绪。她指出，我们感受愤怒的能力受到社会互动的影响。通过社会互动，我们知道了自己何时应当或被允许感到愤怒。

在很多情况下，我们感受到的不是单一的情绪，而是几种交织在一起的情绪，就好像我对卡罗琳的感受那样。保罗·埃克曼（Paul Ekman）和理查德·戴维森（Richard Davidson，1994）对情绪的调查研究发现，混合情绪是一种常态。比如，在毕业时你可能感到既忧伤又喜悦；在他人帮助你时，你可能会既感激又惭愧。

肯尼思：

去年，我的女儿结婚了。我从来没有在哪一刻同时感受过这么多情绪。我牵着她的手走向新郎，当我把她的手放到她未来丈夫的手上时，我感到既悲伤又幸福，我对她的未来既充满希望，又感到担忧。当我看到她长成现在的模样，对自己即将开始的新生活满怀信心时，我为她感到自豪。同时，我又有些失落，因为我们不再是她主要的港湾了。

蜻蜓效应

《蜻蜓效应》(*The Dragonfly Effect*, Aakers & Smith, 2010)的标题源于这样一个事实:"蜻蜓是唯一一种在四个翅膀协同扇动的时候,能够以巨大的速度和力量朝任何方向推动自己的昆虫。"(p. xiii)作者阿克斯和史密斯鼓励人们在进行网络营销时要快速和有力地前进。他们指出,能否有效地利用社交媒体来营销概念,取决于能否发掘人们的情感。如果你能让他人关注你的信息,他们就会转发,这让病毒营销成为可能。阿克斯和史密斯把这种现象称作涟漪效应(ripple effect),把一块石头扔到水中会产生一条波纹,随即又会出现更多的波纹 —— 最初的那一条小波纹可能引发巨大的效应。

> **MindTap** 找出一个引起你的兴趣和支持的网上呼吁。你与该呼吁的情感联系是什么?

我们已经讨论了情绪的重要性,现在让我们来定义一下这个概念。情绪是我们对内心情感的感受和解读,这些情感受到生理、观念、语言和社会经历的影响。虽然研究人员对这些影响因素的强调程度各不相同,但是大多数研究情绪的人士都认为,生理、观念、社会经历和语言在我们的情感生活中发挥着重要作用。

生理对情绪的影响

当你考试得了低分时,有没有感觉胃在打结?如果有,你就经历了一次生理反应。早期的理论家相信,我们能感受到情绪是因为外部刺激引起了我们的生理变化。这就是**情绪的机体功能观**(organismic view of emotions),如图 7.1 所示。

这个观点由威廉·詹姆斯(William James)和他的同事卡尔·兰格(Carl Lange)提出,也被称为詹姆斯－兰格情绪理论。这个理论认为,在我们感知到刺激后,首先会做出生理反应,然后才感受到情绪(James, 1890;James & Lange,

图7.1　情绪的机体功能观

1922）。这个观点认为情绪是生理行为的反射。克里斯·科兰克（Chris Kleinke）、托马斯·彼得森（Thomas Peterson）和托马斯·拉特利奇（Thomas Rutledge，1998）发现，当人们微笑（生理行为）的时候，他们的心情（情绪）更加积极，而当他们皱眉头的时候，他们的心情则比较消极。

　　詹姆斯写道，情绪表达始于对事物的感知，也许你看到了一份写有自己名字的礼物，或是注意到一个携带武器的人向你飞奔而来。詹姆斯认为，经过感知，我们的身体会发生变化：看到礼物时，我们会感到一丝期待；看到有人拿着武器向我们跑来，我们的肾上腺素会激增。最后，我们感受到情绪：我们对礼物感到喜悦，对入侵者感到恐惧。

　　机体功能观认为情绪是对外部刺激所引起的生理变化做出的本能反应。詹姆斯特别否定了他所谓的"智识思维东西"（intellectual mind stuff，Finkelstein，1980），他认为这与我们对刺激的感知和情绪毫无关系。

认知对情绪的影响

　　詹姆斯关于身体状态和心情之间关系的观点现在已不再普遍为人接受。如今大多数研究者认为，在情绪形成的过程中，生理因素的重要性小于其他因素。

　　情绪的认知理论（cognitive theory of emotions）也被称作**评价理论**（appraisal theory）。这个观点认为，我们的主观认知塑造了外部现象对我们的意义。外在的物体、事件和生理反应本身没有意义，只有在我们赋予意义时它们才会获得意义。一方面，我们可以将颤抖的双手解读为害怕，将举起的拳头解读为威胁，把胃里打结解读为焦虑。另一方面，我们也可以把颤抖的双手理解为毕业日那天的喜悦，把举起的拳头理解为权力和种族自豪感的象征（就像在 20 世纪 60 年代和 70 年代的民权运动里那样），我们还可以把胃里打结解读为荣获重要奖项时的激动。这些不同的解读会让我们在描述情绪时也出现不同。我们的行为基于对现象的解释，而非有形的现象——这是情绪认知理论的关键。

古希腊哲学家爱比克泰德（Epictetus）观察到，令人感到不安的不是事物本身，而是我们对这些事物的看法。佛陀认为我思即我在，我心即世界。换句话说，我们看待事物的方式让我们出现不安、愉悦、悲伤、喜悦、害怕等情感。因此，我们的认知过滤了我们的经历，而正是这种过滤后的经历影响着我们的感受和反应。

哈里哈尔：

佛教教导我们，情绪不是来自事物本身，而是来自我们赋予它的执念。在我的生活中，确实如此。如果我发现自己对谈话的进展感到不满，我会问自己："哈里哈尔，你期望发生什么？你能够摒弃先念，进入当下真正发生的情境之中吗？"这样自问有助于我意识到自己对谈话结果的某种执念，并让我认识到要放下这种执念。

我们对同一现象的反应，取决于我们赋予它的意义。例如，如果你在一次测试中得了低分，你可能会把它解释为你不够聪明。这种解释会让你感到羞愧、失望或产生其他不开心的情绪。但是，你也可以认为得低分是因为考试题目刁钻或老师判卷过于严格，这种解读则会让你对老师或考试感到不满。不满与羞愧是截然不同的两种情绪。你的心情是其中的哪一种，取决于你对分数的看法，以及你赋予分数的意义。情绪的认知理论请见图 7.2。

图 7.2　情绪的认知理论

情绪的认知理论没有清晰地指出我们解读情绪的机制。这个问题在**情绪的认知标签理论**（cognitive labeling view of emotions）中得到了解决。这个理论与认知理论类似，但是更好地解释了我们从体验到解读的过程。根据情绪的认知标签理论，这个过程的发生机制是语言，我们给生理反应贴上的标签会影响我们对这些反应的解读（Schachter，1964；Schachter & Singer，1962）。换句话说，我们的感受也许是由我们给生理反应贴上某种标签而形成的。比如，如果你在考试中得了低分，感到胃里像打结一样，你可能会给这个结贴上焦虑的标签。因此，你的感受并非直接源自事件本身（分数），而是受到你对事件产生的生理反应所贴标签的影响。这个理论的图示请见图 7.3。

图 7.3　情绪的认知标签理论

我见证了我们对事件的标签和反应会如何影响我们的感受。在我的侄女米歇尔两岁、重 30 磅（约 13 千克）的时候，我的姐姐带着她来我家做客。当她们走进我家时，我们家重 65 磅（约 29 千克）的狗马德希跑上去迎接她们，并用舌头舔米歇尔，米歇尔立即大哭起来。我让马德希在房间对面趴下，米歇尔说："妈妈，妈妈，我害怕。我的心跳得很快，因为狗狗追我，让我害怕。"卡罗琳抱着米歇尔说："亲爱的，你的心跳快不是因为害怕，是因为马德希让你感到意外，吓了你一跳。马德希是想告诉你，它多么地爱你。狗狗是我们的朋友。"卡罗琳和我摸摸马德希让她舔我们，同时不断说道："哦，马德希舔我们是因为它喜欢我们。它吓了我们一跳。"

米歇尔很快理解了我们的话，在马德希碰到她时破涕为笑。那天结束的时候，米歇尔和马德希成了亲密的朋友。晚上睡觉前，米歇尔对我们说："马德希让我心跳加快，因为我爱她。"

这里发生了什么？马德希的热情并没有减退，米歇尔心跳加快的生理反应也没有改变，发生改变的是米歇尔给她的生理反应贴上的标签。卡罗琳和我教她把马德希的行为解读为友好和兴奋，而不是威胁，因此米歇尔的情绪标签也随之发生改变：从害怕变成了吃惊。

阿尔玛诺：

　　我们家移民到美国后，我学到的最重要的一课是：考试成绩糟糕不代表我愚钝，而是督促我做得更好的挑战——这是我的英语老师教我的。他说，如果我一看到自己成绩不好就认为自己蠢或者失败的话，那就永远也学不好英语。他教我把分数看作我需要接受的挑战，这种态度让我永不言弃、不断学习。

这些理论模式让我们对情绪有了一些了解。但是，这些理论都不全面，因为它们都没有充分解释文化对情绪和情绪表达方式的影响。

文化对情绪的影响

我们在第三章中曾提到，感知受到文化和我们所属社会群体的影响。历史学家芭芭拉·罗森文（Barbara Rosenwein，1998）将我们所认同的群体称为**"情绪共同体"**（emotional communities），这些共同体会教育我们如何理解和表达情绪。家庭、社区、帮派、宗教场所和朋友都是情绪共同体的例子，学校和工作场所也是大家认同的情绪共同体。我们所处的社会和群体影响着我们对情绪的看法，比如什么情绪是好的或不好的，我们应当表达或压抑什么情绪，以及我们对谁表达何种情绪是合适的。例如，传统的亚洲社会比西方社会更强调羞愧这种情绪。这也许可以解释为什么95%的中国家长说他们的子女在3岁时就能理解羞愧的含义，而只有10%的美国家长这样说（Sedgwick，1995；Shaver et al.，1987；Shaver et al.，1992）。

从20世纪70年代开始，一些学者开始提出**情绪的互动观**（interactive view of emotions）。这个观点认为，文化规则和理解会影响人们的感受，以及人们表达或不表达感受的方式（Hochschild，1979，1983，1990）。情绪的互动观建立在三个受文化影响的关键概念之上：框架规则、情感规则和情绪工作。

框架规则　　**框架规则**（framing rules）定义情境的情绪意义。比如，西方文化将葬礼定义为悲伤和肃静的场合。在任何文化中都存在很多不同的社会群体，这些群体都有他们对各种事件的表达框架。比如，许多爱尔兰裔美国人会在一个人去世后为其守灵。守灵期间，人们讲述有关逝者的故事，庆祝他的一生。也有一些群体认为葬礼和葬礼之后的筵席是肃穆的场合，任何欢快的氛围或庆祝活动都被视为不尊重逝者，因此是不合适的。在犹太教的七日服丧期（shiva），逝者的家人不能和其他人进行打电话这类平常能做的事。

情感规则　　**情感规则**（feeling rules）告诉我们在特定情境中我们有权感受到什么，或者人们期待我们感受到什么。情感规则反映并延续了各个文化和社会群体的价值观（Miller，1993，1998；Nanda & Warms，1998）。例如，有些文化认为感受和表达愤怒是健康的；但是马来西亚的塞迈人（Semai）认为，生气会带来厄运，因此他们尽量避免生气（Dentan，1995；Robarchek & Dentan，1987）。这也许就是为什么在塞迈人群体里至今没有发生过一起谋杀案！强调个人主义的文化倡导一种情感规则，即对个人成就感到自豪是合宜的；但是重视集体主义的文化则教导成员，成就是集体的而不是个人的荣耀（Johnson，2000）。因此，在集体主义文化中可能会有一条情感规则——在取得个人成就时，应向家人和社区群体表示感谢。

几年前，我在报纸上读到一则报道，它说明了不同文化中的情感规则是多么不同。美国老师不曾意识到，当看到成绩卡上写着学生"爱在课堂上发言"时，来自集体主义文化背景的家长和学生可能会感到诧异。因为集体主义文化强调社群的整体性，表现出众的个体可能会被视为炫耀或不恰当地引起他人关注（"Teachers' Words"，2000）。所有社会群体都有明确的规则，规定什么情绪是可以接受的，什么情绪是不可接受的。

情感规则有时候也以权利和义务的方式表现出来。下面这些句子凸显了充满情感规则的义务和权利语言。

悲痛的社会建构

不同文化在应对死亡方面有不同的规则（Frijda，2006；Lofland，1985；Miller，1993，1998）。在一些非洲部落，人们认为死亡通向更加美好的生活，因此值得庆祝。佛教徒认为肉身之死不是一个人的终结，因为人的本质将以其他形式继续存在。在一些文化中，人们会为和自己有紧密联系的表兄弟姐妹的去世深感悲痛；但是另一些文化则认为表兄弟姐妹只是远亲，因此他们的去世很少会引起人们的深度悲伤。

MindTap　指出你所在的文化在应对死亡方面的框架规则。

我有权伤心。

她应当对我所做的事心存感激。

我应该对朋友找到工作感到高兴。

我有权自豪。

我不应该对父亲动怒。

情感规则和社会秩序之间有密切的联系。社会试图控制民众的一个重要方式就是通过维护广泛社会价值观和社会结构的情感规则（1990）。例如，教导民众应对个人成就感到自豪，这加强了西方社会重视个人主义和个人野心的价值观；教导民众将成就视为集体而非个人荣誉，则维护了许多非西方文化重视集体的价值观。

情感规则维护社会结构的第二种方式是将表达情绪的权利与社会地位和权力挂钩。一项针对服务业从业人员的研究发现，员工的权力越小，他们越有可能成为拥有更多权力之人发泄消极情绪的目标（Hochschild，1983）。权力更大的人知道他们有权表达愤怒、冒犯、沮丧等情绪，但是权力较小的人可能会认为自己表达这些情绪是不被接受的。若要证明这个观点，请问问自己，在以下几组人员中谁更可能成为抱怨和敌意的对象：服务员或餐厅经理，空姐或飞行员，接待员或 CEO。

家长教育子女处理情绪的方式各异。一些家长鼓励孩子通过**深层行为**（deep acting）来控制他们的内心感受，深层行为就是学习应该或不应该感受什么情绪。例如，家长可能会教导子女，收到礼物时应当表示感激，即便他们不喜欢那个礼物也应如此。许多家长教育孩子，当朋友拿走他们的玩具时，他们不应当感到生气。深层行为要求我们改变对事件和现象的认知及标签。

另一些家长强调**表层行为**（surface acting），即控制情绪的外在表现，而非控制情绪本身。强调表层行为的家长教育子女要控制他们的外在行为，但不一定要控制内在的情绪。例如，他们教育孩子收到礼物时要说"谢谢"，不应该对拿走玩具的朋友大打出手。这里更加看重的是表达感激，而不是感到感激；要克制住不打人，而不是觉得应该分享玩具。

情绪工作 最后一个概念是**情绪工作**（emotion work），即为产生我们认为在特定情境中适合的情绪而付出的努力。值得注意的是，情绪工作关心的是塑造情绪的过程，我们并不一定成功表达了应该表达的情绪。

虽然我们大多数时候都在做情绪工作，但当我们觉得自己在特定场合的情绪不合宜时，我们最容易意识到情绪工作的存在。例如，你可能觉得在你不喜欢的人受伤时幸灾乐祸是不对的。这种情况被称为"挤压"（the pinch），也就是你的感受与你认为自己应该有的感受之间的不一致（Hochschild，1979，1983）。如果你对他人的倒霉事感到幸灾乐祸，你可能已经展开了情绪工作——努力试图让自己感到伤心。

通常来说，我们认为自己应有的感受基于我们从社群和文化中习得的规范。社会群体教导我们在特定场合中什么情绪是合适的。例如，克利夫顿·斯科特（Clifton Scott）和凯伦·迈耶斯（Karen Meyers，2005）发现，消防员需要通过情绪工作来管理如恐惧和恶心等情绪，这些情绪会干扰他们控制火势和为火灾受害者提供帮助。凯瑟琳·米勒（Katherine Miller，2007）的报告说，公共服务人员在与客户交流时也会进行情绪工作——这表明他们关注客户的生活，展现对客户的关心和以人为中心的态度，并且给予支持性的回应。

在多种文化或不同价值观的社会群体中接受社会化教育的人可能尤其容易感到"挤压"。金伯利·甘维什（Kimberly Gangwish，1999）将亚裔美国女性的情绪和情绪表达方式描述为"生活在两个世界"。第一代亚裔美国女性表示，她们知道在美国表现出生气和失望是可被接受的，但是她们仍然无法表达这些情绪，因为亚洲文化不鼓励表达负面情绪。

黄：

在我的祖国，学生应当尊师重道，绝不能在课上质疑老师。因此学会并感受到自己有权对教授提出疑问，这对我来说是困难的。有时候我有问题或者不同意教授的观点，但我得做一些思想斗争，努力告诉自己表达看法是没问题的。对我而言，大胆说出自己的想法仍然是对老师的不尊重。

我们进行情绪工作是为了压抑或者消除我们认为不对的情绪（比如幸灾乐祸），以及培养我们认为自己应当具有的情绪（比如督促自己为朋友找到工作而高兴，即便自己没有工作）。唐娜·沃卡特（Donna Vocate，1994）指出，我们大部分的情绪工作都是通过自我对话或自我沟通展开的。我们试图说服自己去感受我们觉得合宜的情绪，而不去感受我们认为不合宜的情绪。此外，我们经常与朋友交谈，以确定我们的感觉是否合适——我们依靠朋友帮助自身减少对感觉的不确定性（Heise，1999；Milardo，1986）。

情绪的互动理论（interactive view of emotions）认为，框架规则、情感规则和情

框架规则　　情感规则　　感受到的情绪　　情绪工作　　感受到的情绪　　情绪表达

图 7.4　情绪的互动理论

绪工作是相互联系的（见图 7.4）。界定情境的情绪意义的框架规则形成了情感规则，它告诉我们在某个场合中我们应当或有权具有什么样的情绪。如果我们没有感到情感规则规定的情绪，我们可能会进行情绪工作，以便压制不合宜的情绪或产生我们认为符合情境的情绪。然后，我们遵循特定场合表达适当情绪的规则来表达我们的情绪。

　　情绪的互动理论强调社会因素对我们生活中的认知、标签和情绪反应的影响。这个理论模式的一个优势是它承认情绪和情绪表达中的文化差异。

　　你支持上述四种情绪理论中的哪一种，会影响你在日常生活中如何控制和表达情绪。如果你赞成情绪的机体功能理论，你可能会认为情绪无法管理——你感你之所感，仅此而已。但是，如果你接受情绪的互动理论，你可能更倾向于认为你可以分析自己的情绪，也许还能通过情绪工作来改变这些情绪和情绪的表达方式。互动理论假设你对自己的情绪和行为有一定的控制能力。如果你赞同这个观点，你更可能会去监控自己的情绪，并且在表达情绪的方式上做出选择。

　　我们也许并不能完全掌控自己的情绪，但通常我们可以对其施加一些控制。此外，我们能够在如何表达或不表达情绪，以及向谁表达情绪等方面进行实质性的控制。对表达情绪的时间、方式和对象承担个人责任是人际沟通道德的基石（Anderson & Guerrero，1998；Fridlund，1994；Philippot & Feldman，2004）。

有效表达情绪的障碍

　　善于认识和表达情绪对于人际沟通而言非常重要，但是许多人都会压抑情绪或不恰当地表达情绪。现在就让我们来探讨人们不表达情绪的原因，以及人们无效表达情绪的一些情况。

人们不表达情绪的原因

研究人员指出了人们不表达情绪的四种常见原因。在我们讨论每一种原因时，请思考你在表达自己的情绪时是否也有这些情况。

文化和社会期望 正如我们所指出的，我们的情绪和情绪表达方式受到我们所属文化和社会群体的影响。性别社会化似乎对情绪和情绪表达的影响尤为突出。在美国，人们期望男性在表达大多数情感时比女性更克制（Burgoon & Bacue，2003；Guerrero et al.，2006b）；同时男性被允许表达愤怒，而人们通常不鼓励女性表达这种情绪。在意大利等国家，男性往往可以戏剧性地、公开地表达各种情绪。

有些社会的情感规则教育男性不应该感受或表达某些情绪，那么在这些社会中，男性可能会压制或避免表达这些情绪。久而久之，这样做的男性可能会与自己的感受越发疏离，无法认识自己的真实情感，因为社会已经教导他们不应有太多感受。

安倍：

> 大多数时候我和其他男人一样，把自己的情绪藏在心里。但是去年春天，我最亲密的朋友生了一个女儿。我去医院看望她，当我抱着婴儿的时候，朋友说她希望我当她女儿的教父。这让我非常感动，我立即喜极而泣，告诉小宝宝我爱她。虽然这有点令人尴尬，但也不至于太尴尬——不过我庆幸没有其他人在场。

在情绪表达方面，女性面临着与男性不同的限制。女性通常被教导说，愤怒是难看的和不受欢迎的（Tavris，1989）。因此，许多女性都受到这样的情感规则的限制，即她们不应该感到愤怒，如果她们确实感到愤怒也不应该直接表达出来。这阻碍了女性承认愤怒的合理性并积极地表达愤怒。

许多西方女性学到的另一条情感规则是关心他人（Eisenberg，2002；Taylor，2002）。因此，有的女性如果没有自然而然地感到关爱他人，就会试图通过情绪工作让自己拥有这种情感（通过深层行为）。

女性还可能会压抑对朋友的嫉妒和在个人和职场关系中的竞争意识。因为大多数西方女性受到的教育是她们应该支持他人，所以她们往往认为自己不应该嫉妒他人或争强好胜。不能表达或承认这些情绪会影响人际关系中的坦诚沟通。

自我保护　我们不表达情绪的第二个原因可能是不希望影响他人对我们的看法或行为。我们担心如果自己说出对他人感到气愤，他们就会减少对我们的喜爱；我们担心如果我们的非语言行为显示出软弱或害怕，我们就会失去同事的尊重；我们担心如果我们表露出对他人的深情，对方就会拒绝我们。

我们之所以会克制自己的情绪（尤其是消极情绪），也许是因为所谓的"**寒蝉效应**"（chilling effect）。当我们与我们认为比自己有权势的人建立关系时，我们可能会抑制抱怨、不满或愤怒等情绪，因为我们害怕遭到来自更有权势的人的惩罚。我们可能会担心家长保留特权，担心上司解雇我们，或者担心教练让我们坐冷板凳。如果他人使用权力来对付我们，就可能会产生寒蝉效应，让我们不愿诚实地表达自己的情绪。

保护他人　我们选择不表达情绪的另一个原因是，我们担心这会让他人受伤或失望，或者让他们丢脸。我们有时候会做出道德选择，不表达那些会伤害对方或者无法取得任何积极结果的情绪。正如塔拉的评论所表明的那样，在某些场合下不对某些人表达情绪是积极和善意的行为。

塔拉：

我最好的朋友弗兰是我的婚姻救星。当我对丈夫感到非常生气时，我就去找她排解情绪。如果我和阿尔之间确实出现了严重的问题，我会和他谈谈。但是很多时候，我只是对一些小事不满。我知道这种感受不会持续很久，自己的婚姻也没出现任何严重的问题，但我还是会生闷气。把这些情绪向弗兰倾诉，既可以排解我心中的积郁，又不会伤害阿尔或者我们的婚姻。

糖、香料和霸凌！

"糖、香料和一切美好的东西"并不是女孩的全部。最近，研究者对青春期女孩霸凌行为的一项跟踪调查显示，许多女孩曾对其他女孩进行过社交攻击，而且她们使用的都是带有明显女性化规则的进攻方式（Simmons，2002，2004；Underwood，2003）。和男孩中常见的身体攻击不同，社交攻击通常是间接的，甚至是隐秘的。社交攻击的形式包括散布伤人的谣言、社会排斥、怂恿他人攻击某个特定女孩等。为什么年轻女孩会依赖间接的和社会性的攻击策略？其中一个原因似乎是，女孩子在很小的年纪就已经知道她们要对每一个人友好，所以她们担心公开对他人表达恶意会引起不满或惩罚。她们被教导要温和地表达自己的观点并迎合他人，尤其是男性（Berger，2006；Deveny，2009）。她们学会了不在学校顶撞男孩子，因为她们担心被叫作"婊子"（Bennett，Ellison & Ball，2010；Deveny，2009）。年轻女孩们没有学会如何公开表达愤怒，而学会了如何以间接的方式表达这种情绪。

> **MindTap** 在你的经历中，女孩和女人是否比男孩和男人进行更多的社交攻击？

克制情绪以保护他人的倾向在亚洲文化中尤其强烈，在这些文化中，伤害他人是可耻的（Johnson，2000；Min，1995；Ting-Toomey & Oetzel，2002；Yamamoto，1995）。传统的亚洲文化认为冲突是对社会关系的破坏，因此这些文化不鼓励可能导致冲突的情绪表达（Johnson，2000；Ting-Toomey & Oetzel，2002）。

不过，并非只有亚洲人和亚裔人士希望保护关系免受情绪化表达带来的紧张影响。如果你认为一位朋友的行为不负责任，你可能并不会表达出你的不赞同，因为你不希望引起你们之间的紧张关系。完全开放、随性地表达情绪并不一定是个好主意。有时候，不表达情绪是明智善意之举。在微不足道的事情上发泄不满和愤怒往往是无效的。如果我们关心的人已经被焦虑或情绪问题压得喘不过气，我们可能不会主动表达自己的情绪，这样对方就不必考虑如何回应我们的情绪。因此，我们有很好的理由不表露或讨论心情，或者不在某个时间表露或讨论心情。

伊什梅尔：

> 上个星期，我被我首选的法学院拒绝了。通常这个时候我会去找杰森，和他待在一起，让他鼓励鼓励我。自从大一认识以后我们就是铁哥们儿，在生活中无话不谈。但是现在杰森自己也有苦恼的事情。他的母亲刚被确诊患有癌症，他的父亲失业了。我知道我们会一起谈谈我的失意之事，但是我认为这件事可以等，等到他的处境变好以后再谈。

伊什梅尔的话是一个很好的例子，说明有时候不表达情绪更为他人着想。但是，我们也不能认为永远隐藏自己的情感就是好事。如果那些情绪会直接影响我们与他人的关系，或者如果隐藏情感可能危害我们的健康，那么避免表达情绪就是有害的。苏珊·斯曼诺夫（Susan Schmanoff，1987）发现，如果一对夫妻或情侣持续缺乏情绪的表露（即便是不愉快的情绪表露），他们之间的亲密程度就会下降。如果不表达情绪可能造成隔阂或给我们带来严重的个人困扰，那我们就应当尝试寻找能够让我们表达情绪的场合和方式。长期否认或压抑情绪所造成的身心影响会伤害你和你的人际关系（Pennebaker，1997；Schmanoff，1987）。

社会和职业角色　我们可能不表达某些情绪的最后一个原因是我们的身份不适合表达这些情绪。如果律师或法官在听证人讲述悲伤故事时流泪，可能会被认为缺乏专业素养；对病人发火的医生或护士可能被认为不专业；警察或社工在调查犯罪案件时，如果表现出敌意而不是

Eike Schroter/CBS/Photofest

很难想象还有哪个律师的举止比《傲骨贤妻》（*The Good Wife*）中朱丽安娜·玛格丽丝（Julianna Margulies）饰演的艾丽西亚·弗洛里克（Alicia Florrick）更加专业。

客观的态度，则会被认为不符合职业规范。

我们指出了四种不表露情绪的常见原因。虽然我们都能理解这些原因，但它们所导致的结果并不完全相同。没有什么简单的原则规定我们何时表达情绪，我们必须自己做出判断。我们有道德义务深思熟虑，决定是否、何时以及如何表达我们的情绪。作为一个负责任的沟通者，你应当考虑清楚什么时候表达情绪是必要、合适和有益的。请记住，你的决定会影响你自己、他人和人际关系。

无效的情绪表达

我们并不总是否认或压抑自己的情绪。有时，我们意识到自己有某种情绪并试图将其表达出来，但我们的努力并不总是特别成功。下面，我们来看看三种常见的无效情绪表达形式。

笼统表述　"我感觉很糟""我很高兴""我很伤心"像这样的表述的确表达出了一种情绪状态，但是效果很差。为什么？因为它们太过笼统和抽象，以至于无法明确传达说话者的心情。"我感觉很糟"意味着这个人感觉沮丧、愤怒、内疚、惭愧还是焦虑？"我很高兴"的意思是说话者恋爱了，对成绩感到开心，对升职感到满意，对吃到巧克力感到愉快，还是对即将到来的假期感到兴奋？当我们使用笼统、抽象的情绪语言时，我们并没有有效地表达自己的感受。

此外，我们表达情绪的非语言库可能是有限的。退出交流可能代表伤心、愤怒、沮丧或害怕；低下头和垂下眼帘也可能表达不同的情绪，比如敬畏、羞愧和深思。虽然我们有能力表达许多情绪，但是大部分人只能认识或表达其中的很小一部分。卡罗尔·斯特恩斯（Carol Stearns）和彼得·斯特恩斯（Peter Stearns）在《愤怒：美国历史中对情绪控制的斗争》（*Anger：The Struggle for Emotional Control in America's History*，1986）一书中说，美国人只认识人类能够体验的少数几种情绪，因此无论他们感知到什么事情，表达出来的都只有这些情绪。我的一个熟人说，当他感到生气、困惑、受伤、焦虑、失望等情绪时，都会说"我感到沮丧"。在本章开头的那个例子中，我说我感到"生气"，但是"受伤"更能准确形容我当时的感受。有限的情绪词汇限制了我们与他人清楚沟通的能力（Lama & Eckman，2009；Saarni，1999）。

不掌控情绪　以否认个人责任的方式描述感受是有效表达情绪的最常见障碍之一（Proctor，1991）。我们在第四章中讨论过的"我"语言和"你"语言，就与有效表达情绪有关。

"你让我很生气"陈述了一种心情（虽然生气一词可能过于笼统）。但是这个表述依赖"你"语言，这表示生气情绪的来源或原因是他人而非说话者。他人肯定说过或做过一些影响我们的事情，他们甚至可能直接对我们做过一些事。但是请记住，是我们——而不是其他任何人——来决定他们行为的意义，是我们——而不是其他任何人——要对我们的情绪负责。

> 💬 **日常生活中的沟通** / **工作场合**
>
> ### 工作中的情商
>
> 很多企业高管认为拥有智能机器是件很棒的事情。只需想一想——如果我们完善了人工智能，我们就拥有能够 24 小时工作的机器，而且这些机器还不会出错，不会抱怨工作时长，也不会有那些引起人事麻烦的情感需求和问题。
>
> 不过，丹·戴维斯（Dan Davis，2006）在《商业领袖》（*Business Leader*，p. 6）杂志发表的一篇文章中说："情感赋予我们意义和目的。它们让我们与社群、与彼此联系在一起，如果激励得当，还与我们的工作联系在一起。"情感也让我们能够提出机器运作逻辑以外的想法、解决方案和计划。戴维斯明智地指出："它是卢克·天行者，不是 R2-D2 机器人，是柯克舰长，不是斯波克。天行者和柯克舰长为最棘手的问题提供了最好的解决方案。"（p. 6）
>
> 戴维·布鲁克斯（David Brooks，2009）对此表示赞同。他说："情感把我们推向事物和想法。没有情感的人无法做出明智的决定，因为他们不知道事物的价值。没有同情心等社会情感的人不是客观的决策者。"（p. A23）
>
> MindTap　如果你有能力让自己不感受情绪，你希望这件事发生吗？

如何使用"我"语言来修改"你让我生气"这个表述？我们可以这样说："你说过你会打电话，但却没有这样做，我感到生气。"还有一个更为清晰、准确和有效的表述："你说你会打电话，但却没有这样做，我感到受伤和没有安全感。"如果包含说话者期望从对方那里获得什么样的信息，这个表述还可以更有效："你说你会打电话，但却没有这样做，我感到受伤和没有安全感。如果我们都同意有时打电话可以简短一点，你愿意打电话给我吗？"这个表述接受了情绪产生的原因，清晰地表达了感受，而且提供了有助于改善关系的解决方案。

假情绪语言　第三种无效的情绪沟通方式是依靠**假情绪语言**（counterfeit emotional language）。这种语言看似表达了情绪，但实际上并没有描述一个人的心情。例如，大喊"你为什么不能让我一个人待着？"肯定表示说话者有所感受，但这并没有描述他的具体感受。他是对某个人感到生气，对被打断感到不满，对截止日的到来感到焦虑，还是需要时间独处？我们无法从说话者的话中判断出他的感受。

> ## 🗨 日常生活中的沟通 / 工作场合
>
> ### 这个 **@@#!!! 公司 ###!!***! 发生了什么？
>
> 爆粗口在当下似乎无处不在。前白宫幕僚长拉姆·伊曼纽尔（Rahm Emanuel）就以此而臭名昭著，同样满口粗话的还有乔恩·斯图尔特（Jon Stewart）。然而，在工作场合爆粗口会影响成功。在一项全国调查中，只有 10% 的企业主认为在工作中骂人是情有可原的。但是我们应如何阻止这种情况发生呢？吉姆·奥康纳（Jim O'Connor）的建议是聘请由他创立的"咒骂控制"（CussControl）公司帮助企业进行干预。奥康纳说，骂人表明员工没有控制好自己的情绪，所以他的方法是通过指导，让员工明白自己为什么骂人，然后解决他们产生情绪的根本原因（Stafford，2009）。
>
> | MindTap　当你听到同事骂人的时候，你有什么反应？

有效的沟通者会清晰地描述自己的感受，以及这种感受与他人行为之间的联系。"我感到生气，因为我正在工作的时候你走了进来，打断了我的思路"就比"你为什么不让我一个人待着"更有建设性。前者描述了什么令人烦恼，并且明确表达了说出这句话时的特定情境。

对情绪不加解释也是一种无效的情绪表达方式。"我就是这么感觉的"没有明确告诉对方他的行为与你的心情有什么关系，或者你希望他做些什么。有时候，我们说"我就是这么感觉的"，实际上是因为我们不知道情绪产生的真正原因，或者不清楚自己希望对方做些什么。在这种情况下，我们应当先自己理解自己的内心变化，再要求他人理解我们。只有当你能够确定发生了什么，以及你对这些情境的情绪反应是什么，你才能向他人明确地表达出来（Planalp，1997）。

> **MindTap**
>
> **日常技巧**　完成本章末尾的"避免假情绪语言"训练，练习把假情绪语言转换成准确描述情绪的语言。

另一种假情绪语言是使用表示感觉的文字，但事实上表达的是看法。比如"我觉得这个讨论偏题了"这句话，"觉得讨论偏题"是一种看法，而不是一种感觉。也许说话者对讨论漫无目的地展开感到不满，但是这种心情并没有通过上述语句表达出来。

这三种无效情绪沟通形式让我们知道，我们可能会有意或无意地回避关于情绪的清晰而坦诚的沟通。在本章的最后，我们会讨论一些具体的方法，让我们能够有效表达情绪并谨慎周到地回应他人的情绪。

社交媒体和情绪

我们已经知道，情绪在很多方面与数字和在线沟通有关。首先，我们在面对面交流中不表达情绪的原因也适用于我们使用社交媒体时的情形。我们可能认为在网上表达一些情绪是不被社会接受的，我们可能为了保护自己或他人而选择不表达某些情绪，又或者我们可能意识到我们的身份角色不适合表达某些情绪。在与朋友、同事和家人沟通时，这些原因也会让我们选择不表露情绪。但是在与不认识的人沟通时，我们可能更容易表达情绪（包括那些不被社会接受的情绪）。社交媒体的匿名性让一些人变得有恃无恐，他们在网络上发布谩骂、仇恨言论和其他无礼言论，而这些话他们可能永远不会当面说出口。换句话说，在网上交流时我们更少受到社会规范的约束。

第二，社交媒体有助于我们感受和表达情绪。当有令人悲伤或震惊的事件发生时，我们希望与那些能分享我们心情的人联系和交流。在摇滚巨星迈克尔·杰克逊去世后，他的粉丝们一起在网上为他哀悼。研究表明，YouTube 提供的内容有助于他们表达自己的心情和哀悼（Lee，2013）。同样，许多人发现，志趣相投的群体会一起庆祝高兴的时刻（如查尔斯王子和凯特王妃的婚礼）或者了解暴力事件（如校园枪击案件）。

MindTap

日常技巧　完成本章末尾的"社交媒体中的情绪"练习，识别网络上的情绪表达。

第三，社交媒体可以成为我们面对面情感交流的替代品。当你需要情感慰藉时，找网友倾诉可能比找现实生活中的朋友更加容易。我们可以畅所欲言，也可以粗略浅谈，而这在面对面的谈话中并不总能实现。比起寻求现实朋友的帮助，到网络上找网友倾诉更容易，在情感上也不是那么令人生畏。但是，随着我们越来越多地在网络上分享心情，我们可能与网上的虚拟朋友走得更近，而与现实中的朋友渐行渐远——这是一个自我实现预言。尽管网友可能会满足我们的即时情感需求，但其中隐藏的风险是，我们与网友的关系会比与我们有面对面关系的人更加密切。

有效表达情绪的指导原则

到目前为止，我们在本章的讨论中已经提到了一些提升情绪表达能力的指导原则。下面，我们将讨论范围扩展到有效表达情绪的六项指导原则。图 7.5 总结了这个过程。

确定你的情绪

在有效表达情绪之前,你必须先确定自己的情绪,这并非易事。由于我们之前讨论过的多种原因,人们可能会回避自己的情绪或不清楚自己的感受,尤其是当他们同时感受到多种情绪的时候。如果我们想更清楚地认识自己的情绪,就必须用心关注内在的自我。我们既可以学会忽略自己的感受,也可以让自己留心注意它们。

确定情绪要求我们对自己感受到的复杂情感进行分类。例如,我们有时会同时感到焦虑和希望。如果只意识到自己感到希望,那就忽略了焦虑;如果只意识到焦虑,则忽视了感受到的希望。认识两种情绪的存在能让你理解和调整自己,并且准确地向他人表达你感受到的情绪。

梳理好交织在一起的情绪后,接下来需要确定哪一种情绪是主要情绪,也就是当时占主导地位的情绪。这样做能让你向他人准确地传达你的情绪状态中最重要的情绪。回顾一下本章开头讲述的例子。我曾说过,我对卡罗琳似乎没有时间陪我而感到生气——我确实感到生气,但那不是我的主要情绪。感到受伤才是我的主导情绪,也是

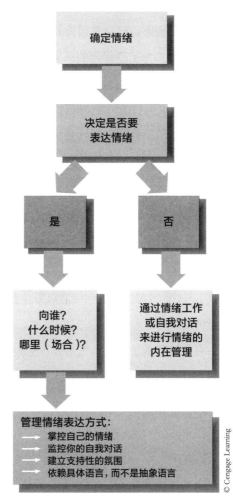

图 7.5 情绪的有效表达

© Cengage Learning

我向卡罗琳传达的情绪，这比告诉她我感到生气更能让她准确地理解我的感受。

选择是否以及何时表达情绪

一旦确定了自己的情绪，你就可以开始考虑如何表达这些情绪。首先要选择你是否希望把情绪传达给特定的人。我们在此前已经指出，有时候不告诉他人你的感受才是明智的为他人着想的做法。因为表达某种情绪可能会伤害他人，也不会取得任何积极成效。这与仅仅为了避免紧张关系而不表达情绪是不一样的，因为人与人之间的紧张关系有时能够促进个人成长和人际关系的发展。

不表达情绪也可能是因为我们不愿意公开自己的一些感受。如果我们隐藏的情绪不是他人为了理解我们所需的，也不是他人为了和我们维持满意的关系所需的，那么这样做就是合理的选择。我们没有责任向所有人敞开灵魂，也无须向他人表露我们所有的情绪，即便是对我们的亲密伴侣。

如果你决定将自己的情绪表达出来，那么你应当权衡一下表达情绪的不同方式，并从中选择最有效的方式。以下四条原则能够帮助你表达情绪。首先，请评估你当下的状态。如果你确实感到生气，你可能无法明确、客观地表达自己的感受。在极端情绪化的时刻，我们的认知可能会扭曲，导致我们说出自己并不想说的话。请记住，沟通是不可逆的——我们不能收回已经说出的话。丹尼尔·戈尔曼（Daniel Goleman，1995b）指出，我们平息身心的怒气大约需要 20 分钟。因此，如果你真的很生气，你可能需要等到冷静以后才能更有效地讨论你的感受。

第二步是决定向谁表达你的情绪。通常情况下，我们希望将情绪传达给相关人士——那些让我们感到生气的人，或我们向其寻求理解的人。但是，有时候我们并不希望与导致我们产生情绪的当事人谈话。在这种情况下，可以寻找一位能够让你安全表达情绪的人，这样就不会伤害令你生气的那个人了。

鲍勃：

　　当我得知自己没有获得晋升的时候，我想发泄一通。但我很清楚我不能找老板或公司里的任何人发泄。所以我说自己生病了，请了一天假，并打电话给在家办公的一个朋友。我们在午餐时碰面，她让我和她到一个地方去发泄情绪，这样不会对我的工作产生不利影响。

接下来，请选择讨论情绪的合适时间。只要不是处于心事重重、防备、高压、匆忙或疲倦的状态，大多数人都能很好地倾听和回应。一般来说，如果我们没有时间或精力专注于谈话，讨论情绪就会缺乏成效。更好的做法是推迟讨论，直到你或对方在身心上都能专注投入的时候再开展讨论。

最后，请选择讨论情绪的合适场合。你可以在不同的场合表达很多情绪。比如，在和朋友逛商场、在校园里散步或私下交谈时，告诉他你很高兴是合适的做法。但是，在公共场合告诉朋友你对他感到愤怒或失望也许就不太好了。这样做可能会让对方觉得在大庭广众之下遭到奚落，由此引起他的防备心理，导致你们不太可能开展建设性和公开的情绪讨论。许多人说，他们在网上能比在面对面交流中更自由地表达情感；但是也有一些人不喜欢在网上谈论个人话题。因此，如果你选择在网上讨论情绪，请确保对方也感到自在。

丹妮尔·奥弗里（Danielle Ofri）博士在其著作《医生的感受》（*How Doctors Feel*，2013）中坦诚地描述了医生行医时经历的各种情感：对病人去世感到悲伤，对医疗事故感到羞愧，对新生儿降生或成功治愈疾病感到欣喜，对医疗诉讼感到苦涩……她写道，大多数医生试图将自己的情绪分门别类，但这种策略往往会失败，因为各种情绪充斥着医生的日常生活，让他们心烦意乱。如果医生能够确定自己的情绪，并且在不扰乱病人和其他医疗人员的情况下，在合适的场合将这些情绪表达出来，情况则要好得多。

掌控自己的情绪

我们在第四章中指出了掌控情绪的重要性，在本章讨论无效的情绪表达时也提到了这一点。掌控自己的情绪对于有效的沟通是如此重要，以至于我们要反复强调这条原则：使用"我"语言来表达情绪提醒我们，是我们自身——而不是其他任何人——要对我们的情绪负责。依赖"你"语言（"你伤害了我"）可能会让我们误导自己，将情绪的责任推给别人。

"我"语言也降低了对方做出防御性回应的可能性，因为"我"语言关注的是我们希望改变的具体行为（"你打断了我，我感到很受伤"），而不是批评对方的基本人格（"你太粗鲁了"）。批评某种行为比批评个性或人格更少威胁到对方的自我认知（Cupach & Carlson，2002）。因此，当我们使用"我"语言描述我们对他人某种行为的感受时，对方更容易认真倾听，并且对我们的情绪表达做出善解人意的回应。

监控你的自我对话

第四条指导原则是监控你的自我对话。回忆一下第二章里讲到的，自我沟通的方式会影响我们的感受和行为。自我对话就是与自己沟通，我们进行情绪工作的时候会自我对话。我们可能会对自己说"我不应该感到生气"，或者"我不想表现出自己多受伤，那样会让人觉得我是懦夫"。我们可以通过自我对话说服自己感受或不感受、表达或不表达某些情绪。

心理学家马丁·塞利格曼（Martin Seligman，1990，p. 9）认为，我们的思维不仅是对事件的反应，它们还会改变后续的发展。换句话说，自我沟通时的想法会影响实际生活中发生的事情。自我对话可以为我们所用，也可能对我们不利，这取决于是我们掌控它还是它掌控我们。汤姆·鲁斯克（Tom Rusk）和娜塔莉·鲁斯克（Natalie Rusk）在他们的著作《思维陷阱》（*Mind Traps*，1988）中也强调了这一点。他们指出，很多人都有一些弄巧成拙的想法，这阻碍了他们的效率和幸福。根据鲁斯克的研究，除非我们学会有效管理自己的情绪，否则就无法改变因循守旧的行为模式，而这可能会成为自我实现预言。学会倾听并监控自我对话，有助于你管理自己的情绪。

采取理性－情绪疗法

监控自我对话能让你意识到思维和情绪之间的关系。萨莉·普拉纳尔普（Sally Planalp）和朱莉·福特尼斯（Julie Fitness，2000，p. 732）指出，认知依赖于情绪，情绪依赖于认知。因此，我们对情绪的看法也会影响我们的情绪。思维与情绪之间的关系让心理治疗专家阿尔伯特·埃利斯（Albert Ellis）发展出了理性－情绪疗法。

埃利斯凭借其与众不同的治疗风格而为人所知，他在治疗过程中会不断逼问病人。他坚定地认为，许多被诊断为神经症的人并非患有神经症，而是受到非理性思维的困扰——他称此为"聪明人的愚蠢思维"（Ellis，1962；Ellis & Harper，1975；Seligman，1990）。

理性－情绪疗法利用理性思维和自我对话来挑战那些削弱健康的自我概念和人际关系的情绪思维。理性－情绪疗法分为四步。

第一步，监测你对令你苦恼的事件和经历的情绪反应。请注意你的身体变化和非语言行为：你是否感到胃部紧缩？你是否咬紧牙关？你是否心跳加速？你是否感到恶心？

第二步，确定让你有不愉快反应的事件和情境，寻找各种情况的相同点。例如，也许你在和教授、上司、辅导员谈话时会心跳加速、手掌冒汗，但和朋友、同事或下属讲话时就不会出现这些生理反应。前一种情况下，你给自己的情绪贴上了"没有安全感"的标签；而在后一种情况中，你的情绪标签是"有安全感"。在你感到不安的情境中，有一个相同之处——你的沟通对象是比你更有权势的人。这说明当你与比你权力更大的人谈话时，你会感到不安全。

第三步，倾听你的自我对话（Vocate，1994），倾听脑海中的想法。你的自我在说什么？它是否告诉你不应该有某些情绪？它是否让你否认自己的情绪？它是否在告诉你，你必须一直保持完美，或者其实你无力改变现状？我们需要认识并挑战这些对我们的情绪和我们自身不利的想法。这些不理性的信念或谬误阻碍了我们有效地管理和表达情绪。

我们可以利用自我对话来挑战这些不利于自我发展的谬误。例如，假设泰伦一直工作表现出色，并且认为老板应该给他加薪。当他开始倾听自我对话时（第三步），他听到自己说："好吧，也许我不应该要求加薪，因为毕竟我也犯过一些错，我还能做得更好。"这种自我对话反映了完美主义的谬误。泰伦继续自我对话，听到了这样的信息："如果我要求涨薪，老板就会生气，他可能会炒我鱿鱼，我丢了工作就无法继续学业。没有学位，我就没有前途。"这种自我对话体现了对灾难性失败的恐惧。

泰伦可以怎样消解这些谬误？如果要挑战完美主义谬误，他可以说："确实，我并不完美，但是我比同期入职的其他员工做得更好、更多。"如果要消解自己可能会遭到灾难性失败的谬误，他可以这样对自己说："嗯，老板不可能解雇我，因为我工作做得很好，而且培训新人也很麻烦。如果他真的解雇我呢？全世界也不止这一份工作，我很快就能找到另一份工作。"与其让妨害自我的谬误击垮我们，不如利用自我对话来质疑和挑战那些损害我们的非理性思维。

敏感地对他人的情绪做出反应

最后一条指导原则是：当他人向你表达情绪时，要敏感地做出回应。学会有效表达情绪只是沟通过程的一半，你还需要在他人与你分享情绪时熟练地倾听和回应。这种技巧不仅对个人关系非常重要，也对职场关系非常重要（Kanov，Maitlis，Worline，Dutton，Frost & Lilus，2004；Miller，2007）。

在他人向我们表达感受时，我们的第一反应可能是笼统地回答"时间会治愈一切伤口""你不应该感到难过""你会好起来的""从这个视角看问题你就会感觉好一些"之类的话。虽然这些话是为了安慰他人，但这些说法实际上是在告诉他人，他们不应该有这些感受，或者只要不再感受当前的这些情绪就会没事的（好的 / 正常的）。

在回应他人情绪时，另一个常见的错误是试图解决他人的问题，认为这样做他们的情绪就会消散。研究表明，男性比女性更倾向于解决他人的问题（Swain，1989；Tannen，1990）。帮助他人解决问题可能会让人感激，但当一个人在表达强烈的情绪时，他寻求的首要支持通常不是解决问题。很多人首先需要的是自由地说出自己的感受，同时这些感受能被他人接受。也许是社会化的原因，女性往往比男性更善于提供慰藉和情感支持（Basow & Rubenfeld，2003；MacGeorge，Gillihan，Samter & Clark，2003；MacGeorge，Graves，Feng，Gillihan & Burleson，2004）。

当他人向你表达情绪时，首先你要表现出愿意讨论情绪问题的态度，这能在一开始就给予对方支持和帮助。然后，请接受他们一开始的状态，你不需要同意或赞同他们的感受。在倾听过程中，偶尔插入一些我们在第六章中提到过的微小鼓励，这是很有帮助的。你可以说"我明白"或"请继续"以表示理解对方的感受，并希望他继续讲下去。可以简短地提及自己的经历，以表示你对对方所讲的内容感同身受。但是，请不要将对话的重点放到你自己或你的经历上，这对他人毫无益处。

我们在第六章里讨论过的改述是表明你理解他人情绪的另一种方式。如果你不仅回应对方所讲的内容，还回应对方的感受，就更有助于你确认对方的情绪。"所以，听起来你对发生的事真的感到很吃惊，是吗？""我的感觉是，与其说你感到气愤，不如说你很受伤。你觉得是这样吗？"这些改述的例子能够让你确认说话者的情绪，同时也表明你在认真地倾听。

我们在这里提出的指导原则也许并不总能让情感交流变得容易和舒适，但是遵循这些原则将有助于你理解和表达自己的情绪，并且在他人讨论自己的情绪时做出有效回应。请完成本章末尾的练习，学习有效地表达情绪，并识别无效的情绪表达。

本章总结

在这一章中，我们探讨了复杂的情绪世界，以及我们该如何表达这些情绪。通过梳理不同的情绪理论，我们知道情绪包含生理、知觉、语言和社会这些维度。我们还研究了人们在面对面沟通和网络沟通中不表达情绪或无效表达情绪的原因，讨论了为何一些人在网上和社交媒体上会表达不合宜的情绪。我们指出，社交媒体提供了一个可能有助于我们感受和表达情绪的虚拟环境。最后，我们总结了有效情绪沟通的指导原则。这些原则对人际沟通尤为关键，所以我们在此再次予以重申：

1. 确定你的情绪

2. 选择表达情绪的方式

3. 掌控你的情绪

4. 监控你的自我对话

5. 采取理性－情绪疗法

6. 敏感地对他人的情绪做出反应

关键概念

请练习为本章涉及的术语下定义。

表层行为　寒蝉效应　假情绪语言　框架规则　理性－情绪疗法

情感规则　情商　情绪　情绪的互动理论　情绪的机体功能观

情绪的认知标签理论　情绪的认知理论　情绪工作　深层行为　自我对话

话题延伸

请利用本章学习的原则来评估并分析这段对话，然后和作者建议的回应做比较。我们的网站上有更多相关视频，你可以与老师继续练习。

克里斯是一位友好且健谈的人，你们在一起工作时喜欢闲聊一些与工作相关和工作以外的话题。在过去的一周里，克里斯没有主动向你发起任何对话，在你和他讲话时也只是做出一点微小的回应。你觉得克里斯可能心情有些沮丧，于是你决定和他探讨一下这个问题。

你： 克里斯，你最近一直很安静。有什么事吗？

克里斯： 也没什么，我不知道怎么说。

你： 似乎有什么事困扰着你。

克里斯： 可能这就是生活吧，我只是心情不好。

你： 如果有时我感到沮丧，我就和别人聊一聊，心里会好受很多。想和我聊聊你的心事吗？

克里斯： 是布鲁斯特先生。这件事困扰我三个多星期了。

你： 他批评你的工作表现？

克里斯： 是的。他说我写的报告太马虎，对客户也不总是那么友好——难道他指望我是阳光小玛丽吗？

你： 听起来你好像很生气。

克里斯： 我是很生气。我每天来上班，做好我的工作，从不抱怨。他们又没付给我大笔薪水，所以不应该期望我对每个客户都笑脸相迎 —— 有些客户实在是混蛋。

你： 我同意。他们中的一些人确实既难缠又粗鲁。布鲁斯特先生在你对待客户的问题上说了什么？

克里斯： 他说我不友善。我觉得他对我有偏见，仅仅因为我不像他想的那样友善和面带微笑。

你： 他可能对任何对待客户不是超级友善的人都有偏见。还记得吗，他在招我们的时候就反复强调我们应该有礼貌和面带微笑。

克里斯： 可我并不是总想微笑。我不认为布鲁斯特先生有权将我的工作与我是否对每一位客户都热情洋溢挂钩！我需要这份工作。

你： 听起来你有点担心这份工作，是吗？

克里斯： 没错，我很担心。我需要这份工作，我的孩子只能靠我一个人养。

你： 布鲁斯特先生有没有提到要解雇你什么的？

克里斯： 没有，但是我知道我并不完美，我也知道他随时可以炒我鱿鱼。如果他这样做，我就完了。但我就是没办法随时保持笑容，即便我应当如此。我知道我有时候应该更加友善，但是我做不到。

1. 这则对话到目前为止发生了什么？克里斯在确定情绪方面有什么变化吗？

2. 你是否发现了克里斯在交流中所使用的假情绪语言？

3. 如果你想帮助克里斯保住这份工作，你会提议深层行为、表层行为还是两者的结合？请解释原因。

4. 克里斯看起来是否有任何的非理性想法？

5. 你希望对话如何发展？接下来你会说什么来支持和帮助克里斯？

6. 如果克里斯是一名女性，你会以不同的方式跟她沟通吗？你认为克里斯的性别会影响他的沟通方式吗？

自我评估

请应用本章所学的知识，完成以下的自我评估测验。在线答题可以知道每项结果对应的含义。

一、情商测试

目的： 测试你的情商。

说明： 回答以下四个问题，这些问题改编自戈尔曼的情商测试。

1. 想象你在一架飞机上，飞机突然剧烈摇晃。你会怎么做？

   a. 继续看书，不理会气流颠簸。

   b. 变得警觉起来，以防出现紧急情况。注意观察乘务员，查看紧急情况说明卡。

   c. 有一点点 a 和 b 的情况。

   d. 不确定 —— 我从不注意飞机的动静。

2. 想象一下，你期望在一门课程中获得 A，但你的期中考试成绩只得了 C。你会怎么做？

   a. 制订一项具体的提分计划，并且下决心落实计划。

   b. 下决心以后做得更好。

   c. 加强自我认知，告诉自己分数并不重要，并把精力集中在其他课程上。

   d. 去见教授，试图说服他提高你的期中考试成绩。

3. 在搭朋友的车时，你的朋友对一个突然想超车的人感到气愤。你会怎么做？

   a. 告诉朋友让对方超车 —— 这没什么大不了的。

   b. 播放朋友最喜欢的 CD，并调高音量，分散他的注意力。

   c. 赞同朋友的看法，骂那个超车的司机是混蛋，以显示你和朋友同仇敌忾。

   d. 告诉朋友有一次你也遇到有人想超车，你也非常生气，但是后来你发现那个司机赶着去医院。

4. 你和你的女朋友（或男朋友）刚刚起了争执，随后演变成激烈的吵架。现在，你们两人都非常生气，开始恶言相向，相互进行人身攻击。你会怎么做？

　　a. 建议两人冷静 20 分钟后再继续讨论。

　　b. 决定以不说话来结束争论，不论对方说什么都保持沉默不语。

　　c. 向对方道歉，并要求他或她也说"对不起"。

　　d. 暂停一下整理思绪，然后清楚地解释你的看法和立场。

二、管理愤怒

　　雷德福·威廉斯（Redford Williams）和弗吉尼亚·威廉斯（Virginia Williams）在《愤怒致死》（*Anger Kills*，1998）一书中对多年的科研和临床研究做了总结。这些研究发现，愤怒有害身心健康。威廉斯夫妇找到了愤怒具有危险性的证据，并开发了一个评估人的愤怒程度的测试。下面这个测试改编自《愤怒致死》一书第 5~11 页的内容。请完成以下测试，评估你的愤怒程度。

1. 当我遇到堵车时：

　　a. 我通常不会特别生气。

　　b. 我很快就开始感到烦躁和恼火。

2. 当有人待我不公时：

　　a. 我通常很快就忘了这件事。

　　b. 我往往会在几个小时内一直想着这件事。

3. 当我在杂货店排队结账，而队伍移动缓慢时：

　　a. 我很少注意或介意等待。

　　b. 我对在我前面磨磨蹭蹭的人感到恼火。

4. 当我听到或读到发生恐怖袭击事件时：

a. 我想知道为什么有人会对别人如此残忍。

b. 我想猛烈地抨击一番。

日常技巧

请完成下面的练习，进一步提升自己的沟通技巧。

1. 宗教和情绪规则

宗教敦促人们遵循特定的情绪规则。例如，犹太－基督教的教义要求人们"尊敬你的父亲和母亲"以及"不要觊觎邻居的房子和妻子"。佛教要求人们对众生怀有怜悯之心，尽己所能减轻痛苦。印度教要求信徒接受他们在现世的位置（种姓）。

请列出你的宗教信仰所提倡的情绪规则。注意既要列出你应当感受的情绪，也要列你不应当感受的情绪。

a. _____

b. _____

c. _____

d. _____

e. _____

将你的回答与其他宗教信仰的同学的回答做比较。你们的情绪规则有什么相似点和不同点？

2. 避免假情绪语言

下面五个句子都包含假情绪语言，请重写每一个句子，使其描述一种感受或情绪状态。请确保使用"我"语言，而不是"你"语言，并且提供准确清晰的描述，而不是模糊的表述。

a. 闭嘴！我不想再听你说话了。

_____

b. 你是个了不起的人。

_____

c. 我感觉我们应该开始我们的小组项目了。

_____

d. 我不敢相信你在这里待了一整天，却没有把这些弄乱的东西整理好。

_____

e. 你没看到我正在工作吗？不要打扰我。

_____

3. 社交媒体中的情绪

登录脸书或你喜欢的社交网站，阅读过去 24 小时你发布的所有信息。注意每则信息中的情绪表达——生气、喜悦、害怕、自豪等等。对于社交网络上的情绪表达程度和类型，你得出了什么结论？

4. 扩展你的情绪词汇

情绪能力的其中一个关键是拥有足够的情绪词汇。回顾你的情绪词汇，思考你会如何以及在何时使用特定的词语来描述自己的情绪。

以下是一些人们比较常用的情绪词语。请效仿示例，写出四个另外的情绪词语，以表现感受的细微区别。

示例: 生气　　　**忿恨**　　　**愤怒**　　　**触怒**　　　**激怒**

　　　伤心　　_____　_____　_____　_____

　　　害怕　　_____　_____　_____　_____

　　　焦虑　　_____　_____　_____　_____

　　　爱　　　_____　_____　_____　_____

　　　快乐　　_____　_____　_____　_____

下周，请尝试更准确地描述自己的情绪以延伸这项练习。扩展情绪词汇有没有让你和他人更好地理解你的感受？

概念应用

请思考本章概念在个人、工作场合和道德中的应用，写下你的感想。

个人 回忆一下是否有这样的时刻，你认为自己应当感受到某种情绪，但你却没有。描述一下"挤压"给你的感受，以及你为了产生自认为应当感受到的情绪所做的情绪工作。

工作 思考一下你有意从事的职业。在这个职业中，有没有什么情绪是不适合表达出来的（甚至不适合有的）？请解释为什么这些情绪是不合宜的，以及为什么表达这些情绪有违职业道德。

道德 诚实是最好的原则吗？由一个人来决定另一个人应当知道什么、能够处理什么是否合乎道德？不同文化的道德原则有什么不同？

批判性思考

请批判性地思考本章提到的观点，写下你的感想。

1. 我们讨论了几种不同的情绪理论。你认同哪一种观点（或哪几种观点）？为什么？在情绪方面，你认同的观点给你带来了哪些见解？

2. 你在网络沟通中使用表情符号或贴纸的频率如何？你认为它们在多大程度上能充分表达你的情绪？

第八章

沟通氛围：

人际关系的基础

本章涉及的话题

◎ 和谐关系的特征

◎ 肯定与非肯定的氛围

◎ 社交媒体与沟通氛围

◎ 营造与维持肯定氛围的准则

学习完本章后，你应该能够 ——

◎ 辨析和谐关系的特征

◎ 区分人际关系中肯定与非肯定的沟通

◎ 明确社交媒体的使用规范

◎ 应用本章的准则，提升你在关系中维持肯定氛围的能力

和我们中的许多人一样，远藤光惠匆匆忙忙赶去上班，希望按时到达。她衣着得体，对自己的工作了如指掌，但每天上班前她和同事都必须通过一项测试。日本的品川站繁忙如常，她停在站外的一台计算机前，屏幕上闪现出一个 O 形图案。远藤迅速露出笑容，计算机奖以 70 分，示意合格。通过微笑测试后，她继续往前走。远藤认为微笑测试是个好主意，因为笑意盈盈的员工能给乘客带来更好的体验。她说："我认为一个微笑能让气氛变得更加轻松。"（Alabaster，2009）

　　远藤颇有洞察力，她意识到我们的非语言沟通会影响互动的氛围。当我们与那些微笑、大笑并投入支持性沟通的人在一起时，我们也会更乐观和自信。但如果大家都眉头紧锁，而且交流的事全是错的，我们也会感到惴惴不安、热情殆尽。

　　沟通氛围是指人与人之间的总体感觉或情绪气氛 —— 温暖或冷酷，安定或焦虑，接受或拒绝，开放或戒备 —— 它由人与人之间的语言及非语言沟通所塑造。理解沟通氛围能使你洞悉，为何在一些关系中你感到轻松舒适，而在另一些关系中你却忐忑不安、怀有戒心。此外，学习沟通如何塑造氛围将使你有能力在一段关系中创造和维持你想要的氛围。

　　本章将探索语言和非语言沟通对于创造和维持人际关系中的沟通氛围的影响。首先，我们会讨论令人满意的人际关系有哪些特征。其次，我们将审视有哪些沟通方式能够建立相互信任、支持理解的沟通氛围。接着，我们会探讨沟通氛围如何与网络和社交媒体上的沟通产生关联。最后，我们将提出若干准则，以创建和维持健康的沟通氛围。在下一章里，我们将看到当冲突爆发时，确认性、支持性的沟通氛围是如何帮助我们管理冲突的。尽管第八、第九两章主要关注个人或亲密关系，但我们谈论的概念和原则也适用于社会和职业关系。

和谐关系的特征

如第一章所示，我们与他人建立关系是为了满足人类在多元化社会中对生理、安全、归属、自尊和自我实现的需求。当我们身处令人满意的关系中时，我们会更积极乐观地面对生活和自我。

菲奥娜：

    这辈子最糟糕的时候就是我刚到这儿的第一个学期。家人和朋友都远在家乡，我孤单极了。在家里，总有人陪在我身边说说话，可在大学里我一个人都不认识。我无依无靠，好像没人在意我。我变得沮丧抑郁，差点退学。但不久，我遇见了一个男孩，又交到了几个好友。自从有人和我聊天，一起出门闲逛后，所有事情都越来越好了。

许多人对菲奥娜的经历深有体会。对很多新生来说，大学第一年是寂寞的，因为他们还没交到多少新朋友。比起俄罗斯人、韩国人或土耳其人，美国人更依赖朋友（Ryan，La Guardia，Solky-Butzel，Chirkov & Kim，2005）。这对新员工来说也一样，在和同事们建立起友谊之前，他们可能感到孤独寂寞，有几分尴尬和焦虑。事实上，融洽的沟通氛围与工作满足感密切相关，还能减少人事变更情况（Anderson，Corazzini & McDaniel，2004）。

> **MindTap**
> **日常技巧**　完成本章末尾的"你对关系的投入"练习，评估你对最亲密的关系所做的贡献。

我们的各种关系极其复杂，并受多种因素影响。在众多的影响因素中，以下四种对于建立和维持令人满意的关系尤为重要：投入、承诺、信任以及坦然对待辩证关系。我们要意识到，关于这些因素的内涵和传达方式，来自不同文化和言语社区的人可能有着截然不同的规则。比如，通常来说西方人会向泛泛之交和一般的朋友透露个人信息，而日本人只会向亲密好友吐露这些信息（Seki，Matsumoto & Imahori，2002）。

投 入

投入是我们为某段关系的付出，即使关系走到尽头也无法索回。如果我们关心另一个人，我们会在互动中投入时间、精力、思想和情感。也许还要投入实物，比如花钱、送礼等。在职场关系中，我们同样投入时间、精力、心思和感情，还常常向同事提供物质上的帮助。

付出的东西无法寻回，所以要想投入有所回报，唯一的办法是将一段关系维系下去。我们无法追回投入关系中的时间、情感和精力，也无法索回对其的物质付出。所以，离开意味着所有的投入付诸东流。

在心中衡量投入是否均等会影响我们对恋爱关系的满意程度。幸福的热恋情侣和已婚夫妻都认为彼此的付出是平等的（DeMaris，2007）。当我们认为自己比对方付出更多的时候，往往会感到失望气愤；反之，又可能羞愧难当。因此，我们感知到的不平等会啮噬欢愉之情，破坏日常交流（Schiebinger & Gilmartin，2010；Sheehy，2010；Wood，2011b，c）

希比：

我和这个男人约会了很长一段时间，直到最后不得不分手以止住损失。他说他爱我，却不肯为这段关系付出。我的投入如此之多——总是招待他，为他奔波劳累，对他一心一意——却得不到一点回报。跟他在一起，就像行驶在单行道。我觉得，他根本不曾珍视我。

MindTap

日常技巧 完成本章末尾的"分辨爱情与承诺"活动，练习辨识爱情与承诺的区别。

承 诺

承诺是指下定决心维系一段关系。请注意，承诺被定义为一项决定，而非一种情感（Etcheverry & Le，2005）。承诺的特点在于计划共享未来。在一段坚定的关系中，双方都认为彼此会携手前进。与短暂的激情或吸引不同，承诺能使伴侣在未来心手相连。相互承诺的伴侣会长远考虑他们之间的关系，所以不太可能将问题和矛盾视为关系的终结。

下决心做出承诺为关系注入了责任。做出承诺的那一刻双方就担负起责任，要不断投入和维护两人之间的关系。没有责任的关系会任由一时的兴致和际遇所摆布，这不是长久关系的稳固基础。

菲利普：

　　当我和丹尼决定出去闯荡一番时，我们已在同一家科技公司工作了两年，但我们都不觉得那里是自己想要奉献余生的地方，甚至三年都不想再待——于是我们开了自己的公司。那段时间担惊受怕，因为我们没有任何保障或"安全区"，我们只有彼此，这改变了我们的关系。我们花更多的时间待在一起，讨论生意上的每个细节，一起出差，评估新兴的软件和 B2B 电子商务企业。我们一起承担风险，学着最大化信任彼此。我们花了很多时间憧憬公司的未来，想象自己该如何让其成真。从某种意义上说，一起追求梦想、规划未来的经历让我们紧紧凝聚在一起。这样亲密无间地共事一年后，我们更像是兄弟，而非生意场上的搭档。

信 任

和谐关系的第三块基石是伙伴间的高度信任（Steiner-Pappalardo & Gurung，2002；Veroff，1999）。信任是指相信对方是可靠的（即他会信守诺言），以及相信对方会为了双方共同的福祉和关系而付出努力。信任不是关系的必然结果。通常，我们得花时间培养它：在他人证明自己可靠，表现出对我们的关心，为了增进关系付出努力的过程中，我们也学着信任对方。信任一旦建立，我们对这段关系就有了心理上的安全感。信任之于关系是如此重要，因为它让我们可以和他人一起承担风险。只有当我们感觉他人可以维护我们的自信并持续关心我们时，我们才会对他们敞开心扉。

自我表露　自我表露能建立和反映人与人之间的信任。本书第二章曾提到，自我表露是我们对私人信息的有意透露，除非我们自己吐露这些内容，否则别人无法发现。学者们对密友间的沟通研究显示，对于西方人来说，自我表露是衡量关系亲密程度的重要依据（Hendrick & Hendrick，2006；Samp & Palevitz，2009；Stafford，2009）。

💬 **日常生活中的沟通 / 见解**

是什么让关系稳固如山？

试想一下，要是有个许久不见的人突然对你说"我爱你"，你会认为他想和你共度余生吗？如果你熟悉那些对亲密关系成因的研究，你就不会这么想了。

为了探寻是什么让人与人紧密相连，玛丽·伦德（Mary Lund，1985）研究了一些大学四年级的异性恋者，通过询问他们对伴侣的态度来衡量他们对伴侣的爱。至于承诺，伦德让参与者给自己维持现有关系的意愿程度打分。她发现，维持关系更依靠承诺而非爱。比起坚定携手未来的情侣，爱意浓烈却对共同的未来无任何承诺的情侣更有可能分手。

一旦决定长久维持关系，人们就更可能为此付出。他们的投入反过来又使关系更充实，如此一来，感情中的驻足收到了丰厚的回报。伦德总结道，尽管爱与承诺通常相生相伴，但要让关系持久，承诺和付出比爱和回报更重要。

伦德的发现还揭示了包办婚姻如此稳固长久的其中一个原因（Nanda & Warms，1998）。在包办婚姻中，新郎新娘不是为了爱而步入婚姻殿堂（有时候他们甚至不曾见过对方），而是怀着对婚姻天长地久的坚定承诺走到一起。至于爱，也许他们会日久生情。

MindTap　你是否经历过某段感情，明明双方彼此相爱，却只有一方许下承诺？后来发生了什么？

自我表露需要循序渐进，谨慎为之（Petronio，2000）。最初，我们透露粗略的信息（比如"我好担心自己找不到工作""我恐高"）。如果听者对这些初期的、内容有限的心里话表示同情和理解，我们可能会进一步分享更私密的话题（比如"我被炒鱿鱼了""我有抑郁症，一直在服药"）。如果听者依旧表示理解并守口如瓶，双方就会愈加信任彼此。

在关系的发展初期，互相表露十分关键。只有对方也向我们分享私人信息，我们才愿意透露自己的私密情感（Cunningham，Strassberg & Haan，1986）。关系刚起步时，双方都容易受伤害。如果我们的谈话消极负面，对方就可能因此辜负这份信任或者心生厌嫌；如果对方接纳这种脆弱，并说些心里话，我们的惶惶之心也将被抚慰。这并不意味着一旦自我表露，就能马上收获另一颗真心。相反，我们需要花时间互惠互助，如此一来，在一段关系中我们和好友才会分享对等的私密信息（Dindia，2000b）。

在亲密关系早期，自我表露十分重要。但对于大多数关系而言，它并非这段漫长旅程中的首要沟通动力。在关系确立后，表露的频率会降低（Duck & Wood，2006）。同样地，如果一段关系走向成熟和稳定，互换秘密也就不再重要。因此，在关系确立后自我表露所得到的回应，更像是对之前已经说过的内容的回应，而不再是即刻、对等的倾吐。

在亲密关系中，尽管我们都会吐露一些私人信息，但不是每个人都说得一样多或都采用同一种方式。每个人想说的话有多有少，没有一个确切的量可以衡量信任程度或关系健康与否。文化差异也会影响自我表露的意愿，性别也与表露方式、表露内容的多少有关。总的来说，女性——尤其是西方女性——比大多数男性更多地进行语言表露，并且更重视它（Floyd & Parks，1995）。男性普遍较少谈及私人情感，尤其是会被别人当作软弱或自我怀疑的那部分（Johnson，2000；Walker，2004）。许多男性更常用动作而非语言表露自己。

罗素：

　　当我真的需要女朋友的支持时，我不会张嘴和她说"我需要你"。我会跑到她那里，或者打个电话问问她想不想过来。有时，我们只是坐在一起，看看电视或者干点别的——但这很有用。我知道她看得出来我很低落，我需要她，而这一点我不用说破。每当我感觉她闷闷不乐的时候，我也会这么做。"我爱你，你心情不好，我很抱歉。"这句话对我来说很难说出口，但我可以陪着她、抱住她，用我的行动让她知道我在乎她。

坦然对待辩证关系

和谐关系的最后一个特征是理解并坦然对待**辩证关系**（relational dialectics）。辩证关系指人际关系中持续而又正常的对抗力量或矛盾。出现矛盾再正常不过了，但如果我们不了解它或视其为反常，它们就会折磨人心。表 8.1 列出了三种已被研究者确认的辩证关系（Baxter，1988，1990，1993；Baxter & Braithwaite，2008；Baxter & Simon，1993；Erbert，2000）。

表 8.1　**辩证关系**

自主 / 联结	新颖出奇 / 意料之中	开放 / 封闭
我需要自己的空间	我们得做点新奇另类的事	我喜欢和你分享这么多事
我想靠近你	我喜欢我们之间熟悉的节奏和规律	有些事我不想和你说

自主 / 联结　每个人都曾经历自主或独立的欲望与亲近或联结他人的欲望之间的矛盾。朋友或情侣之间喜欢互相陪伴，他们兴趣相投、畅谈心事；与此同时，他们也希望自己的个人空间不被这段关系侵占。工作中的关系也有渴望自主与寻求联结之间的矛盾。在某些工作中，我们可能喜欢成为团队的一员，享受团结的感觉；但我们也可能想独立完成另一些工作。

关系咨询师认为，至亲至近的关系所面临的最核心、最持久的问题是自主与联结这对相反需求之间的矛盾（Beck，1988；Scarf，1987）。在外度假时，人们可能会一起用餐和共同活动，在狭小的空间里睡觉和交流，此时个人隐私无从谈起。通常，在刚结束旅行回到家中的几天里，人们彼此的互动会少于以往。经历了长时间的共处后，每个人都渴望属于自己的时间和个人的活动。独立与亲密都是人类的自然需求，挑战之处在于如何既保持独立，又培养感情。

肯：

辩证的解释一度把我搞糊涂了。我永远也想不明白，为什么我一会儿想和阿什莉如胶似漆，一会儿又感到窒息，想要逃离。我担心这意味着我不再爱她了，或者我们之间出了什么问题。但现在我明白这两种需求都是很正常且可被接受的。

新颖出奇／意料之中　第二种辩证关系是想要沿袭以往和想要新颖出奇之间的矛盾。所有人都喜欢在一定程度上例行公事，给生活提供安全感和可预测性。然而，过多的例行程序会使生活索然无味，所以我们偶尔需要些新鲜或奇特的体验。

职场关系也有选择循规蹈矩和向往推陈出新之间的矛盾。我们希望工作足够规律，让我们熟悉自己的职责，觉得自己能够胜任。但我们也希望它充满新意，或者不断变化，以使自己斗志昂扬。然而，正如丹尼斯所指出的，工作环境若是太过求新，也会令人难以招架。

丹尼斯：

去年对于我的妻子凯蒂来说是异常艰难的一年。她的工作似乎一下子全变了。一开始，她的公司被一家大企业收购。后来，凯蒂跟随了十年的CEO被解雇，新总裁走马上任，大刀阔斧地改革了公司制度和程序。大批员工感到十分懊恼，纷纷离职，以至于凯蒂周围的同事也大变样。

开放／封闭　第三种辩证关系是想要开放交流和想要一定隐私（即使是和亲密的人）之间的矛盾。我们对同事和泛泛之交不会像对亲密伙伴那样袒露心声。不过，我们仍渴望保留一些隐私，并希望与我们关系亲密的人能尊重这个想法。完全无节制的表露会让人无法忍受（Baxter，1993；Petronio，1991）。想要一些隐私不代表关系出现问题，它意味着我们需要开放，也需要封闭。

安迪：

　　我在女朋友面前只字不谈我的哥哥雅各布，但这件事让她难以接受。在我八岁那年，哥哥去世了。至今我仍旧无法调整好自己的情绪，尤其是想到他已死去而我还好好活着的那种羞愧之情。我无法对任何人谈论这件事。我会和女朋友聊各种私密话题，但雅各布在我心里藏得太深，难以言说。

　　这三种辩证关系会对健康的关系造成持续的矛盾。如果你的伴侣不明白辩证需求及其产生的紧张关系是生活的自然部分，可能就会产生问题。如果我们认识到辩证需求引起的紧张关系是正常的，我们就能坦然接受并从中成长（Baxter & Braithwaite，2008；Baxter & Montgomery，1996；Metts，2006b）。

　　协调辩证紧张　　巴克斯特（Baxter，1990）找到了四种办法，可供伴侣处理由对立的需求所导致的矛盾。第一种回应方式叫作"中和"，即商量出两种辩证需求的平衡点。每种需求都在一定程度上得到满足，但又没有完全满足。一对夫妇也许在不断地平衡婚姻中求新和守旧之间的矛盾。

　　第二种回应方式叫"抉择"，即优先照顾辩证需求中的某一种，而忽视另一种。举个例子，同事间可能只会进行常规沟通；朋友间会围绕辩证需求，轮流满足其中一种；而一对夫妻可以在一段时间内持续亲密共处，在另一段时间又各自独立做事。

贝弗利：

　　我爸妈真够奇怪的。他们年复一年地循着同一条单调乏味的老路卖力生活。我和妹妹都劝不动他们去做一些不同的事。妈妈不肯尝试新的鸡肉烹饪方式，因为"我们喜欢自己的做法，而且我总能成功"。爸爸不愿尝试新款衬衫，因为"我可不穿这样的衬衫"。哪怕山崩地裂，他们依旧不改路线。但后来，突然之间，他们做了一连串不寻常的事。比如有一次，他们一天之内看了三场电影，第二天又去了动物园野餐。这种古怪的情形持续了一段时间，然后他们又回到了年年月月的单调乏味之中。我猜他们是一时心血来潮才有这些新奇的想法。

言与行：亲密关系的岔路

研究表明，女性和男性一般同样重视亲密关系，但他们在创造和表达亲近关系方面往往又有些不同。早期的社会化过程或许能解释这些性别差异。

通常，男孩们和朋友交流的方式是集体活动，比如一起运动或搭乐高积木。因此，男孩们倾向于和别人搭伙做事，并将童年的经验带入成年后的友谊之中。许多男性认为亲密或充满感情的对话和自我表露不是唯一，甚至不是首要的通往亲密关系的途径。相反，他们偏好在活动中拉近彼此的距离，比如与他人共事、为他人办事。这种模式被称为行动亲密（closeness in the doing）。

女孩们则倾向于和朋友聊天互动（两三个人一起，主要是面对面的交流）。因此，许多女孩学着通过聊天来培养亲密关系。成年后，女性也偏爱以聊天（分享个人的秘闻，进行亲昵的沟通）来增进与朋友的关系。这被称为言语亲密（closeness in dialogue）。

无论男性还是女性，要形成亲密关系都会同时采用这两种模式，不同之处在于两性之间总体的侧重点。大多数女性向朋友表达亲昵和爱意时，也会以具体的表现为中介，尽管它们通常不像在男性友谊间那样重要（Floyd & Parks，1995）。同样，男性有时也会以言语示意亲密，只是不如多数女性那么频繁罢了（Dindia & Canary，2006；Inman，1996；Metts，2006a，b；Wood & Inman，1993）。这两种表达和感受亲密情感的方式都无可厚非，都需要受到尊重。

表达亲密的不同模式不仅限于个人关系，也常见于工作场合。一般来说，女性普遍比男性更倚赖言谈来建立和维持亲近的工作关系，而男性较女性更偏好通过为人做事或与人共事来创造和培养密切的工作关系（Tannen，1995）。

欲了解更多在职场沟通中由性别和其他原因带来的多样性，请访问 http://www.diversityinc.com。

第三种办法是"就事论事"。我们将辩证对立的两面分开，给予其中一种需求某档限度的互动，对另一种相反的需求也同理。举个例子，在大多数任务上，雇员是独立工作的；但在特定团队中，他们又开放互动、通力配合。许多双职工夫妻在工作上十分自主，极少依赖对方的建议，但他们在家庭事务中又亲密无间。

最后一种办法是"重新定义"辩证关系。这是一个复杂又具有变革力量的途径，双方以此重新定义辩证需求，使其不再矛盾。我和同事在研究亲密伴侣之间的差异时就曾发现一项例证（Wood et al.，1994）。有的伴侣超越了自主与联结之间的对立，将差异与分歧（强调个体）定义为亲密关系的增强剂（强调关系）。比如，一些伴侣提到，分歧的存在使两人的关系更加密切；还有人认为，分歧是自己在关系中个性未泯的证据。

研究表明，一般来说"抉择"，即无视其中一种辩证需求的情况，是最无效、最难以令人满意的回应方式（Baxter，1990）。抑制任何自然的人性冲动都是在贬损自我。难点在于如何找到满足我们所有需求的方法，即使这些需求看起来是矛盾的。

当人们学着通过投入、承诺、信任以及理解与应对辩证矛盾来创建一个令人满意的沟通氛围时，健康的关系才有可能存在。这四个因素有一个重要的基础，即"肯定"，我们将在下一节中讨论这一点。

肯定与非肯定的氛围

我们在第一章初次遇见哲学家马丁·布伯，那时讨论的是"物我""人我"和"你我"关系。布伯（1957）相信，我们的健康和成长都需要"肯定"，而肯定的实质是被感知和确证为个体。现代传播学者也认可布伯的洞见，即肯定是有意义和无距离的关系的基础（Anderson，Baxter & Cissna，2004；Barge，2009；Ellis，2000；MacGeorge，2009，Turman & Schrodt，2006）。

沟通氛围存在于从肯定到非肯定的连续区间内（图8.1）。几乎没有哪段关系是完全肯定或非肯定的，它们大多数落在区间内某处。一些沟通可能是肯定的，而其他的则不；或者，沟通在基本肯定与基本非肯定之间循环。关键不在于负面或非肯定的沟通是否存在，而在于积极和消极互动各占比多少。婚姻顾问约翰·戈特曼（John Gottman）提出，这个"神奇比例"是5∶1（1994a；Gottman & Gottman，2007）。关系美满而坚定的夫妻间的愉快互动（表达爱意、体谅、幽默）是不愉快互动（表露责备、失望、愤怒）的五倍之多。换句话说，每天大喊大叫十次又相互拥抱关心五十次的夫妻，比每天只打一架却毫无愉快互动的夫妻更加幸福。

© Cengage Learning

图8.1　沟通氛围的区间

通常，关系不会突然从肯定的层级跳到另一层级。一般来说，肯定的层级流动是渐进式的。你可能不会觉得自己被初遇之人所肯定，但随着你们两人交谈和互动的深入，对方可能会传出他很重视你的信息，于是你开始感到被肯定。随着时间推移，你逐渐会觉得这段关系是肯定的关系。

肯定与非肯定的层级

基于布伯的观点，传播学者发现了肯定和非肯定沟通氛围的三个层级（Anderson，Baxter & Cissna，2004；Cissna & Sieburg，1986）。在我们讨论这些时你会注意到，肯定的沟通涉及以人为中心的思想，我们在第一章中曾提及这一点。以人为中心的沟通认可他人及其情感和想法的合理性。

识别 最基本的肯定形式是识别另一个人的存在（Reis，Sheldon，Gable，Roscoe & Ryan，2000）。我们以非语言行为（一个微笑或一次触碰）和语言沟通（"你好""很高兴遇见你"）来示意。如果我们不承认他人的存在，就是在最基本的层面上否定了他们。比如，有同事进你的办公室，而你连头也不抬；家长对孩子不理不睬以示惩罚，就是在否定孩子；医生不看病患或者不自我介绍，就不算识别了患者，也就是非肯定的（Kahn，2008）。

瑞安：

　　我讨厌和女朋友冷战。我宁愿她大喊大叫或骂我一顿——至少做点什么，让我觉得她知道我在那儿。她不理睬我的时候，我感觉自己完全是透明的，就像我从没出现过一样。

示意 肯定的第二级是示意他人我们接收了他们的所感、所想或所言。我们会用非语言的方式向他人示意，比如通过点头或眼神交流表示自己在听；而语言的示意则是直接回应别人说话的内容。如果一位朋友说："我特别害怕自己把法学院的入学考试给搞砸了。"你可以改述这句话作为示意："所以你在担心自己答得不够好，是吗？"这个改述回应了对方的所想所感。这也解释了研究者勒内·戴利（René Dailey，2006）的发现，即如果青少年意识到父母能认真对待他们的感受，他们就会更少地对父母隐瞒。

当我们不承认接收到别人的感受或想法时，就否定了他们。如果回应牵强附会、无关紧要或冷漠无情，甚至直接否定，那它就是非肯定的。举个例子，听到朋友说起法学院入学考试时，不相关的回应可能是"你想过吗，什么样的人才会给法学院入学考试出卷，以此谋生？"而"今晚想看电影吗？"这个回应则更不相关，它完全无视了朋友的话。类似地，不回同事的邮件或不理他们的留言也是在无视他们的沟通（Conrad & Poole，2005）。对于朋友说的话，如果回答"每个人考完试都这么觉得"就是一种冷漠无情、不将对方视作个体的回应，而"法学院入学考试你答得不错"则是一种拒绝式的回应。请注意，这些非肯定的回应都没有以人为中心。

洛里：

　　你会惊讶于人们是多么频繁地忽视残障人士所说的话。无数次，当我要穿过校园时，总有人走到跟前提议要给我指路。我告诉他们我认识路，不需要帮忙，可他们还是挽起我的手臂要领我走。我是个盲人，这没错，但我不笨。我清楚自己是否需要帮助。为什么别人就不愿意看到这一点？

　　洛里提到了关键的一点——如果自己说的话被人忽略，就是从根本上不受肯定。特别是当我们和一些人在重要方面有差异，但又要和他们打交道的时候，就需要花时间了解他们认为肯定和非肯定的回应方式。"日常生活中的沟通／多样性：如何与残障人士进行肯定的沟通"（见本书第 307 页）提供了这方面的建议。

　　支持　肯定的最高等级是支持，支持是指认可他人的所感或所想。举个例子，要向朋友表示支持，你可以说："你为法学院入学考试倾注了这么多，会担心也很正常。我明白去法学院读书对你来说意味着什么。"当我们不认可对方的想法和感受时，就是否定。如果你对朋友说："国家即将开战，你竟然还有心思担忧法学院入学考试？"这就是拒绝认可他表露出来的情绪。

　　如果我们诚实待人，就不可能总是表示支持。有时，我们无法接受另一个人的情感或思想，也就无法对其表示赞同。几年前，我花了很长时间和一个叫博比的男孩待在一起，不断想办法肯定他。渐渐地，我们之间产生了信任，彼此越来越多地分享个人信息。某天，他告诉我他试服了迷幻药，还说期望以后能服用更多。我无法支持博比的所作所为，不能赞同他想继续服用迷幻药的欲望。我告诉博比我很关心他，但不同意他这么做。我向他说明，如果他被抓，就可能留下犯罪记录。我还提醒他长期服用迷幻药的不良后果，以及把迷幻药和其他毒品混在一起服用的危害。在这种情况下，虽然我没有支持他的具体行为，但肯定了他的个体性（告诉他我关心他）。我们之间的信任和共建的肯定氛围使我们能坦诚地交流毒品的危害。

　　否定不仅仅会带来分歧。毕竟，分歧还有可能转变为生产力，它可能是健康有益的，它表明人们争论是因为在乎彼此。否定是指我们被他人告知自己是疯狂、错误、愚笨或不足挂齿的。仔细想想我们上面讨论的内容就不难发现，在你最珍惜、最轻松愉快的关系中都有着最高层级的肯定。表 8.2 列举了不同层级的肯定与非肯定的表现。

表 8.2 **肯定与非肯定的信息**

识别	你存在	你不存在
	你好	（沉默）
示意	你对我来说很重要	你不重要
	我们之间有关系	我们不是一伙儿的
	很抱歉你受伤了	你会没事的
支持	确实如你所想	你错了
	你这么觉得很正常	你不该这么觉得
	我也这么认为	你的感受没有意义

韦恩：

出柜后，我收到排山倒海般的否定。我告诉父母我是同性恋者，妈妈说："不，你不是。"我告诉她我就是，但她和爸爸都说我只是一时糊涂，不是真的喜欢男人。他们拒绝承认我是同性恋者，这否定了全部的我。我哥哥也好不到哪里去，他认为我是个罪人，要下地狱。事到如今，还有什么比这更令人心灰意冷？

肯定与非肯定的沟通

传播学者杰克·吉布（Jack Gibb，1961，1964，1970）研究了人际关系中沟通与氛围之间的联系。他提到，和某些人在一起时，我们感到浑身不适、心怀戒备，因此我们不可能和他们畅所欲言；而和另一些人在一起时，我们感觉得到了支持和肯定，所以更可能和他们谈天说地。即使在最健康、最积极的关系中，也有让人心存戒备或感到忧虑拘束的时刻。不过，在多数令人满意的关系中，沟通氛围总体是积极肯定的。

吉布相信，沟通氛围的不同多半是因为沟通所产生的肯定或非肯定信息。如表8.3 所示，他提出了六种创造非肯定氛围的沟通方式，以及对应的六种促进肯定氛围的方式。在阅读时你会注意到，肯定的沟通方式包含了一种或多种级别的肯定信息（识别、示意和支持）。

表 8.3　沟通与氛围

非肯定的沟通	肯定的沟通
价值评判	事实陈述
言语绝对	留有余地
处心积虑	自然发生
操控全局	问题导向
冷漠中立	感同身受
盛气凌人	平等待人

价值评判与事实陈述　被别人指指点点的时候，很少有人能感受到吉布所说的"心理安全"。传播学者的报告显示，带有评判性质的沟通会引起人的戒备（Conrad & Poole，2005；Reis，Clark，& Holmes，2004）。我们也较少向那些爱评头论足的人自我表露（Caughlin，Afifi，Carpenter-Theune & Miller，2005；Dailey，2006）。本书第六章曾提到，即使是积极的评价有时也会让我们怀有戒心，因为它暗含的关系意义是对方认为自己有资格评论我们（Cupach & Carlson，2002）。这里有几个评判论断的例子：你那么想，真是愚蠢；你不该那么做；我同意你做的事。

陈述事实的沟通不会评判他人及其所想所感。相反，它只描述行为，不明示好恶。我们在第四章中学习的"我"语言就是在描述说话者的情感或思想，而"你"语言则带有价值评判。描述性的语言可能会涉及他者，但也只是描述而不评价对方的行为。请对比"你最近看上去睡得多了些"和"你睡得太多了"，以及"你桌子上的东西看上去比往常多"和"你的桌子简直一团糟"。

如何与残障人士进行肯定的沟通

和所有人一样，残障人士也珍视肯定的沟通，这种沟通表明我们尊重他们和他们的能力。下面提出了一些指导方针，以帮助你在与残障人士沟通时传递肯定的讯号。

- 与残障人士交流时，请直接和他对话，不要转向他的同伴或口译人员。
- 当你被引荐给一位残障人士时，请主动握手。即使是手部机能不健全或安有假肢的人通常也能握手。
- 遇见视力受损的人，请说明自己和所有同伴的身份。如果这个人是你们团队的成员，对他发表评论时请先说出他的名字。
- 你可以向残障人士提供帮助，但除非他愿意接受，否则不要强行这么做，你可以询问对方最需要什么帮助（明确需求）。
- 用成年人的方式对待成年人。不要拍坐轮椅者的肩膀或头，摆出一副高人一等的样子；和智力正常的人说话时，不要言语幼稚。
- 尊重残障人士的私人空间。不要倚靠在某人的轮椅上，这很粗鲁，因为那是他的部分私人领地。
- 和有表达障碍的人交流时，请留心倾听。不要打断对方或者替他说，你只需要耐心听对方讲完。不要不懂装懂，没明白的地方要回应说明，让对方再做解释。
- 和坐轮椅或拄拐杖的人对话时，请尽量调整身姿，待在他们前方能与之平视的位置，方便双方有眼神交流。
- 要引起听觉损伤者的注意，可以挥挥手或者拍拍肩膀。请直视对方，保持口齿清晰，放慢语速，表情丰富。如果面对读唇语的人，请站在光源充足的地方，避免用手挡住嘴，不要抽烟或嚼口香糖。
- 放轻松，不用顾忌常见表达。比如和视力受损的人说"待会儿见"，或者和有听觉障碍的人说"你听说那条新闻了吗？"他们不太可能被这样的话冒犯，甚至也许会接着讲个笑话。

以上内容改编自"共同关注残障人士服务中心"（AXIS Center for Public Awareness of People with Disabilities）。该中心位于美国俄亥俄州哥伦布市印第安诺拉大道 4550 号，邮编：43214。想获取更多实用指南，更好地与残障人士沟通，请访问美国劳工部官网（http://www.dol.gov/agencies/odep）。

言语绝对与留有余地　我们用绝对甚至武断的语言来表达确认无疑之意。这类语言表明有且只有一个答案、一种合理的观点或行动方案。绝对的语言宣告了唯一不容置喙的正确态度，也就关上了进一步讨论的大门。有的人主意已定，又对其他人的观点冷嘲热讽，因此和这些人聊天完全没有意义。

也许你曾听人说过"我不想听""你动摇不了我""我已经想明白了自己要干什么，所以你就别白费口舌了"这类话语。这些话显得确定无疑，不愿意参考别的建议。面对这样的话语，我们可能会感到不受肯定，于是接受了对方的建议——为了"不白费口舌"。在工作中，自以为是的沟通方式会扰乱合作、涣散人心（Wilmot & Hocker，2006）。

言语绝对的其中一种情形是**种族中心主义**（ethnocentrism），即认为自己所属的族群及其规范是唯一正确的。比如，有的人认为"在布道时高声说话是非常粗鲁的行为"，这是因为他们不理解非裔美国人的文化中"呼应"模式的含义；断言"迟到的人真无礼"是没有认识到和美国文化相比，有的文化不太注重速度和效率这个事实。

莫妮卡：

　　我的父亲是典型的思想保守派。除了他自己的见解外，他觉得任何事都不可理喻。我告诉他我主修传播学，他大发雷霆。他说学习撰写演讲稿根本没有前途，还告诉我应该学商科，这样才能找到好工作——他甚至没问过我传播学是教什么的。但凡他问了，我都会告诉他这个专业可远远不止撰写演讲稿这么简单。从始至终他都确信，对于万千世界自己无所不知。他对于接纳其他观点或者学习新鲜事物毫无兴趣。他给自己的思想上了锁，还把钥匙扔了。在他身边，我们学着噤声，自己的观点自己清楚就好，不会再和他交流了。

言语绝对的反面是留有余地，即愿意开放交流其他观点。当我们用一种有待商讨或犹豫不决的语气说话时，就表明自己的思维还没有封闭，我们示意自己愿意考虑别人的说法，而这能鼓励别人发声。留有余地的沟通包括这样的表述："看待这个议题时，我的思路常常是……""考虑这件事的一种角度是……"。请注意，这些

在线帮助

　　如果某人身患恶疾或者被其他的严重问题所困扰，现实生活中不太可能有一群同病相怜的朋友能理解他的处境——而在线帮助小组的魅力即在于此。正在或曾经、直接或间接受到疾病折磨的人可以在这里找到聊天对象，收获同情、帮助和明智的建议。

- 残障人士家属：https://www.facebook.com/supportstofamilies
- 癌症患者和家属：https://www.facebook.com/CancerSupportCommunity
- 癌症幸存者：http://csn.cancer.org/
- 为丧子而悲痛：http://www.compassionatefriends.org/find-support/online-communities/
- 不孕不育：http://www.resolve.org/support/online-support-resources/
- 心脏病：http://heart-disease.supportgroups.com
- 白血病：http://www.lls.org/support-resources

MindTap　你是否访问过某个在线帮助小组？如果是，它对你有帮助吗？

话都表明说话者意识到还有其他同样合理的观点，并且欢迎就此继续展开沟通。

MindTap

日常技巧　完成本章末尾的"使用描述性的语言"练习，提升你的支持性沟通能力。

处心积虑与自然发生　一旦感觉别人在操控自己，或者对方三缄其口，大多数人会提高警惕。处心积虑的沟通可能是这样："如果我告诉你这件事真的很重要，你会帮我吗？"如果说话人不讲明希望我们干什么，这个请求听起来就像骗局。当听到"你记不记得，上个学期我给你辅导过数学，上个星期你忙的时候我还帮你处理家务事？"时，我们也可能会觉得对方试图操纵我们。听到这样的开场白，我们预感似乎有陷阱在前。如果员工觉得主管试图控制自己，他们就会怀有戒心（Conrad & Poole，2005）。

亚娜：

去年，我的上司总对我施以策略。星期一，她走到我的办公桌旁问我："这周感觉如何？"一开始我实话实说，但来来回回几次之后，我意识到她是在试探我。如果我说"还好吧"，她派给我的任务就会不一样。其实如果她有话直说，问我是否愿意做某件事，我也不会介意的。

处心积虑的反面是自然发生。自发的沟通是开放、真诚且未经预谋的。比起"如果我告诉你这件事真的很重要，你会帮我吗？"这种说法，"这台电脑出了小故障，我需要你的帮助"显得更自然。同理，坦诚地寻求帮助（"你愿意帮我吗？"）也比在提出请求之前先历数一遍自己为对方做过的事更加自然。处心积虑的沟通拐弯抹角、矫揉造作，而自发的交流则更真诚可信。

> 💬 **日常生活中的沟通 / 工作场合**
>
> ### 责怪无法激励人心
>
> 病人没有戒掉坏习惯，医生该怎么做？医生是否应该斥责嗜烟的男人，或是敦促肥胖的女人消耗卡路里？长久以来，医生一直依靠策略（比如指责）以使病人戒除恶习。然而，近来的研究表明，这种策略也许难以奏效，因为它会使病人心存戒备。更有效的办法是鼓励病人设立目标，并在他们达成目标的过程中加以指导（Landro，2013b）。
>
> **MindTap**　请想想，当你被责骂或被命令做某件事时你是什么反应。这些沟通策略在多大程度上使你怀有戒心？

操控全局与问题导向　与施以策略相同，操控全局的沟通也意图摆布他人，但不同之处在于操纵全局的沟通不会遮遮掩掩。常见的例子有：某个人坚持认为他的解决方案或偏好胜过他人。不管是生活琐事（看什么电影）还是正经要事（要不要搬到新的地方去），支配欲强的人都会试图向他人强加自己的观点，而这样的做法既否定又不尊重他人。

心生戒备是因为这在关系意义层面意味着操控的一方认为他比别人更强势、更有理或更聪明。如果别人说我们的观点错误、我们的喜好无足轻重或我们的主意都很糟糕，当然是一件令人丧气的事。如果主管对下属管头管脚，可能意味着他们不相信别人能把工作做好（Conrad & Poole，2005）。如果妻子的收入更高，她可能会对丈夫说："好吧，你想买福特汽车，可我更喜欢本田，毕竟花的是我的钱。"这里的说话者妻子不仅在强加自己的喜好，还在告诉丈夫，因为她挣的钱更多，所以她更有权力。

帕特：

> 我大一时的室友真是个混球。她的生活目标就是控制我和她身边的所有人。有时候，她说她想出去吃饭，我同意了，她就问我想去哪里；但即便我挑选的是她最喜欢的那家，她也非要另找一家——她只是想掌管一切。一旦我移动房间里的东西，她立马大吵大闹，物归原处。但之后她像我一样动了东西，却说这是她的自由。她才不在意发生什么事或者怎么解决问题，她只关心自己是否掌控全局。

问题导向的沟通常常能创造理解、肯定的氛围，因为它着眼于寻找一个各方都能接受的办法。同事间也有问题导向的沟通，以下是一个例子："看来，关于如何执行新项目，我们的想法截然不同。让我们详细地谈谈各自的想法吧，看看如何才能各出其力。"请留意这样的表述是如何鼓励合作并强调满足各方需求这个目标的。问题导向的行为可以缓和冲突，使沟通保持开放（Wilmot & Hocker，2006）。

问题导向的沟通有许多益处，其中之一是它在关系层面的意义肯定了沟通双方的关联。当我们表示想和他人合作并找到双方都满意的解决方案时，我们让对方了解到比起执着于自己的方式，我们更在乎彼此的关系。相反，控制他人的行为则只在意自己取胜，导致对方和这段关系受到伤害。

冷漠中立与感同身受　如果对方回应的态度中立或冷漠，人们就会起戒心。中立的态度常常被解读为缺乏尊重和关心。因此，对于大多数人来说，这并不是有效的沟通。

内尔：

> 我的哥哥从不回应我的话。他听我说话，却没有任何表示。有时候我推推他，问他"你怎么想"或者"你明白我说的话了吗"，而他只是耸耸肩或者回一句"无所谓"，显出一副事不关己的样子。所以要我说，还和他聊什么天？

和冷漠中立相反，感同身受的沟通肯定了他人的价值并表达了我们的关心。例如"这种情况下你会这么想，完全合情合理""哇，你上司和你说这些话的时候，你肯定很不爽"。同情未必代表同意，它表达的

美国动画《辛普森一家》（*The Simpsons*）里的蒙哥马利·伯恩斯就是一个典型的老板形象，他对人评头论足、颐指气使，很少听史密瑟斯在说些什么。

是对他人的接纳，以及对他人观点的尊重。在与别人意见相左的时候，尊重对方的人格尤为重要。

盛气凌人与平等待人　和之前讨论过的许多沟通行为一样，影响氛围的最后一组行为和关系层面的意义联系最紧密。在沟通中如果显得高人一等，就是在说"我比你好"。当别人行为傲慢，似乎显得他们更优秀时，我们会感觉不受认可。

有的话表现了高人一等的姿态，比如"在这件事上，我知道的比你多得多""要是你有我这样的经历，你就不会这么建议""你真应该让我的发型设计师替

你理理发"。以上每句话都清楚地表达着"你不如我优秀（聪明、见多识广、时髦）"的意思。可以预见，这会导致我们为了维护自尊而对小看我们的人隐瞒真实想法。

平等待人的沟通会营造肯定的沟通氛围。与平等对待我们的人交流，我们会感到更加轻松自在。就其关系层面的意义而言，平等的态度表达了尊重，还表明双方处于相同的地位。也许我们在某些领域有丰富的经验或卓越的才能，但我们仍要尊重他人，重视他们为沟通做出的贡献。在平等的氛围中，每个人都可以加入讨论，无须担心自己被评价不如他人。

💬 **日常生活中的沟通 / 工作场合**

师生关系

在师生关系中，经验更丰富或专业知识更精深的导师会向学生提供帮助。和谐师生关系的特征是支持性的氛围。迈克尔·赫克特（Michael Hecht）和珍妮弗·沃伦（Jennifer Warren, 2006）指出，师生关系中的平等沟通尤为重要。缺乏经验的学生会觉得自己级别低（事实上也是），因此导师应该尽其所能平衡这种关系——可以强调学生更了解的领域，或者在需要时向学生寻求建议。

MindTap 如果你有导师，请描述他与你之间沟通的平等程度。

我们看到，肯定包括识别、示意和支持，它是健康沟通氛围的基础。肯定与非肯定的沟通向我们展示了那些使我们感觉受到肯定或不受肯定的具体行为。

社交媒体与沟通氛围

和面对面沟通一样，社交媒体的沟通氛围也很重要。也许你曾访问一些网站或聊天室，它们有的看上去很友好且吸引人，有的则差了很多。如果你现在回访这些网站并审视上面的沟通信息，你也许会发现那些吸引人的网站上的沟通氛围更肯定。

线上和数字环境下的自我表露遭遇了新的挑战。和别人面对面说话时，我们清楚自己在向谁吐露个人信息，而社交媒体则很难保证有特定的接收者。你是否经常无意中听到别人打电话？是否经常听到一些如果是你就绝不会向陌生人透露的私人信息？打电话看起来是很私密的沟通模式，当我们边逛街购物边聊天并全情投入对话中时，常常会忘记旁人实际上听得一清二楚。

在线和数字沟通与本章内容的另一个关联在于示意，即肯定的最基本层面。当我们遇见某人并向他打招呼时，对方可能回以微笑、点头或一句"你好"作为示意；但在社交媒体上可不是这样的。发送一条短信或者一封邮件后，你如何确定对方已经收到？如果过了几分钟朋友还是没有回复短信，你很难判断是对方无视了你，还是他碰巧没看到。

在社交媒体上，传递非语言线索的渠道更加有限，这也许会削弱我们解读他人沟通内容的能力。面对面沟通时，我们能看到朋友眨巴眼睛或嘴角露出一丝笑意，进而判断他在开玩笑；而在线上和数字环境中，即便能用表情符号，要做出判断也困难得多。你很难分辨一条内容为"不必再说了"的短信是什么含义。对方是重视你的消息并理解了其中的意思，还是被你激怒了？或者是他自以为是，关上了沟通的大门？我们很难知晓。因为比起面对面沟通，线上和数字沟通的信息被压缩简化了，我们解读这些信息的方式有诸多不确定性，所以提供额外的提示会颇有帮助。

MindTap

日常技巧 完成本章末尾的"社交媒体使用习惯"活动，深入理解关于社交媒体沟通的基本规则及调整方式。

营造与维持肯定氛围的准则

现在，我们已经了解不同的沟通行为如何营造氛围，接下来我们会提出五条营造和维持健康沟通氛围的准则。

积极利用沟通营造肯定的氛围

第一条准则是用本章所学到的知识来改进关系中的沟通氛围。既然你已经熟知哪些沟通类型会增强肯定或非肯定的氛围，那么你就可以辨别和控制非肯定的交谈模式。此外，你可以积极使用肯定式的沟通方式。

你也可以接纳由辩证关系产生的矛盾并从中成长，以此改进沟通氛围。个人和人际关系的成长取决于我们对自主与联结、求新与守旧、开放与封闭需求的尊重。辩证需求之间的矛盾使我们意识到自身需求的多样性，以及满足全部需求是多么重要。

接纳与肯定他人

纵观本章你会发现，肯定是健康氛围与和谐关系的核心。但知易行难，有时我们难免与别人产生分歧或讨厌别人的所作所为。真诚待人是很重要的，即便忠言逆耳，我们仍然期盼真正的朋友能够有话直说。因此对待朋友和他们的行为，我们也要实话实说以消除他们的疑虑。正如吉莉恩所言，在保证珍视并尊重对方的前提下，我们可以直言不讳。

吉莉恩：

> 我欠朋友珍妮的太多了。我刚开始和一群轻浮的酒肉朋友厮混那会儿，她就说我太胡闹。她告诉我，我这是在被人利用，如果不洁身自好就没人会尊重我。我想摆脱她，可她穷追不舍，直到我听从了她的建议。令人惊奇的是，她一直反对我做的事，但从没让我怀疑过她对我的信任。现在，我意识到自己干的那些事是多么愚蠢，但当时会关心我并与我争论这些事的，除了珍妮别无他人。

若要关系稳固，双方都必须受到肯定。肯定始于对他人的示意，并承认他们的想法和感受的合理性。换位思考是接纳他人的主要方法，这让我们能设身处地为他人考虑。有时，私密的谈话能使你感觉与对方非常亲近，但对方也许认为共同做事才能让你们的感情更进一步。要兼顾双方的需求，可以轮流采取各自偏好的方式拉近彼此关系。你可以一箭双雕，在与对方亲密共事的同时进行深入交谈。举个例子，在背包旅行的途中，对话自然而然就发生了。埃莉诺的经历告诉我们该如何顾及别人的需求。

埃莉诺：

我和乔治结婚大概一年之后，他升职了，但前提是我们要搬到弗吉尼亚州去。我们那时住在宾夕法尼亚州，家人和朋友都在那儿，我和这些人同根相连，所以不想搬家。但我们都清楚，搬家与否对乔治的职业发展至关重要。出发前一周，乔治给了我生命中最棒的一份礼物。他交给我两张机票：一张可以在两州之间往返，这样我可以回来看望家人；另一张是他给我闺密准备的，这样在我们搬家之后她可以过来玩。我知道他懂我，想办法照顾我的感受。我依然留着票根，把它们珍藏在我的记忆盒子里。

肯定与表达自己

肯定自己与肯定他人一样重要。因为和别人相比，你同样珍贵，你的需求同样重要，你的喜好同样合情合理。如果你认为以上讨论的人际沟通准则仅仅事关我们对待他人的方式，那就误解了本章内容，因为它们同样可以指导我们看待自己的方式。因此，肯定他人价值的准则也适用于肯定我们自己。

尽管我们无法时刻满足关系中各方面的要求，但我们仍然可以让每个人（包括自己）发声。如果你的伙伴比你渴望更多自主性，你就需要示意自己意识到了这一点，但同时坚持自己的主张。要是你不表达自己的情感，别人就无从肯定你。因此，你应该坚持自己的感受和喜好，同时尊重其他个体的不同想法。

宽达：

我花了好长时间才学会像关心别人一样关心自己。大概因为我是个女孩儿吧，我一直被教导要把别人的利益放在第一位。我是说，我的哥哥弟弟们从没被灌输这套思想。多年来，我闭口不谈自己想要什么，而是专注于取悦别人。我自以为在经营关系，但实际上我在伤害关系。我觉得没人在乎我，我很讨厌这种感觉。现在，我学着照顾别人，同时照顾好自己。

和争强好斗不同，表达自我并不会使我们的需求凌驾于他人之上。同时，它也不像自我辩白，我们无须屈从于他人。表达自我是指清楚无误、不带评判地陈述自己的感受、需求或欲望（见表 8.4）。你不必贬损他人或他们的欲望也可以做到这点，你只需要用开放、叙述性的语气说明你的感受。

表 8.4　争强好斗、表达自我和自我辩白

我们要花时间在一起	我希望我们花更多时间在一起	如果我们不能待在一起，也没关系
告诉我你是怎么想的，我非得知道不可	我愿意更多地理解你的感受	如果你不想聊你的感受，也没问题
我才不管你想干什么，反正我不去看电影	今晚我真没有心情看电影	如果你想去看电影的话，我没意见

MindTap
日常技巧　完成本章末尾的"辨析以下沟通形式属于争强好斗、表达自我还是自我辩白"活动，练习识别这三种类型的沟通形式。

尊重关系的多样性

关系像人一样存在差异。在人际沟通中，对于怎样才算舒适、满意或受到肯定，人们的想法千差万别。比如，你的某位朋友也许喜欢倾诉很多心里话，而另一位朋友却惜字如金，但我们没有理由劝前者少说话，鼓励后者多倾诉。因为人和人不尽相同，关系也五花八门。

道修斯：

　　沟通方式与工作关系中的氛围息息相关。离开海地初到这里时，我参加了很多工作面试。人们会说"我们从来没有雇佣过你们的人",说得像海地人都不正常一样。他们还说我得辛勤工作,问我是否做好了准备,这明摆着是觉得我懒。我上手工作后,上司总是密切关注我,盯我比盯美国员工更紧。他对我总是求全责备。

即便是单一的关系也并非一成不变。对立持续产生矛盾,因此人们会不断改变他们处理关系中的对立需求的模式和方法。有的时候想亲近,有的时候又想保持距离,这是很正常的。多尝试用不同的方式回应对立矛盾也不失为一个好主意。在封闭与自主之间采取折中方式可能颇有效果,比如为了追求开放的氛围向他人分享某些话题,同时为了保护隐私避而不谈其他话题。

由于人和关系的多样性,我们应该尽量尊重每种沟通选择和关系类型。此外,我们应该小心谨慎,避免把自己的解读强加给别人。成长于不同文化(甚至只是不同州)的人学到的沟通方式不同。西方人也许将有的事视作开放坦率、健康的自我表露,但部分亚洲社会的成员也许会感觉受到冒犯和侵扰。因此直接询问他人是理解对方行为意义的最佳方式。此举能传递关系信息,表明在我们眼里他人很重要,也能让你了解身边有趣的多样文化。

积极回应批评

第五条准则是当别人提供建设性的批评时,请做出有效回应。旁人的批评用语(比如"你真自私")有时会令人心生戒备,我们常常消极地回应这样的评论或者无视它们,认为说话人非常刻薄。这些反应很自然,可以理解;但这样做也让我们错失机会,无法进一步了解别人如何看待我们,也无法重新审视自己的行为。我们可能在不知不觉间做了什么,惹怒了对方。卡罗尔·塔夫里斯(Carol Tavris)和埃利奥特·阿伦森(Elliott Aronson,2007,p.44)以一个比喻帮助理解:"司机的视界免不了有盲点,但有经验的司机能意识到它们的存在。"在人际交往中,别人的批评能让我们意识到盲点的存在。

积极地回应批评是指追问更多信息,比如问"你能解释一下,我做了什么让你觉得我很自私吗?"这样的问题,以帮助你获得更多实在的信息。请记住,别人也许不如你清楚怎样有效沟通，所以他们可能会用抽象的措辞，但你可以帮他们转化为具体的细节，有针对性地解决问题。他们可能会使用"你"语言（"你伤害了我"），你可以向对方追问，自己做了什么事让对方觉得受伤。

积极回应批评的第二步是深思熟虑。他人的批评有根据吗？你在某些方面真的很自私吗？仔细思考后，如果你认为批评是在胡扯，就可以对别人认为你考虑不周或自私自利的行为做出解释。你也许会说："我知道你为什么会觉得我频繁和朋友们出门很自私，但对我来说，这是因为我在乎他们，就像我和你待在一起是因为你很重要一样。"请注意，这个回应不仅用另一种方式解释了具体行为，还肯定了对方。

如果你确定他人的批评合情合理，就要考虑是否改变自己的行为。关于如何改变自己，请参阅第二章结尾所列的准则。

贝齐：

室友叫我邋遢鬼，这让我很不爽。但这一课学到的内容让我不再对她的话充耳不闻或者反唇相讥，而是主动询问她为什么这么说。室友说她讨厌一回到公寓就发现浴室地上丢着我的衣服，水槽里堆放着碗碟。好吧，我可以搞定这些。于是每天出门前，我都会捡起衣服、洗净碗碟。这事要是放到以前，我会很受伤并拒绝改变。可是当我这样回应室友后，我发现自己没那么容易受伤，也更能控制情绪了。我知道，这样做她和我住在一起也会更加开心。

最后一点建议是感谢批评你的人。这听起来好像很荒唐，毕竟批评的声音听着不舒服，很难让人心怀感激。但仔细想想你就会意识到，批评是份礼物，它给了我们通过别人的眼睛看清自己的机会。此外，它让我们能够洞悉别人对我们和我们行为的看法。这两种结果都有助于个人成长和培养健康关系，并使沟通双方真诚地表达彼此的情感。即使我们不同意批评意见，也要让别人知道我们感谢他们愿意向我们分享观点——这将确保沟通的大门始终敞开。

以上讨论的准则结合了两个方面：一是对自己、他人和关系的尊重，二是健康、肯定、联结人我的沟通氛围。如果我们主动承担起营造沟通氛围的责任，学习相关知识和沟通技巧以达成目标，我们就有可能改进关系。

本章总结

在这一章里，我们探索了面对面和线上的人际关系，以及能令它们更和谐或更糟糕的沟通氛围。健康的人际关系有四个要素：投入、承诺、信任和坦然对待辩证关系。

健康沟通氛围的要义是肯定，我们每个人都渴望被珍视，尤其是被至亲至近的人珍视。当伙伴之间识别、示意及支持彼此时，他们会说"我知道你在那儿"或"你对我意义不凡"。在网络或社交媒体的沟通中，识别和认可并非即时传达，因为聊天双方并不总是同时在线。我们谈到了沟通的特定类型，它们在一段关系中可以营造肯定和非肯定的氛围。在非肯定的氛围中，价值评判、言语绝对、盛气凌人、处心积虑、操控全局和冷漠中立如同火上浇油；而在肯定的氛围中，陈述事实、留有余地、平等待人、自然发生、感同身受和问题导向则是锦上添花。

在本章末尾，我们提出了在面对面和线上沟通中营造健康沟通氛围的五条准则。第一，利用你的沟通来增进关系。第二，即便有时我们和朋友、伴侣意见不合或无法感同身受，我们也应该接纳和肯定他们，并向对方表示尊重。第三点和第二点相辅相成，我们应该接纳并肯定自己，像对待他人一样全心全意。每个人都有资格表达自己的想法、感受和需求。这么做使我们保持尊严，并帮助伙伴更理解我们。

第四，我们应该认识到关系中的多样性是个人成长和增进感情的动力。人类本身和他们喜好的关系类型、形式一样具有多样性。我们若能尊重差异，便能扩展视野，了解人类创造和经营亲密关系的迷人而又无穷的途径。最后，请积极地回应批评以帮助个人成长，培养健康关系。

在接下来的四个章节中，我们将更细致地审视人际关系。第九章延伸了关于氛围的话题，探讨我们应如何营造建设性的关系语境以更有效地应对冲突。第十章谈论友谊，第十一章涉及爱情，第十二章聚焦家庭内部沟通。每一章都会阐释这些关系的本质，探讨沟通如何影响这些关系，引导我们思考要怎样应对长久亲密关系中难以避免的一些问题和挑战。前几章里关于氛围及人际沟通的不同方面的知识，为我们更深入地研究亲密关系的诸多变量打下了基础。

关键概念

请练习给本章涉及的术语下定义。

辩证关系　表达自我　承诺　沟通氛围　投入　信任　种族中心主义

话题延伸

请利用本章学习的原则来评估并分析这段对话，然后和作者建议的回应做比较。我们的网站上有更多相关视频，你可以与老师继续练习。

青木和埃斯特班见面，商量要与老板卡尔进行一次谈话。埃斯特班刚刚告诉青木，卡尔取消了一场重要的展示，而这原本是个绝佳的机会。

青木： 这正是我们要和卡尔谈谈的原因。他好像从来没有在意过我们的投入，他不能把我们当成弱者。

埃斯特班： 我不确定他是不是把我们看成弱者。

青木： 就在上周二我下班之后，他把我办公室里为博斯利（Bosley）[1] 项目准备的图片拿走了，还把它们合在一起进行了演示。我都计划好了，第二天早上会合起来展示一遍——说好的周末截止，这都还没到期限呢！

埃斯特班： 他觉得他在帮忙，他只是很在乎自己的工作。

青木： 但那不是他需要管的。他得信任团队，听听我们在说什么。我花了一整天的时间构思这次演示，他一插手，我的努力全白费了。

埃斯特班： 这事确实令人气愤，我们得和他谈谈。

青木： 让他理解我们的唯一途径，就是我们自己开口。

1. 投入、承诺、信任和坦然对待辩证关系这四个因素如何影响青木和埃斯特班在工作时的沟通氛围？

2. 青木和埃斯特班对卡尔的看法如何营造出两人之间肯定的沟通氛围？

3. 如果埃斯特班和青木当面向卡尔提出自己的忧虑，你会给卡尔提供什么建议以帮助他积极地回应批评？

日常技巧

请完成下面的练习，进一步提升自己的沟通技巧。

1. 你对关系的投入

你为最亲近的朋友、情侣和同事付出了什么？

a. 在每种关系中，你花了多少时间？

友谊：＿＿＿＿＿＿＿＿　　爱情：＿＿＿＿＿＿＿＿　　工作：＿＿＿＿＿＿＿＿

b. 要留宿另一个人，你要下多大决心？

朋友：＿＿＿＿＿＿＿＿　　情侣：＿＿＿＿＿＿＿＿　　同事：＿＿＿＿＿＿＿＿

---

1 日本 Unihair 公司旗下的一个医疗植发品牌。——译者注

c. 你花了多少钱？

友谊：_____　　　爱情：_____　　　工作：_____

d. 你的过去和他们的过去有多大关联？

朋友：_____　　　情侣：_____　　　同事：_____

e. 你给予他们多少信任？

朋友：_____　　　情侣：_____　　　同事：_____

f. 你给予他们多少支持？

朋友：_____　　　情侣：_____　　　同事：_____

g. 另一方的付出和你大致相等吗？

朋友：_____　　　情侣：_____　　　同事：_____

h. 如果断绝关系你会损失什么？你能挽回损失吗？

友谊：_____　　　爱情：_____　　　工作：_____

2. 分辨爱情与承诺

以下所列的是朋友和情侣间可能会向对方说的十句话。请在每句话的左侧空格处填上 C（承诺）或 L（爱情），参考答案请见我们的在线网站。

_____ a. 和你在一起很开心。

_____ b. 和你聊天特别有帮助，能帮我理清思绪。

_____ c. 我喜欢设想十年或十五年后我们会变成什么样。

_____ d. 和你在一起时我感觉棒极了。

_____ e. 我将一辈子忠诚于你。

_____ f. 我对你的感觉独一无二。

_____ g. 我为你疯狂。

_____ h. 为了买套房子组建家庭，我们需要攒更多钱。

_____ i. 此时此刻和你在一起，我觉得很幸福。

_____ j. 我从没感觉和谁这么亲近过。

3. 分析你的关系

想想生活中的两类关系：一种让你自我感觉不错，给你带来安全感；另一种让你感觉被忽视或者不受重视。请试着辨别和谐关系中肯定的不同层级所对应的事例，列举不愉快的关系中不同程度的非肯定所对应的事例。识别肯定与非肯定的沟通能帮助你洞悉这些关系的差异。

4. 认识辩证关系

以下的六个例子描述的是人际关系的常见变量。辨析每个例子中最显著的一对辩证关系。在每个例子的左侧空格处填上答案，参考答案请见我们的在线网站。

辩证关系	变量描述
示例： 新颖出奇 / 意料之中	埃琳和迈克计划去度假，可他们犹豫不决，不知是去他们熟悉的地方，还是去新鲜的、不一样的地方。
_____	a. 珍妮想把她遇到的学业困难告诉朋友安妮，可她又觉得这是个秘密，不想对别人说。
_____	b. 两年来，泰隆和戴维每个周末都一起看球赛。他们十分享受这段友谊，但是也觉得有点腻烦。
_____	c. 玛丽莲的男朋友吉姆尊重她的权利，不对她生活的某些方面问东问西，这点让她很喜欢。同时，玛丽莲又觉得两人都藏着一些事，这成了彼此关系的障碍。
_____	d. 罗伯特认为如果他能和纳维塔一起做更多事，他们的关系会更亲密，但他也希望两个人有各自的兴趣爱好。

_____

e. 丹尼觉得他和凯特的相处模式陷入常规。一方面，他希望关系四平八稳；另一方面，他又感觉无聊透顶。

_____

f. 花了一周时间在外背包旅行后，迈克和埃德回到学校，足足有几天时间没有给对方打电话或者见面。

5. 使用描述性的语言

　　为了提升沟通技巧，更好地参与支持性的沟通，请将下列评判性语句改写成事实陈述。

示例：

价值评判： 这份报告写得一塌糊涂。

事实陈述： 这份报告没有涉及相关的背景信息。

价值评判： 你真懒。

事实陈述： _____

价值评判： 我讨厌你主导我们的对话。

事实陈述： _____

价值评判： 别没完没了地唠叨这个问题。

事实陈述： _____

价值评判： 你陷得太深了。

事实陈述： _____

6. 社交媒体使用习惯

　　回答下列问题，深入了解自己使用社交媒体交际的基本规则和变通方式。

a. 你期望对方回复短信的速度有多快？

b. 在网站的公共主页暴露多少个人信息是合适的？

c. 对你来说，什么才算线上支持？

d. 社交媒体上，什么行为算是粗鲁的？

7. 辨析以下沟通形式属于争强好斗、表达自我还是自我辩白

　　下面是五段故事梗概，分别描述了一种情境并规定了你的任务。给每个故事续写一段争强好斗、表达自我或是自我辩白的回复以达到你的目标。

示例：

故事梗概： 你得复习考试，但你的男 / 女朋友很想出去吃晚餐和看电影。

争强好斗： 我才不管你喜欢什么，我今晚是不会出门的。

表达自我： 我也很想明天或者这周末出门玩，但今晚我得复习。

自我辩白： 复习也不是那么要紧。你要是想去，我们就去吧。

a. 你觉得室友在生你的气，但你不明就里。当你说起这事时，他矢口否认，但他的确表现得不亲切、不友好。

　　争强好斗：＿＿＿＿＿＿＿＿＿＿＿＿＿＿＿＿＿＿＿＿

　　表达自我：＿＿＿＿＿＿＿＿＿＿＿＿＿＿＿＿＿＿＿＿

　　自我辩白：＿＿＿＿＿＿＿＿＿＿＿＿＿＿＿＿＿＿＿＿

b. 你的好朋友向你借车。通常，你不会介意把车借给朋友，但此人有超速驾驶的记录，上路之后粗枝大叶。他要是撞坏了你的车，你无法承担后果。

　　争强好斗：＿＿＿＿＿＿＿＿＿＿＿＿＿＿＿＿＿＿＿＿

　　表达自我：＿＿＿＿＿＿＿＿＿＿＿＿＿＿＿＿＿＿＿＿

　　自我辩白：＿＿＿＿＿＿＿＿＿＿＿＿＿＿＿＿＿＿＿＿

c. 一位好友问了你一些非常私人的问题。你想表现出对这位朋友的信任，但又不想聊这个话题——即便他是你非常要好的朋友。

　　争强好斗：＿＿＿＿＿＿＿＿＿＿＿＿＿＿＿＿＿＿＿＿

　　表达自我：＿＿＿＿＿＿＿＿＿＿＿＿＿＿＿＿＿＿＿＿

　　自我辩白：＿＿＿＿＿＿＿＿＿＿＿＿＿＿＿＿＿＿＿＿

d. 十天前，你借给同事 20 美元，你那时候觉得对方一个星期之内准会还钱。可直到今天，同事既没还钱也不解释，你想要回你的钱。

　　争强好斗：＿＿＿＿＿＿＿＿＿＿＿＿＿＿＿＿＿＿＿＿

　　表达自我：＿＿＿＿＿＿＿＿＿＿＿＿＿＿＿＿＿＿＿＿

自我辩白：_____

e. 你的团队里有人开种族主义和性别歧视的玩笑。你觉得这些玩笑极其无礼，但你既不想给团队惹麻烦，也不想让那个人难堪——你只希望这些玩笑就此打住。

争强好斗：_____

表达自我：_____

自我辩白：_____

概念应用

请思考本章观点在个人、工作场合和道德中的应用，写下你的感想。

个人　请练习应用本章所提供的准则来回应批评。尝试听取批评但不发怒，向别人的反馈表达感谢，看看会发生什么。

工作　请形容一下你现在或曾经身处的工作沟通氛围。辨析在工作场合营造肯定或非肯定氛围的特定沟通类型。

道德　一个人有没有责任告知另一个人他对这段关系的承诺有多深？如果你察觉有人倾心于你，而你完全无感，你有责任向对方陈述实情吗？

批判性思考

请批判性地思考本章提到的观点，写下你的感想。

1. 当你不赞同他人的时候，你会觉得肯定他人很难吗？如果会，那么在学习本章后，你有没有更明白识别、示意和支持之间的区别？你能区分对他人个体性的肯定与对某种观点或行为的支持吗？

2. 肯定或否定他人的沟通表明了哪些道德准则？否定他人的行为错了吗？是否对所有人都不例外？如果是关系亲近的人呢？

3. 与他人沟通时，你在多大程度上保持自尊又尊敬他人？你对自己和他人的需求一视同仁吗？如果不是，在今后的互动中，请着重在肯定自己与肯定他人之间寻求平衡。

4. 你在沟通时会不会争强好斗、表达自我或自我辩白？各自的频率多高？在哪些情境和关系中，你最有可能做出这几类行为？你采取的行为能否推进你的目标，拉近双方关系？

第九章
应对关系中的冲突

本章涉及的话题

◎ 人际冲突的定义

◎ 冲突的原理

◎ 冲突的取向

◎ 冲突的应对方式

◎ 冲突中的沟通模式

◎ 社交媒体以及冲突中的有效沟通原则

学习完本章后，你应该能够 ——

◎ 定义人际冲突

◎ 列举五项冲突原理

◎ 辨析你的冲突取向

◎ 辨析你偏爱的冲突回应方式

◎ 识别具体互动中加剧无益冲突的行为

◎ 评估何时可以从社交媒体冲突中合乎道德地撤离

◎ 应用本章提供的原则，提升有效辨识和处理冲突的能力

约瑟夫：昨晚的派对上你和其他男人眉来眼去的，这真的让我很生气。

卡门：你喝得烂醉，难得还能看到我在跟别人调情。

约瑟夫：大概正因为我的女朋友乐此不疲地和其他男人跳舞，根本不管我是醒是醉，我才喝得这么多。

卡门：你有没有想过，如果你改掉坏毛病，也许我就会多瞧你几眼。为什么你不好好读研究生，做事负点责任？

约瑟夫：你要是能戒了烟，多花时间和我待在一起，而不是整天看这课那课的阅读材料，我就照你说的做。

卡门：你说这话不过是嫉妒我参加了一个研究生课题，而你没有。

约瑟夫：我可不会管社会工作叫研究生课题。

卡门：总比你强。至少我在为工作打算，你呢？

约瑟夫：你只会抱怨、抱怨、抱怨，除此之外无所事事。你真是个累赘。

卡门：彼此彼此。

约瑟夫和卡门遇到了问题，且问题不仅限于他们讨论的内容——更大的麻烦在于他们没有建设性地处理冲突。我们已经从前几章了解到，消极的沟通只会对紧张关系火上浇油。举个例子，约瑟夫一张口就用了"你"语言。他没压住怒火，还对卡门多番指责，而卡门也没管好自己的脾气。此外，约瑟夫也许误判了自己的感受。他是真的怒不可遏，还是因为看到卡门花更多时间在别人身上而难过或嫉妒？

约瑟夫和卡门都用人身攻击来否定对方。而且，他们并不设身处地理解彼此，而是对对方的说法充耳不闻，心存戒备地听，再乘机互相攻讦。卡门和约瑟夫一直自说自话，不曾合力解决问题。结果就是卡门和约瑟夫用言论互相伤害，导致这段关系草木皆兵。

让我们重启他们的对话，看看积极的沟通是否可能扭转局面。

约瑟夫： 昨晚的派对上，你和其他男人眉来眼去的，让我很受伤，我后来越想越生气。（约瑟夫将伤痛设为情感基调，他还压住了怒火。）

卡门： 我能理解，我知道你不想我关注其他男人。（她示意知晓约瑟夫的感受。）你猛灌自己的时候，我气不打一处来，我也希望你明白我的感受。（卡门没有失控，她表达了这种情境下的个人需求。）

约瑟夫： 你埋怨我喝酒这事没错，我知道你讨厌我喝太多。（他示意接收了她的关切。）

卡门： 好吧，我猜我们昨晚都不在状态。我累极了，所以大概比往常更烦躁。（她分担了责任。）

约瑟夫： 看到你一头扎进研究生课题，我也有些失落。我的课题连个影儿都没有。（肯定的氛围已经建立，约瑟夫可以向卡门吐露自己的忧虑。）

卡门： 我知道这段时间你很沮丧。（她再次示意了解他的感受。）我有时也会这样。（她传递了共鸣。）但你这么聪明，一旦找件事静下心做，肯定表现不凡。（她表达了信任作为对他的肯定。）为什么我们不一起想想，把可能的选项理一理，帮你找到前进的方向呢？（她把讨论限于单个议题，这也许有助于高效地解决问题；她提供了帮助，表示为他着想。）

约瑟夫： 这真是帮大忙了，我正需要梳理大堆可能的方向。（他示意接受她的帮助。）我很想听听你会怎样看待我的想法。（他表现出对她观点的珍视。）

卡门： 你想聊的话我随时有空。（她肯定他的价值，对这段关系做出承诺；她的话还回应了约瑟夫对他俩关系的担忧，即她也许不想花时间在他身上。）

约瑟夫： （微笑）好的，我答应你，以后我们说话的时候我不喝酒了。（他用幽默维持友好的氛围。在关系层面上，这句话相当于在问"我们和好了吗？"）

卡门： （微笑）我也答应你，以后我们说话的时候我不和别人眉来眼去。（她表示自己也重新感知了友好的氛围，回复他关系层面的讯号。）

在第二个例子中，冲突的发展方向大有不同。卡门和约瑟夫都用"我"语言控制情绪，每个人都向对方示意直白的感受和忧虑以肯定彼此。双方建立的健康氛围有助于约瑟夫透露更深层的忧虑——这隐藏在他最开始抱怨卡门与他人调情的背后，而卡门以支持的态度回应了他的话，他们也想出了计划以化解约瑟夫的愁绪。尤为重要的是，两人在关系层面进行了有效沟通。第二种情境下，双方应对冲突的方式将使两人的关系更加牢固。

不像卡门和约瑟夫，我们在现实生活中陷入冲突后通常没有机会重来。我们活在已成定局的结果中，如果我们不能很好地应对冲突，结果就会十分苦涩。但是，正因为通常不存在第二次机会，我们才更应该学习如何在冲突首次出现时就高效地将其解决。

我们将在本章探索人际关系中关于冲突的沟通。我们会先给冲突下定义，接下来讨论冲突的原理以加深对它的理解。然后，我们将探讨不同的冲突解决途径。本章第五节关注影响冲突进程的特定沟通模式及其对个体和关系的作用。将本章概念应用于数字和在线沟通后，我们会提出冲突中的有效沟通原则，并以此结束本章内容。

人际冲突的定义

当相互依赖的个体产生显见的矛盾，认为群体内目标不一致且有必要调和这些差异时，就会形成人际冲突（Wilmot & Hocker，2006）。下面，让我们来更细致地审视这个定义。

显见的矛盾

人际冲突表现为分歧、抗争或不和。因此，如果我们对意见分歧矢口否认或怒火中烧，又或者极度克制，根本没有将其直接或间接地表现出来，那么冲突就不存在。只有当人们直白地表达分歧或矛盾时，才会形成冲突。

意见不合有多种表现形式。怒目而视者无须言语就能表达愤怒之情，这副样子摆明是在说"我对你很生气"；谈话时阔步离开、摔门而出则是在传达敌意，表明拒绝对谈。有时候，我们会公开或直接地表达异议，比如开门见山地说"我对你忍无可忍！"其他的一些冲突形式则更加隐蔽或间接，比如正在气头上时故意不回消息。在这些情况中，人们都意识到了冲突的存在，并用特定方式将其表达出来。

相互依赖

只有事发时彼此认定相互依赖的两者才会产生人际冲突。很明显，你我关系中的双方相互依赖，比如密友、家人或情人。此外，我们在人我关系中也可能临时依靠他人，例如泛泛之交。举个例子，罗素和布里塔妮在一场派对上相遇，他们唇枪舌剑地交换政治观点。尽管交情尚浅，但他们在对谈时依靠彼此——罗素想用他的政治观点说服布里塔妮，而布里塔妮也力争辩倒罗素。那一刻，他们相互依赖，因为两人都想改变对方的思想，而这需要对方配合才能实现。如果罗素不打算让布里塔妮改变主意，那么和她争论则毫无意义；如果布里塔妮认为让罗素改弦易辙这事毫无价值，她也不会白费口舌自我辩白或者挑战罗素。现实生活中，你可能会和试图多收你钱的柜台服务员发生争执，或者在机场和插队到你前面的人产生矛盾。

莉诺：

　　这事有些奇怪，但你还真不会和无足轻重的人争辩。我约会过的人不少，如果他们做事招人讨厌，我只会视而不见，因为他们不重要，我懒得和他们吵。不过，我和罗德就常常争论，因为我们确实会影响彼此——也许争吵恰恰说明人们在乎对方，否则为什么要费心费力？

认为目标不一致

当我们认为自己与相互依赖的一方需求各异时，就会体察到冲突。其中的关键词是"认为"。杰里米青睐实用型的车，而亚历克西丝则喜欢新潮有趣的车。也许有很多车能同时符合两人的标准，但如果他们认为各自的需求互斥，就有可能争执不休。我们一旦被困于冲突框架内，就常常会无视让人皆大欢喜的选择的存在。

感到有调和矛盾的必要

冲突不仅仅是差异。人与人之间的差异众多，但并非每一点都会引发冲突。例如，我的几位亲戚讨厌大型犬种，而我们不喜欢小型犬；我最好的朋友喜欢把家里粉刷得明晃晃的，而我则偏好素雅的颜色。这类差异不会引发冲突：我的亲戚能容忍我们养混血牧羊犬，我们也接受他家的波士顿梗犬；只要我不和朋友住在一起，我们便无须就墙面颜色达成一致意见。在这些例子中，差异犹在，而冲突未生。但是如果我们因为目标、喜好或决定的不同而产生紧张关系，又认为此类矛盾必须得到解决时，情况则大有不同。换句话说，冲突包含两种认知：认为自己与他人的追求迥异，且认为必须调和此种差异。

冲突的原理

许多人认为冲突具有内在的消极性（Turner & Shutter，2004），但这是种误解。为了理清这个概念，我们需要讨论冲突的五项原理。

原理一：在大部分西方人际关系中，冲突是自然产物

对大多数西方人而言，冲突是人际关系中正常且无可避免的部分。你喜欢单打独斗，而你的同事偏好团队协作；你认为有钱在手就应当及时行乐，可你的父母喜欢存钱、未雨绸缪；你想搬去一个有绝佳工作机会的地方，可你的父母在那里没有发展空间。我们总是发现我们和自己在乎的人存在矛盾。当差异显露的时候，我们最好用一种不伤害彼此关系的办法解决问题。

存在冲突并非表明关系不健康或出现麻烦，尽管双方应对冲突的方式的确会影响关系质量（Wilmot & Hocker，2006）。事实上，陷入冲突恰恰标志着双方在乎彼此，希望寻求解决的途径。因此出现冲突时我们要记住，即使是分歧也代表紧密的联系。

罗恩：

这听上去十分好笑，但我和未婚妻争论得最多的就是我们是否应该争论。从小到大，我都被教导不要与他人争论，要想想冲突是多么糟糕；而她的家人却天天吵个不停，她觉得时常拌嘴代表健康的关系。我渐渐发现，我家同样有一大堆矛盾，但我们都避而不谈，所以问题无法得到妥善解决。我看过未婚妻和她的家人争论起来毫无保留的样子，但我也必须承认这个解决分歧的方法很管用，毕竟我的家人宁愿把什么事都藏在心里。

和罗恩一样，很多人被教导说冲突是极其糟糕的行为，最好大事化小、小事化了；而另一些人则明白，将矛盾坦诚地说出来反而有益处。我们无法避免人际关系中的冲突，所以我们要寻求建设性的解决途径。

原理二：冲突有时隐蔽，有时直白

人们可以明显或隐蔽地表达冲突。不遮不掩的冲突是公开而坦率的，当人们直接坦诚地处理分歧时，便会产生此类冲突。人们或冷静商谈，或唇枪舌剑，又或者高声谈论，有时甚至还涉及肢体攻击——当然了，这既失风度也无益处。

不过，冲突并非总在明面上。当人们间接表达对分歧的感受时，便产生了隐蔽的冲突。人在生气的时候可能会故意做些惹怒或伤害他人的事。玛吉知道她的丈夫埃利奥特讨厌等待，却有意晚了 20 分钟赴约，原因在于埃利奥特选了一家她不喜欢的餐厅 —— 玛吉在隐晦地表达自己的不满。

隐蔽冲突的一种常见形式是**消极攻击**（passive aggression），即在行动上挑衅攻击，却矢口否认自己带有攻击性的感受或行为。如果戴特拉没有每周给妈妈打电话，她的妈妈就会"忘记"汇出她的生活费。当阿琳决定继续学习而不去参加派对时，克莱姆就会"碰巧"在隔壁房间高声播放音乐。消极攻击意在惩罚对方，却不为此承担责任。

许多隐蔽的冲突会以游戏的形式发生。这是一种高度模式化的互动，真实的冲突藏匿其中或被否认，人们会为争辩或批评创造一个言不由衷的借口（Berne，1964）。

接下来让我们看看个例，以理解游戏的本质。有一项游戏叫"挑刺"（Blemish），即一个人假意称赞对方，实则是在讽刺。安询问朋友她的穿着是否适合一场重要的面试，那位朋友正因为安没偿还上个月的借款而生气，于是回应道："这身新套装看上去棒极了。不过有个小问题，你好像胖了。你的小肚子鼓鼓的，屁股也显大，新衣服没能把这几斤肉藏起来。"安的朋友玩的就是"挑刺"游戏，她抓住一处瑕疵不放，进而贬低其他所有没问题的地方，以此间接表达她的愤怒或怨恨。

还有一项游戏被称作"NIGYYSOB"[1]（这下让我逮到你了，你这狗崽子）。在这个游戏中，一个人会故意陷害另一个人，引他中计。埃莉明知她的同事不怎么细心，却仍然叫他搜集某些细节信息。如果他的报告内容有所遗漏，她就指责他太马虎。埃莉试图给同事下套，当他真的犯了错，她就抓住机会一顿狠批。

1　全称为"Now I've Got You, You Son of a B####"。——译者注

"我比你惨"（Mine Is Worse Than Yours）是人们常玩的另一项游戏。试想一下，你向朋友抱怨下周有两场考试，还得完成一篇论文。朋友说道："你觉得这很糟糕？听听我的吧！在接下来的两周里，我要参加两场考试，提交三篇论文，还要完成一份口头报告！"朋友对你的苦恼漠不关心；相反，她告诉你她比你惨得多。在这个游戏里，人们意图霸占他人的注意力，而非倾听与回应对方。

查克：

　　我的父母精通游戏。爸爸会让妈妈照看部分金融业务，或者让她帮忙把车修了，这其实是在给她下套。妈妈稍有不慎，爸爸就大发雷霆——我想他只是在找机会责难妈妈。妈妈也玩游戏，她最爱"挑刺"。她总是对某个主意、我写的论文、假期安排或者其他任何事情挑错，然后抓住毛病不放，喋喋不休。待在他们身边有时候就像走在地雷区。

MindTap

日常技巧　完成本章末尾的"辨识沟通中的游戏"练习，将你阅读的关于隐蔽冲突的知识应用到日常生活中。

"你说得没错，但是"（Yes，But）这项游戏是指一个人先假装征询意见，再统统否定他人的帮助——这么做可以使发起游戏的人责备他人不帮忙。洛娜让她的男朋友出出主意，以帮助她更好地理财。男朋友建议她节省开支，洛娜说："你说得没错，但是我也没买不必要的东西。"男朋友改口说，她也许可以加班挣钱，洛娜回复说："你说得没错，但是那会挤占我的休息时间。"当他提议洛娜可以找一份待遇更好的工作时，洛娜又说："你说得没错，但是我好喜欢现在的这群同事。""你说得没错，但是"将一直持续下去，直到提供帮助的人主动放弃，于是发起游戏的人就会顺势抱怨"你都不帮我"。

在应对冲突时，包括游戏在内的消极攻击欺瞒他人、效率低下。它是不诚实的，因为它回避了真正的问题；它是低效的，因为只要有人隐藏或伪装冲突，想让人们承认并解决它无异于痴人说梦。

原理三：社会群体塑造冲突行为的意义

我们在特定社会群体中的文化成员身份和社会化过程会影响我们看待和应对冲突的方式。

关于冲突的文化差异　大部分地中海文化认为激烈的冲突是日常生活典型且珍贵的成分。在这些文化中，人们习惯于争论，没有人因此烦恼或生气。法国和阿拉伯国家的男性纯粹为了有趣而辩论，谁输谁赢无关紧要——争论本身就妙趣横生（Copeland & Griggs，1985）。西班牙文化同样视冲突为一件正常且有趣的事：因为西班牙文化很重视情感，所以冲突成为表情达意的机会。

然而，不少亚洲文化认为冲突成事不足，败事有余（Gangwish，1999；Martin & Nakayama，2007）。张雁冰、杰克·哈伍德（Jake Harwood）和玛丽·郝默特（Mary Hummert，2005）曾让中国的成年人评价几份老员工批评年轻员工的语言记录。较年长的实验参与者更偏向于包容型风格，注重关系的和谐；而年轻人则偏好解决问题型风格（这种风格强调果断自信、配合协作），或者认为这两种风格同样可取。两类实验参与者都对回避问题持不乐观的态度，他们认为这种方式对他人有失敬意；他们也排斥由自我利益驱动的对抗模式。在这点上，许多西方人则恰恰相反（Bergstrom & Nussbaum，1996）。

美国主流文化强调坚定、自信和个性，所以很多美国人具有强烈的竞争意识，不愿屈服于人。在集体主义社会中，人们较少张扬个人态度，通常不会费尽心思在冲突中取胜（Ting-Toomey，1991；Van Yperen & Buunk，1991）。在日本，体育赛事的理想结果不是某队获胜，而是双方打成平手，这样一来谁都不会觉得面子挂不住。如果一定要有胜者，日本运动员也会试图以微弱优势取胜，不让失败者难堪（"American Games，Japanese Rules"，cited in Ferrante，2006）。

瓦拉亚：

　　我最难适应的其中一点是美国人坚持自我的方式。看到那里的学生敢与老师争辩，我惊讶极了。在台湾，我们永远不会这么做，这是极度失礼的行为。我还看到朋友之间的争论，有时候吵得没完没了。我明白这是文化差异，但接受起来还是有困难——之前我只知道分歧会破坏两人的关系。

社会群体间的差异　　我们对于冲突的认知取向不仅受文化影响，也受社会群体的影响。例如，阿曼门诺派[1]和公谊会[2]等特定群体虽然属于西方文化，但他们认为冲突有害。此外，性别、性取向、种族、民族也可能会左右人们对冲突的看法。尽管不能一概而论，但男性和女性应对冲突的方式确实存在普遍的差异（Stafford，Dutton & Haas，2000；Wood，2011a）。总的来说，女性更倾向于把矛盾说开，而男性通常会回避冲突或者争取大事化小；女性也比男性更容易屈从和妥协。这两种情况都反映了女性适应他人的性别规定（Stafford et al.，2000）。

男性的社会化过程通常不太强调表达式的沟通。男性在专业领域和运动场上也许会直言不讳地应对冲突；但在私人生活中他们常常否认问题的存在，或者轻描淡写而非公开处理。长期的婚姻研究表明，在冲突中丈夫比妻子更倾向于偃旗息鼓，而丈夫对冲突的冷处理是离婚的强烈预兆（Gottman & Gottman，2007）。

尼克：

　　我的女朋友简直要把我逼疯了。只要我们的关系有任何风吹草动，她就要来一场旷日持久的总结分析。我真的不想把所有时间都花在剖析我们的关系上。

吉娜：

　　我的男朋友真是逃避问题的世界级选手。当我们之间感觉不对头的时候，我自然想和他聊一聊，把事情理顺。但他总是能躲就躲，明摆着有问题却告诉我所有事都好着呢。他还说芝麻点儿大的事没必要讨论，或者用其他任何能想到的招

1　美国的基督教保守派。成员大多是来自宾夕法尼亚州、俄亥俄州和印第安纳州的农民。该教派拒绝现代技术，比如汽车和电话。——译者注
2　公谊会教徒敬奉基督。他们强烈反对暴力和战争，在教育和慈善方面非常活跃。——译者注

数回避问题。他觉得只要一直不处理问题，问题自然会得到解决。

男性较女性而言更可能采取强硬的语言和行动策略以避免讨论问题，并将自我决定强加于人（Johnson，2006；White，1989）。专横地处理冲突往往会导致关系不和谐（Zacchillil，Hendrick & Hendrick，2009）。

结束性别讨论前，我们还应注意另一项重要发现。心理学家约翰·戈特曼的报告显示：总体上，男性面对人际冲突时会经历比女性更剧烈也更长久的生理反应（John Gottman，1993；Jacobson & Gottman，1998）。一旦冲突爆发，他们的心率上升更快、数值更高，且持续保持较高状态。冲突给男性带来的身心苦痛多于女性，因此他们也许会否认、回避或化解那些可能导致冲突的问题。

性取向似乎不是影响人们如何看待和处理冲突的主要因素。卡里尔·鲁斯布尔特（Caryl Rusbult）和她的同事发布报告称，男同性恋者回应冲突的方式和男异性恋者十分相似，而女同性恋者和女异性恋者在这方面也几乎没有差异（Rusbult，Johnson & Morrow，1986a；Rusbult，Zembrodt & Iwaniszek，1986b；Wood，1986，1994b）。无论性取向如何，大多数儿童都基于生理性别去适应社会。因此，同性恋和异性恋男孩往往会学习男性化的沟通风格，而同性恋和异性恋女孩通常则以女性化的方式与人交往。

研究表明，种族、民族因素会影响冲突风格和人们对它的理解。特里·奥巴赫（Terri Orbuch）、约瑟夫·威洛夫（Joseph Veroff）和他们的同事发现，口头争论更容易破坏白人夫妇的婚姻，而非黑人夫妇的婚姻（Orbuch & Eyster，1997；Orbuch，Veroff & Hunter，1999）。他们还发布报告称，黑人妻子比白人妻子更倾向于相信公开冲突有助于积极解决问题。

原理四：冲突可以得到妥善解决，但也可能不欢而散

冲突可以增进持续的亲密关系，也可能使关系破裂，正反之间全看我们如何处理分歧。冲突双方不欢而散的主要原因之一是冲突往往夹带紧张情绪，而许多人不知道如何辨别或表达这种情绪。我们也许会对某个自己关心的人感到失望、怨恨

或愤怒，但管理这些情绪却很困难。本书第七章的讨论应该可以帮助你辨析自己的情绪，在冲突情境下选择表达情绪的有效方式。我们曾讨论过的其他技巧——诸如使用"我"语言和监控自身为谋私利而产生的偏见——也将帮助你有效应对与冲突相伴相随的种种情绪。

在电影《华尔街之狼》（*The Wolf of Wall Street*）中，豪赌成瘾的乔丹·贝尔福特（莱昂纳多·迪卡普里奥饰）与妻子娜奥米·拉帕里亚（玛格特·罗比饰）的蜜月期甫一结束，两人的紧张关系和争吵打闹就常常升温失控。

原理五：冲突可能有利于个人和人际关系

尽管我们常常消极地看待冲突，但它在许多情况下也可能大有裨益（Parker-Pope，2010a）。如果处理得当，冲突实际上是个人成长和巩固关系的机会。我们表达想法并收到他人回复的同时，其实也在加深对自己所想所感的见解。冲突会促使我们思考多种观点，我们得以基于所学的知识修正己见。

赫伯特：

和朋友交谈有助于我理清对于总统候选人初选[1]的想法。一开始我支持奥巴马，但我最好的哥们儿不喜欢他。起初我们大声争吵，但后来我们平息下来开始理性地讨论。我逐渐理解他为什么认为奥巴马是个精英主义者，他也慢慢明白我不这么想的原因。他觉得奥巴马不如希拉里经验丰富，而我看好奥巴马的判断力和理政哲学，这些都胜过单纯的经验。我们通过真正的交谈和倾听（尤其是倾听），从对方身上学到了东西。

1　此处指的应该是 2008 年美国民主党总统候选人初选。当时，后任美国总统的巴拉克·奥巴马面对的主要对手是希拉里·克林顿。奥巴马 1996 年初入政坛，2008 年前历任伊利诺伊州参议员和伊利诺伊州联邦参议员。希拉里 1993—2001 年为美国第一夫人，2001—2009 年为纽约州国会参议员。——译者注

冲突还可以通过加深双方的理解来夯实人际关系。针对某个话题的讨论到后期往往会发散开来，变成双方互相讲述自己产生某种感受的原因，以及他们各自附加在话题上的意义。本章开头的对话示例即如此：约瑟夫原本在抱怨卡门和别人眉来眼去，结果却导向约瑟夫对自我身份的不安全感；他还怀疑卡门不尊重自己，因为卡门的研究生学业很成功，而他的学业和工作都毫无进展。在他袒露忧虑后，这对情侣就可以处理更深层的关系问题。

风平浪静未必是健康关系的表现。不痛不痒的冲突有时反映了伴侣间有限的感情深度，或双方不情愿解决分歧的情况。研究报告显示，婚姻幸福与夫妻间的争论次数没有直接关联（Gottman & Gottman，2007；Muehlhoff & Wood，2002；Wilmot & Hocker，2006）。相反，幸福婚姻的关键在于使积极肯定的互动比消极的互动更多——部分研究者称其为"保持婚姻银行账户的积极平衡"（Gottman & Silver，2000）。

亚娜：

　　我和杰夫之间剑拔弩张。我们不停争吵，还吵得很凶。一些朋友觉得这很糟糕，可我们不这样想。没什么脏东西能驻留在我们关系的小毛毯下。如果谁生气或有烦恼了，我们一定在当时当地说个明白。表面是紧张的关系，实则是积极的态度。杰夫无时无刻不向我诉说他的爱意，我也总是抱紧他、亲吻他。我想我们的关系是充满激情的——无论在冲突爆发还是你侬我侬的时刻。

回顾一下，我们讨论了五条人际冲突原理。第一，在大部分西方人际关系中，冲突是自然而又不可避免的成分；第二，人们可以很直接地表达冲突，也可以通过间接交流或用掩盖真实问题的游戏来隐蔽地表达；第三，冲突风格和意义由社会定位——文化身份和社会群体——塑造；第四，我们处理冲突的方式会影响其结果和人际关系氛围；最后，冲突对个人和人际关系来说可以是建设性的。我们可以基于这些原理，探讨人们处理和回应冲突的多种方式。

冲突的取向

现在让我们来审视三种能影响冲突应对方式的基本取向。在下一节中，我们将看到不同的冲突应对方式如何塑造人们的沟通模式。每一种冲突处理方式都可能适合某类关系和情境，难的是明白何时该使用它们。

双 输

双输取向认为冲突只会导致两败俱伤，会破坏和睦感情，对关系有弊无利。一位妻子也许觉得为钱而争会伤及自己、丈夫和婚姻。类似地，一个人可能不愿和朋友起冲突，因为他相信这么做伤人伤己。双输取向假定冲突无一例外是负面的，所以持这种态度的人通常会不惜一切代价避免冲突。然而，这种做法可能代价高昂。我们也许不得不暂时忽略自己的需求或权利，也可能无法给予他人诚恳的回复。

> **西奥：**
>
> 我讨厌和朋友争吵，所以我会尽可能回避争论。但为此有时我不得不隐藏喜好，甚至牺牲自身权利，有时又必须附和一些我不相信或不赞同的事情。我在想，也许让冲突爆发比这样躲躲藏藏强——至少某些情况下如此。

尽管双输取向在处理亲密关系的冲突时通常百害而无一利，但在某些情境中倒也不无价值。有的事——比如晚餐地点——不值得人们花精力争吵，搞得彼此心里不舒服；而另一些事的潜在后果——比如被炒鱿鱼——可能过于严重（Caughlin & Arr，2004）。

赢 – 输

赢 – 输取向假定冲突其中一方可以在牺牲另一方的情况下取得胜利。持这种观点的人认为分歧是一场只能有一位赢家的战役。一方所得即为另一方所失，反之亦然。矛盾被视为零和博弈，不可能让各方都从中获益。崇尚个人主义、自我主张和竞争意识的文化滋养了赢－输观念。你也许会猜测美国人更看重这些价值观，这么想一点儿没错。在重视合作、助人免于失败以及寻求共识的文化中，人们并不常用赢－输态度应对冲突。

如果一对伴侣就是否搬到某个新地方争执不下，也许正是因为他们采取了赢－输观点。双方都困于非黑即白的思维中，只能看见两种选择：或走或留。赢－输取向几乎注定了双方不可能寻找或商量出一个彼此都能接受的解决办法，比如搬到另一个可以同时满足两人需求的地方，或者一人留下一人搬走，互相保持远距离关

💬 **日常生活中的沟通 / 工作场合**

日本人和美国人的谈判风格

日本人和美国人看待冲突的方式不同，这决定了两者相异的商业谈判沟通模式（McDaniel & Quasha，2000；Weiss，1987）。试着分析下列谈判策略如何反映两国社会的普遍价值观。

日本风格

· 对自己初步的想法轻描淡写或者含糊表达，让对方陈述他的立场。

· 找到友好随意的途径让对方知道你的底线，而非直接对抗、生硬地推动协议。

· 寻求共识，并就该点专注讨论。

· 避免冲突或直截了当的分歧。

· 努力确保谈判双方都不失败。

· 在达成决定前花大段时间先讨论问题。

美国风格

· 夸大初始立场，营造强硬形象。

· 隐藏底线不让对方知道，保存实力，获取尽可能多的利益。

· 如果产生分歧，坚定表明自己的立场，试图赢得对方的同意。

· 有对抗性。

· 尽己所能赢得更多。

· 推动协议达成，越快越好。

系。伴侣甲越坚持搬走，伴侣乙就越吵着要留下。最后总有人"赢"，但这会伤害另一个人以及这段感情。冲突的赢－输取向往往会破坏和睦的关系，因为总免不了有人会"输"。

赢－输观念还有其他弊端。输家可能视自己为受苦之人，不断积压怨恨与不满，搅得身边的人也感到懊恼气愤（Wilmot & Hocker，2006）。此外，输家也许"为了公平起见"誓要赢得下一场争论，而到那个时候赢－输观念会愈加强烈（Meyer，2004；Olson & Braithwaite，2004）。

当我们极度渴望散播自己的观点，不怎么注重关系，并且不太愿意顾及冲突另一方的时候，采取赢－输取向就是合适的。举个例子，你在买车的时候只想拿到最实惠的价格，很可能不会关心经销商的利润被榨走多少，也极少投入与销售人员的关系之中。

双　赢

双赢取向假设通常能找到办法使各方获利，妥善的处理手段能让所有人满意。当双方都坚信可以找到彼此认可的解决办法时，就有可能达成双赢局面。有时，如果人们无法找到或制订惠及各方的理想方案，就得协调自身利益以寻求共识。夫妻间能否找到折中办法，常常与两人是否互相满意、尊敬和爱护呈正相关（Zacchillil et al.，2009）。

如果伴侣在冲突中采取双赢观点，他们就有机会发掘出先前未曾想到的办法，因为他们致力于让彼此满意。有时候，双赢态度下的折中办法能够满足各方对于肯定他人、维持健康关系的需求。

在第三章中我们了解到，感知事物的方式将强烈影响事物对于我们的意义，以及我们对可能的解决途径的想象。还记得第三章里的"九点阵"问题吗？如果你把它当作正方形，就永远不可能得出答案。同样地，如果我们认为冲突只能导致一方获胜或两败俱伤，就不太可能达成双赢局面。

冲突的应对方式

汉克：

> 当兵教会我一件事，那就是用拳头解决问题比动嘴皮子快得多。你可能说了一整天仍未解决问题，可往对方脸上揍一拳，冲突很快就会停息。

汉克说得没错，肢体暴力有时可以遏止争论——至少暂时可以。武力在某些情况下是不得已而为之，比如战斗或自我防卫，这令人遗憾；然而，用它来应对人际冲突则是下下策。大量研究表明，家庭暴力伤害的不仅是受害者，还包括施暴者，因为它违背了亲密关系得以建立的基础——信任（Jacobson & Gottman，1998；Johnson，2006）。我们将在第十一章里更细致地探讨亲密伴侣间的暴力动机，本节重点讨论暴力以外的冲突应对方式。

以往的一系列研究区分了北美人处理关系困境的四种截然不同的途径（Rusbult，1987；Rusbult，Johnson & Morrow，1986a；Rusbult & Zembrodt，1983；Rusbult，Zembrodt & Iwaniszek，1986b），请参见图9.1。照这个模型来看，人们可以选择积极或消极地应对冲突，具体则取决于当事人在多大程度上愿意公开处理问题。不同的应对方式可能转危为安或火上浇油，全看双方有多大本事化解紧张氛围，维持良好关系。

逃脱抽离型回应

逃脱抽离型回应是指在生理上走开或在心理上抽离。拒绝就某个问题展开讨论是精神逃离的例子之一，在结束一段关系或冲突爆发时离开现场则是字面意义上的逃离。逃离不能解决问题，所以它往往具有破坏性；但又因为它以强有力的态度避免了冲突，所以某种程度上也是积极的。

莱斯莉：

> 我的一位朋友常采用邮件逃离策略。只要我们陷入争吵，她就不回我的邮件。她每天查看邮箱好几次，所以不可能没看到我的邮件。但只要我们之间起了

冲突，她就不回复我，好像凭空消失一样，我没法儿让她和我说话。

逃脱抽离型回应与双输和赢－输取向有关。持双输态度者认为没有人能从冲突中获益，因此大动干戈毫无意义，最好能避就避；而赢－输态度也可能出于不同的原因导致逃脱抽离型回应。认为冲突双方非输即赢的人，如果预感自己将要输掉一场争论，也许就会在行动或心理上逃离。从分歧中抽身通常与不和谐的关系有关（Caughlin & Golish，2002；Overall，Sibley & Travaglia，2010）。

视而不见型回应

视而不见型回应否认或贬低问题、分歧、怒气、紧张氛围或其他可能导致公开冲突的情况。选择忽视问题的人可能会说"我们并没有势不两立"或"你这是在小题大做"。总的来说，视而不见对关系具有破坏性，因为它于事无补；同时它回避讨论，所以也是消极的（Overall et al.，2010）。然而在有些场合，忽略问题反而能有效应对

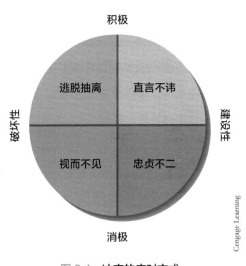

图9.1 冲突的应对方式

冲突。举个例子，如果某件事的确无解，那么讨论再多不过是徒伤感情。此外，如果冲突对于一段关系的健康无足轻重，也许弃之不顾才是恰当的。

与逃脱抽离型回应同理，视而不见型回应也与双输和赢－输取向有关。这类人要么认为矛盾升级对所有人都有弊无利，要么认为如果冲突继续则自己必输无疑。

忠贞不二型回应

忠贞不二型回应是指尽管矛盾时有发生，但双方仍然信守对关系的承诺。如果容忍差异的代价不是太大，忠诚尚且合情合理；但在一些情况下，暂时舍弃自己的需

求和目标以追求和谐是得不偿失的。忠诚是默默忠于感情，不正面处理冲突，所以它是消极的回应。但因为它能维系关系，所以也可能是建设性的，至少短期内如此。然而，这类回应的潜在后果是默默忠诚的一方感到不受赏识（Overall et al.，2010）。

忠贞不二很可能来源于冲突的双输取向。持这种态度的人相信公开的分歧于谁都不利，所以他们选择忠于关系，而不是尝试化解矛盾。

宗多米尼：

> 在南非，传统文化规定女人不得公开顶撞丈夫。无论丈夫说什么或做什么，她们都应该支持。挺身反对丈夫或任何男性亲属的女人会被认为道德沦丧，她这么做是出言不逊——但一些人正在挑战这项习俗。我反对爸爸对我的婚姻安排，自那以后的几个月里他都不和我说话，但现在他又重新开口了。有时候我也会反对我的丈夫。南非人的生活一直在变化。

直言不讳型回应

最后是直言不讳型回应，这类回应直截了当地处理并试图解决冲突。说话者指明问题或紧张氛围，表达自己想解决问题的愿望。直言不讳表明说话者对这段关系足够关心，并且对关系中的问题十分在意，愿意行动起来改变现状。因此总的来说，直言不讳是应对亲密关系冲突的最具建设性的办法（Overall et al.，2010）。

双赢取向培养了直言不讳型回应。只有相信自己和对方，我们才会说出对问题和分歧的看法，言明自己的忧虑也是在表达对关系的信任。除非我们坚信某段关系足以经受住实话实说的考验，否则我们通常不会表示异议。直言不讳也指为伤害他人的行为真诚道歉，或者明确接受他人的歉意（Fincham & Beach，2002；Vangelisti & Crumley，1998）。

尽管每个人都有相对偏好的冲突回应方式，但如果选择改变，我们同样可以熟练掌握其他回应方式。建设性的策略（直言不讳型和忠贞不二型）适用于那些你在乎并且想维持的关系。逃脱抽离型回应可以作为过渡策略，双方需要一段时间来反思或冷静，然后再直面冲突。如果冲突是暂时的，并且由外部压力引发，那么选择忠贞不二型回应就是合适的。掌握各类冲突回应方式有助于你在沟通时更加善解人意、事半功倍。

冲突中的沟通模式

沟通技巧会影响冲突的发展轨迹和结局。因此，我们要了解那些促进或阻碍冲突顺利解决的沟通类型。

无效的冲突沟通

处理冲突不甚有效的沟通模式反映了当事人对自己的过分关注和对他人的忽视，这往往使沟通十分消极。表 9.1 罗列的是各种促进和阻碍沟通的行为（Gottman，1993；Houts，Barnett-Walker，Paley & Cox，2008；Vangelisti，1993）。

早期　争论开始的前三分钟最为关键，因为它往往奠定了冲突的走向（Parker-Pope，2010a）。如果沟通各方未能受到肯定，就会导致无益的冲突。例如，假设约翰说"我希望我们花更多时间待在一起"，而香农回答道"别傻了"，这就否定了约翰的感受和请求。香农也可以对约翰的话置之不理，即拒绝向他示意，以此否定约翰。人们在冲突早期经常不认真倾听对方，他们也许会有选择地听，只接受自己期望的或愿意相信的部分；有时他们还会用非语言的方式蔑视对方。比如，香农可能会翻翻白眼，借此告诉约翰她无法接受他的提议，或者耸耸肩不置可否，表示她根本不在意约翰的想法。

表 9.1　**有益和无效的沟通类型总结**

有益的	无效的
互相认可	互相否定
用心倾听	漫不经心
双重视角	固执己见
互相表达支持	互相不支持或不理解
示意知晓别人的忧虑	互相指责
请他人阐明观点	敌对地解读对方想法
偶尔打断讲话	频繁打断对话

关注具体问题	数愿并述
妥协让步，订立契约	反提议
有用的元信息传递	过多的元信息传递
概述问题	双方自顾自地总结

在一个人抱怨的时候，如果另一个人反唇相讥，这就是"互相指责"。香农可能会这样回应约翰希望花更多时间相处的请求："算了吧，我希望我做的事能得到更多尊重。"香农这么说不但完全没有抚慰约翰的忧虑，还企图转移话题，把错误甩给约翰。不认真倾听和不肯定对方的结果是把气氛弄僵，在这种气氛下人们很少采用双重视角，双方都心存戒备。

消极的氛围往往会愈演愈烈。尽管冲突各方仍在对话，但他们各自的解读几乎不变。负面的假设和归因会反映并激发出更多敌意和怀疑。

中期　消极的氛围一旦建立，其他不具备建设性的沟通就会乘虚而入。人们经常**数愿并述**（kitchen-sinking），即把一切可以想到的细枝末节都拿来吵架。约翰也许会在原来的抱怨基础上加入现实和想象中香农对他的各种傲慢冷落，香农也许会还以长串的牢骚清单。最后怨愤太多，两人无法收场。他们无法解决被牵扯进战局的所有问题，也完全忘记了最开始的问题是什么。当人们心中有一大堆忧虑压抑已久的时候，一旦冲突爆发，所有藏在心里的问题就会悉数登场。

无效的冲突在中期往往伴随着扰乱对话连贯性的频繁插嘴。有时，打断对方讲话意在转移话题并重新设置议程，比如香农可能会说："现在我可不想管要不要花更多时间待在一起的事，等哪天我们讨论完你在这个家里该承担哪些责任再说。"互相指责的情况经常持续到冲突中期。由于没有人可以充分发表观点（有时甚至不能讲完一句话），讨论永远不会专注于某个话题，更不可能有进展。

后期　早期和中期阶段并没有为高效讨论解决方案打下适当的基础。因此，每个人的提议往往都会遭遇反提议。早期出现的固执己见持续至今，所以每一方都更乐于推崇自己的解决方案，而完全无视对方的提议。约翰建议道："也许我们可以每周花两个晚上待在一起。"香农针锋相对："也许你可以承担这里一半的家务。"她的反提议没有承认约翰的建议，所以她的沟通内容并未肯定约翰。比固执己见更进一步的是自顾自总结，即一个人不断重复自己已经说过的话。这种以自我为中心的沟通忽略了听者，仅仅重申了说话者的感受和观点。

过多的元信息传递也常见于无效冲突的后期。我们在第一章曾经讨论过元信息传递，即关于沟通的沟通。举个例子，约翰可能会说："我觉得我们在避谈真正的问题。"这就是一句关于正在发生的沟通的评论。无论是在有益的还是无效的冲突中，伴侣间都会使用元信息传递，只是使用方式不同（Gottman et. al.，1977）。

在有益的冲突沟通中，人们使用元信息传递保证讨论沿正轨进行。比如，在出现分歧时，约翰可以指出香农似乎隐藏了自己的感受，并邀请她说出口。这样一来，他和香农就可以回到原本的讨论中去。

相反，无效冲突的双方往往会纠缠于元信息传递，无法回到正轨。举个例子，香农和约翰也许会陷入无休止的元信息传递中，喋喋不休地讨论两人该如何处理冲突，而将初始问题全然抛之脑后。过多的元信息传递可能会成为沟通的障碍，而非妥善处理紧张关系的妙计。

导致无效冲突的沟通方式反映并加深了自我中心主义和固化思维，因为消极的沟通往往会自我延续。这反过来又会引发负面结果的多米诺效应：自我中心主义导致无效倾听，继而愈加否定他人，这又使人心存戒备，进而激发独断行为，导致怀有敌意的思维解读和问题的集中爆发，为自顾自地总结铺平道路。每一种消极的沟通形式都在助长整体的消极系统。无效沟通引起了戒备、消极的氛围，这使得人们几乎不可能解决冲突、肯定个人或维护关系。

有益的冲突沟通

在冲突爆发时，建设性的沟通可以营造支持理解、积极向上的氛围，这使人们得以化解分歧却又不至于伤害关系。让我们看看有益的沟通如何在冲突的三个阶段内发挥作用。

早期　早在具体的分歧出现之前，有效冲突管理的基础就已经建立了。作为偶发冲突和总体关系的根基，氛围为冲突时的沟通定下了基调。

当出现分歧时，关键在于如何有效地开始争论。请记住我们在讨论无效冲突时所强调的——争论开始的前三分钟至关重要，因为它决定了冲突走向（Parker-Pope，2010a）。为了建立良好的氛围，沟通者可以通过识别和承认对方的忧虑及感受来肯定对方。回到刚才的例子，当约翰说"我希望我们可以花更多时间待在一起"时，香农可以回答"我也是，你希望我们多花时间共处，这真令人高兴"，以此来肯定约翰。香农对约翰的回应表明她在倾听，并且关心他的忧虑，愿意一同分担。她说完后，他们的讨论也许会变成这样：

约翰：是啊，我们以前常常待在一起，那时彼此感觉更加亲近。真怀念那段时光。

香农：我也是。听起来你真正想念的是我们之间的亲密关系，而不是具体的共处时光。我说得对吗？

约翰：是的，这更让我苦恼，但我有时又觉得这两者互相联系，你会这么想吗？

香农：或多或少吧，但如果仅仅花更多时间在一起，可能我们也不会感觉更亲近。我想我们需要一些共同的兴趣爱好，就像从前一样。

约翰：我喜欢这个主意。对此你有什么想法吗？

让我们给这段话划划重点。首先请注意，当香农直接回应约翰的开场白时，她详述并辨明了他的困扰——问题在于亲密程度，而非共处时光。香农一边体察入微地倾听，一边理清问题，将对话转而聚焦在亲密关系上。我们还应该注意到，香农并没有揣测对方的心意，而是询问约翰自己是否理解他的意思。当约翰问香农是否认为时间和亲密程度相关时，他对香农的看法持开放态度；因此，他肯定了香农的想法，没有兀自揣测。两人创造的开放氛围为高效讨论如何增进关系扫清了障碍。一旦建立起友好的氛围，双方就进入了冲突的中期，他们就能意识到自己要做的不是争吵，而是共同解决问题。

中期 冲突前期打下的良好基础会随着议题的不断深入而发挥正面作用。有益的冲突在中期具有被戈特曼（Gottman，1993）称为"议程设立"（agenda building）的特点，即专注于主要问题。如果双方的沟通话题保持不变，讨论就不太可能偏离初衷。

在无效冲突中常出现次要问题，但高效的沟通者会克制自己不离题并遵守议程。"分隔"（bracketing）是一项有用的技巧，它是指将冲突过程中的次要问题留后讨论。分隔可以使双方同意稍后再讨论某些问题，而不至于否定各自的忧虑。此外，分隔当前讨论中的次要问题有助于人们进一步解决眼下更紧迫的事。如果要分隔某个话题，你可以说："这点很重要，确实需要讨论。但如果我们现在处理就没法将精力集中于此刻讨论的事了，你同意稍后再聊这点吗？"

在有益的冲突中期，为了以示尊重，对话双方仍旧不会打断对方的话。除非他们是想问个明白（"接着讲之前，可以解释一下你所说的亲密是什么意思吗？"）或者证实观点（"所以你认为共处时间越久就越亲密？"）。与破坏性打断不同，这样的打断是在理清想法、核实观点，通过表明听者想理解意思来肯定说话者。

冲突双方继续识别并示意接收了彼此的观点。他们认真对待对方的感受、想法和关心，而非互相指责。但这并不意味着他们搁置了自己的忧虑，有益的冲突包括肯定我们自己的感受和需求，将其作为坦诚对话的一部分。尊重他人，也尊重自己，这是良好人际沟通的核心。

后期 临近尾声，人们将注意力再次集中到如何解决紧张关系上。事倍功半的沟通涉及提议与反提议；而在有益的沟通中，双方寻求合作。

人们清楚他们之间存在共同关系，因此会继续采用双重视角来了解对方的观点。他们不再针锋相对，而是订立契约，即通过协商和接受部分提议来达成解决方案。以下例子就说明了反提议和订立契约之间的差异：

反提议

约翰： 我希望我们每周花三个晚上共处。

香农： 我暂时没办法这么做，公司最近缺人手，我晚上都排了班。找点兴趣爱好吧，这样晚上你就不会无聊了。

约翰： 不无聊不代表我们的关系就近了，我希望我们能在一起共度时光。

香农： 我告诉你了，我没办法。别这么自私自利。

约翰： 难道我们的关系还没有你的工作重要？

香农： 这个问题真蠢。我不能请三个晚上的假。我们以后多去度假吧。

订立契约

约翰： 我希望我们每周花三个晚上共处。

香农： 我完全同意，但公司最近有点缺人手。不如我们听从你的想法，再根据我的实际工作调整一下，怎么样？也许我们可以每周先花一个晚上待在一起，之后再加上去。

约翰： 好吧，一开始就这么着吧。不过我们可以给自己留一些周末时光吗？

香农： 好主意，让我们计划计划。可是在公司有新员工之前，我不确定周末得上多长时间的班。要不等我的办公室再次满员之后，我们就给自己放一个礼拜的假，怎么样？

约翰： 好的，这是个不错的备用计划。但周末你不工作的时候，我们可以待在一起吗？

香农： 当然可以。这周日出去野餐怎么样？我们好久没这么干了。

在反提议的设想之下，约翰和香农互相竞争、固守己见，没人试图理清对方提议的可行性或者寻求共识；因为双方都采用冲突的赢－输观点，所以两人和关系都是输家。而订立契约的设想则有着完全不同的基调，没人会压抑个体需求，每个人都尽心尽力地在对方提议的基础上搭建对话。

贝蒂娜：

我和儿子过去常常吵个没完，却从没有结果。因为我们都推崇自己的那一套，完全不理睬对方。后来，我们接受了家庭关系辅导，渐渐懂得如何使我们的争论更有成效。我学到的最重要的一点是想办法回应儿子的所说所求。当我开始关注他，试图令他满意后，他也更愿意倾听我的想法，思考能让我满意的解决方案。我们还是经常吵架——我猜我们永远会这样——但现在我们更像是在共同寻找答案，而不是设法打压对方。

有益和无效的冲突沟通之间的差异，总结起来就像是肯定与非肯定沟通之间的差异。无效的冲突沟通否定了个人和关系，而有益的沟通则对此持续表达肯定。

应对冲突的技巧

在讨论有益和无效的冲突沟通时，我们强调了前几章提到的沟通技巧和态度。现在，让我们来讲解一下基于有效人际沟通的八项冲突应对技巧。

处理关系层面的意义　像其他沟通一样，冲突涉及内容层面和关系层面的意义。但很多人往往只关注内容层面，即争议或问题。

不难理解人们为什么把精力集中在内容层面的意义上，但这么做忽略了沟通的另一个重要维度。我们需要获悉关系层面的意义，了解对方如何看待我们和我们的关系。监控自己在关系层面上的沟通也同样重要。你说这话的意思是你更在乎自己的想法而非这段关系或对方吗？你在表达尊重、专注和喜爱，还是正好相反？

Courtesy of Carole Cable

"听着，别再不停给彼此打分了，让我们把事情弄得简单点，这段关系有戏就有戏，没戏就没戏。"

给予支持性的沟通　从第八章的讨论可见，事实陈述、留有余地、自然发生、问题导向、感同身受以及平等待人的沟通可以建立支持鼓励性的人际氛围。这也提醒我们要避免第八章谈到的那些容易形成非肯定氛围的沟通：价值评判、言语绝对、处心积虑、操控全局、冷漠中立和盛气凌人。在冲突情境中，我们尤其可能陷入糟糕的沟通，这种沟通会让人加深防备心理，使解决冲突和维护关系更加遥不可及。

专注倾听　你已经知道，专注倾听是一项极为重要的人际沟通技巧。在冲突中尤其如此，因为那时我们也许不想考虑他人的观点或他人对我们想法的批评。即使你不同意某人的想法、行为、目标或者价值观，你也应该集中注意力尝试理解对方，以示尊重。但是，如果对方不懂得有效沟通的技巧，这么做确实很难。试想一下，某天早上你赶到公司，同事向你发牢骚："你又迟到了，为什么你就不能准时一点？"这类攻击往往会使我们心存戒备，所以我们很自然地回嘴道："你没毛病吧？5分钟而已，别小题大做。不要多管闲事！"然而，这样的反驳可能会煽动纷争。更有效的回应方式如下："抱歉让你久等了。我之前不知道我的到达时间会影响你。"这个回应既承认了自身的迟到，又表现了对同事的感受的尊重，还打开了友好交谈的大门。

为自己的想法、感受和问题负责　"我"语言是有效冲突管理的基石。请控制你的情绪，采用"你迟到了，我很生气"的说法，而不是"你的迟到让我很生气"。控制自己的想法和问题同样重要。"我们需要保持公寓的清洁"是你希望公寓更干净而说的话，对方也许不会放在心上，因为"我们需要保持公寓的清洁"这种说法并不是很明确。这是你的问题，所以你应该掌控局面："这地方太脏了，让我不舒服。我们可以想个办法收拾一下吗？"

核查看法　当冲突发生时，人们的看法很容易被扭曲。你可能会更极端地看待另一个人的立场，可能会认为某人不够成熟或无理取闹，也可能陷入谋私利的偏见之中（第三章曾讨论过这个问题）。在冲突期间，我们需要核查自己的看法。改述就是个不错的办法，我们可以说"所以你认为我们应该每个周末都打扫公寓？"或者"你觉得我总是迟到吗？"我们还可以通过直截了当的询问来核查看法，但要注意避免让别人起戒心。比如"你觉得怎样才算干净？"或者"是我迟到的这5分钟让你不开心，还是迟到对你来说有其他含义？"

寻求共识　在冲突期间，我们往往会关注与对方的分歧或不同点。虽然我们应该识别并处理真正的矛盾，但我们也应该寻求共识。你和同事或许不同意彼此的目标、价值观或行动方式，但你们可能会在某个与冲突相关的问题上达成一致。回到刚才的例子，你和同事也许在迟到 5 分钟是否重要的问题上意见不一，但你们可能都认同关心对方的人会尊重对方的感受。这种共同信念是帮助人们找到冲突解决办法的基础。如果我们试图寻求共同点，通常是能够找到的。当我们这样做的时候，就有可能在不破坏关系的前提下有效处理冲突。

想办法给对方保留颜面　在日本和其他一些亚洲国家，"面子"是核心观念。面子是指你希望别人看到并信以为真的形象（McDaniel & Quasha，2000）。丢面

💬 日常生活中的沟通 / 工作场合

工作场合中的冲突

在工作中出现冲突并不稀奇，但关于工作场合冲突的应对技巧却很少见。亨德里·魏辛格（Hendrie Weisinger）博士是一位在处理工作冲突方面经验老到的治疗师兼顾问。他在《工作中的愤怒》（*Anger at Work*，1996）一书中提出了两个有效应对工作场合冲突的建议。首先，请尝试通过改善氛围来平息矛盾。用你的沟通来表达支持、同情、开明以及对根除问题的关注。你也可以建议先"暂停"——表明你愿意讨论问题，但希望先花 10 分钟处理其他事——这允许双方暂时进入冷静期。

魏辛格博士给出的第二条建议是专注、全身心投入地倾听。如果别人正在对你进行人身攻击，你可能会觉得这很难做到，但是专注倾听总归是一种极大的肯定。不要打断、纠正或与对方争吵，你只需要倾听，并试着理解对方的观点。用这两种方法处理冲突为开展有效对话打下了基础。

> **MindTap**　在下次陷入冲突的时候，请尝试采纳魏辛格博士给出的两条建议。这么做改变冲突进程了吗？

子的时候，我们会感到尴尬或羞愧。西方文化更强调保留自己的面子，而许多亚洲文化则重视给对方保留颜面（Ting-Toomey，1988；Ting-Toomey & Oetzel，2001，2002），目的在于不让任何人因此感到挫败、愚蠢或尴尬。

保留他人的颜面是有效应对冲突的一部分（Metts & Cupach，2008）。如果对方接受了你的观点或主意，请心存仁厚，对对方客气一点。要是你回复"我就知道你会改变心意"，对方很可能会觉得面子有些挂不住。如果你致力于给对方保留颜面，你可以说："谢谢你如此大度，你知道这件事对我来说是多么重要。"这句话可以使输了争论的人保留尊严，挽回面子。

设想未来的感受　在第四章中我们曾指出，人的符号能力之一是假设性思维，这种能力使我们能够想象未来的自己，并对此做出回应（Honeycutt，2008）。你可以借这种能力帮助自己有效管理冲突。举例说来，不妨试想如下情境：你的朋友刚告诉你，他擅自借用了你的车还出了点小事故。你简直想大喊出声，对朋友破口大骂。

在你张口之前请想象一下，如果此刻嘴上不留情面，那么到了明天、下周或者明年你会是什么感受。然后再想想，如果你此刻平心静气而非气势汹汹地表达愤怒，关心你的朋友是否在事故中受伤，并想办法给朋友保留面子，那么到了明天、下周或者明年你又会是什么感受。相对于好斗的自己，你或许会更喜欢体贴周到的自己。花点时间想象一下冲突结束后的自己，能帮助你选择一种合乎道德、培养自尊和支持关系继续发展的沟通方式。

我们讨论的这八个技巧将普遍的沟通技巧和原则应用到具体的人际冲突情境中。熟练掌握这八个技巧，你将能游刃有余、心存仁厚且颇有成效地处理冲突。

社交媒体和冲突

冲突并不限于面对面沟通，在网络和数字环境中，我们也有可能遭遇冲突。本节将讨论在线和数字环境中的冲突沟通所具有的潜在建设作用和破坏力量。

社交媒体允许我们暂时走开，这是用它处理冲突的关键优势之一。当争论很激烈的时候，面对面沟通很难叫停，因为对方和我们同在现场，一样身陷冲突。与此相反的是，在线和数字沟通中我们可以暂时离开，选择推迟或拒绝回复与你争论的邮件、博客下方挑衅的评论或是侮辱信息。如果我们最终还是想做出回复，这就给了我们冷静下来的时间。此外，社交媒体允许我们再三思考自己的信息并编辑对话，直到按下发送键。

与此同时，数字和在线沟通也可以使冲突恶化。当敌意在网络环境中发酵时，可能会让人火冒三丈，在网上过分侮辱他人，说出讽刺或下流的话。如果有人不同意你的评论，他可能会回复："你在糟蹋我们的基因库。"这将引诱你发送对应的恶语，情形很可能愈演愈烈，导致对方做出更加无礼的回应。由于双方并未亲身相见，

💬 **日常生活中的沟通** ／ 社交媒体

利用社交媒体缓解冲突

美国和平研究所（United States Institute of Peace）的"创新中心：媒体、冲突、科学、技术与和平建设"（Centers of Innovation : Media, Conflict, Science, Technology, and Peacebuilding）主管谢尔登·伊梅尔法布（Sheldon Himelfarb）博士给出了几个例子，证明社交媒体有缓解或解决冲突的力量（Zenko, 2013）。

促进民族（种族）间对话：伊拉克有个由三万多人组成的脸书小组，它基于一门解决冲突的课程。定期访问该小组的人表现出对不同民族更高的宽容度。

管理选举：在肯尼亚和南苏丹等国家，社交媒体是监管选举期间暴力和造假行为的重要工具。

宪政建设：在埃及、摩洛哥和冰岛等诸多国家，公民正在学习如何用众包的方式谏言国家宪政建设。

抗议暴力：2008年的脸书运动"百万声音反对哥伦比亚革命武装力量"（A Million Voices Against the FARC），在提高人们对哥伦比亚革命武装游击运动的认识和推动抗议活动方面异常成功。

甚至可能根本不相识，所以很容易在言语交锋中说出从未当面和任何人说过的话。激烈的口舌之争通常难以取得成效。

你可以用以下几种方法回应这类火气。第一，你可以忽略它。拒绝回应使发脾气的人不知道他惹怒了你，于是情形不会愈演愈烈。第二，如果你认为发火的人在用仇恨言论或真正恶毒的话冒犯他人，请考虑要求系统管理员或聊天室仲裁人介入。第三种方法是把对话转移到公共空间以外的场所，比如私人聊天室，与对方私下通过邮件或其他媒介继续讨论。

向别人核查看法在网络沟通中尤为重要。最近，因为对于正在写的文章如何谋篇布局有不同意见，我和一位与我合著文章的同事产生了冲突。经过讨论，我认为她的想法更胜一筹，所以写了一封简短的邮件发给她："好的。我们就按你的框架来写。"同事觉得这寥寥几个字的回应也许在暗示我受到了冒犯或者很生气，所以她给我打来电话，问我是真的同意她的想法还是仅仅为了结束冲突。当我们改述或询问对方的意思以核查看法的时候，我们其实是在说："你对我来说很重要，我正在尽力理解你。"

冲突中的有效沟通原则

我们对冲突的研究，以及在前几章中提到过的许多观点，为建设性地处理冲突提供了五项原则。

将精力集中于总体沟通系统

我们在第一章曾指出，沟通是系统性的，这意味着它有发生情境，并且由许多相互作用的部分构成。应用这条原则我们可以发现，处理冲突的方式决定于关系和沟通的总体系统。

如果人际氛围已经是消极的，人们就无法单靠练习"良好的冲突技巧"——比如集中谈话焦点或避免打断别人的句子——来开展建设性的争论。这些技巧需要放在更大的语境中看，语境会影响人们对技巧的解释。一个人的基调如果是戒备且怀疑的，就不太可能开放回应哪怕是最佳的冲突解决方式。同理，在大体支持和肯定的氛围中，即便是非建设性的冲突沟通也不太可能扰乱关系。像所有互动一样，冲突也受其所在的广阔语境的影响。

换句话说，冲突是总体的一部分，我们必须使这个整体积极向上以营造一种语境，使冲突可以在不危及伴侣或关系的情况下顺利得到解决。请记住，冲突总是会影响三个方面：你，另一个人，以及你们之间的关系。积极的冲突沟通尊重每一方。

选择合适的冲突时机

时机不同，冲突沟通的方式也不同。以下是利用时机使冲突尽可能有成效的三种方法。

首先，尽量不要在冲突一方或双方没有全情投入的时候触发激烈讨论。大部分人疲倦的时候都听得不太专心，也不会用心去记。总的来说，私下讨论问题比公开争论更有成效（Cupach & Carlson，2002）。如果我们时间有限或者想草率了事，我们就不太可能慢条斯理、积极有效地处理分歧。只要脑海里的秒表在嘀嗒嘀嗒倒计时，我们就无法认真倾听，并在深思熟虑后做出回应。

当每一方都准备好积极讨论问题时，就能考虑周到、建设性地处理冲突。当然，只有在还没准备充分的一方同意稍后交谈时，这个办法才管用。研究表明，男性比女性更倾向于避免讨论关系冲突，如果不先保持一段距离，男性可能就不乐意谈及分歧（Beck，1988；Rusbult，1987）。有的人喜欢立即处理问题，有的人则需要在交流前花点时间让自己想明白。一般来说，最好不要在气头上谈论矛盾。同样地，你最好先保存生气时写的邮件回复，等冷静下来再看看是否真的想要发送。火气消退之后，人们更有可能进行建设性、积极健康的冲突沟通。

斯蒂芬妮：

　　我是个暴脾气，每每大动肝火都可以把人撕成碎片。我总是没等冷静下来就开始攻击别人，因此伤害了很多朋友，我讨厌自己这样的行为。最后我终于想通了，如果我平复心情，就可以正确应对争吵。如今，每当我头脑发热，我就会告诉他人此时我无法谈论这件事。等冷静下来再重启对话，我就可以不说那些伤害他人且让自己后悔的话。

第三种利用时机促进冲突积极解决的办法是"分隔"，本章已经讨论过这个概念。在冲突过程中，自然会出现各种需要注意的问题。然而，如果我们试图处理所有的旁枝末节，就无法专注于当前的主要矛盾。因此，分隔其他问题留作后续讨论可以使得冲突焦点集中、富有成效。但请记住，双方需要适时回到搁置的争议上，分隔才有效果。

致力于双赢的冲突

人们处理冲突的方式决定了沟通的结果。当互相关心并想维持和谐关系的两人之间爆发冲突时，双赢模式通常是最佳选择。如果你在一开始假定自己、对方和关系都能从冲突中获益，你可能就会提出一个照顾各方的解决方案。采用双赢取向处理冲突反映了你对尊重自己、他人和你们之间的关系完整性的承诺。

为了最大限度达成双赢的冲突决议，请在初始阶段确认你的感受、需求或愿望。你可以回顾第七章的内容，提醒自己有哪些表达情绪的方法。要想冲突沟通有所成效，就必须了解自己的感受和欲望。弄清自己的想法和需求后，请用清楚的语言表达出来。含混不清或评头论足的话毫无用处，比如"我不喜欢你对我视而不见，我希望你更加善解人意"，更有效的说法是：你不给我打电话的时候我很伤心，我希望我们能想个办法，让我能知道你的爱，但又不至于成为你的束缚。

第二步是弄清楚对方的感受、需求和期望。如果你不知道对方想什么或要什么，也别自顾自揣测。相反，为了解决冲突，你要问问对方有什么感受和需求。在对方表达自己的想法和偏好时，请用心倾听，抵抗住想要回嘴的冲动。只是单纯地倾听，并尽力理解对方的观点。偶尔小小地鼓励和改述，让对方知道你在仔细倾听和尽力理解他的想法。

第三，注重促进合作和相互尊重的语言。为了做到这一点，请借助鼓励支持性的沟通，试着避免导致戒备氛围的对话。你应该使用"我"语言来控制自己的想法和情绪。纵观冲突沟通全过程，用心倾听能使你最大限度地理解对方的观点和感受。

最后，请不断提醒自己，只有双方都平衡了对己和对人的关切，才最有可能达成双赢局面。在关系层面的意义上，你要传递如下信息："我在乎你和你的感受、渴望，我也知道你关心我，你在意我的想法和我想要的东西。"如果这条信息成为冲突沟通的基础，那么双赢结局便不再遥远。

尊重自己、对方和关系

本书从始至终都在强调尊重自己、他人和关系的重要性。尤其是当冲突爆发时，平衡这三者更加关键。

一旦我们漠视或贬损对方的需求和感受，再谈建设性的冲突沟通便是空中楼阁。这么做是在否定对方，为谈话设定非输即赢的基调。压抑自己的需求和感受同样不可取。要公正地对己对人，就得清晰地表达你的想法和需求。

除了顾及自己和他人，我们还必须记住关系也受到冲突处理方式的影响。照这个解释来看，赢－输冲突取向实际上应该被称作赢－输－输取向，因为当只有一位赢家的时候，另一个人和这段关系都输了。双赢取向和积极的沟通形式令三方皆胜成为可能。

适时彰显风度

最后一条在冲突期间需要牢记的行为准则：适时彰显风度是妥帖的。风度是指在没有行为标准规定应当或必须这么做的时候，我们宽恕他人或将自己的需求搁置一边。风度不同于社会规范下我们必须给予的谅解。举个例子，西方文化中的大多数人认为，对于那些患病或因其他原因无法控制自己行为的人，我们应该原谅他们的不当行为。尽管这样做很恰当，而且往往是出于善意，但这并非风度，而是一种对社会规范的回应。

风度也不是在我们没有选择的时候忍让他人。相反，风度是自然获得、不强加要求的善意。举个例子，两位室友同意分担家务，但其中一个人当周有三场考试，所以没完成她分内的活儿；她的室友也许会把家务全揽下来，即使这份慷慨并非经过事先协商或在意料之中——这才是风度。当你可以把自己的偏好放一放，先满足对方的喜好时，这也是一种风度。同样地，如果有人伤害了我们，虽然他们无权祈求获得原谅，但我们也可能会不计前嫌。这么做并非迫不得已，而是出于自愿。风度是一种选择。

风度包括摒弃针对他人及其行为的愤怒、指责和评点。让这些情绪随风四散之时，我们既从对方造成的后果中解脱了自己，也能让他人释怀。有时，我们会告诉朋友我们已经不计较他的无礼行为，但过段时间又旧事重提。要是我们不断指责和评论，就说明没有真的放手，因此并不是真正展现风度。如果我们用自己的善意勒索他人，或者持续怀有敌意，也算不上有风度。

> ### 💬 日常生活中的沟通 / 见解
>
> #### 表达宽恕
>
> 道格拉斯·凯利（Douglas Kelley, 1998）和文森特·沃尔德伦（Vincent Waldron）强调，宽恕是关系如何或能否进行下去的主要影响因素（Waldron & Kelley, 2007）。他们指出，关系中免不了有大大小小的过失，所以问题变成：伤害既已形成，伴侣该如何携手向前？
>
> 沃尔德伦和凯利称，宽恕这个过程的关键变量之一是过失方和谅解方的动机。如果两人都被一种希望双方、个体和关系和好如初的欲望驱动，就最有可能达成宽恕，推动关系继续。如果其中一方道歉，表示自责或为过错承担责任，另一方就更有可能宽恕他。凯利和沃尔德伦也指出，如果谅解方能增进理解，引入过失方无法控制的事件成因，或将一切视作对方的无心之过，并由此重构整个伤及感情的事件，那么他的宽恕能力也会得到提升。最后，沃尔德伦和凯利强调，宽恕是个过程，而不是在某一瞬间发生的事。他们着重指出，人们在宽恕之后还需要时间愈合关系、恢复信任，回到健康舒适的互动中。
>
> 沃尔德伦和凯利之后，威廉·库帕克（William Cupach）和克里斯蒂娜·卡尔森（Christine Carlson, 2002）做了一项补充研究。他们发现宽恕不只是一系列行为，也不只是克服想要复仇等消极情绪。报告指出，与上述解释同等重要的是一种接受和肯定他人的欲望，甚至（或者说尤其）是在某类过失之后。
>
> 请访问宽恕研究所（Forgiveness Institute）的网站，网址为 http://internationalforgiveness.com。

风度是无特定条件的给予。阿瑟·奥斯本（Arthur Osborne，1996，p.6）相信，风度之于爱情必不可少。他说："索要回报的是商人，而不是情人。"我们表达善意，搁置自己的需求或者原谅他人的错误，同时不求任何回报。风度并非做好事以让朋友感激或欠下人情，我们表现风度并无意从中获得回报。为了互惠互利而帮助他人，那是交易，不是风度。要让某种行为称得上是在彰显风度，就必须无条件、无回报预期地执行它。

风度并不总是恰当的，人们有时会利用他人的风度和善意。有些人反复虐待和伤害他人，并确信自己的恶行会被原谅。假如我们的风度遭他人利用，下次再以同样的风度对待这个人就显得不太明智。但是，如果你好心好意彰显风度却遭他人妄用，你也不应该责怪自己，因为善意和宽恕他人的意愿是值得尊敬的道德价值。在丰富和持久的关系中，人们也可以偶尔展现风度。

我们在全书不断强调尊重自己和表达主张的重要性。然而，如果全是自私自利和自作主张，就不是健全的道德观念，无法创造出丰富的人际关系。人无完人，我们都会犯错或无意间伤害他人，偶尔也会做一些明知是错的、伤人的事情。别人没有理由在被我们冤枉的时候原谅我们，我们也无法指望撇清责任。

在反思保持风度的积极作用时，一位作家写下了动人的感悟："每当受到伤害，我们都有两个选择——任由愤怒摧毁你，或者宽恕。怨恨是死路一条，而宽恕可以使伤口痊愈，生活继续。"（Walters，1984，p.366）人类关系如果想得以世代存留、繁荣发展，必定要有救赎、宽恕和风度。

本章总结

对任何不流于表面的关系而言，冲突都是正常且难以避免的，难点在于如何有效处理冲突。人们看待冲突的方式会塑造冲突的模式。我们讨论了冲突的双输、赢-输和双赢取向，并且探究了每类取向如何影响人际互动。此外，冲突模式也随人们的不同反应而变化。逃脱抽离型、视而不见型、忠贞不二型和直言不讳型回应各不相同，它们的差异表现在回应矛盾有多积极和对关系有多大帮助上。在大部分情况下，直言不讳是较为可取的回应方式。因为当冲突发生时，只有双方都发表意见，才能积极有效地交流。

沟通是人际冲突中尤为关键的影响因素。有助于建设性地处理冲突的沟通技巧包括留心记忆、肯定对方、展现双重视角、用心倾听、使谈论焦点集中、订立契约，以及避免揣测他人、打断讲话、自我总结和互相指责。无论是应对在线冲突还是面对面的矛盾，这些技巧都有用武之地。

本章末尾提出了在冲突中有效沟通的五项原则。首先我们需要记住，冲突存在于沟通和关系的总体系统。冲突要想具有建设性，就必须发生在支持肯定的氛围中。在这种氛围里，人们可以开展良好的人际沟通。其次，选择合适的冲突时机很重要，这能让每个人都有时间私下反省，再富有成效地讨论。当冲突在社交媒体上爆发时，这条准则尤为关键。离开些许时间理清思路，可以避免让你写下也许未来会感到后悔的评论。第三项原则是致力于双赢结局。与以上三项原则相一致的是平衡对自身、他人和关系的投入。

尽管风度有时会被他人利用，但它依旧可以让关系充满善意，为不可避免的人为错误提供喘息空间。重要的是平衡风度概念中固有的各类矛盾，这样才能辨识它潜在的价值和危害。

关键概念

请练习为本章涉及的术语下定义。

订立契约　分隔　风度　人际冲突　视而不见型回应

数愿并述　双输　双赢　逃脱抽离型回应　消极攻击

赢－输　游戏　直言不讳型回应　忠贞不二型回应

话题延伸

请利用本章学习的原则来评估并分析这段对话，然后和作者建议的回应做比较。我们的网站上有更多相关视频，你可以与老师继续练习。

（安德烈娅和她的妹妹埃莉）

安德烈娅： 你在忙什么？

埃莉： 这本书，法国文学课要求读的 —— 我落后了很多。

安德烈娅： 可以和你聊几分钟吗？

埃莉： 我真的来不及了。就不能等一等吗？

安德烈娅： 我保证速战速决。

埃莉： 好吧。什么事？

安德烈娅： 这就是我要说的一部分。你刚才说"什么事"的方式，好像你心里已经不痛快了。

埃莉： 我告诉你了，我很忙。所以是的，你惹到我了。

安德烈娅： 你最近对我很无礼。

埃莉：（试着缓和情绪）你是我的姐姐，你惹我烦是应该的。

安德烈娅： 但最近这样的事发生太多次。有时候你有点难以自控，就像前阵子的那个晚上。

埃莉： 那个晚上怎么了？

安德烈娅： 我们为了该轮到谁洗衣服而争吵的时候，你差点把你的闹钟扔过来。

埃莉： 但我终归没扔。

安德烈娅： 没错，因为它插着电。

埃莉： 你想让我说什么？

安德烈娅： 我想知道，你为什么总是无端发这么大脾气？

埃莉：（又生气又戒备）无端?! 你叫我洗衣服的时候，我第二天还有两个考试！你称之为"无端"的东西，是我读的书，是我的未来！你太懒了，要不你就是个十足的混蛋，只关心自己的课，在这里一点忙都帮不上，可这都不是我的错！

安德烈娅： 这就是我想说的。你以前从不辱骂我，从不大喊大叫。我们应该谈谈，但我甚至都害怕试着和你谈。有时候我尝试了，但我觉得很难过 —— 更别提那种受伤的感觉了。

埃莉：对不起，我只能冲你发泄，有时候我激动得有点无法自持。

安德烈娅：不只是"有点"，看起来我们永远都不会和对方说话了。

埃莉：那我们这是在干什么？

安德烈娅：挖苦我没用，埃莉。我指的是真正的谈话——我想我们需要这么做。这学期你的课比我的课难得多，你想释放压力，这也很正常。

埃莉：我猜你是说除了朝你头上扔东西之外的其他办法？

安德烈娅：呃，是啊，但也得让你更舒服。

埃莉：好吧，那个晚上我真的感觉很糟糕。对不起。

安德烈娅：我也很抱歉，我没有尽力体谅你的日程安排和压力。如果我们每周定个时间，坐下来好好聊聊，也许可以避免争吵。

埃莉：这个行得通，我的确感觉我已经不知道和你之间是什么情况了。我们这周约个午餐吧。

1. 思考一下，在这个场景中埃莉和安德烈娅表现出的不同冲突取向。埃莉表现的是何种冲突取向？安德烈娅又是哪一种？寻找理由以支持你的答案。

2. 辨析这个场景中出现的冲突回应方式，你发现逃脱抽离、视而不见、忠贞不二或直言不讳的回应倾向了吗？对话中的这些回应方式造成了什么样的结果？

3. 元信息传递产生效果了吗？效果好吗？谁使用了这个技巧？

4. 回顾本章讨论的应对冲突的八种技巧。辨析安德烈娅和埃莉的对话中涉及的技巧。

5. 你如何看待宽恕在这段对话中的作用？基于本章所学，你能解释为什么安德烈娅看上去这么快就原谅了埃莉的行为吗？

自我评估

请应用本章所学的知识，完成以下的自我评估测验。在线答题可以知道每项结果对应的含义。

1. 辨识你的冲突取向

目的： 认识自己的冲突取向

方法： 尽可能诚实地回答下列问题

（1）眼看冲突即将发生，你会：

a. 思考怎么说才能推行你自己的解决方案

b. 担心每个人都会因此受伤

c. 想着也许有办法让每个人都满意

（2）身陷冲突时，你会：

a. 有种想要竞争的冲动

b. 叹息每个人都必输无疑

c. 保证找到各方认可的解决办法

（3）和对方发生分歧时，你会：

a. 假定他是错的

b. 假定没有谁是对的

c. 假定每个人的所想所感都有充分的理由

2. 辨识你的冲突回应方式

目的： 认识自己回应冲突的方式

方法： 阅读下列预设情境，在后续四个回应中标出你最有可能选择的那一个

（1）已经和你约会六个月的对象告诉你，看到你没兴趣和他的朋友相处，他很生气。你不想花时间和恋人的朋友相处，但他把这件事看作你们之间必须解决的问题。在这种情况下，你最有可能：

a. 在对话时走开

b. 告诉他这个问题不重要

c. 不说话，期望这个问题自行消失

d. 积极行动，找到令双方都满意的解决办法

（2）上周你的电脑坏了，朋友让你用他的电脑。但是一不小心，你清除了

朋友电脑上的两个文件夹。后来，朋友向你质问删除文件夹的事，样子十分愤怒。在这种情况下，你最有可能：

a. 对朋友的指责和怒气置若罔闻

b. 同意自己犯了错，询问朋友你该如何弥补

c. 一言不发，希望朋友的怒气渐渐平息，友谊继续

d. 告诉朋友，既然他总是给硬盘备份，那这不是什么大不了的事

（3）你的室友说你是个懒虫，他希望你们能就打扫卫生和整理物品的基本规定达成一致意见。在这种情况下，你最有可能：

a. 赞成房间应该更干净，即使你认为依照室友提出的标准行事很不公平

b. 告诉室友，在一起生活的大背景下，打扫卫生不算什么

c. 接受你们两人关于这个地方应该是什么样子持有不同观点，并表示自己会想出一些令双方都能接受的规定

d. 走开，希望你的室友可以偃旗息鼓

（4）和你约会了一阵子的人说你太挑剔、太消极，他希望你努力改变这方面的表现。尽管你意识到这个批评也许是中肯的，但还是觉得不舒服。再者，你不知道该如何戒掉或改善自己动辄评头论足的毛病。在这种情况下，你最有可能：

a. 同意约会对象的看法，问他是否有任何建议能帮助你改善挑剔、消极的情绪

b. 耸耸肩，无视对方的批评

c. 不说话，希望事情变好

d. 向对方指出，两个人是否合得来和你挑不挑剔没太大关系

（5）你的父母打来电话，怪你没有常跟他们联系。他们表示希望你多回家看看，每星期打两个电话；而你非常融入大学校园生活，不想天天往家里跑。在这种情况下，你最有可能：

a. 告诉父母，他们这是无中生有，根本不存在他们说的问题

b. 承认你没有经常和他们联系，答应将来好好改正；然后说到做到，即使你不喜欢这样

c. 告诉父母你希望和他们一起想办法，使你既可以和家里有更多联系，也不至于和校园生活隔得太远

d. 挂电话，不再回电

日常技巧

请完成下面的练习，进一步提升自己的沟通技巧。

1. 了解你的冲突脚本

你从家人那里学到了什么冲突脚本？回溯你的童年和青春期，试着回忆你的家人隐晦表现或公开支持的冲突原则。

· 人们公开反对彼此吗？

· 当分歧显露时，人们都怎么说？你的父母认为争吵很粗鲁吗？他们鼓励公开讨论分歧吗？有任何"规则"规定了争论方式吗？

· 如果直接处理分歧会发生什么事？冲突解决了吗？冲突过后家庭氛围如何？

· 现阶段你如何反思家人的冲突脚本？如果你可以编辑家人的脚本，请写下你的构想，你又会如何处理冲突？

2. 辨识沟通中的游戏

将你阅读的关于隐蔽冲突的内容应用到日常生活中。各举一个你自己或与你有关的人玩下列每种游戏的例子。游戏进行的同时发生了什么？真正的冲突得到处理了吗？

"挑刺" _____

"这下让我逮到你了，你这狗崽子" _____

"我比你惨" _____

"你说得没错，但是" _____

请思考本章概念在个人、工作场合和道德中的应用，写下你的感想。

个人 反思你应对冲突的方式。你对自己处理冲突的方式满意吗？如果不满意，请试着采用本章提到的其他方式。

工作 回忆你和同事之间的冲突。工作场合的总体沟通系统如何影响当时的交流情况？

道德 就你所见，到达何种程度、处于何种情境时，以拒绝回复消息或邮件的方式退出冲突才是合乎道德的？拒绝加入冲突是否会使对方错失解决冲突的机会？

批判性思考

请批判性地思考本章提到的观点，写下你的感想。

1. 双输、赢－输和双赢的冲突取向暗含了哪些道德准则？有的冲突方式强调公平，有的认为合作价值更高，你是否更认同其中一种价值侧重？

2. 思考你惯常的冲突回应方式。你是否常常依赖我们讨论的四种回应方式（逃脱抽离、直言不讳、忠贞不二和视而不见）中的一种或两种？总体来看，你的反应倾向符合研究发现的男女差异吗？

3. 你是否曾身陷一段压抑冲突的关系？现在你可以利用本章所学的概念描述当时冲突是如何被压抑的吗？你可以想出一些办法在这段关系中进行更有效的冲突沟通吗？

4. 你是否曾在一段关系里感受到他人的风度？风度是如何被传达的？它的影响又是什么？你是否曾向别人展现风度？

第十章

生活中的友谊

本章涉及的话题

◎ 友谊的基本特征

◎ 友谊的发展阶段

◎ 友谊面临的压力

◎ 社交媒体和友谊

◎ 朋友之间的沟通准则

学习完本章后，你应该能够 ——

◎ 认识西方人对友谊的五种期望

◎ 将友谊的发展阶段与自己的实际情况联系起来

◎ 认识维持友谊需面临的挑战

◎ 辨析现实和网络中的友谊分别有哪些利弊

◎ 应用本章提供的准则，更加清晰地和朋友沟通

你想赢取 1000 美元的奖学金吗？申请条件是写一篇文章，讲述成为别人的朋友意味着什么，还得找两位友人证明你是个值得交往的朋友。信不信由你，这项奖学金真实存在，只不过申请人必须来自美国艾奥瓦州艾姆斯市。这项奖学金旨在纪念希拉·沃尔什，此人是艾奥瓦州艾姆斯高级中学 1981 年毕业班的十一位女性之一。她们在高中时期是好朋友，其中十人至今仍然保持着亲密的联系。而第十一位，希拉·沃尔什，在 22 岁时就过世了。因此剩下的十位好友设立了此项奖学金，以纪念她们逝去的朋友，表彰友谊长存的珍贵价值（Zaslow, 2009；"A Scholarship", 2009）。

如同艾姆斯市的这几位女性一样，大多数人都珍视友谊。在我们悲伤之时，朋友带来慰藉；当生活阳光灿烂，朋友又能使快乐加倍。本章我们将探索什么是友谊，友谊如何起作用，以及友谊在不同人之间的差异。讨论初始，我们将阐释友谊的普遍特征，然后指明其在不同文化和社会群体间的变化。其次，我们会探究友谊发展的典型路径和部分常见规则。紧接着，我们将讨论友谊面临的压力，以及处理压力的方式。然后，我们会审视社交媒体与友谊的关系。本章以朋友之间的有效沟通准则收尾。

友谊的基本特征

友谊是一种独特的关系。与大部分关系不同，友谊的建立纯属自愿。血缘或法律建立了家庭成员之间的联系，距离的远近定义了邻居和同事，但朋友走到一起是你情我愿的。婚姻和家庭有约定俗成的结构或准则，友谊却不需要这些。法律和宗教礼仪掌管着婚姻，社会规范和法律条例约束了家庭关系；但认可一段友谊却无须仪式，也没有正式标准来指导朋友间的互动。

威尔：

> 这很有趣。孩子们有各种象征友谊的方式，可成年人却没有。我还记得当年我和街区那头的吉米拜把子。那时我才八岁，这简直是件天大的事。我妹妹和她闺密买了款式相称的友谊戒指，她一直戴到手指血色全无才摘下来。可是长大后的我们该拿什么来象征友谊呢？

友谊没有正式的标准，但在同一种文化中，人们对朋友是什么以及朋友间会发生什么持有相当一致的想法。无论种族、性取向、性别、年龄和阶层，大多数西方人对朋友和友谊都有五项基本期望（Nardi & Sherrod，1994；Parks & Floyd，1996b）。

愿意投入

友谊源自个人投入，我们曾在第八章中讨论过这点（Branje, Frijns, Finkenauer, Engles & Meeus，2007；Ledbetter, Griffin & Sparks，2007）。我们预期在友谊中投入时间、精力、思想和感情。这种投入也可能是物质方面的，比如借钱或给钱、赠送礼物或其他有价值的物品。我们的投入往往会激发朋友之间的承诺。

丹尼斯：

> 我真的很需要我的好兄弟们陪着我。有时，我们会聊天或者做些什么，但更多时候我们只是闲逛。这听上去也许微不足道，但实际上并非如此。和朋友一起

出门溜达是我生活的重要组成部分。

情感亲密

情感的亲密程度取决于对时间、交谈和共同经历的投入。随着人们花更多时间待在一起，他们共处的状态往往变得更加轻松愉快，并愈加感觉彼此联系。尽管大多数人都认同亲密关系是友谊的核心，但生理和心理性别会影响我们体察和表达与朋友的亲密关系的方式。

通过对话形成亲密关系　有人认为，交流是友谊最重要的部分。对于在女性言语社区中成长起来的人尤其如此，这类社区成员将谈话视为通往亲密关系的首要路径。总的来说，女性认为交谈和倾听——面对面或通过社交媒体——是建立和维系亲密关系的主要活动（Bodey & Wood，2009；Wood，2015；Wright，2006）。女性朋友之间的对话往往带有自我表露和情感表达性（Braithwaite & Kellas，2006；Metts，2006b）。她们不仅讨论重要议题，也聊及日常活动。这类"小型"谈话并非无关紧要，朋友们可以借此将各自的世界交织在一起，互相了解对方的生活节奏（Braithwaite & Kellas，2006；Metts，2006b）。亲密交谈让朋友们得以建立起深厚的联系感。

大部分女性都希望透彻地了解自己的好朋友，也希望被她们懂得。她们想让朋友知道并理解她们内心的自我，也渴望在同等的情感深度了解朋友。通过对话建立亲密关系的男性也是如此。

洛里·安：

　　我和我的女性朋友们对彼此无所不知。我们倾诉所有感受，不隐瞒任何一件事——我的意思是，全面了解。若是关系有了新的插曲，我们会及时更新信息，讨论每件事的意义。没有什么事是我不会和朋友说的。

纵观女性的社会化过程，女性朋友之间的交流通常反应热烈，充满支持和鼓励（Guerrero et al.，2006b；Mulac，2006；Wood，2010，2014）。在面对面沟通时，生动的面部表情和头部运动表明某人沉浸在对话中并有情感回应；在社交媒体上，快速回复信息或帖子，时常带有表情符号，这些也是热切回应的标志。此外，女性朋友之间常会提出疑问并给出反馈意见，这说明她们在倾听并且希望得知更多信息。女性朋友间还经常给予彼此情感支持。要做到这一点，她们需要接纳对方的想法，参与对方的愿景、问题和生活。

通过行动形成亲密关系　建立和表达亲密关系的第二种方法是共同活动。朋友喜欢一起做事和替对方做事。通过行动形成亲密关系常常是男性友谊首要但非唯一的侧重点（Inman，1996；Metts，2006b；Monsour，2006；Swain，1989；Wood & Inman，1993）。鉴于重点落在共同做事上，因此男性朋友间较少进行口头情感表露（Burleson，Holmstrom & Gilstrap，2005），且相比于女性和异性朋友花更多时间参加活动（比如"你的挥杆动作果真进步不少"）也就不足为奇了（Samter & Cupach，1998）。奔着相同目标（如赢得比赛、签订合同）而共同活动或工作的人会建立起战友情谊（Inman，1996；Walker，2004）。

乔希：

　　我和朋友只需要共同做事，而无须太多言语，这是我喜欢他的其中一点。我的妻子和他的妻子都希望我们俩能互相谈谈各种想法，说得好像非得这样似的。我和朋友的关系亲密得很，没必要时刻谈论感情。通过和某个人联手打猎或共同执教少年棒球联盟，你也能了解他。

乔希看得很透彻。和他人一起做事时，我们表露自我，也知晓他人。在打橄榄球或踢足球的过程中，我们可以充分了解队友的勇气、可靠程度、承担风险的意愿和对自己的信心。并肩战斗的士兵也能发现彼此的强项和弱点。我们无需语言交流，也能形成牢固的情感纽带和深层的个人了解。通过行动形成亲密关系的另一种方式是借由为朋友做事来表达自己的关心。斯科特·斯温（Scott Swain，1989）提出，男性友谊通常涉及有来有往的恩惠。杰克帮马特搬新家，马特随后帮杰克在电脑上安装新程序。也许因为男性的社会化过程强调工具性活动，所以男性较女性更倾向于认为替他人做事是表达关切的主要途径。

MindTap

日常技巧　完成本章末尾的"领会朋友的言行"活动，练习通过言行表达关心。

然而，如果断定女性和男性建立亲密关系的方式截然不同，那就大错特错了。事实上，男女两性比人们想象中更为相似（Parks & Floyd，1996b；Wright，2006）。尽管女性通常将语言沟通摆在特殊的优先位置，但很显然男性也会和他们的朋友交谈。和女性一样，男性也会表露个人情感、期望和忧虑，他们只是做得较少且对此习以为常。类似地，尽管男性可能比女性更注重活动，但女性同样会和朋友一起做事和替朋友办事，并将这些活动视为友谊的重要部分。

有的时候，如果双方对于工具性活动和表述性行为有不同的侧重点，就会产生误解。例如，要是迈拉认为亲密谈话是拉近关系的关键，那么当埃德帮她修电脑的时候，她便不会认为这类实际行动是在暗示埃德很关心她。

然而，对话和行为的不同侧重点也能充实关系。许多人喜欢和异性建立友谊，因为他们发现两性的差异趣味盎然。阿伦埃特·怀特（Aaronette White，2006）的一项研究表明，非裔美国男性更重视和女性的亲密友谊，因为他们可以和女性朋友练习人际沟通技巧，而和男性朋友却不行。很多男性也反馈说，女性朋友会给予他们更多支持（Burleson et al.，2005；Koesten，2004）。

卡亚：

　　为我和孩子做事是我丈夫的生活重心，他为此不断寻找机会。比如，当儿子休假回家时，他会调试汽车引擎并换个轮胎——我甚至都没察觉到轮胎有问题。当我想回学校继续学习的时候，他找了第二份工作，为的是赚更多钱。有一天，他买了一台微波炉回家，说想让我做菜更省心。他为我们做的一切都是他表达爱意的方式。

接 纳

我们期待朋友接纳我们，包括我们的缺点。每个人都有短处，尽管如此，我们还是希望朋友能包容一切。和不熟悉的人相处时，我们往往觉得有必要摆出最好的姿态，给他们留下好印象；然而和朋友在一起时，我们不愿披上假意的外衣。若是心

对于纪录片《渔人的搏斗》（*The Deadliest Catch*）中的菲尔·哈里斯船长和他的儿子兼同事乔希（左）及杰克（右）来说，要在一艘捕蟹船上分秒不差地执行任务，就需要时时强调工具性行为的重要性。

情低落，我们就把情绪写在脸上，而无须佯装振奋。即使气上心头，也不必遮遮掩掩。要是被人甩了，我们也不用假装一切都好。

正如第一章中的马斯洛需求层次理论所示，被人接纳十分重要，它有助于我们感知自我价值。我们大多数人足够幸运，能够获得家人和朋友的肯定，但事情也并非总是如此。某些同性恋和跨性别者的父母可能会拒绝承认孩子的基本价值。

马丁：

> 并非只有同性恋者受到打击，出柜会影响这个人生活中的每个人。当我告诉前妻我是同性恋者的时候，她震惊不已。她觉得这件事说明了一些东西，关乎她作为一名女性的身份。我的父亲和继母有同性恋恐惧症。比起我是同性恋这件事，他们更害怕朋友和亲戚的指指点点。我出柜了，而他们只觉得难堪、恐惧。

性别越轨者（gender-nonconforming）有时难以得到社会和家庭的接纳，所以与异性恋者相比，他们可能更依赖朋友的接纳（Nardi & Sherrod，1994；Roberts & Orbe，1996）。友谊颇为重要，正如凯思·韦斯顿（Kath Weston，1991）所著书籍的标题《我们选择的家人》[1]（*Families We Choose*）反映的那样，它常常替代了家庭

---

1 本书全名为《我们选择的家人：女同性恋者、男同性恋者和亲属关系》。这本书通过田野调查和访谈，探索了男女同性恋者如何构建对亲属关系的认知。——译者注

关系。尽管比起异性恋者，同性恋者、跨性别者、双性恋者更倚赖朋友的认同，但并没有相关研究显示他们在友谊的运作方式上有任何显著差异。有关 GLB（同性恋和双性恋）青少年的报告称，他们和其他性取向者的关系同样密切，沟通频率并无差别，也会产生和他人同样的麻烦。唯一的差异在于，GLB 青少年发现他们的 GLB 朋友比异性恋朋友更支持他们的性取向（Ueno，Gayman，Wright & Quantz，2009）。

和异性恋者一样，同性恋者也珍视友谊，并通过交谈和行动建立亲密关系（Nardi & Sherrod，1994；Parks & Floyd，1996b）。

信 任

信任是亲密友谊的关键组成部分，它有两个维度。首先，信任意味着你相信别人是可以依靠的。我们指望他人做他们声称会做的事，拒绝接受他们承诺不做的事。其次，信任植根于一种信念，即朋友关心我们和我们的福祉。我们希望朋友留心注意我们，事事为我们好。如果我们认为信任的两个维度同时存在，就会无所顾忌地向朋友分享私人信息，并确信他们不会伤害我们。

萨日妮：

信任是友谊的底线，这是最重要的一件事。我需要花很长一段时间才能真正信任某人，可一旦我这么做了，绝对是全心全意地投入。当我私下告诉朋友某件事，而她又对另一个人谈起此事时，我伤透了心。我们还是会待在一起，但信任已经烟消云散。我不会再向她透露私人事务，所以对话丧失了深度。

和友谊的大部分特质一样，信任也是逐渐建立的，并且可以划分出不同程度。如果我们在和人互动时发现他们说到做到，关心我们快乐与否，并且绝不背叛我们，如此日复一日我们就会慢慢学着信任他人。随着信任加深，朋友之间会越发频繁地互相倾诉；而自我表露反过来又拉近了彼此的距离，激发了更多关于友谊的承诺。

朋友之间的信任程度取决于多种因素。首先，我们的个人历史会影响我们信任他人的能力。请回想第二章关于依恋模式的讨论，早期与看护者的互动方式塑造了我们对他人的看法。对于那些从小被宠爱有加、细心看护的人而言，信任他人并不是特别困难。但另一方面，有的孩子并没有得到过那样的照顾。如果关爱缺失或时断时续，信任他人的能力就会受到损害。

詹姆斯：

> 要让我完全信任某人，哪怕这个人是我最好的朋友或我的女朋友，也难如登天。并不是说他们不值得信任，问题在我。我的心里有障碍，无法全身心地相信一个人。我出生的时候，爸爸酗酒成性，妈妈整天想离婚。后来爸爸参加了匿名戒酒会，他们才得以继续共同生活。但我时常想，他们之间发生的事是否意味着当我需要的时候他们不会在我身边。也许从一开始我就明白，没有谁是靠得住的。

家庭脚本也会影响我们对他人的信任程度和建立信任的速度。你的父母有很多朋友吗？你见过他们和朋友愉快相处的场景吗？他们的朋友经常来你家吗？虽然来自家庭的基本脚本并非不可改变，但它往往会影响我们信任他人的难易度和范围程度，以及我们对于投入一段友谊的兴趣程度。

承担风险的意愿也会影响关系的信任程度。从这个意义上说，信任是向未知空间的纵身一跃。为了强调信任中的风险，有句话说得好："学识的末路是信任的起点。"（Lewis & Weigert，1985，p.462）信任中的风险也许能解释为何我们只信任那些经过选择的人。

支 持

我们希望朋友支持我们。表示支持的方式有很多，最常见的是在关系层面传递信息，即"我关心你"。通常，我们会倾听朋友的问题以示支持。越是用心倾听，我们提供的支持就越多。回应也是一种支持，例如主动帮助朋友解决困难或理清思绪。

另一种支持朋友的做法是让他们知道自己并不孤单。当我们说"我也有这种感觉"或"我也有同样的问题"时,其实是在表示我们理解他们的感受。当朋友犯错或伤害我们时,我们宽容大度、不计前嫌,这也是一种表达支持、肯定其价值的方式。

支持的另一种重要形式是陪伴。有时,无论我们说什么或做什么都无法安抚朋友的悲伤;但是,我们可以和朋友待在一起,使他们在难过时至少有人陪伴。一项研究发现,年轻人认为真正友谊的本质是"互相陪伴"(Secklin,1991)。

在美国 HBO 有线电视公司制作的喜剧《都市女孩》(Girls)中,四个二十多岁、性格迥异的女孩成了朋友,互相支持是她们友谊的重要部分。

人们越来越倚赖朋友的在线支持——如果无法亲临现场,就在情感上给予陪伴(Carl,2006)。

女性和男性在支持朋友的方式上通常有差异。女性的社会化过程强调个人语言沟通,所以她们会给予更多的口头情感支持(Becker,1987;Johnson,2000;Monsour,2006)。她们常常细致地讨论各自的想法、情感问题的各个方面,以及与忧虑相伴相随的恐惧。通过深入交流情感问题,女性帮助彼此辨识、宣泄情感和解决问题。

里奇:

> 如果我不愿意去想一些麻烦事,我就和男性朋友待在一起,他会让我暂时忘却烦恼。要是对方换成女生,她一定想聊聊这个问题并沉浸于此,而有时这么做只会帮倒忙。不过,当我真的需要聊一会儿或倾吐烦恼的时候,还是需要一位女性朋友。男人之间不聊私事。

男性经常以"隐性亲密"(covert intimacy)的方式表达对朋友的支持。斯温(Swain,1989)创造了这个术语,用以形容男性间接支持彼此的行为。相比于亲密无间的拥抱,男性更有可能抓紧对方一边的肩膀,或者开玩笑似的往对方手臂上打一拳。男性不常进行直接和持续性的情感对话，而更多以工具性行为传递鼓励。这类行为可能是对如何解决问题提出建议或者提供帮助，比如借款或载朋友一程。最后，男性更有可能想出某些转移注意力的事来表达支持（Cancian，1987；Walker，2004）。如果你想不出解决问题的好办法，至少可以让朋友暂时忘却此事。"我们去投篮吧！"就是在转移对方的注意力。

贝利诺：

　　一年前，老家的朋友打电话向我借钱。我说"没问题"，还问他发生了什么。他告诉我，他的工作时长被削减了，家里买不起食品和杂货。我知道问题不只这么简单，我猜他也无力负担电费、房租和其他开支。于是我联系了他在教堂的朋友，举办了一场募捐活动。后来，我把钱带过去放在他家，没写纸条，也没留话。他不需要开口求助，而我也不用说什么。

文化也会影响人们对待友谊的态度。迪安·巴兰德（Dean Barnlund，1989）在研究了日本人和美国人的友谊后发现，这两个群体都喜欢和自己年龄相仿、民族

💬 **日常生活中的沟通** / **工作场合**

办公室友谊

　　朋友能使工作轻松很多。这是托马斯·菲利（Thomas Feeley）、珍妮·黄（Jennie Hwang）和乔治·巴尼特（George Barnett，2008）共同研究的结果，他们发现工作中的朋友能帮助工作者应对压力。雇员们称办公室的朋友能给予鼓励，陪伴左右。在办公场所结交朋友的人更容易坚持这份工作。有趣的是，在人事变更可预计的情况下，工作中的朋友数量比亲密程度更重要——朋友越多，在需要帮助的时候你能找到人的概率就越高。一些研究者认可此项发现并报告称，较少从公司圈子的交际中获得支持的雇员更有可能辞职离开（Feeley，Moon，Kozey & Slowe，2010）。

传统相近的人交朋友。不过，接受调查的日本人认为团结友爱、互相信任和热情温暖是友谊最重要的品质，而美国人则将理解、尊重和真诚列为首要标准。排序的不同反映了日本和美国的文化差异。日本人的核心价值观追求人际和谐与集体导向，但美国文化强调个性、诚恳和尊敬。

另一项研究发现，不同族群考量友谊时的侧重点各有不同（Collier，1996）。欧裔美国人将真诚和言论表达自由视为头等大事。许多亚裔美国人秉承传统的亚洲文化价值观，尤为重视礼貌、克制和对家人的尊重。非裔美国人选择朋友的主要标准是问题解决能力和对民族传统的尊重程度。科利尔还发现，拉丁美洲人的后裔看重来自关系的支持和情感表达。

总而言之，只有当人们愿意投入、情感亲密，并且接纳、信任和支持彼此时，才能建立友谊。不同文化和社会群体可能会有迥异的体验和表达友谊的方式。但以上这五种常见的期望似乎已经成为超越人类众多差异的存在。

友谊的发展阶段

有时人们很快就能形成紧密的情感纽带，但大部分友谊仍需历经多个阶段，需要逐步投入才能逐渐成形（Mongeau & Henningsen，2008；Rawlins，1981，2009）。虽然并非每段友谊都遵循完全相同的发展路径，但大多数西方人的友谊可以用同一条概括性的发展轨迹来描画。

成长阶段

没有哪两个人一开始就是朋友。相遇是友谊的起点，对方可能是你的同事，或者和你同在一支田径队或一家俱乐部，你们也可能在机场、商店或课堂里偶遇。有的人在聊天室或讨论组里认识新朋友，社交网络也可能会为你引荐朋友的朋友（Parks & Floyd，1996a）。最初的会面是互动（甚至可能是友谊）的第一阶段。此时，我们通常会遵循标准的社会规则，扮演正常的社会角色。我们往往表现得彬彬有礼，不会透露过多的私人信息。

新近相识的泛泛之交还未对彼此形成足够的私人了解，无法采用双重视角，所以他们往往会依赖普遍适用的对话和模式化的观念。此外，早期的交流往往笨拙而尴尬，交织着不确定性，这是因为双方还没有成功发展出联结彼此的方式。

在早期沟通中，两人相识不久，通常会试探彼此是否有共同话题、价值观和爱好（Weinstock & Bond，2000）。下课后，琼告诉丽贝卡她看了一部新电影，并发表了一番评论。如果丽贝卡讲述对这部电影的印象，或者询问更多细节，那么她就是在传递关系层面的信息，即她很有兴趣与琼交流。一名生意人也许会向合伙人开玩笑，或者谈及每周的扑克牌游戏，为的是探明对方是否想在泛泛之交的基础上推进彼此关系。互联网讨论组的某位成员也可能会邀请另一位成员进行私下的观点交流。

如果超越社会角色的邀请得到回应，一段新生的友谊就将扬帆启航。浅层的自我表露传达了一方欲使关系私人化或者在自然发生的语境之外见面的意愿。埃米莉也许会询问同事萨姆是否想在下班后一同喝咖啡，本也许会叫上他的同学德鲁一起自习。有时候，为了改善和不太熟的人相处时潜在的尴尬局面，我们会拉上其他人。比如，有其他人在场的情况下，埃米也许会邀请斯图尔特参加派对。

很多友谊永远不会超越这个阶段（Knapp & Vangelisti，2005），它们稳定在愉快却疏远的状态。这类朋友享受互动，但通常不会费很大力气把时间凑到一起。他们的自我表露有限，投入不多，对他人支持自己的期望值较低。

不过，随着我们与他人深入私人交流，增进自我表露，拥有共同经历并且分享观点、感受、价值观、忧虑、兴趣以及其他事物，有些友谊的确会越来越亲密，也越来越重要。

到这个时候，朋友之间开始发展出私人化的沟通规则。有些朋友会设定明确的共处模式（如看比赛、购物、打壁球、看电影），绝对不越边界半步；而有的朋友会花更多时间参与不同类型的活动。在友谊的萌芽期，尽管朋友之间会为这段关系设立规则，但他们往往对此后知后觉。这个阶段的重点是人们开始把对方看作朋友，并且发展出专属于彼此的互动模式。

跨种族的友谊往往比同种族内的友谊更花心思，但友谊的基础不会改变。无论双方是否来自同一个种族，接纳、回应、自我表露和了解对方都是关键所在（Shelton，Trail，West & Bergsieker，2010）。

人们会在某个节点明说或暗示决定成为朋友。要检验是否进入这个阶段，得看双方有没有假定维持长久关系。在早期阶段，如果人们没有制订具体计划，他们就不指望会再相聚；但关系稳定后的朋友认为，即便没有预约具体的会面时间，他们还是能继续见到彼此。他们认为这段关系会不断发展，所以将后续的交往视为理所当然。

没有高度互信，亲密的友谊就很难扎根。如果朋友之间取得彼此的信任，交流就会变得更加开放和充分。随着友谊逐渐稳固，它们往往会融入个人的社交网络这一更广阔的背景（Spencer & Pahl，2006）。如此一来，当我们在自己的社交圈内交流时，经常同步滋养多段已经确立的友谊。稳固的友谊没有期限，有时它们会持续终生。

人们越来越常使用在线沟通来维系既定的友谊（Carl，2006）。马尔科姆·帕克斯（Malcolm Parks）和科里·弗洛伊德（Kory Floyd，1996a）的民意调查显示，接近三分之二的受访者有一位在网上相识并发展出良好关系的朋友。帕克斯和弗洛伊德还发现，无论主要通过邮件和在线沟通还是面对面沟通来维持一段友谊，两者都同样私密、坚定。

马琳：

> 我和马莎很早很早就认识了——可以一直追溯到童年，那时我们住在同一栋居民楼里。我们一起捏泥饼，还摆摊卖柠檬汽水。上中学后，我们参与四人约会，一起规划人生。再后来，我们各自结婚了，但哪怕马莎已经搬走，我们仍然互相保持联系。我和马莎互相给对方寄孩子的照片，在电话里聊个没完。在我最小的孩子上大学后，我决定自己也该是时候这么做了，于是我注册了大学课程。在那之前我和马莎聊了聊，我说我都三十好几的人了，再去上大学是不是像个疯子。她觉得想上大学是件好事，她也正在考虑要不要上。我们在一起快四十年了，生活中大大小小的事都会互相分享、共同承担。

友谊大体上遵循一些规则，这些规则规定了哪些事可以预期，哪些事不被允许（Argyle & Henderson，1985）。一般来说，**关系规则**（relationship rules）是规定人们互动方式的协议，人们对此心照不宣。在大部分时间里，我们不知不觉地遵守关系规则。举个例子，大多数朋友默认聚会时可以稍微迟到，但也别让对方等太久。迟到5分钟合乎规则，但迟到40分钟就是违规行为。双方也无须言说便懂得，彼此分享的私人信息需要保密。第九章末尾所举的例子表明，如果朋友违背了默示的规则，将对方私下说的事告诉了第三者，后果将会十分不堪。也许朋友之间从不直截了当地讨论这些规则，但它们的确存在，正如一方违反规则时我们所看到的那样。

规则既涉及人际互动细碎的方面，也规定显著的部分。不在别人说话时插嘴也许是条规则，但对于稳固的友谊来说，即使真的打岔可能也不会造成毁灭性的影响。然而，偷钱或首饰，抢对方的男/女朋友，这些行为可能就会敲响友谊的丧钟。正如"日常生活中的沟通"板块所反映的，尽管朋友间经常发展出独特的规则，但许多友谊规则仍然反映了总体的文化特征。

恶化阶段

当友谊的其中一方或双方停止投入时，关系很可能会冷淡下来。友谊的结束有时很突然，有时颇具戏剧性——一场激烈的争吵、一条粗暴无礼的信息都可能结束友谊。这种突如其来的结局通常源于人们对信任的严重辜负——比如向他人透露秘密、偷窃、撒谎，不一而足。

更常见的情况是友谊的浪潮逐渐退去。搬家或因为工作、家庭的需要而分道扬镳可能会导致朋友之间渐行渐远，两人的相处因过分自然而变得无趣也可能使友谊变淡。许多（也许是大多数）友谊都是缓慢消逝而非戛然而止的。

卡里：

从上学的第一年起，我和珍妮特就是朋友。我们之间无话不谈，完全信任彼此。我告诉她布拉德曾经背着我和别人有一腿的时候，我知道她肯定不会告诉别人。她明白我很难过，加之我和布拉德已经复合，所以我不想让其他任何人知道这件事。某天，我和另外一个女生聊天，她说起布拉德出轨的事，问我事后怎么能够再信任他——我可没和她说过这件事！我心里清楚，她是珍妮特的朋友，所以我知道她是怎么获知这件事的。在我看来，这是终极背叛。我和珍妮特依然是朋友，只是我们不再亲近，我也不再告诉她任何私事。

如果友谊因为严重犯规而恶化或终止，沟通方式就会沿着可预料的轨迹变化。防范之心和不确定性增加，导致人们比从前戒备心更强，主动性更弱，也更不愿透露心事。友谊消逝最显著的标志大概是沟通数量和质量双双下降。曾经的朋友渐行渐远或互相伤害，随之而来的是沟通频率降低，双方也越来越少谈及私人和重要话题。

即使出现严重犯规，朋友之间也不是不可能修复关系。有时，朋友是因为身处巨大压力之下才会出口伤人。如果我们把自己厌恶的事归咎于暂时的或对方无法控制的因素，也许就会愿意原谅对方并维持友谊。相比于那些蓄意行恶的人，我们通常更愿意和无意间伤害我们的人继续做朋友。当友谊消逝，若想重归于好，双方必须致力于重建信任和亲密关系。

> 💬 **日常生活中的沟通 / 多样性**
>
> ### 世界各地的友谊
>
> 和大多数事情一样，友谊也受到文化的影响（Atsumi, 1980 ; Feig, 1989 ; Goodwin & Plaza, 2000 ; Lustig & Koester, 1999 ; Mochizuki, 1981）。在美国长大的人也许会和与自己价值观或政治主张不同的人交朋友；泰国的情况则不然，朋友之间要么全盘接受，要么不欢而散。泰国人通常不和与自己观点相异的人发展友谊。对于泰国人而言，需要全身心地接纳和认同朋友。
>
> 日本人会区分两种友谊类型。往来（tsukiai）是基于社会义务的友谊。这类关系通常形成于邻居或同事之间，往往期限不长。而建立在喜爱之情和共同兴趣之上的友谊常常会持续终生，私人情谊成了严肃的事务。密友的数量极少，关系也很稳定，这和美国的友谊类型形成对比。在日本，男女之间的友谊很罕见。仅有 20% 的日本人表示他们在婚前有亲密的异性朋友。
>
> 在西班牙，朋友的重要性不仅体现在个人支持上，他们还使彼此扎根于西班牙的集体主义文化中。在一项研究中，西班牙受访者表示他们更依赖朋友而非家人提供的情感支持。

友谊面临的压力

和所有人类关系一样，友谊需要经受内部矛盾和外部压力。

内部矛盾

友谊易受到亲密关系的固有矛盾的伤害。内部矛盾是指从人与人的沟通中生发出的关系压力。我们将讨论其中三种。

辩证关系　我们在第八章中讨论过辩证关系，它是指对立的人类需求，它引发了亲密关系间的矛盾并推动改变发生。自主 / 联结、新颖出奇 / 意料之中和开放 / 封闭这三组对立关系不时会打断我们的友谊，促使我们频频调整以适应自然的甚至是相互矛盾的需求。

当双方需求不同时，友谊就可能经受压力。如果乔厌倦了现在的生活，非常想求新求变，而他的朋友安迪过度兴奋，需要一阵子风平浪静的生活，这时就可能产生矛盾。类似地，如果安迪刚和女朋友分手，他可能会想到乔那里寻求安慰，但这时乔又恰恰身陷家庭事务无法抽身。当需求发生冲突时，双方就需要坐下来谈谈。重要的是坦诚地说明自己想要什么，并且体贴地了解朋友的需求。这种做法同时尊重自己、朋友和这段关系。朋友间通常可以想出办法满足每个人的需求，或者至少理解需求的差异并不代表双方对友谊的投入不平等。

拉娜：

我和朋友们经常身处异地，很难照顾彼此。如果某个朋友没有特别和谁约会，她就想和我多待一会儿，一起做些什么。要是我那段时间在谈恋爱，就有些难以满足她的需求。但在我刚分手的那阵儿，我也特别希望有朋友陪我聊天，消磨时光。所以每当我的朋友需要我的时候，我会试着回想自己当时的感受，并借此说服自己，欣然接受朋友的请求。

多样的沟通风格 友谊也可能因为不同文化背景产生的误解而变得紧张。我们的沟通方式反映了文化规则和我们对文化的理解，而这也许会让来自不同文化背景的朋友产生误解。举个例子，在许多传统亚洲社会里，社会化的过程教导人们要谦虚，而美国文化却鼓励颂扬自己。因此，如果美国朋友说"我被法学院录取了，我们一起出去庆祝吧"，在日本出生长大的人可能会觉得这是傲慢自大的行为。

美国国内不同社会群体之间的差异也会导致误解。如果非裔美国人马库斯以回家照顾生病的姑母为由，拒绝欧裔美国人阿龙共赴音乐会的邀请，阿龙可能会觉得难过。他也许会将此理解为马库斯拒人于千里之外，因为他认为马库斯只不过将姑母当作挡箭牌，实则并不想和他出去。但如果阿龙意识到许多非裔美国人比欧裔美国人更习惯集体生活，所以他们将照顾大家庭的其他成员视作头等大事的话，他就能以不同的方式理解马库斯的行为（DeFrancisco & Chatham-Carpenter，2000；Gaines，1995；Orbe & Harris，2001）。如果杰德建议艾伦一起出门走走，把烦心

💬 **日常生活中的沟通／**见解

只是朋友？

研究表明，声称"只是朋友"的人经常发生性行为。瓦利德·阿菲菲（Walid Afifi）和桑德拉·福克纳（Sandra Faulkner，2000）调查了 315 名大学生的异性交友经历。他们发现，51% 的调查对象表示自己和异性朋友至少发生过一次性行为。更近的一项研究（Wyndol & Shaffer，2011）发现，将近 60% 的大学生至少有一个为了利益而结交的朋友。大多数处于"没好处，不相处"关系中的人表示，性行为能提升友谊的质量，但也有少数人认为这会破坏交情。这项研究最有趣的发现要数这点：和朋友发生性行为不一定——甚至往往不会——使友谊变为恋爱关系。

MindTap 如果你曾为了利益结交某些朋友，你如何看待性行为对友谊的影响？

事抛诸脑后，而不是对她的处境表示同情，艾伦大概会觉得她的朋友杰德并不支持她。但是，杰德其实是基于男性的沟通法则来表达支持。另一方面，当艾伦逼着他说出自己的想法时，他也许会觉得艾伦在侵犯他的自主权。然而，根据女性的沟通法则，艾伦其实是在表达关切和担忧。

差异本身通常不是友谊出现裂缝的直接原因。相反，我们如何诠释和判断对方的沟通行为才是矛盾和伤害的根源。杰德和艾伦的所作所为并非惹恼两人的原因。杰德对艾伦的解读依据的是自己的沟通规则，而非艾伦的；艾伦的回应同理。请注意，误解源自我们对他人行为的解读，而非行为本身。这提醒我们要分清哪些是事实，哪些是自己的推断。

性吸引　异性恋男性和女性之间，或者同性恋男性和男性、女性和女性之间的友谊经常蕴含性张力。即使他们在现实生活中没有发生性行为，性的弦外之音也可能在友谊的表层之下回荡。有研究表明，一旦友谊表露出性的兴趣，朋友之间就需要坦诚对话，决定两人是维持柏拉图式友谊，还是被利益绑定，抑或发展成恋爱关系（Halatsis & Christakis，2009）。如果双方同意排除性关系，那么性吸引或邀请将会是一个更大的挑战。

外部压力

除了内部矛盾，友谊还可能遭遇来自外部的压力。这三类压力分别是：竞争需要、个人变化和地理距离。

竞争需要　友谊存在于更广大的社会系统中，后者影响友谊如何发挥作用。我们往往会将工作和爱情融入日常生活，确保它们每天获得足够的关注度。在事业起步时，我们需要投入大量时间和精力，因此可能没有多余的时间或精力去维系友谊，即使对方对我们而言是非常重要的人。

有时因为其他关系，尤其是新关系的建立，我们会忽视老朋友。一段新恋情也可能把我们所有的心思都牵走。如果生活中的其他重要关系出现危机——比如父母生病或另一个朋友遇到麻烦，我们也可能会疏于照看友谊。为了避免伤害朋友，我们在转移生活重心的时候应该告知朋友，并向他们保证好朋友绝不变心。

个人变化　生活变动不居，友谊也随之起伏。有些朋友能携手走到生命终点，但大多数人都在半途离散了。回想过往经历你大概会意识到，在你人生的重大转变时期，有的老朋友消失了，取而代之的是一群新朋友。等你读完大学，由于工作或

💬 日常生活中的沟通 / 多样性

人生各个阶段的友谊

生命长河不断向前流淌，友谊也随之改变（Blieszner & Adams, 1992；Monsour, 1997；West et al., 1996；Yager, 1999）。大多数孩子在两岁左右开始建立友谊，学习如何与他人沟通。蹒跚学步的儿童并肩玩耍，他们将注意力更多放在自己的活动上，而不是放在对方身上。与此同时，他们试着和自己在乎的人维持友谊；要是朋友搬走了，他们还会感到悲伤（Whaley & Rubenstein, 1994）。

六岁以下的儿童主要从个人需求角度看待友谊。随着日渐成长，他们会意识到往来互惠等友谊的规则。等他们上了三年级，就倾向于依赖群体规范，这引导他们力争与朋友公平相处（Pataki, Shapiro & Clark, 1994）。

对大多数人来说，青春期的友谊极其重要。青春期的男生往往会把一群人——通常也是男生——都认作朋友，而青春期的女生则通常只和一两个同龄人成为闺密。

在年轻人看来，分享个人信息和活动是友谊的首要标准，这个年龄的群体最有可能与异性建立和维持友谊（Werking, 1997）。

中年人的友谊则更难维系。人们结婚、生子、搬家、忙事业……尽管生活如此复杂，但大部分成年人仍将友谊视为生活的重要部分。

步入晚年的人珍惜老朋友。和朋友在一起的时候，他们可以重温往事，追忆他们生活的那个年代（McKay, 2000）。老年人的友谊常常建立在几对夫妻或是有年轻孩子的家庭之间。此外，许多老年人会在搬入更小的房子或加入退休团体之后结交新朋友。友谊越来越成为他们的情感支持和实际帮助的重要源头。

家庭原因搬家，或者生孩子时，你的朋友圈又会重新洗牌。同样地，失业也会使部分友谊发生变化，因为人们脱离了惯常的社交网络。

露丝：

我和桑迪的友谊有些年头了，但当我生下第一个孩子后，我们见面的次数渐渐少了。即使两个人聚在一起，也没有太多事可聊。她讲的仍旧是单身女性的话题，可我的全部精力都在孩子身上。后来我认识了其他同为人母的邻居，很快就把她们当作朋友。有趣的是，去年桑迪也生了一个孩子，这下我们就可以重聚，也不怕没有共同话题了。这可真好，我们又建立起了联系。

地理距离　大多数友谊需要经受距离的挑战，有的友谊因此而走到末路。大部分北美洲人拥有至少一段远距离友谊（Sahlstein，2006）。距离是否会终结友谊取决于若干因素。最显著的因素大概是双方想继续做朋友的意愿有多强烈。承诺越坚定，友谊越可能在双方分居两地的情况下保持稳固。

能否维持远距离友谊还受到其他因素影响，比如社会经济阶层。要留住远方的朋友，人们需要经常发邮件、打电话、传信息和登门拜访。旅行、订阅手机服务、购买计算机和平板电脑以及保持网络畅通，这些都需要花钱。因此，比起财务状况捉襟见肘的朋友来说，经济来源充足的朋友之间更容易维持友谊。社会经济阶层不同，工作和家庭安排的灵活度也不同，这同样会影响远距离友谊的持久度。白领阶层通常可以比较灵活地安排工作时间，所以他们能拼凑时间一起旅行；而蓝领职工的上班时间和假期长短往往由不得自己安排。

卡斯：

我的父母在交友方式上截然不同。随着我的成长，爸爸的事业也节节高升，所以那个时候我们总是搬家到更好的小区或者陌生的城镇。每搬一处新家，爸爸就换一帮朋友。哪怕老朋友住得不远，他也只想和他称之为新同辈的人相处。妈妈则刚好相反。她依旧和老家的闺密聊天，和所有好朋友保持联系，她不像爸爸那样说变脸就变脸。有一次，我问爸爸是否会想念他的老朋友，他回答说，有共同利益的人才是朋友，所以工作变了，朋友就该换了。这些话在我看来毫无道理。

女性和男性在维持远距离友谊的可能性上存在差异，因为他们分别将交谈和行动视为亲密关系的核心。正如前文所示，共同爱好和情感投入是许多女性亲密关系的重点。这两项基本需要通过沟通，尤其是私人谈话来实现。男性友谊往往关注共同活动，这点很难跨越距离而成立。女性如果想和重要的朋友保持联系，可以给她们打电话、发信息、写邮件或寄信。但是对于男性来说，如果朋友不在身边，他们就无法共同活动。因此，男性更有可能遗忘搬到远方的老朋友，转而和当前玩到一块儿的人交朋友。

莉莲·鲁宾（Lillian Rubin，1985）区分了两类朋友：一类是**心上的朋友**，无论距离和环境如何变化，他们始终与我们保持亲密无间；还有一类是**路上的朋友**，他们随着我们在人生道路上的前进而变化。对很多人而言，亲密好友往往是心上的朋友，而关系好的同事和邻居常常是路上的朋友。

社交媒体和友谊

社交媒体为我们提供了多种多样的交友途径。朋友搬迁新居曾经是威胁友谊延续的事，而现在已不再如此——借助社交媒体，我们就能和朋友保持联系。不仅如此，我们还能在网络空间里结识新朋友。从社交网站的发帖和回帖，到一起玩手机或电脑游戏，许多人依赖数字和在线沟通以便捷、持续地联络朋友。

然而，网络朋友之间的关系往往不够充实，距离不够亲近，无法和面对面的朋友相比。威廉·德雷谢维奇（William Deresiewicz，2009）曾质疑社交网络上的友谊是否"真实"。他说:"我们可能添加了 768 个'好友',但在何种意义上我们才算真正与其中某人结交?"随后他提到:"一旦我们决定成为所有人的朋友,就会遗忘如何与单独的个体建立友谊。"(p.B6)德雷谢维奇将网络友谊与现实中的传统友谊对比之后指出,前者夹带更少的私人性质,也更少适应个体情况。他认为,网络友谊"只是一次性把我们的意识流向全部 500 位好友播送",因为"我们太忙了,以至于留给朋友的时间只剩下打字的那会儿工夫"。(p.B9)德雷谢维奇或许言过其实,但我们的确需要花点时间反思自己与网络朋友和现实朋友之间的亲密程度。请想想你在社交网站上的所有好友,有多少人愿意在你受伤时陪你去医院,在你痛失亲人时抱住你,在你需要临时住处时让你和他们住上三个月?(Walter,2009)

MindTap

日常技巧 完成本章末尾的"网络友谊的利弊"活动,练习辨识网络友谊的利弊。

本章所讨论的友谊发展路径是基于现实情况得出的结论。研究表明,相比于面对面沟通,人们在网络环境中常常更多、更快地自我表露,这显示出网络友谊可能有截然不同的发展轨迹,其中披露信息的时间更快。

社交媒体也可能沦为网络欺凌的工具。网络欺凌是指在网络上编造信息、发布评论或谣言,通过邮件、短信或社交媒体平台传播用以伤害他人的图片、视频或虚假介绍。形成小团体的朋友有时会针对某一个体进行网络欺凌,而脸书等社交网站并没有监管和阻止网络欺凌现象的有效办法(Bazelon,2013)。

一项研究表明,43% 的青少年曾遭受某种形式的网络欺凌(Burney,2012)。该年龄段的同性恋者、双性恋者、变性者及性别认同障碍者遇到此类事件的概率更高,达到 53%(Bazelon,2013)。同样成为网络欺凌目标的还有无法符合当下理想性别角色的女生和男生,或者是——这一点颇具讽刺意味——过于遵从性别角色的女生。

受害女生往往比身边的同龄人在生理上更加成熟,这被认为缺少魅力,又或者太过魅惑(Anderson,2011)。人们讥讽缺乏吸引力的女生没有女人味,而魅力十足的女生则遭人嫉妒、受人欺凌。伤害女生的常见手段之一是散播谣言,称她们为荡妇。

被认为娘娘腔的男生——尤其是非白种人——最容易成为霸凌对象（Anderson，2011；Burney，2012）。霸凌者罔顾性征不等于性别的事实，表现出性别歧视和厌恶同性恋的态度，贬低受害者并笑话对方不够男人。事实上，网络欺凌的一种常见形式便是发评论称某个男生是同性恋者。

和面对面的欺凌相比，网络欺凌有两个关键的不同。首先，它是匿名作恶。借助虚假账号和其他网络手段，某人可以发布令人憎恶的言语和图片，却无须为其行为负责。当被问及网络上的人为何如此残忍时，一名岁数不大的男孩解释道："在脸书上，你想怎么刻薄就怎么刻薄。"（Hoffman，2010，p.A12）其次，网络欺凌没有明确的结束点。校园欺凌大部分停留在学校围墙之内，受害者要想逃脱，可以回家或拜访朋友。但网络欺凌却能够无休止地尾随受害者到任何地方，它没有尽头。

💬 **日常生活中的沟通 / 社交媒体**

网络欺凌

2010 年，当泰勒·克莱门蒂得知他的室友达伦·拉维发送推特和短信邀请别人观看自己和一个男人性交的画面时，年仅 18 岁的他选择自杀了断。拉维因涉嫌包括仇恨犯罪在内的 15 项罪名被提交审判，他因偏见犯罪以及使用摄像头暗中监视克莱门蒂而被判有罪。拉维被判处 30 天监禁，缓刑 3 年，以及 300 小时的强制社区服务（Zernike，2012）。克莱门蒂的遭遇并非孤例。

- 当 15 岁的阿曼达再也无法面对脸书消息墙上的恶毒留言时，她冲向了一辆行进中的公交汽车；

- 当一条骂她是荡妇的信息传遍学校之后，13 岁的蕾切尔上吊自杀；

- 当一条说他是同性恋者的信息变成广为传播的谣言之后，14 岁的杰米自杀；

- 一名网络欺凌者唆使 15 岁的菲比上吊，菲比照做了；

- 14 岁的梅根向一个假装是她朋友的人倾吐心声，但这些信息转手就被这位"朋友"发到网上，导致梅根轻生。

朋友之间的沟通准则

朋友之间要想拥有令人满意的沟通，需要遵循我们在前几章讨论过的良好人际沟通准则。比如创建肯定的氛围，投入到有效的语言和非语言沟通中，这些依然重要。和所有关系一样，友谊也需要双方建设性地处理冲突。除了这些笼统的建议，我们还可以细分出四个具体准则，以使朋友双方达成彼此满意的沟通。

采用双重视角

和所有人际关系一样，友谊也非常需要双重视角。要想做个称职的朋友，我们必须了解对方的态度、想法和感受。如上所述，接纳一个人的观点并不等于赞成它们。关键在于理解朋友的所想所感，接纳它们成为既定现实。

要运用双重视角，就必须分清哪些是我们的判断和见解，哪些是朋友实际的言行。请把第三章谈到的抽象阶梯记在心里。每当我们被朋友的话伤害或冒犯时请记住：我们的感知和推断是一回事，朋友的行为是另一回事。这个过程如下所示：

朋友采取行动

我们选择性地感知朋友的行为

我们解读发生的事

我们给自己对事情的理解贴上标签、赋予意义

我们基于自己选择的标签和意义做出判断

请留意在理解的过程中我们离最初的行为有多远。在我们登上抽象阶梯的同时，也存在很多滑离预定位置的空间。让我们来审视一个具体的例子。谢林对她的朋友凯尔说，她很沮丧，想得到鼓励。如果凯尔建议他们晚上一起出去走走，那么谢林不该因此假定凯尔漠不关心。因为我们知道，男性如果想表达对朋友的支持，会试着把对方的注意力从问题本身移开。

有两条沟通准则可以帮助我们避免误会朋友。第一条：询问对方是什么意思。

谢林可以问凯尔："我说我需要帮助，你为什么还想着一起出去玩？"这使得凯尔有机会解释说，他想用自己的办法来表达支持，他希望能想出一个活动使谢林暂时忘掉问题。因此，谢林得以领会他的意思和一片好心。

第二条：我们应该解释自己的感受和需求，或者将其转化为语言，使朋友了解哪些言行可以鼓励我们。谢林可以说："我想诉诉苦，这是现在最能帮到我的事。我们能不能就待在室内，聊聊我的问题？"如果我们把自己的需求讲明白，就更可能得到我们需要的那种支持。

坦诚沟通

几年前，当好友盖尔向我寻求建议时，我遭遇了道德抉择。她在几个月前同意出席一场专业会议并做主题发言，但几个月之后，她得到一个可以陪父母去意大利游玩的机会，时间正好和会议撞期。她更想选择后者，但不知道这是否算背信弃义。按照本书列出的准则，我首先询问了一串问题，想了解盖尔的感受和态度。于是事情清楚了：盖尔其实想让我告诉她，撤销协议、放弃会议的做法无可厚非。

我爱盖尔，所以我愿意支持她的选择，鼓励她做自己想做的事。可是，我认为她不该食言，如果她不遵守诺言，日后心里会过意不去。而且我心里明白，如果我没有和盖尔说实话，也对不起自己。从道德上来说，我要保证说话诚实，同时表达对朋友的支持。

我做了个深呼吸，随后告诉她三件事：第一，无论她做什么决定，我都会爱她；第二，我认为放弃主题发言的想法是错误的；第三，我建议我们一起想想别的办法。起先，她沉默不语，明显是因为我没有赞同她的想法而感到失望。随着交谈深入，我们想出了一个主意：她可以先做完主题发言，然后和身在意大利的父母会合。但即便这个计划可行，盖尔离开的时候还是垂头丧气的，我觉得是因为自己没有支持她的想法令她失望了。那天晚上她给我打了个电话，谢谢我对她说实话。我们聊过之后，她意识到食言有悖于自己的是非原则，可之前没有人帮她看清这一点。

诚实是朋友能给予彼此的最宝贵的礼物之一。尽管忠言逆耳，说实话有时会闹得不愉快，但我们确信朋友还是会这样做。事实上，人们相信坦率的反馈意见能将真心朋友和其他人区分开来（Burleson & Samter，1994）。诚实地对待朋友有时很难，就像我和盖尔的经历。如果我们想得到真诚的回复，却连朋友都指望不上，那还能向谁去索要这份真相呢？

许多人认为，支持意味着只说对方喜欢听的好话——这并非支持的实质。支持的关键在于足够关心一个人，处处想着为他好。父母管教儿女，给许多事设定边界，也是因为他们关心孩子的长远幸福。希望互帮互助的朋友会给予对方诚实且常常是批判性的反馈意见，这样才能使双方进步。表达支持和关爱与在重要事务上有一说一并不冲突。对朋友说他们想听的话或好听的话当然更容易，但真正的友谊不能缺少诚实的反馈和坦率的交谈。

米兰杜：

真正对我有话直说的朋友，我能用一只手数过来（甚至还能剩下三根手指）。大多数朋友只说我喜欢听的事。好吧，聊天的时候还是挺愉快的，但这些话并不耐听。如果我只是想强化已有的感受或行为，为什么还要费心思和别人聊天？真的朋友敢于直截了当地告诉你事情的真相。

MindTap

日常技巧 完成本章末尾的"清楚地表达需求"活动，练习阐明你的需求。

从差异中成长

第三条准则：要想友谊枝叶繁茂，请对人的多样性持开放态度。西方文化提倡非此即彼的思维方式：要么他和我一样，要么就是他错了；要么她跟我相似，要么她就是个怪人。这种思维方式严重制约了人际关系的发展。

很多人会选择跟自己相像的人做朋友。与价值观、态度、背景和沟通习惯相近的人相处时，我们得以更快放松心情。不过，如果将交友范围限定在和自己相似的人里，就有可能错失一些或许能与我们成为朋友的人，也错失了他们迷人的多样性。理解异己者并与他们和睦相处的确需要我们花费一番时间和精力，但这么做的回报也非常可观。

不要为小事烦心

18世纪的作家塞缪尔·约翰逊（Samuel Johnson）曾说过，绝大多数友谊的消亡并非源自严重的侵害和麻烦，而是因为一桩桩冷落或激怒对方的小事，慢慢侵蚀了亲密关系。约翰逊的话说到了点子上。毫无疑问，他人的某些品性和习惯会令我们恼火。如果你是个守时的人，朋友迟到太长时间就可能会惹你不高兴。要是你不喜欢打电话聊个没完，那么遇到聊几个小时电话的朋友可能会让你大为光火。生气很正常，但我们处理这类情绪的方式将导致迥异的结果：或者维持友谊，或者扼杀友谊。

第三章有关感知的讨论已经告诉我们遇到气人的小事该如何释怀。感知是主观的，了解这一点后你也许就会提醒自己，不要关注朋友身上你不喜欢或困扰你的部分。示意对方你被激怒了是一回事，被这种情绪弄得忧心忡忡则是另一回事，两者差别巨大。迟到真的比朋友身上你珍视的所有优点都重要吗？朋友的某些良好品性是否足以弥补你所厌恶的没完没了煲电话粥的行为？你可以试着控制自己的感知，调整你在这些事情上的注意力。

💬 **日常生活中的沟通** / 多样性

"我把你捧在心里"

空族（!Kung）是生活在非洲南部地区的游猎采集部族，对他们而言，干旱、洪灾和饥荒是再平常不过的事。空族人得以存活，靠的是一套凭借讲述故事、互赠礼物和互相拜访来维持下来的复杂社会关系体系。

有一年暴雨如注，植被遭淹，动物也逃到更加干燥的地方。空族人日渐饥饿难耐，郁郁寡欢，于是他们开始讲述住在200千米以外的心爱之人的故事。这些故事唤起了空族人对远方朋友的思念，于是他们精心制作礼物，再长途跋涉去见朋友。终于抵达目的地后，他们将礼物赠予朋友，这是想告诉对方，在分离的这段日子里"我把你捧在心里"。（Dreifus，2009）

贝尔纳黛特：

我在单亲家庭长大，和妈妈住在一起，但我们家从来不缺热闹。妈妈有很多朋友，总有人时不时来拜访。过去我常常和她抱怨说，我不喜欢琼斯夫人的用语、佩里夫人的政治观点，或是戴维斯先生呷嘴喝咖啡的样子。某天，我又开始抱怨她的某个朋友哪儿哪儿不好，妈妈说道："女儿，如果你总是这么抱怨，不会有谁想和你做朋友的。如果你想交朋友，就不要和鸡毛蒜皮的事过不去。盯着他们的优点看。"

人无完人，但我们仍然希望被他人接纳和珍视。你希望你的朋友这么做，他们也希望你这么做。接纳朋友并不意味着你必须喜欢他们的方方面面。你要真正地接纳朋友，不要为了迎合个人的喜好而试图改变他们。

本章总结

本章探讨了友谊的建立方式，以及它们如何随时间发挥作用和改变形态。首先，我们提出了人们对朋友的普遍期待，包括投入、亲密、接纳、信任和支持。在讨论这些共通的主题时，我们还洞察到人与人的差异。性别、文化和社会群体不同，建立和表达亲密关系的方式也不尽相同；人们对友谊的投入有多有少，表达支持的方式也随之改变。

大多数友谊是逐渐发展的，从角色主导型的交往发展为稳固的友谊，但有时也难免走向衰亡。社会和个人的规则赋予互动以规律性和可预见性，朋友双方借此了解自己可以期望对方做哪些事。我们还指出，通过社交媒体建立起来的友谊可能会遵循不同的发展轨迹，例如表露个人信息的时间早晚。

和其他所有关系一样，友谊也会遭遇源自关系本身及外部压力的挑战和矛盾。内部矛盾包括辩证关系、误解和性吸引；外部压力是指竞争需要、个人需求和兴趣的变化以及地理距离。贯穿本书的人际沟通准则为我们如何应对压力及亲密关系的动态变化提出了建议。此外，朋友之间的沟通格外需要采用双重视角、坦诚沟通、对人的多样性持开放态度，以及不为小事烦心。

关键概念

请练习为本章涉及的术语下定义。

关系规则　路上的朋友　内部矛盾　网络欺凌　心上的朋友

话题延伸

请利用本章学习的原则来评估并分析这段对话，然后和作者建议的回应做比较。我们的网站上有更多相关视频，你可以与老师继续练习。

巴特和肖恩同在资本银行（Capital Bank）上班，他们是十年的老同事、老朋友。他们共同经历了很多事，比如巴特离婚，肖恩结婚，巴特成为他的伴郎……办公室里有任何八卦，他们都会互相告知。双方都认为这段友谊情比金坚，直到两个月前肖恩得到晋升。升职后，肖恩成了巴特的上司，尽管双方都极力回避这个事实。如今，巴特察觉到肖恩不再和他共享信息，也不再谈论其他同事。肖恩心里想的是，不能再和巴特谈及工作相关的话题，否则对同为下属的其他同辈不公平。肖恩时常怀念他和巴特之间经年累月的亲密关系。他希望友谊不变，但又必须在它和工作关系之间划清界限。

巴特： 我听说杰斐逊金融（Jefferson Financial）想挖走杰克。

肖恩： 具体细节我不清楚。

巴特： 我的意思是，公司会提高杰克的待遇把他留下来吗？如果他涨薪了而我们没有，很多人会生气。这相当于在鼓励我们为了获得一份旗鼓相当的工资而另谋高就。

肖恩： 你知道的，资本银行不会出一份和竞争对手报价相当的薪水，它的政策里没有这一条。

巴特： 我清楚官方说法。我也知道公司为了留住某人会无视政策，我只想搞清楚杰克够得上哪条线。

肖恩：你明白的，我不能和你说这些事情。

巴特：你可以信任我。你说的任何事在我这儿就算到头了。

肖恩：好吧，那其他不是我铁哥们儿的经理呢？我要是告诉了你，对他们来说公平吗？

巴特：你骗不了我。我还以为最好的朋友会把什么事都和对方说。

肖恩：我换了新职务，所以有些事不能和你聊。比如杰克这件事吧，它只会给我们制造矛盾，别无他用。这会儿我什么都不能说。

1. 在肖恩和巴特的友谊中，你看出了哪些辩证关系？

2. 请回顾第八章提到的人们回应辩证关系的方式，评估上述情境中双方的回应效果如何。你认为就事论事、抉择、中和以及重新定义等应对办法会如何影响双方的互动？

3. 巴特和肖恩关系的变化如何影响两人之间的信任？他们各自在哪些方面无法相信对方？

4. 思考关系的系统特征。试想某个因素的改变（肖恩升职）将如何影响关系的其他方面以及相关互动？

5. 如果你能重写巴特和肖恩的对话，你会如何改写？你希望发生什么事情？什么情节是你不愿看到的？在改写对话的过程中，想想肖恩和巴特可以怎样通过沟通建立良好的人际氛围，有效地表达情感。有什么办法可以使两人积极有效地倾听对方？

6. 你能想出哪些办法帮助肖恩实现他的理想方案，使他和巴特既可以保持亲密，又能划清友谊和工作关系之间的界限？

自我评估

请应用本章所学的知识，完成以下的自我评估测验。在线答题可以知道每项结果对应的含义。

目的：了解你的交友风格

方法：回答下列关于经历和表达亲密友谊的问题。和你最亲或最好的朋友在一起时，你做下列事情的频率有多高：十分频繁、频繁还是偶尔？

1. 谈论家庭问题

   十分频繁　　频繁　　偶尔

2. 互相帮助（开车捎人、借钱）

   十分频繁　　频繁　　偶尔

3. 一起运动（篮球、网球等）

   十分频繁　　频繁　　偶尔

4. 试图分散他们在问题上的注意力

   十分频繁　　频繁　　偶尔

5. 表露你的焦虑和恐惧

   十分频繁　　频繁　　偶尔

6. 谈论恋爱和家庭关系

   十分频繁　　频繁　　偶尔

7. 一起活动（露营、玩游戏、购物）

   十分频繁　　频繁　　偶尔

8. 吐露你不想让他人知道的秘密

   十分频繁　　频繁　　偶尔

9. 出去闲逛，无须太多言语

   十分频繁　　频繁　　偶尔

10. 谈论日常生活琐事

    十分频繁　　频繁　　偶尔

11. 为朋友提供实际帮助

    十分频繁　　频繁　　偶尔

12. 坦率地和对方谈论你的感受

    十分频繁　　频繁　　偶尔

13. 讨论并解决朋友之间的矛盾

    十分频繁　　频繁　　偶尔

14. 张开双手拥抱或触碰对方，表达爱意

十分频繁　　频繁　　偶尔

15. 忽视问题或转移话题

十分频繁　　频繁　　偶尔

日常技巧

请完成下面的练习，进一步提升自己的沟通技巧。

1. 领会朋友的言行

阅读以下剧情梗概，写下你可能会说的一句话和会做的一件事，以表达你对剧中人物的关心。

a. 你最好的朋友刚刚和谈了很久的女朋友／男朋友分手。他／她发信息对你说"我好孤单"。

你会说：＿＿＿＿＿＿＿＿＿＿＿＿＿＿＿＿＿＿＿＿＿＿＿＿＿＿＿

你会做：＿＿＿＿＿＿＿＿＿＿＿＿＿＿＿＿＿＿＿＿＿＿＿＿＿＿＿

b. 你的好朋友告诉你，他被球队开除了，今年都踢不了球。

你会说：＿＿＿＿＿＿＿＿＿＿＿＿＿＿＿＿＿＿＿＿＿＿＿＿＿＿＿

你会做：＿＿＿＿＿＿＿＿＿＿＿＿＿＿＿＿＿＿＿＿＿＿＿＿＿＿＿

c. 高中时期最好的朋友打电话给你，说他常常想起你，尽管你们已经很长时间没有联系了。

你会说：＿＿＿＿＿＿＿＿＿＿＿＿＿＿＿＿＿＿＿＿＿＿＿＿＿＿＿

你会做：＿＿＿＿＿＿＿＿＿＿＿＿＿＿＿＿＿＿＿＿＿＿＿＿＿＿＿

d. 你走在校园里，好朋友把你拦住，兴奋地说："我刚刚发现自己被本校法学院录取了！你能相信吗？"

你会说：＿＿＿＿＿＿＿＿＿＿＿＿＿＿＿＿＿＿＿＿＿＿＿＿＿＿＿

你会做：＿＿＿＿＿＿＿＿＿＿＿＿＿＿＿＿＿＿＿＿＿＿＿＿＿＿＿

2. 维持远距离的友谊

你有朋友身处远方吗？如果有，为了维持这段友谊，你会采取以下哪些策略？

· 每天至少打一次电话或发一次信息

· 每周至少打一次电话或发一次信息

· 每月至少打一次电话

· 一年打一两回电话

· 每天发邮件或信息

· 每周发邮件或信息

· 在对方的个人主页下留言

· 写信

· 每周登门拜访

· 每月登门拜访

· 偶尔登门拜访

· 在脑海里想象你和朋友的对话

如果友谊并不如你预期的那么亲密，那么是时候考虑提高和对方的沟通频率了。

3. 网络友谊的利弊

思考两段亲密友谊，一段来自能和你经常见面交流的人，另一段来自和你主要通过社交媒体联系的人。辨析两种维持友谊的方式各有什么优点和弊端。

4. 清楚地表达需求

下列三个场景描述了朋友之间最初无法得到预想回应的情况。写出你面对每个场景时想说的话，清楚地表达自己想要的东西。

a. 你发现你的车需要两个新轮胎，并且做适当校正，但你手头没有多余的现金。紧接着其他所有事涌入脑海，担心钱从何而来反倒是你此时最不想做的事。你遇见一位朋友，告诉他发生的事。他说："我们坐吧，一起想想该怎么办。"你不想谈这个话题，你只想暂时忘却烦恼。

你会说：_____

b. 你的男朋友 / 女朋友转到 600 英里（约 966 千米）以外的学校读书，你为
此闷闷不乐。你觉得你会很想念他 / 她，也担心你们的感情抵不住距离的煎
熬。朋友打来电话，你提及自己的忧虑。对方回应说："你能处理好这件事
的。只要确保你们有彼此的邮箱地址就行，没问题的。"尽管你愿意相信朋
友的话，但这几句安慰听起来仍然十分空洞，你更希望有人能帮你理清自己
的感受。

你会说：_____

c. 朋友对你说，她很担心就业市场的前景。你从她的话里听出几个意思：她为
如何谋生发愁，她不确定自己将住在什么地方，还对自我价值产生了怀疑。
你对朋友说："听起来你好像被这些事弄得晕头转向，逐个讨论问题也许会
有帮助。"你的朋友沮丧地叹了口气，回答道："我不想把所有零七碎八的事
都拿来分析。"你不确定你的朋友想要什么，也不知道如何帮助她。

你会说：_____

概念应用

请思考本章概念在个人、工作场合和道德中的应用，写下你的感想。

个人　请思考如何将我们的讨论结果应用到你的生活中。谈话和活动在你最
亲密的友谊中占据多大分量？你对最亲密的朋友投入了什么？你如何表达对好朋
友的支持？身处特定的文化或社会群体之中，你对友谊的期待和对朋友的行为是否
受到影响？你的友谊是否遵循本章所描述的发展阶段？

工作　你现在或曾经是否有工作上的朋友？如果答案是肯定的，工作场合中的
朋友如何影响你的工作？如果没有这些朋友，你的工作是否会变得不同？

道德　对朋友撒谎是否总是不道德的？如果朋友问你如何看待她新交的男朋
友，而你觉得他是个彻头彻尾的失败者，你会对朋友直说吗？或者你会显得不那么

挑剔，转而评论"现在暂时还不好说"或"你和他在一起的时候看起来很快乐"？如果你认为她的男朋友在虐待她，你会出于道德义务告诉她吗？适合向朋友撒谎或掩盖真相的时候，哪些规则在起主导作用？

批判性思考

请批判性地思考本章提到的观点，写下你的感想。

1. 想想你拥有的同性和异性友谊。每段友谊在多大程度上符合本章所描述的性别模式？

2. 写下友谊各个发展阶段的典型话题。这些话题是否会随着友谊兴衰而变化？

3. 想想与你关系十分亲密或最好的朋友。描述你们两人对友谊的投入情况。描述你如何建立和表达信任、认可和亲密。友谊的动态变化是否和本章提及的研究相符？

4. 想了解他人如何看待友谊以及在交友过程中遇到哪些问题，请登录 http://www.friendship.com.au 访问"友谊主页"（Friendship Page）。这个网站提供了与友谊相关的歌曲、诗歌和语录，还有聊天室和提供建议的论坛。人们在论坛里提出的问题在多大程度上反映了本章讨论的友谊所面临的挑战？

第十一章
忠诚的恋爱关系

本章涉及的话题

◎ 忠诚的恋爱关系

◎ 恋爱关系的发展阶段

◎ 社交媒体和恋爱关系

◎ 恋爱关系的沟通准则

学习完本章后，你应该能够 ——

◎ 列举忠诚恋爱关系的特征

◎ 评估日常生活中某段恋爱关系的发展情况

◎ 辨析社交媒体对恋爱关系的影响方式

◎ 应用本章给出的准则，提升你的恋爱关系质量

艾伦的一位同事惹她怅然不快。晚饭后，她试着和丈夫诺顿讨论这个话题："帕特老是在办公室里制造矛盾。"诺顿紧盯电脑屏幕，头也没抬一下，含糊地说了一句："不好意思，亲爱的。"这是一个礼拜内的第三次了，艾伦希望和诺顿聊聊这件困扰她的事，而他总是一门心思用在其他地方。

艾伦边叹气边步入她的书房，打开笔记本电脑，查看她的朋友杰克是否在线。艾伦和杰克初次相遇是因为两人同时评论了某篇政治博客。渐渐地，他们发现彼此有很多共同兴趣爱好，于是很快开始邮件联系、打网络电话以及互传短信。今晚，她发现他在线上，便拨通了网络电话。她把同事帕特的最新消息告诉了杰克，杰克表示深有同感——他也遇到过很难搞的同事。他还提了几点建议，帮助艾伦管住帕特。聊了20分钟后，艾伦感觉好多了，焦虑感也降低不少。她对杰克说："有时似乎你比我还了解我自己。"杰克回复道："我关心你，所以我想了解你。"她说："谢谢你陪我。"杰克回复："艾伦，我永远在你身边。"

艾伦和杰克的关系如此亲密，这是否对诺顿不忠？她和杰克的网络关系是否有发展成婚外情的风险？

本章将探讨忠诚恋爱关系里的沟通。首先，我们会定义何为忠诚的恋爱关系，并阐明恋爱关系中不同个体的不同恋爱方式。接着，我们会讨论恋爱关系在成长、稳定或消散过程中所遵循的发展模式。在第三节中，我们将思考社交媒体如何影响忠诚的恋爱关系。最后，我们会辨析若干准则，旨在有效应对恋爱关系中时常出现的挑战。

忠诚的恋爱关系

在忠诚的恋爱关系中，个体认为彼此是对方生活首要且持续的部分。尽管在某些文化中婚姻由他人安排，但主流西方文化认为这类关系理应出于自愿。人们无法挑选亲戚、邻居或同事，但在大多数国家，人们可以自由选择恋爱对象。

忠诚的恋爱关系是由独一无二、不可替代的人创建并维持的。在我们的许多关系中，对象并非无可替代。如果一位同事离职，还有下一任到岗，工作依旧照常。如果你的壁球搭档搬离了镇子，你还会找到新搭档，运动仍会继续。事实上，大多数社会关系都是"人我"式联结；而忠诚的恋爱关系是"你我"式的纽带，我们在其中不断投入自我，视彼此为完全有别于他人的存在。

忠诚的恋爱关系包含爱情和性欲，这绝非同事、邻居、家庭成员和绝大部分朋友关系的典型成分。恋爱关系的另一项特质在于，它常常被认为是首要且持续的。我们也许会离开朋友和家人，但我们希望和爱情伴侣保持永久或长远的联系。

恋爱关系的维度

多年以来，研究者不断试图定义何为忠诚的恋爱关系，我们现在认为爱情由三个维度组成：亲密、承诺和激情。尽管我们会分别讨论这三个维度，但它们其实是互相重叠、彼此影响的（Acker & Davis，1992；Hendrick & Hendrick，1989）。学者斯滕伯格（Sternberg，1986）将这三个维度排列组合成三角形，以代表爱情的不同方面（见图 11.1）。

激情　说起爱情，大多数人首先想到的是激情。激情描述的是一个人对另一个人极为强烈的积极情感和炽热欲望。激情不仅局限于性或感官。除了性爱，激情还包括强烈的情感、精神和智力方面的兴奋状态。恋爱中

图 11.1　**爱情三角形**

的火花和极度欢乐都源自激情，这就是我们将其称作"感觉胃里有蝴蝶翩翩起舞"[1]和"摔个倒栽葱"[2]的原因。

尽管激情会令人兴奋，但它并不是多数长久恋爱关系的主要基础。其实，不断有研究表明在我们的恋爱经历中激情不如亲密和承诺关键。如果我们能意识到激情只是一段全新关系的组成部分，很少能长时间维持较高水平，那么上述研究结果便在情理之中了。和其他强烈的情感一样，激情也有涨有落。因为激情的来去很大程度上不由我们的意志决定，所以它不是构成长期关系的充足条件。换句话说，激情也许能区分爱情和其他关系，但它通常并非恋爱关系的黏合剂。要想关系长久，我们需要一些更持久的东西。

承诺 我们需要的"其他东西"便是承诺，它是恋爱关系的第二个维度。在第八章我们曾提到，承诺是想维持关系的意愿。尽管承诺常常和爱相互关联，但它和爱是两码事。爱是一种感觉，它建立在我们和某人有所联系并因此获得回报的基础上；承诺则不同，它是为了维持关系而做出的决定。在一段关系中，承诺和投入紧密相连——我们投入的越多，许下的承诺往往就越重大（Lund，1985；Rusbult，Drigotas & Verette，1994）。

研究者将人们对关系许下承诺的原因大致分为两类（Lund，1985；Previti & Amato，2003）。第一，我们停留在一段关系内，也许是因为我们觉得它令人舒适、愉悦——我们珍视交情、情感支持、经济帮助和实际利益等。第二，我们停留在一段关系内也可能是为了避免关系破裂导致的负面结果——比如违背宗教观念，招致家人反对或引起经济拮据。上述两个原因都能保障人们履行承诺，但它们对关系美满程度的影响不尽相同。与那些因为关系和睦才选择共处的伴侣相比，因分手阻力而维持关系的伴侣往往更不幸福、更不满意，也更难长久（Kurdek，2006）。这种模式对异性恋和同性恋伴侣一律适用（Kurdek，2006）。

---

1 原文为 feeling butterflies in the stomach，英语习语，意为"做某事前心慌"。——译者注

2 原文为 falling head over heels，英语习语，意为"深深爱上某人"。——译者注

特蕾莎：

那些男人口口声声说爱我，但只要我谈及未来，他们就躲得无影无踪，简直让我恶心。他们对首字母是"C"的那个单词[1]过敏。如果你真心爱一个人，怎么会不做出承诺呢？

特德：

我不明白为什么每个人都认为说"我爱你"就意味着想共同生活。我爱我的女朋友，但我甚至不知道明年的计划，更不用说后半辈子了。她觉得如果我真的爱她，就应该愿意谈结婚的事。可我想，爱情和婚姻可以是两码事。

在长久的恋爱关系中，大部分西方人都想拥有激情和承诺（Bellah et al.，1985）。我们渴望激情带来的兴奋，但也明白单靠爱情无法支撑双方共渡难关，无法保障每日的和睦相处和安逸舒适。承诺是双方共同生活的更坚固的基础，它是纵有困难失望，偶感厌烦甚至激情消退时仍然选择一起生活的决心。倘若没有承诺，恋爱关系将任由转瞬即逝的感觉和环境导致的一时冲动所摆布。

承诺包括承担维系关系的责任（Swidler，2001）。因此，承诺与为关系投入或牺牲的意愿成正相关也就不足为奇了（Rusbult et al.，1994）。

韦德：

我结婚 15 年了，如果将我们联结在一起的只有爱，我们早就分手十几回了。我和露西曾经有过互相厌倦的阶段，也想过回避问题。但我们最终没有分开，因为我们承诺过，无论"是福是祸"[2]，都要休戚与共。相信我，婚姻就是福祸兼有。

1　此处指"承诺"（commitment）这个词。——译者注

2　原文为 for better or for worse，这句话常出现在婚礼誓词中。——译者注

亲密 恋爱关系的第三个维度是亲密，即感觉亲近、相互联系并温柔以待。亲密是对一个人始终不渝的喜爱和备感温暖的体验。这就是为何有时虽无迸发的激情，但两人的共处时光仍旧熨帖而美妙。当被要求评价爱的各类特征时，人们始终将和睦相处、友谊等陪伴属性列为最重要的特征。尽管激情也事关紧要，但体贴、真诚、尊重、友谊和信任才是爱的核心所在（Hasserbrauck & Aaron，2001；Hasserbrauck & Fehr，2002）。激情和承诺是爱情中边界清晰的两个维度，而亲密似乎是构成激情和承诺的基础（Acker & Davis，1992；Hasserbrauck & Fehr，2002）。

恋爱风格

· 真爱是从友谊发展而来的吗？

· 你能决定只爱符合你择偶标准的人吗？

· 你是否宁愿折磨自己，也不想你爱的人受苦？

· 你相信一见钟情吗？

· 爱情是否真的只是游戏——玩玩而已，不能当真？

如果你在班上做调查，就会发现同学们有各式各样的回答。有的人认为友谊能渐渐过渡到爱情，有的人则相信一见钟情。

人们体会和表达爱意的方式不一而足（Lee，1973，1988）。就像三原色一样，恋爱也有三种基本风格。此外，三原色两两混合会产生合成色；与之类似，两种基本恋爱风格结合也会产生次生恋爱风格。次生风格和基本风格同样充满活力，正如紫色（一种合成色）与红色或蓝色（合成紫色的两种原色）同等绚丽一样。图 11.2 列举说明了爱情的颜色。

图 11.2 **爱情的颜色**

基本恋爱风格　恋爱的基本风格有三种，分别是激情澎湃、亲如家人和玩世不恭。**激情澎湃**是一种强烈、有力而狂热的恋爱风格，它突如其来、出人意料地点亮生活。这是一种炽热的爱，涉及性爱、精神、智力或情感的吸引，也可能四者皆有。在所有恋爱风格中，激情澎湃是最出于本能而无须雕饰的，它的进展也最为迅速。激情四射的情侣可能很早就会在关系中表露自我，他们分外多愁善感，迅速坠入爱河。尽管我们常说女性比男性更加浪漫多情，但研究表明，男性比女性更可能成为充满激情的恋人（Hendrick & Hendrick，1996）。

迈克：

　　但凡我爱一个人，就是全心全意——我是说，全部的，所有的。我不会爱得吊儿郎当，也无法忍受循序渐进式的发展。尽管妈妈总是提醒我要慢慢来，可那不是我谈恋爱的风格。对我来说，爱是速度与激情。

亲如家人是一种舒适平稳的恋爱风格，它建立在和睦相处和友谊的基础上。家人般的爱往往是渐进式的，它平和而稳定。在大多数情况下，这类爱情源自共同的兴趣、价值观和生活目标（Lasswell & Lobsenz，1980）。亲如家人的关系不会像激情澎湃的关系那样有许多极致的高潮，但也不会像后者那样时常出现破坏关系的尖锐矛盾和暴躁怒火。

斯蒂芬：

　　我和莉萨在一起 15 年了，我们俩的关系从一开始就很轻松、很稳固。我甚至不记得自己是在什么时候迷恋上她的，也许压根没有那个时间节点。我只是渐渐地爱上她，感觉我们属于彼此。

恋爱的最后一类基本风格是**玩世不恭**，即闹着玩儿的爱情。玩世不恭的恋人将爱情看作一场游戏，它是一次充满阴谋、挑战、谜语和乐趣的冒险，是无须严肃对待的东西。玩世不恭者不追求承诺。相反，他们喜欢同时与几个人谈情说爱，品尝坠入爱河的滋味，如此反复不止。很多人都有过闹着玩儿的时候，但那并不是真正的玩世不恭。比如，在结束一段漫长的关系后，有的人会想随意约会，避免与任何人产生深入纠葛，这是自然而正常的行为。玩世不恭的恋爱可能也适合那些享受浪漫且尚未准备安定下来的人。研究表明，当爱情降临时，男性更多地表现出玩世不恭的倾向（Hendrick & Hendrick，1996）。

维贾伊：

我还没准备定下心来，也许我永远都不会这么做。我真的很喜欢约会，想看看自己能否俘获某位姑娘的芳心，我不会去寻求任何永恒的事物。对我而言，乐趣在于追求某人；一旦对方爱上我，我就会有点失去兴趣。没什么别的原因，事情太轻松对我来说就没意思了。

次生恋爱风格 恋爱的三种次生风格分别是实用、狂热和无私。正如字面意思所示，**实用**是指在恋爱中讲求实效或注重实际。实用混合了玩世不恭的精心策划和亲如家人的沉稳安全。讲求实效的恋人会对另一半设立明确标准，涵盖宗教信仰、职业和家庭背景等方面。尽管很多人对实用风格的爱情不屑一顾，认为它实际得过于冷漠，但讲求实效并不意味着这类人没有情义或丧失爱心。对他们而言，现实的考量是信守承诺的基础，在种种条件得到满足之后，他们才允许自己爱上别人。务实者往往喜欢在线配对服务，因为这能帮助他们详列理想对象的选择标准。基于现实的考量也指导了包办婚姻，即家人根据经济和社会条件为孩子选亲的行为。

冉查娜：

我得仔细考虑丈夫的人选。我必须去读研究生，并且用我毕业后的收入支撑起整个家。我不能嫁给一个穷光蛋，一个不能供我上学的人，或者一个无力养家的人。对我来说，这些都是非常基本的问题。

"狂热"（mania）这个词源自希腊术语"theia mania"，意为"源自众神的疯狂"（Lee，1973）。狂热的恋人激情澎湃，却也耍弄玩世不恭的把戏——一种危机四伏的组合。通常来说，狂热之人不确定对方是否真心爱自己，因此他们可能会想出许多测试和游戏来评估另一半的忠诚度（这便是蕴含在狂热之中的玩世不恭）。他们时常经历极端情感，一会儿极度兴奋，一会儿失望欲绝（这个部分是激情澎湃）。此外，狂热者也许会被某段关系搞得神魂颠倒，无暇顾及其他人和事。

帕特：

在恋爱中，我从未有过安全感。我总是琢磨我们什么时候会分手，什么时候男朋友会离我而去，什么时候他会失去兴趣。有时候，我假借游戏来试探某个男人的兴致有多高，但如果游戏结果不理想，我会彻底心烦意乱。然后我就放纵自己，沉湎于自己的患得患失，我越是这样想，感觉就越糟糕。

恋爱的最后一种次生风格是**无私**，它是亲如家人和激情澎湃组合的结果。"无私"（agape）这个术语源自圣保罗的诚命，即我们应不求个人利益或回报地爱人。无私之人可以体会到激情来时的汹涌和亲情一般的细水长流。他们慷慨无私，优先考虑所爱之人的幸福而非自己的快乐，并且不求任何回报。在他们眼里，爱情和给予本身就是给自己的奖赏。关于恋爱风格的早期研究发现，没有人是完全无私的，但现实中很多人仍有这种无私的倾向。

基南：

我的母亲很无私。父亲的工作调动需要经常更换工作地点，因此她也得跟着搬家，具体多少次我已经数不清了。父亲挑选的房子，她通通同意；父亲想去的度假地点，她也从无异议。有时候原本她已经有自己的打算，但为了父亲她没有什么事不可以做。我曾经觉得她软弱得像块馅饼，但渐渐地我明白了，她是爱得很深。

如果你正试着理解自己的恋爱风格，请牢记与此相关的五件事。第一，大多数人的恋爱是混合风格（Hendrick，Hendrick，Foote & Slapion-Foote，1984）。也就是说，你的恋爱风格可能主要是亲如家人式的，但同时带有强烈的无私奉献倾向；或者它总体上激情澎湃，但也蕴含玩世不恭的顽皮。第二，恋爱风格并非长久不变。我们不断学习如何去爱（Maugh，1994），随着我们恋爱经历的丰富，恋爱风格可能会发生改变。第三，恋爱风格是总体人际系统的组成部分，因此它受到其他所有关系因素的影响（Hendrick & Hendrick，1996）。情侣一方的恋爱风格也许会影响另一方。举个例子，即使你不想变得狂热，和极其玩世不恭的人在一起也会加剧你身上的狂热倾向。第四，个人恋爱风格没有绝对意义上的好与坏，重点在于双方的风格是否合拍。

最后一项与恋爱风格有关的议题是：不同文化对于什么是合适或可取的恋爱风格有不同的理解。美国和其他强调个人主义的文化认可炽烈的恋爱（激情澎湃）。然而，在如中国、印度和韩国等更偏向集体主义的文化中，炽热的恋爱并不受推崇，因为它可能会挑战家庭观念和亲属关系（Kim & Hatfield，2004）。亲如家人的爱情对于集体主义文化来说更为理想。

有人因为计算机程序创造出来的声音而体验到狂热的恋爱，这么想是否不切实际？想想电影《她》（Her）的主人公西奥多·汤布里（杰昆·菲尼克斯饰）和"萨曼莎"（斯嘉丽·约翰逊饰）之间发生的故事。

恋爱关系的发展阶段

和友谊一样，恋爱关系往往遵循着特定的发展轨迹。欧文·奥尔特曼（Irwin Altman）和达尔马斯·泰勒（Dalmas Taylor，1973，1987）提出的社会渗透理论解释了西方文化中亲密恋爱关系的发展模式。社会渗透理论的主要观点是，随着人们的互动从个性的表层向内里渗透，关系随之变得更加亲密。换句话说，我们需要越过对方的表层形态充分了解他，才能建立"你我"关系。然而，在集体主义文化里，人们并不珍视或期待这种向密友表露内心的美式做法（Kito，2005）。

在奥尔特曼和泰勒提出社会渗透理论的几年后，詹姆斯·霍尼科特（James Honeycutt，1993）对此做出修正，他指出亲密关系的进展基于我们对互动的感知，而非互动本身。举个例子，如果特里向珍妮特表露私人信息，而珍妮特和特里都将自我表露视为增进亲密关系的举动，那么两人的关系就可能会更上一层楼。但如果珍妮特并没有将自我表露和亲密关系联系起来，她和特里之间的距离就不太可能因此拉近。决定他们如何理解双方亲密程度的是他们赋予自我表露的意义，而非自我表露这一行为本身。

在恋爱中，我们赋予双方行为的意义并不全然由个人决定，它们还反映了广阔的文化语境，我们不断学习并将其内化。基于这个原因，成长于相同文化和社会群体中的人赋予恋爱沟通的意义具有高度的一致性。研究表明，美国大学生对初次约会目标和事态发展预期有相似的看法（Metts，2006a；Mongeau，Serewicz & Therrien，2004；Pryor & Merluzzi，1985）。女性和男性都把"认识新人"和"乐在其中"看作初次见面的固定脚本。女性更倾向于将建立交情设为目标，而男性则更可能追求性活动（Mongeau et al.，2004）。

受同种文化熏陶的人对于两性行为规范往往也有近似的观点。绝大部分美国大学生认为，男性应该发起并策划约会，并在多数活动中承担做决定的角色，而女性则应该掌控性活动（Laner & Ventrone，2002；Metts，2006a）。然而，在情侣双方谁该为初次约会买单的问题上，女性的评分显示她们比男性更提倡人人平等。只有 9% 的男性认为任何一方都可以付钱，而持这种观点的女性比例达到 22%（Laner & Ventrone，2002）。不同文化对于初次约会和求爱的整个过程有不同的规定。例如，在印度某些地区，人们的婚姻常常由父母安排，爱情被理解为婚姻的产物。在尼泊尔，舞蹈和庆祝仪式是求爱的重要组成部分。

关于恋爱关系发展的研究主要关注西方社会，因此我们了解最多的也是西方的爱情发展模式。调查显示，西方人认为恋爱关系的发展通常可以粗略地划分为三个阶段：成长期、航行期和恶化期（Mongeau & Henningsen，2008）。在这个宽泛的分类之下，我们还区分了若干更具体的阶段。

成长期

研究者提出了爱情发展（偶尔也会停滞或倒退）的六个成长阶段。第一个成长阶段是**养成个性**。每个人都是独立的个体，有着特别的需求、目标、恋爱风格、感知倾向和品性，它们会影响人们在关系中的需求。感情对象的选择受到我们的个人经历和身份的影响，包括依恋模式（Mikulincer & Shaver，2005）以及我们是否愿意无条件地给予（Clark & Finkel，2005）。

埃德娜：

> 有趣的是，随着年纪增长，很多事也在悄然发生变化。在我十几岁第一次约会时，我和对方闲聊专业课、职业规划和个人背景。现在我 47 岁，离异，重新开始约会，双方的开场白常常绕不开工作成就、既往婚史和经济状况等话题。

第二个成长阶段是**邀约沟通**，即人们示意对方自己对互相交流很感兴趣；在这个阶段人们也会回应其他人的邀请。"我喜欢这类音乐""你从哪儿来"以及"你好，我叫谢尔比"都是努力寻找话题的例子。我们也可能会在聊天室或社交网站上向他人发出聊天邀请。邀约沟通最重要的意义体现于关系层面，而非内容层面。从字面上看，"我喜欢这类音乐"表达的是某人对特定音乐类型的喜爱；然而，这句话在关系层面的含义是：我很想和你交流，你呢？

勾搭（hook up）是一种越来越受欢迎的初次约会形式，它涉及一定程度的性活动，但两人事后预期不会再次见面。面向大学生的广泛调查显示，72% 的男性和女性有过勾搭经历（其中 40% 的人性交，35% 的人亲吻和触摸，12% 的人用手接触生殖器，12% 的人口交；Blackstrom，Armstrong & Puentes，2012）。相较于高加索白人（60%），非裔美国人（35%）更少勾搭他人（Jayson，2011）。以下几个原因使勾搭成为约会的一种替代选择。其一，女性学生多于男性学生，因此异性恋女性的选择更少，而异性恋男性的选择更多。其二，人们想从承诺中抽身，因为后者可能妨碍暑期实习和工作，或者扰乱早期的职业重心（Taylor，2013；Uecker & Regnerus，2011）。尽管男女两性都存在勾搭经历，但女性比男性更可能感到后悔、

跨种族关系的发展

跨种族婚姻的数量在 1970 年至 2002 年间增长了两倍，跨种族约会的数量增长得更快（Troy & Laurenceau，2006）。除了亲密关系通常遵循的发展轨迹外，跨种族情侣还需要同时面对另外四个显著的发展阶段（Foeman & Nance，1999）。

1. **种族意识**——双方分别意识到自己的种族身份和看待对方种族的方式。此外，双方愈加察觉到整个社会对自己和另一半的种族群体持何种普遍态度。
2. **应对问题**——双方与包括家人和朋友的反对意见在内的外界压力做斗争，想出保护两人关系不受外力破坏的策略。
3. **表明身份**——双方向自己和他人公布情侣身份。
4. **关系维护**——随着诸如生孩子、搬家和进入陌生社交圈等新挑战的出现，双方努力维护关系。

内疚和抑郁（Bradshaw，Kahn & Saville，2010）。

我们遇见的人中只有少数人有足够的吸引力，让我们觉得有必要和他们继续约会。初次见面就产生爱慕之情的众多影响因素中，以下三种最为关键：吸引力、接近性和相似点。对于不同性取向群体而言，选择约会对象的标准倒有几分相似。许多同性恋男性将身体特征放在首位，比如苗条身材、身体训练程度和穿着打扮（Huston & Schwartz，1995）。异性恋男性同样重视身体的诱人程度；许多男性喜爱苗条、漂亮的女性（Sprecher & Regan，2002）。异性恋及同性恋女性往往更强调性格品质，比如善良、诚实和正直（Huston & Schwartz，1995）。

不过，以上讨论的吸引力来源也并非广泛适用，它会受到不同文化的影响。换言之，不同文化背景的人对另一半的选择标准不尽相同。一项研究发现，美国人更强调外貌，而中国人更看重性格、需求满足情况和社会影响力（Riela，Rodriguez，Aron，Xu & Acevedo，2010）。

接近性和相似点是初次见面能否产生爱慕之情的主要影响因素。我们只能与亲眼所见或在社交媒体上相识的人互动，所以我们的生活、工作和社交范围以及使用的社交媒体规定了所有可能关系的边界。和他人接近并不一定能提升好感度。术语**"环境破坏"**（environmental spoiling）指的就是这类情况，即距离相近反而使人萌生不良意图。当我们和被迫接近的人在价值观、生活方式或行为上发生冲突时，就会出现环境破坏。

相似点在恋爱关系中也很重要。说到爱情，"人以群分"似乎比"异类相吸"更切实际（Levin，Taylor & Caudle，2007；Samp & Palevitz，2009）。美国是个无阶级社会的猜想已经被否定，因为事实上大多数人都会寻求来自同个社会阶层或更上层的恋爱伴侣（Sprecher & Regan，2002；Whitbeck & Hoyt，1994）。

大多数人的理想对象拥有与其本人近似的价值观、态度和生活方式（Amodio & Showers，2005；Buston & Emlen，2003；Lutz-Zois，Bradley，Mihalik & Moorman-Eavers，2006）。性格的相似性也与人和人之间的契合度，以及人际关系的长期满意度有关（Gonzaga，Carter & Buckwalter，2010）。

人们越来越依赖网络寻找潜在的情感伴侣。1600多万美国人表示自己曾经上网寻找约会对象（Rosen，Cheever，Cummings & Felt，2008）。对于那些羞于开始恋爱关系的人来说，在线约会服务或许格外有帮助（Scharlott & Christ，1995）。

探索沟通是爱情发展的第三个阶段，它聚焦于双方对彼此的了解。此时，人们会摸索共同的兴趣和知识领域以便继续互动——"你爱听爵士乐吗？""你去哪里旅行过？""你会关注一些政治辩论吗？"在这个阶段，我们继续尝试降低关于对方的不确定性，以便评估与其更加认真来往的可能性。我们也许会表露自我，这能增进信任和拉近距离（Laurenceau，Barrett & Rovinne，2005；Sprecher & Hendrick，2004）。在这个阶段双方的关系也可能会稳定下来——变成随意出门见面或一起闲逛玩乐的那种关系（Knapp & Vangelisti，2005）。

在关系早期阶段，我们说的话并不全然属实。很多人在相识初期会"尽量给对方留下好的印象"；此外，有些人会在某些重大方面表述失实——比如，谎报学历或夸大能力。网络关系同样如此。在线约会时，男性更倾向于谎报个人财产（如财务价值）、关系目标（如声称希望关系天长地久，实则只想短期联系）、个人特征（如身高）和个人兴趣；女性则更可能谎报体重（Hall，Park，Song & Cody，2010）。

第四个阶段是**增强沟通**，这是我的学生给极度兴奋状态取的别名，旨在突出它的强烈和幸福程度。在这个阶段，情侣会花更多时间共处，逐渐摆脱对电影或聚会等外部安排的依赖。他们可能沉浸于关系本身，感到在一起的时间永远不够。双方会进一步表露自我，谈及个人生活，同时更深入地了解彼此所感所思。随着双方对彼此认识的加深，他们开始建立双重视角，无论在认知上还是在谈话中都把两人的关系定义为情侣。在这个阶段，双方都同意使关系具有排他性。在日本，情侣忠于名为"tsukiau"的关系，"tsukiau"大致可翻译为"稳定交往"（Farrer，Tsuchiya & Bagrowicz，2008）。

💬 **日常生活中的沟通** / *见解*

情人节

情人节意味着爱、浪漫和激情。这是属于恋人的节日，是浪漫多情的好时候。如果你这样看待情人节，请再好好想想。公元 498 年，罗马天主教会将 2 月 14 日定为圣瓦伦丁节（St. Valentine's Feast Day），意在承认婚姻制度的必要性，但与爱情无关。早在教会颁布此项决定之前，人们会在每年的 2 月 14 日将年轻女性的名字放进一个容器，再由年轻男性从中抽取名字；等到来年，男青年和这位被抽到名字的女青年将结成性伴侣。教会认为应该禁止这项习俗，因为当时的教会事务基本不需要激情、爱甚至婚姻（Coontz，2005b）。

当然，年轻人不同意，他们仍旧认为激情和爱才是爱情的核心。在中世纪以前，大众观念里的圣瓦伦丁已经和爱情产生了关联；但即便在那个时候，人们也不认为爱情是通往婚姻的必经之路或婚姻的组成部分。直到 18 世纪，爱情和婚姻相伴相随的观念才被西方社会普遍接受。

圣瓦伦丁是谁？他是一位基督教教士，在公元 3 世纪遭受牢狱之灾（原因众说纷纭）。圣瓦伦丁深爱着狱卒的女儿，于是他一边等候行刑，一边给她写了封情意绵绵的诀别信，并在信末签上名字："你的瓦伦丁亲笔。"

理想化和个人化的沟通也是增强沟通阶段的特点。理想化是指将关系和伴侣想象得比现实情况更愉快、完美且激动人心（Hendrick & Hendrick，1988；Murray，Holmes & Griffin，1996a，1996b）。在极度兴奋时，恋人经常夸大彼此的优点，轻视或忽视恶行，对关系中的问题视而不见。也是在这个阶段，双方会开始使用私人措辞和外号。

尽管不是所有恋爱关系发展都会经历**修正沟通**这个阶段，但它一旦发生便至关重要。此时，情侣双方走出迷雾区，以更现实的心态看待两人的关系。他们意识到问题存在，并判断是否想携手解决问题。很多情侣坠入爱河，经过增强阶段，最后却选择一拍两散。我的一位学生和她的爱人经历了多年爱情长跑，而她始终对父母守口如瓶；因为她的男朋友是非裔美国人，而她来自印度，背负着和同种族的人成婚的期望。我们完全有可能爱上一个人，却选择不和他分享我们的生活。

苏珊·皮维（Susan Piver，2008）建议正在考虑许诺终身的情侣们回答 100 个问题，以评估彼此相处的融洽程度和做出承诺的意愿。以下摘录部分问题：

· 你希望我们花多少时间保养房子？

· 你希望我们有多少对夫妻朋友？

· 你希望我们多久和共同的朋友聚一次会？

· 你如何看待攒钱和消费？

· 你希望我们的家是什么样的，你希望它带给你什么感受？

· 你想要孩子吗？想要几个？什么时候要？

和问题答案同样重要的是如何询问这些问题，并以此推动谈话。真正处理类似问题时，许多情侣才发现他们之间存在严重的分歧，危及稳定的关系。

塞尔玛：

没有什么事比和特德分手更难了。我真心爱过他，他也爱过我，但我还是无法容忍自己和基督教徒共同生活。我的祖辈无一例外都是犹太人，我庆贺光明节

（Hanukkah）[1]而非圣诞节。对我来说，逾越节家宴（Seder）[2]、逾越节（Passover）[3]和赎罪日（Yom Kippur）[4]都很重要。特德没有这些传统，他也不愿改信犹太教。我爱他，但我们真的无法共度余生。

最后一个成长阶段是**承诺**，即做出维持关系、彼此相伴的决定。许下承诺之前，情侣双方并不认为两人的关系会天长地久。可一旦做出承诺，关系便成为既定事实，生活的其他方面都要围绕它再做安排。承诺还会使双方投入更多，尤其是为了让对方满意所做的沟通。不出所料，与关系稳定的情侣相比，尚未许下承诺且分分合合的情侣在感情和睦时更少采取措施维护关系。具体来说，这些分分合合的情侣表示即使在关系和睦时期，他们彼此的沟通也缺乏配合、耐心和礼貌，通常他们也不会把对方拉入自己的社交圈（Dailey，Hampel & Roberts，2010）。

埃米莉：

　　处在我这个年纪的很多人并不会那么频繁地约会，我们更可能去勾搭别人。有些事听起来像处在增强阶段，但对于我们而言其实仍在探索期。有时候，我们一上来就和勾搭认识的某人发生亲密肢体接触，然后其他事情才随之发展。

航行期

航行期是指尽管生活有起有落、有惊有喜，但双方仍旧互相忠诚、共同生活的过程。在此期间情侣双方不断做出调整，应对新问题，改善老毛病，适应个人生活和情感关系的变化。在航行期间，情侣还会持续经历源自辩证关系且从未彻底得到

1　犹太教节日，开始于犹太教历 3 月 25 日，持续 8 天，用以纪念公元前 165 年马卡比一家为耶路撒冷的神殿献身。——译者注

2　于逾越节第一夜或头两夜举行。——译者注

3　犹太教节日，开始于犹太教历 7 月 14 日，持续 8 天，用以纪念犹太人从埃及的奴役下解放出来。——译者注

4　犹太教节日，时间为犹太教历 1 月 10 日，当天人们禁食并忏悔祈祷。——译者注

解决的矛盾。他们在回应这些辩证矛盾的同时，也在修正和改善关系本身的性质。

如果用一辆车来类比，航行就是对车进行预防保养和定期维修（Canary & Stafford，1994；Dindia，2000；Parker-Pope，2010a），以此保持健康满意的亲密关系和处理严重的问题。为了理解航行阶段，我们将探讨关系文化、场所营造和日常互动。

亲密关系的核心是**关系文化**，即情侣为两人的关系所建立的包括规则、协议、意义、行为和诠释方式在内的私人世界（Bruess，2011；Bruess & Hoefs，2006；Wood，1982，2000a）。情侣应对辩证关系的方法是关系文化的一部分。让和拜伦也许会协商决定双方要拥有充分的自主权，少黏在一起；而路易丝和金强调彼此的联系，想最大限度地淡化独立观念。鲍勃和卡桑德拉对彼此开诚布公，而迈克和泽尔达则维护婚姻中的个人隐私。拥有满意关系的情侣往往会共同商定辩证矛盾的解决方式（Fitzpatrick & Best，1970）。

💬 **日常生活中的沟通 /** 工作场合

办公室恋情

办公室恋情如此普遍，这没什么好奇怪的。有 40% 的雇员每周工作超过 50 个小时（Losee & Olen，2007），因此工作场所成了他们最有可能找到心上人的地方。但是，和同事关系密切是件好事吗？关系风平浪静时，一切也许相安无事。然而，像其他多数恋爱关系一样，大部分办公室恋情都难以长久。数据显示，53% 的办公室恋情持续不超过一年，五年内分手率高达 84%（Clark，2006）。恋情终结的后果可能是互相敌对、报复、工作不配合，甚至是性骚扰的控告——这些都是许多雇主劝阻或禁止雇员之间发生性关系或谈恋爱的原因。不过，保罗·艾布拉姆森（Paul Abramson，2007）反驳道，每个成年人都有自由选择关系的权利。艾布拉姆森相信，只要我们不伤害他人，两相情愿的成人关系便受到法律保护。

MindTap　如果你曾和同事产生恋情，你是否经历过上文提到的后果？

关系文化还包括规则和仪式。情侣双方会发展出表达愤怒和性兴趣等的规则，并对此心照不宣；此外他们也会发展出关于日常体贴和善意的规则。一项研究发现，如果伴侣一方做事考虑周到，另一方就可能心存谢意，而这种感激之情是恋爱关系的"强化注射剂"（Algoe，Gable & Maisel，2010）。无论女性或男性，当他们对伴侣产生感激之情时，也会对这段关系更加满意。此外，情侣间也会规定生日或节日等特殊时刻的庆祝方式，为二人世界创立某种仪式（Duck，2006；Wood，2006a），借此庆祝、玩乐，不一而足（Bruess & Pearson，1997）。情侣双方发展并遵守的规则和仪式使亲密的互动有规律可循。

场所营造是指创建舒适的私人环境，并使其反映情侣双方的价值观、经历和品味（Bateson，1990；Werner，Altman，Brown & Ginat，1993）。我家有很多我和罗比四处旅行的标记：西藏地毯、泰国蜡防印花布、尼泊尔古代面具、土耳其大理石碟子、伯利兹[1]木碗和墨西哥木雕……重要的朋友和家人的照片散落在屋子各处，大部分房间都安装了嵌墙式书架，上面堆满了书。这些书、照片和旅行纪念品把砖瓦的房子变成温馨的家，处处诉说着我们是谁，我们曾一起经历了什么。

日常互动是关系文化尤为重要的一个维度（Parker-Pope，2010a；Wood & Duck，2006a，2006b）。在日常互动缺位时，它的重要性最为凸显。异地恋情侣常说，他们最怀念的不是重大时刻的陪伴，而是每日闲谈和互相分享琐碎细节。

恶化期

有些关系会戛然而止。比如某个人突然搬家、死亡，或者只是断了联系。不过，大多数已有承诺的关系纵使恶化，也得历经一系列阶段。史蒂夫·达克（Steve Duck，2007；Duck & Wood，2006）在描述关系的恶化期时，按顺序将其分为五个阶段：内心历程、双重进程、社会支持、善后阶段和重生阶段。

首先是**内心历程**（intrapsychic processes），这是指情侣一方或双方开始对关系感到不满，并把思想集中在它的问题和缺点上。随着忧郁的心思像雪球一样越滚越

---

1 中美洲东北部国家，产红木、苏木和染料木等贵重木材。——译者注

大，情侣也许真的会放弃履行关系义务。在这个阶段，情侣可能会萌生替换关系的念头。

如果形势没有逆转，内心历程之后通常是**双重进程**（dyadic processes），此时既定模式、规则和仪式等关系文化的组成元素失去效用。情侣双方在晚餐时也许不再谈话，迟到也不再发短信告知对方，也可能以其他方式对关系的运行规则视而不见。随着亲密关系的基础结构渐渐瓦解，不满情绪加剧。

💬 **日常生活中的沟通／见解**

模糊丧失

通常我们清楚自己是否失去了心爱之人——他可能过世了，或以明确的方式告别。但如果对方的离别与否令人难以捉摸，事情又会怎样呢？这引起了保利娜·博斯（Pauline Boss）博士的兴趣。她将自己的研究对象称为"模糊丧失"（ambiguous loss），意指个体似乎同时在场又缺席的体验（Boss，2007）。当某人不告而别时，会发生身体缺席。举个例子，某人无缘无故突然消失，或者人们宣布一名士兵在某次行动中失踪。留下的人知道对方不在了，但并不清楚他是过世还是永远地离开了。如果某人身体在场而情感和心思都不在，便是心理缺席。例如，昏迷、记忆缺失或精神错乱的人就处于心理缺席的状态（Sherman & Boss，2007）。

模糊丧失的其他形式还包括一个人看起来又在场又缺席的情况。某类自闭症儿童也许身体在场，但人们却无法触及他的内心（O'Brien，2007）；当军人被派遣至异地且很难取得联系的时候，他的家属常常经历模糊丧失（Faber，Willerton，Clymer，MacDermid & Weiss，2008）。克里斯滕·诺伍德（Kristen Norwood，2010）发现，许多拥有跨性别成员的家庭也会经历模糊丧失。家人痛心于失去儿子、兄弟、父亲或丈夫，却同时接受新出现的女儿、姐妹、母亲或妻子。

MindTap　你是否经历过模糊丧失？如果是，它和明确丧失（unambiguous loss）之间有何差异？

双重进程的失败原因存在普遍的两性差异（Duck & Wood，2006）。对于许多女性而言，如果沟通质量和数量中的一者或两者下降，关系就会闹僵。男性则通常更可能因为具体行为或活动的变化而感到不满意（Riessman，1990）。许多女性认为如果"我们不再真正地交流"，则关系宣告破裂；而男性倾向于被"我们不再一起做有趣的事情"搅乱心情。女性也更在意关系平等，她们认为付出得越多，婚姻质量就越低；但在男性眼中，如果他们做更多家务事，婚姻质量反倒会提升。

另一项性别差异在于谁会注意到关系中的问题。一般来说，女性更可能察觉矛盾和问题的早期征兆（Canary & Wahba，2006；Cancian，1989）。

嫉妒心理的来源也存在性别差异。女性普遍更妒羡情感忠诚，而男性总体更嫉妒性爱参与。这类差异也体现在网络关系互动上。女性更嫉妒伴侣对另一段关系的情感投入，而男性则更妒恨伴侣不忠诚的性行为，即所谓的网络性爱（Groothof, Dijkstra & Bareids，2009）。

在双重进程期间，人们也许还会讨论问题和不满。但这并非必经之路（Duck，2007），因为很多人会避谈问题（Baxter，1984；Metts，Cupach & Bejlovec，1989）。谈论日渐疏远这个问题会令人心痛，但回避讨论更加于事无补，还可能加重问题的严重性。双重进程的结果取决于情侣之间的忠诚度，以及他们是否考虑关系外颇具吸引力的替代选择，是否掌握解决问题的沟通技巧。如果情侣双方缺少承诺，或者没有重振亲密关系所需的沟通技巧，他们就需要决定如何告知外人双方将要分开的事实。

社会支持（social support）是情侣向朋友和家人寻求支持的阶段。双方可能为了保住面子，确保他人给予同情和支持，从而只为自己打算、偏颇地描述分手经过。比如，贝丝也许会把雅尼纳刻画成过失方而宣称自己是无辜的。在这个阶段，情侣经常指责前任，期望朋友站在自己这边（Duck，2007；La Gaipa，1982）。尽管人们通常会给出对自己有利的分手理由，但这些解释未必有所助益。此时需要谨慎发言，以免将来感到后悔。如果关系结束的原因是伴侣过世，那么活着的一方也许就需要其社交圈子给予同情和支持。

善后阶段（grave-dressing processes）是指埋葬关系，接受它已然消逝这个事实的阶段。此时，我们试图理解刚刚过去的这段关系：它意味着什么，它为何失败，以及它有什么影响。人们通常会哀悼不复存在的亲密关系。即便是由我们先提的分手，我们也会感到伤心，因为曾经看似可能的事最终还是没有成功。善后期间，我们也会向他人解释关系破灭的原因。

偶尔追忆过去是无可避免且正常的事，但对逝去的感情过于念念不忘，于自己有弊无利。与那些沉思片刻继而前行的人相比，忧思深重或常常设想"如果当初"的人更可能表现得意志消沉、缺乏动力，较难适应分手（Honeycutt，2003；Saffrey & Ehrenberg，2007）。

关系恶化的最后一个阶段是**重生阶段**（resurrection processes），此时两人不再亲密无间，各自的生活再度扬帆起航。我们重新将自己视为单身，意识到需要打破和前任伴侣养成的生活步调。

以上讨论的阶段描述了众多恋爱关系的发展方式。然而，并非所有人都遵循这个顺序。举例来说，秉持实用恋爱风格的人不会允许自己进入极度兴奋的状态，直到他们经历修正阶段，有了非常现实的考量后才会有所改变。有的情侣可能会跳过一至多个上升或恶化的典型阶段，而有的人会围绕某些特定阶段来回打转。例如，

💬 **日常生活中的沟通** / 社交媒体

网络纪念

社交媒体为悲痛不已和怀念逝者的人创设了一条独特的途径。Memory-Of.com 和 MyDeathSpace.com 等网站专门提供网络纪念服务，而脸书等更常规的社交网站则允许人们发布关于已逝之人的相关信息。纪念爱侣的帖子和网页将身在各地的人联结起来，使他们能够分享回忆，帮助彼此度过悲伤的日子。

MindTap 你是否曾经访问过在线纪念网站？如果是，它有没有帮助你更好地处理对逝者的感情？

一对情侣可能经历了飙升的极度兴奋期，在修正阶段解决若干棘手问题之后，再次进入极度兴奋的状态。还有一种正常现象是长期交往的情侣定期结束航行阶段，既体验极度兴奋期，也经历双重失败导致的间歇期，事后重回航行路线。此外，关系处于更广阔的系统中，因此不同文化中的亲密爱恋遵循着各异的发展路径。

社交媒体和恋爱关系

我们在前面已经提到过社交媒体影响恋爱关系的部分方式。在社交媒体问世以前，人们对于关系伴侣的选择很大程度上局限于面对面接触的人。另外，人们主要通过约会观察潜在对象，这种做法费钱耗时，获得的信息却和如今浏览网上资料快速获得的信息相差无几。曾经，异地恋情侣需要借助信件、昂贵的机票和长途电话保持联系，但在今天，网络电话和短信便可联通你我（Tong & Walther，2011）。甚至，连住在一起的好友也依赖社交媒体保持密切的日常联系（Walther & Ramirez，2010）。社交媒体在许多方面大大降低了建立和维持恋爱关系的难度。

与此同时，社交媒体也对追求爱情的人构成新的挑战。正如本章所提到的，欺骗行为在网络上也许比在现实生活中更容易得手。男性和女性在填写网上资料时都有可能造假（Hall et al.，2010）。人们也许会不属实地描述身材的健美程度，长相欠佳的人更有可能美化他们的照片和自我介绍（Toma & Hancock，2010）。

关于社交媒体的另一项隐患是潜在的网络跟踪。前任男/女朋友可能会监视你的在线聊天记录，对你进行骚扰或者干涉你和别人的交流。此外，你在网上认识的人也许会对你过于着迷，极端情况下他可能会在线跟踪，追随你的一举一动，强行介入你的生活。

社交媒体也为本章开头所描述的不忠行为创造了机会。出轨并不是新鲜事，但社交媒体提供了更多使人萌生不忠想法的机会，以及出轨但不被发现的可能性。当被问及得知伴侣陷入一段网络恋爱会有什么感受时，受访大学生认为网上的不忠行为和现实中的背叛一样错误且令人痛心（Henline，Lamke & Howard，2007）。

MindTap

日常技巧 完成本章末尾的"依照性别分类的征婚广告"活动，练习评估在线征婚广告。

恋爱关系的沟通准则

恋爱关系经常遇到独特的挑战。下面我们将提出四种应对挑战并建立和维持健康和睦关系的沟通准则。

采用双重视角

我们在第十章中曾提出相同的准则——采用双重视角，目的是维护友谊。在恋爱关系中采用双重视角同样重要（Parker-Pope，2010a）。爱上某人后，我们希望认识对方，也被对方认识；我们想理解对方，也被对方理解。我们渴求某种感觉，即对方在和我们互动时顾及我们的感受。采用双重视角要求我们充分了解对方，并运用这方面的知识指导我们的沟通选择。

奥斯汀：

> 曼迪是第一个能理解我的女朋友，当我们意见相左的时候，她明白我需要时间好好把事情想清楚。在她之前的所有女孩，每当想和我说话时就逼着我开口，完全不尊重我的意愿。如果我拒绝了，她们便指责我回避冲突或是说类似的话。但是曼迪明白，在谈论问题之前我真的需要时间思考，而她对此表示尊重。

奥斯汀的例子充分说明，当你在乎的人顾及你的观点时你会有什么感受。它就像是（也的确是）一份极其特殊的礼物。在"你我"关系中，双重视角尤为重要。

安全性行为

说起性行为，我们通常会联想到愉悦的事。然而除了带来乐趣，性行为也能构成严重甚至致命的威胁。如何进行更安全的性行为其实是个沟通问题，背后的原因有二。首先，关于谁可能／谁不可能感染性传播疾病的文化观念通常有误，而它们正借由日常谈话和大众媒体广泛传播。其次，安全性行为需要伴侣间的沟通。他们必须坦诚地交流性史、体检结果和各自认为安全的防护措施。

如何借助沟通使性行为更加安全是关乎健康和生死的事情。每年，全世界约有200万人死于艾滋病（Collins & Fauci，2010）。美国每年新确诊56000个艾滋病例（Collins & Fauci，2010），这个国家如今有超过125万人每日遭受艾滋病毒的折磨（Altman，2008）。他们中的许多人是和勾搭认识的人、随意的约会对象或认真交往的伴侣性交而感染病毒。自1999年起，新确诊的艾滋病毒携带病例和艾滋病例出现实际增长（Altman，2008；Carey & O'Connor，2004；Schott，2008）。每一天，在世界范围内约有6800人感染艾滋病毒（Schott，2008）。

艾滋病不是唯一的性传播疾病。事实上，14岁至19岁的女性中有四分之一会感染某类常见的性传播疾病（"One in Four"，2008）。2008年，美国疾病控制与预防中心总共收到1210523个通过性传播的衣原体疾病病例报告。这是该中心有史以来此类病例报告数量最多的一年，较前一年增长9.2%。从20世纪80年代起，女性衣原体疾病的感染率逐年递增。2008年，黑人男性感染衣原体疾病的概率是白人男性的13倍；黑人女性的感染概率是白人女性的9倍（Centers for Disease Control，2010）。

人们疏于安全性行为的原因之一是受到酒精或毒品的影响，失去了正常的判断力和防备心。大学生在饮酒过度时常常会忽视性行为的预防措施（Bowen & Michal Johnson，1995）。

人们在性交时忽视安全因素的第二个原因是不相信自己会有危险。许多人依赖朋友而非健康专家来获取他们的性健康信息，年轻男性尤其如此。在15岁至19岁的男性群体中，曾接受性传播疾病方面专业咨询的人不足25%；但对于性活跃阶段的女性而言，这一数字接近66%（Grady，2010）。很多人在与朋友的交流中形成了危险的误解，比如"好人从来不得性传播疾病""只有同性恋者才会感染艾滋""单

关于性传播疾病的真相

人们对于性传播疾病（STD）的误解可能会引发危险。让我们来核查一些事实（American Social Health Association，2005；Cates，Herndon，Schulz & Darroch，2004；Collins & Fauci，2010；Cowley & Murr，2004；Dennis & Wood，2012；"One in Four，" 2008；http://www.cdc.gov/ncidod/diseases/hepatitis/b/fact.htm）。

误区：如果我顺利通过艾滋病毒检测，也确定我的性伴侣检测结果为阴性，那么我就是安全的。

真相：艾滋病不是唯一的性传播疾病，也不是最常见的一种。其他性传播疾病包括生殖器疣[1]、生殖器疱疹、乙型肝炎、人类乳头瘤病毒（HPV）[2]、衣原体疾病、淋病、梅毒和毛滴虫病。每二十个人里就有一人可能患有乙型肝炎，其中 15% 至 25% 的乙肝患者将死于肝脏疾病。

误区：我是异性恋者，所以没有得艾滋病的风险。

真相：携带艾滋病毒的女性 70% 是通过男女性接触而感染病毒的。

误区：我不觉得危险迫在眉睫，毕竟患性传播疾病的人占极少数。

真相：有性生活的青年群体中，一半人会在 25 岁前感染性传播疾病。目前美国有超过 6500 万人患有性传播疾病，每年新增 1500 万确诊病例。

误区：只有老年人才会感染性传播疾病。

真相：性传播疾病病例中有一半是 15 岁至 24 岁的青少年。每年约有四分之一的青少年会感染性传播疾病。在 14 岁至 19 岁的黑人群体中，约有一半会感染性传播疾病。

误区：性传播疾病的发生率在降低。

真相：生殖器疣、衣原体疾病和淋病等性传播疾病的发生率实际上不降反增。

误区：如果只进行口交，我就不会感染性传播疾病。

真相：口交、肛交和阴道性交都可能导致性传播疾病。

误区：性传播疾病具有体外表征，我能借此判断某人是否感染。

1　一种尖状乳头瘤，在肛门和外生殖器皮肤或黏膜上最为常见。——译者注

2　任何导致肿瘤生长的多种乳头状病毒分支，多生长在手部、足部及生殖器。——译者注

真相：某些性传播疾病没有明显症状。例如，约有 50% 的性活跃者会在某个时候感染人类乳头状病毒，但通常没有症状。

误区：性传播疾病可被治愈，所以即使我感染了，后果也不严重。

真相：人们可以治愈一些性传播疾病，并对另一些采取抵抗治疗。但还有一些性传播疾病，如艾滋病，我们对其束手无策。再者，由于部分疾病没有症状，等到人们寻医问症时早就为时已晚。所有疾病都越早治疗越好。

误区：我定期看医生，该查的性传播疾病我都查过了。

真相：多数医生不会将性传播疾病纳入常规检查。你必须专门提出要求，并且具体说明想检测的疾病类型。

误区：除了艾滋病，其他性传播疾病的后果没那么严重。

真相：由于性传播疾病通常没有症状，所以可能会延误相关治疗，而久拖不治的后果将非常严重：丧失生育能力、双目失明、罹患肝癌、更易感染艾滋病毒，甚至死亡。这就是为什么即便你认为自己的身体不曾暴露在某种致病环境中，也需要特别重视性传播疾病检测。

单口交不会让你感染性传播疾病"以及"只要你的性伴侣单一，就不会出问题"。许多人相信，只需询问潜在性伴侣是否有任何性病就已足够，但这有个前提——对方知道自己是否染病，并且愿意讲真话。约有五分之一的艾滋病毒携带者不知道自己的病情（Collins & Fauci，2010）。卡拉的话道出了被蒙在鼓里的危险性。

卡拉：

在一次体检时，医生告知我患有疱疹。"什么？我？那不可能！"我说。我只给别人口交，因为我不想冒染病的风险。原来口交也可能会让人得病。这下我得了口腔疱疹，这辈子别想甩开它了。

人们忽视安全性行为的最后一个原因是觉得和亲密伴侣谈论此事十分困难且令人尴尬。他们认为直接发问（"你检测过艾滋病毒吗？""你和其他人做过爱吗？"）或间接要求（"我希望你戴安全套""我希望我们在做爱之前先做性传播疾病的检测")都使人难堪，因此很难坦率地谈论性和性传播疾病的危害。殊不知，更难的是被性传播疾病纠缠，或得知自己感染了他人。

前面提到的有效人际沟通准则可以帮助我们减轻沟通安全性行为时的不适感。"我"语言尤为重要，它可以帮助你控制感情。说"没有防护的性爱让我感到很不安全"比说"你要是不戴安全套，会把性传播疾病传染给我的"更有建设性。诸如"我们"和"我们的关系"这样的关系语言可以培养积极的人际氛围。

你的健康乃至生命取决于你谈论性爱的意愿。选择安全的性行为是对自己和伴侣的尊重：关心自己和伴侣的人愿意袒露性史，谨慎有加地进行性行为。别急着下定论，觉得和伴侣商量安全性行为这种事难如登天，请先仔细考虑考虑选择沉默的危害将有多大。

建设性地应对冲突

第九章通篇论述如何应对冲突，这么做对所有类型的关系都很重要。然而，恋爱关系格外需要关注有效的冲突应对方法，原因有二。首先，我们将爱情——尤其是认真严肃的关系——视为珍宝，可它们又很脆弱。缺乏应对冲突的技巧可能会终结一段不可多得的关系。

需要特别重视应对恋爱关系冲突的第二个原因值得我们深入探讨。尽管我们通常认为恋爱关系中充满爱意，但实际并非如此。不幸的是，暴力和虐待行为超越了阶层、种族和民族的界限，普遍存在于恋人之间（Jacobson & Gottman，1998；Johnson，2006；Spitzberg & Cupach，1998，2009；West，1995；Wood，2000b，2001）。研究者们表示，许多对恋爱伴侣施以暴力行为的人都缺乏沟通技巧，无法建设性地管理情绪和应对冲突（Cahn，2009）。

亲密伴侣暴力，有时也被称为家庭暴力，不仅发生在夫妻之间，也存在于异性恋者及同性恋者的约会和同居关系中（Johnson，2006，2008；Spitzberg & Cupach，1998，2009）。美国疾病控制与预防中心于2011年发布报告称，每四名女性中就有一名曾遭受丈夫或男朋友的暴力袭击，而男性遭受妻子或女朋友暴力袭击的比例为七分之一。约会关系（包括青少年群体）中的亲密伴侣暴力也在增多。

近 10% 的高中生表示自己曾遭受男 / 女朋友的身体伤害，三分之一提及男 / 女朋友施加的心理暴力（Hoffman，2012）。

女性和男性都可能成为亲密伴侣的暴力袭击对象。女性在社会攻击方面高于男性；社会攻击是指施暴者故意安排、暗中操纵社会关系以达到伤害恋爱伴侣的目的（Goldstein，2011）。然而，在被公布的身体暴力行为中，绝大部分是男性施加在女性身上的：在高达 95% 的案例中，男性是施虐者，女性是受虐者（Johnson，2006）。而且，男性施虐者比女性施虐者更有可能对他人造成身体伤害，有时候程度极其严重（Johnson，2006）。事实上，亲密伴侣暴力是施加在美国女性身上最常见的暴力形式（Haynes，2009）。

请注意，亲密伴侣暴力的数据来源于已公布的事件，因此未能充分代表实情——许多人遇到此类事件根本不会报警。有的女性可能不会举报亲密伴侣的攻击行为，因为她们担心这只会导致暴力升级；有的女性想保护伴侣免受惩罚，又或是不想让孩子或自己被卷入施虐者后续的泄愤和复仇行为。遭受女性虐待的男性也可能不会举报伴侣，因为被女性欺负让他们感到羞愧或尴尬。

跟踪是一种反复发生的侵入行为，它不请自来、不受欢迎，起因可能是对他人的过度迷恋，而这种行为会使目标感到害怕或担忧自身安全。多项针对大学校园的研究表明，13% 至 21% 的学生表示自己曾被跟踪（Spitzberg & Cupach，2009）。近一半的女性受害者曾被前任伴侣跟踪，另有 25% 的女性曾被和她们约会过一次及以上的男性跟踪（Meloy，2006）。校园跟踪尤为常见，因为跟踪者很容易监视并掌握目标的日常行踪；即时通讯工具和诸如聚友网[1]、脸书一类的社交网站也为跟踪者提供了更多了解（潜在）受害者的习惯和行为模式的途径。

男性对女性的虐待关系往往反映了构建两性关系的传统权力动力学。一些男性被教导使用力量来表达主张和支配他人（Coan，Gottman，Babcock & Jacobson，1997；Sugarman & Frankel，1996；Truman，Tokar & Fischer，1996；Wood，2004）；而部分女性则在适应社会的过程中学会顺从，一心维护关系（Ellington &

1　即 MySpace.com，系总部设在美国的社交网络服务网站。——译者注

Marshall，1997；Wood，2001）。一旦这些内化于心的模式与两性关系结合，就随之形成男性虐待女性，而女性忍气吞声的基础。

马拉：

回过头看，简直无法相信我和西恩能共处这么长时间，但在当时我也无法设想离开他的日子。我们在高中走到一起，然后双双来到这所大学。刚开始约会那阵儿，他对我关怀备至——偶尔送花，不断打电话，所有该做的事都做了。但在高中毕业的那个夏天，他第一次打我，我太震惊了。随后他真诚地道歉，说只不过是上大学这事让他过于紧张。没过多久，情境重现，他再次道歉，而我又原谅了他。可这还没完，事态愈演愈烈。每当他臭脾气重犯时就拿我泄气，他打得很重，有时甚至不停手。最终，我的室友看见了瘀青，她和我一起分析现状，陪我去看学生健康顾问。从那以后，我才渐渐走出这段关系。

如果不加干预，暴力行为很难自动停止（Clements，Holtzworth-Munroe，Schweinle & Ickes，2007）。相反，它往往会进入意料之中的循环，正如马拉所描述的那样：施虐者的紧张情绪逐步升高；施虐者爆发，上升行为暴力；施虐者感到悔恨，满怀爱意；受虐者感觉被爱，相信关系将会改善；紧张情绪再次升高，整个过程周而复始（见图11.3）。

采用双重视角（Clements et al.，2007），培养辨识、表达感情及应对冲突的技巧，这些能力都可以帮助人们降低在恋爱关系中诉诸暴力的可能性。

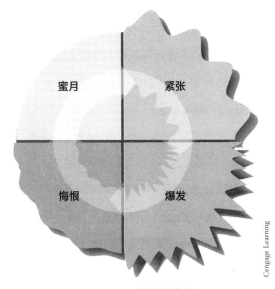

蜜月　　紧张

悔恨　　爆发

Cengage Learning

图11.3　**暴力行为循环**

用沟通维护异地恋情

多数大学生正在经历或曾经有过异地恋情（Sahlstein，2006；Stafford，2005）。异地恋情通常面临三类问题或矛盾，而每一类都能够通过沟通解决。最大的问题或许是情侣双方缺乏日常的小事分享。正如我们所见，分享日常的普通小事能够使双方的生活交织在一起。日常谈话会形成并持续改良关系的基本结构（Wood & Duck，2006a，2006b）。即使无法面对面交谈，人们也能借助科技分享更多日常事物。

日常联系的缺乏导致异地情侣必须面对第二个问题：对于共处时光不切实际的期望。由于情侣的共处时间有限，他们常常认为共处的每分每秒都必须尽善尽美，两人应该时时刻刻待在一起。不过，这种期望显然脱离实际。在所有恋爱关系中，冲突和对自主空间的需求都是自然而不可避免的。当异地情侣重聚时更有可能出现这类冲突，因为双方已经习惯独自生活，养成了独立的生活节奏，可能无法很好地配合对方。劳拉·斯塔福德（Laura Stafford）、安迪·梅罗拉（Andy Merolla）和简萨·卡斯尔（Janessa Castle，2006）研究了许多在同一地点重聚的异地情侣：聚后不久，三分之一的情侣分手了。主要原因在于，生理上的相遇使情侣丧失了他们在异地恋情中最珍视的东西——新鲜感和自主权。

异地恋情的第三个常见问题是双方投入不平等。投入的失衡让承担大部分关系维持工作的一方心怀怨恨，而投入较少的一方则愧疚难当。

好消息是，这些问题未必会破坏异地恋情。许多分隔两地的情侣依旧信守承诺（Stafford，2005）。实际上，异地恋情也有值得注意的益处。由于情侣无法频频相聚，等到有机会共处时他们往往更加恩爱，情意绵绵（Blake，1996；Reske & Stafford，1990）。

概括起来，恋爱关系的四项沟通准则分别是：采用双重视角，安全性行为，有效应对冲突以避免亲密伴侣暴力，分居异地时保持沟通。承诺、灵活应变和有效的人际沟通能够帮助情侣应对挑战，在一段浪漫关系中始终保持爱情的健康与和睦。

本章总结

本章内容聚焦于恋爱关系。尽管激情也许是恋爱关系中最令人激动的维度，但它的作用不如承诺（共处的计划）和亲密（温暖、彼此联结的感觉）关键。爱情降临的方式多种多样；我们讨论了六种不同的恋爱风格，以及它们在恋爱关系中可能的组合形式。

伴侣不再局限于我们周围物理环境中的对象。社交媒体使我们有机会遇见千里之外甚至不同大陆上的人。我们可以在网上认识他人，也可以借助社交媒体与身处异地的恋人保持联系。

无论是网络上还是现实中的爱情，其典型发展轨迹都始于一个成长阶段。在这个阶段，双方集中精力获取个人信息，为关系创立私人文化。如果双方决定厮守到老，他们会承诺携手共创亲密未来。此时，他们就进入了延伸的航行阶段，并在此期间不断适应个人和共同生活中大大小小的变化。一旦爱情的纽带变得松垮，情侣就可能步入感情恶化期，最终埋葬这段关系。

恋爱关系会经受独特挑战。我们讨论了应对这些挑战的四项准则。采用双重视角、进行安全性行为、建设性地应对冲突以及保持沟通，对于一段健康和睦的恋爱关系来说至关重要。

关键概念

请练习为本章涉及的术语下定义。

场所营造　承诺　勾搭　关系文化　环境破坏　激情　激情澎湃　狂热
亲密　亲如家人　实用　玩世不恭　无私　忠诚的恋爱关系

话题延伸

请利用本章学习的原则来评估并分析这段对话，然后和作者建议的回应做比较。我们的网站上有更多相关视频，你可以与老师继续练习。

马克斯和塔拉正在一起准备晚餐。马克斯刚刚结束一门大学证书课程，他告诉塔拉，他正考虑继续完成秋季课程作业以获取工程学士学位。

塔拉：如果你要继续做项目管理工作，为什么还需要工程学士学位？你又不是工程师。

马克斯：眼下当然不是，但我觉得或许我想成为一名工程师。

塔拉：什么时候的事？

马克斯：自从开始上这些课。之前我没想到会这么有趣，有时候工作烦了，就想尝试其他事情。

塔拉：这么说，我们现在的生活很枯燥了？

马克斯：我没这么说。我说的是，我觉得工作有时很无聊。

塔拉：我也是——你以为我喜欢整天更新图表？工作就是这样，但我每天晚上还是想见到你。

马克斯：这不关我们的事。

塔拉：怎么会与我们无关？你可是正准备每周花四个晚上听课，而不是和我待在一起。再说，我们怎么付学费？你的工资可不够。

马克斯：是的，工资不够，但钱的事可以再商量，我敢肯定我能争取到助学金。我们还可以想想办法给彼此腾出更多时间——也许工作日多在一起吃几顿午餐？我们的上班地点也没隔得那么远。

塔拉：我想不明白，我以为我们都喜欢当下的生活方式。现在看来，你更想变成另一个人。难道现在这一切都满足不了你吗，到头来你还想成为校园风云人物？

马克斯：我爱我们的生活，我也不太可能成为校园里的什么大人物。我知道我一下子说了太多，但我只是想告诉你我的想法，关于这个我们之后可以再沟通。没有你，我什么也做不了。还有，我完全不想改头换面——也许只是变成某个有新工作的人，行吗？

塔拉：好吧。如果这真是你想要的，我猜总归会有办法。我只是希望有朝一日你成为有头有脸的大学生，可别把我忘了。

马克斯：无论哪个大学生都比不上你的工作能力，我非常佩服你这一点。

1. 你认为马克斯和塔拉分别属于哪种恋爱风格？上述对话中有哪些提示引导你辨别每个人的恋爱风格？

2. 基于这段对话，你如何评判塔拉和马克斯的关系忠诚度？

3. 如果马克斯每周有四个晚上不在家，是否意味着塔拉将经历"模糊丧失"？

4. 如果马克斯决定继续攻读大学秋季课程，你有哪些建议可以帮助这对夫妻即使身处异地也能保持联系？

自我评估

请应用本章所学的知识，完成以下自我评估测验。在线答题可以知道每项结果对应的含义。

目的：评估你的恋爱风格

方法：以下是由恋爱风格测量工具（Hendrick，Hendrick，Foote & Slapion-Foote，1984）改编而来的 12 个句子，请在空格处标出你是否同意这句话。

1. 我相信一见钟情。

同意＿＿＿＿＿＿＿＿　　　不同意＿＿＿＿＿＿＿＿

2. 初次接触，我就知道两人之间能否擦出爱的火花。

同意＿＿＿＿＿＿＿＿　　　不同意＿＿＿＿＿＿＿＿

3. 最好的爱情源自长久的友谊。

同意＿＿＿＿＿＿＿＿　　　不同意＿＿＿＿＿＿＿＿

4. 亲吻、拥抱和性行为都急不得，随着爱意渐浓，它们会自然发生。

同意＿＿＿＿＿＿＿＿　　　不同意＿＿＿＿＿＿＿＿

5. 恋爱的乐趣之一是测试从关系中不断得到你想要的东西的能力。

同意＿＿＿＿＿＿＿＿　　　不同意＿＿＿＿＿＿＿＿

6. 即便我不想和那个人约会，试着让对方想约我也很有趣。

同意＿＿＿＿＿＿＿＿　　　不同意＿＿＿＿＿＿＿＿

7. 最好是爱上一个与自己背景相似的人。

同意＿＿＿＿＿＿＿＿　　　　不同意＿＿＿＿＿＿＿＿

8. 我无法真心爱上一个不想和他/她结婚的人。

同意＿＿＿＿＿＿＿＿　　　　不同意＿＿＿＿＿＿＿＿

9. 要是恋爱关系出了差错，我会感觉胃里翻江倒海。

同意＿＿＿＿＿＿＿＿　　　　不同意＿＿＿＿＿＿＿＿

10. 爱上一个人的时候，我没办法想其他任何事。

同意＿＿＿＿＿＿＿＿　　　　不同意＿＿＿＿＿＿＿＿

11. 我宁愿折磨自己，也不想我爱的人受苦。

同意＿＿＿＿＿＿＿＿　　　　不同意＿＿＿＿＿＿＿＿

12. 我宁愿和我爱的人分手，也不想妨碍对方的需求或渴望。

同意＿＿＿＿＿＿＿＿　　　　不同意＿＿＿＿＿＿＿＿

日常技巧

请完成下面的练习，进一步提升自己的沟通技巧。

1. 测量你的关系强度

婚姻研究专家约翰·戈特曼基于他对牢固关系的设想 —— 即情侣充分了解彼此，并且深刻理解对方的生活、情感、想法和见解 —— 列出了一些问题以测量关系强度（Gottman & Silver，2000；Kantowitz & Wingert，1999）。请试着回答下列问题。

· 我可以说出伴侣挚友的名字。

· 我知道伴侣当下正面临什么精神压力。

· 我知道近来惹伴侣不高兴的那些人姓甚名谁。

· 我知道伴侣的一些毕生梦想。

· 我可以列出伴侣最厌恶的亲戚名单。

· 一天结束时，伴侣见到我很开心。

· 伴侣是我最好的朋友之一。

· 我们就喜欢和对方谈话。

・我感觉伴侣非常懂我。

・伴侣感谢我为这段关系出的力。

2. 依照性别分类的征婚广告

　　阅读 match.com 和 eharmony.com 等在线配对网站发布的征婚广告, 留意不同性别的会员如何展现自己。例如, 女性是否更多描述她们的性感身姿? 男性是否更多谈论他们的经济实力?

概念应用

　　请思考本章概念在个人、工作场合和道德中的应用, 写下你的感想。

　　个人　对照恋爱关系的发展模型, 回想你现在或曾经拥有的某段恋爱关系。如果关系已成往事, 你是否经历过所有阶段? 如果你仍处在一段关系中, 你是否经历了航行阶段? 每个阶段的沟通情况是否与模型所示相符? 你经历过模型没有涉及的阶段吗? 如何调整模型才能更准确地描述你的关系?

　　工作　你和同事或上司有过恋爱关系吗? 如果有, 请描述爱情和工作如何互相影响。

　　道德　假设某人在现实生活中有一段忠诚的关系, 那么在他处理虚拟关系时, 你会建议他遵循哪些道德准则? 它们和同一个人在面对现实关系时需要遵循的准则有何不同?

批判性思考

　　请批判性地思考本章提到的观点, 写下你的感想。

1. 如果你现在有伴侣, 你能辨析对方的恋爱风格吗? 它如何与你的恋爱风格相协调? 理解恋爱风格使你对关系有任何新的领悟吗?

2. 你现在或曾经与伴侣分居两地吗？如果是，关于本章讨论的异地恋情所要经受的三个特殊问题，你是否曾经历其中的一个或多个？你是否接受本章提出的保持联系的建议？

3. 你是否曾经历爱和承诺两者只有其一的关系？请分别描述有爱却无承诺的关系和有承诺却无爱的关系，你能总结出它们各自的影响吗？

4. 你认为网络互动比面对面互动更容易出现欺骗行为，还是这两种互动同样可能发生各类欺骗行为？

5. 美国政府下属"针对女性的暴力行为"办公室（Office on Violence Against Women）在 http://www.justice.gov/ovw 列出了它的使命、活动和资源。查询最新的暴力信息和数据，请登录 http://www.ncadv.org。了解关于男性停止对女性施暴的承诺，请访问"男性终止暴力"（Men Stopping Violence）网站，网址为 http://www.menstoppingviolence.org。

第十二章
家庭内部的沟通

本章涉及的话题

◎ 家庭生活的多样性

◎ 家庭沟通

◎ 家庭生命周期

◎ 社交媒体与家庭沟通

◎ 家庭有效沟通准则

学习完本章后，你应该能够 ——

◎ 描述家庭的不同定义

◎ 辨识特定家庭互动所代表的家庭沟通模式

◎ 认识你的家庭生命周期的不同阶段

◎ 评估社交媒体对家庭的各种影响方式

◎ 应用本章提供的准则，改善你的家庭沟通情况

二十多岁的帕特和克里斯决定共同生活。他们买下一处房子，合力偿还按揭贷款，一起负责房屋维护和家务。他们还共同支配经济来源，在患病时互相鼓励、关心。七年后，帕特尚未婚嫁的姐姐撒手人寰，留下八岁的孩子杰米孤苦伶仃，帕特和克里斯把他接到家里。往后的十年间，他们共同承担养育杰米的情感和经济责任，还分别扮演了父母的角色，比如带杰米去看医生，参加家长会、互动游戏和校园音乐会。再后来，帕特和克里斯陪杰米参观各所大学校园，三个人一起决定杰米该上哪所大学。

帕特、克里斯和杰米算是一家人吗？

你的回答基于何种事实：帕特和克里斯是否为一男一女？帕特和克里斯是否为合法夫妻，他们收养杰米的行为是否合法？帕特、克里斯和杰米是否定居美国或法国 —— 在那里任意两个同居的人若想结为夫妻，都能被授予合法地位？

如果这个例子出现在 1980 年的美国教科书上，那么大部分美国人会认为：当且仅当帕特和克里斯互为异性，已然成婚，并且合法收养杰米的前提成立，帕特、克里斯和杰米才算是一家人。1980 年，大部分美国人对"家庭"的定义是男人和女人结为合法夫妻并且育有孩子。很多人将已婚却没有子女的一男一女视为"一对"，而非"一家人"。

如今，关于家庭的定义多了不一样的声音。大部分美国人对家庭的设想仍旧包括孩子、婚姻（而非同居）以及血缘或法定关系（Baxter，2011）。同时，现在大部分美国人认为同性婚姻应该合法。在过去的 25 年里，人们看待家庭的方式发生了巨大变化，家庭本身也不复往昔。因此，本章第一节将展现我们这个时代的家庭多样性，以详尽阐述开篇主题。第二节会讨论家庭沟通的要素和模式。接着，我们会提出家庭生活周期的一种模型，探索它所描述和没有描述的家庭类型。阐述完社交媒体如何在现代家庭中发挥作用后，我们将在本章末尾审视有效沟通的准则，旨在应对当今家庭生活中存在的挑战。

家庭生活的多样性

在讨论家庭之前必须特别提到的是，并非所有人都和其他人住在一起。大约25%的美国家庭只有一位成员，这个数据是美国历史上独居人数的制高点（Olds & Schwartz，2010）。

剩下75%的美国家庭形态多种多样。想想你的朋友和熟人，他们代表了多少种不同的家庭形态？当我这样做的时候，我在自己的社交圈里找出了13类家庭：

◎ 异性恋非裔美国男性和女性，结婚12年，育有两个孩子，夫妻都在外工作。

◎ 异性恋美国白人女性和男性，同居两年，没有孩子，两人都在外工作。

◎ 两名同性恋白人男性，同居20年，两人都在外工作，领养一名外国男孩。

◎ 异性恋白人男性和拉丁美洲裔女性，已婚，育有三个孩子；丈夫在外工作，妻子全职照顾家庭。

◎ 单身越南籍男性，与朋友关系亲密并将他们视为家人。

◎ 两名同性恋女性，一名是白人，另一名是非裔美国人，去年结婚，此前同居26年，领养其他某个种族的两名十几岁男孩。

◎ 单身白人女性，领养一名俄罗斯女孩，在外工作。

◎ 寡居的非裔美国女性，独自抚养她的孙女。

◎ 住在宾夕法尼亚州的白人男性和住在北卡罗来纳州的华裔美国女性，已婚，没有孩子。

◎ 来自不同种族的男性和女性，都是二婚，加上前一段婚姻共育有五个孩子，夫妻都在外工作。

◎ 白人丈夫全职照顾家庭，白人妻子在外工作。

◎ 异性恋白人男性和女性，像夫妻一样同居生活，育有两个孩子，全国各地跑。

◎ 27岁的西班牙单身母亲，她的妈妈最近刚搬来和她同住。

如果我们跳出美国主流文化，就会发现更加多样的家庭形态。

◎ 在某些国家，婚姻由家人包办，配偶可能直到婚礼过后才认识彼此。部分包办
　婚姻的理想组合是堂表兄妹 / 姐弟（Strong，DeVault & Cohen，2011）。

◎ 某些社会实行一夫多妻制（Regan，2008）。

◎ 某些文化认为婚姻极其神圣，以至于只有当配偶一方斥责祖先或杀害另一方的
　某位家人时，双方才被允许离婚（WuDunn，1991）。

◎ 在南太平洋的瓦纳特奈岛（Vanatinai）上，在没有其他人的情况下一同用餐是
　比同床共眠更能定义婚姻的行为（Coontz，2005b）。

◎ 在非洲和亚洲的部分地区，六岁的儿童就可能结婚，尽管他们也许之后才会和
　配偶共同生活。在很多社会中，婚姻将两个家庭汇聚起来，夫妻与双方家人（包
　括堂表亲、祖父母和曾祖父母）错综复杂地彼此联结。一个家庭几代人生活在
　同一屋檐下的情况并不罕见（Strong，et al.，2011）。

◎ 传统的美洲印第安人将宗族（即由彼此有亲属关系的人组成的团体）视为家
　庭单位（Yellowbird & Snipp，2002）。

◎ 许多拉丁美洲人也把教父教母当作家庭成员（Strong et al.，2011）。

曼苏拉：

　　我觉得很奇怪的一点是，美国人只嫁给（或迎娶）对方，而非整个家庭。在
南非，人们和对方的家庭结婚。父母必须同意你的选择，否则婚事告吹。婚后妻
子会搬去和丈夫的家人一起住。在我看来，这比两个人的婚姻要牢固得多。

形形色色的家庭形态

　　最常见的美国家庭形态仍旧是婚姻，尽管和过去相比，现在选择结婚的美国人
越来越少。如今，约 51% 的美国人是已婚状态，这个比例显著低于 1960 年的 72%
（"Fraying Knot"，2013）。虽然结婚比例有所下降，但大部分 18 岁至 34 岁的各种

族男性和女性都认为一段幸福的婚姻比什么都重要（Knox & Hall，2010），81% 的高中生期待婚姻（Blow，2013；"Fraying Knot"，2013）。事实上，只有 6% 的白人和 12% 的非白人称自己不曾结婚，也从没想过结婚（Blow，2013）。

现代美国人的结婚年龄比前几代人晚，这部分解释了结婚比例下降的原因。在 1960 年，新娘的普遍年龄甚至不到 21 岁；如今，女性和男性的初婚年龄分别约为 27 岁和 29 岁（Coontz，2013）。

在美国，婚姻不再被定义为一个男人和一个女人的结合。2013 年，美国最高法院裁定同性伴侣享有和异性伴侣完全相同的由联邦政府赋予的权利，这项决策也契合多数美国人的观点。美国许多州都通过了相关法律以认可同性婚姻，因此越来越多的同性恋者也选择步入婚姻殿堂。

佩吉：

> 在我两岁时父母离婚了，从那以后妈妈一直和阿德里安娜共同生活。我们从来都是一家人——我们一起用餐，一起解决问题，一起度假，一起做决定——异性恋家庭会做的事我们都会做。但是，人们仍不接受妈妈和阿德里安娜的合法伴侣身份。我们不得不多次搬家，因为她们"妖里妖气的"，某个邻居就是这么称呼她们的。妈妈投保的那家保险公司不给阿德里安娜上保险，因此她们被迫支付两份保险单的费用。类似的事不断上演。即便如此我还是想告诉你，在我见过的异性恋伴侣中，很多人的关系还不如妈妈和阿德里安娜那样亲密稳固。

并非每个人都会结婚，也不是每个结了婚的人都能维系婚姻。有 28% 的成年美国人不曾结婚，从 1960 年至今，美国的未婚人数翻了一番（Coontz，2013；"Fraying Knot"，2013）。在 35 岁以下的美国女性中，有 10% 的人曾经拥有三任及以上的丈夫或同居伴侣。可见，承诺并不总是天长地久（Cherlin，2010）。

同样，不结婚未必没有孩子。大约三分之一的美国家庭由单亲家长及一个或多个孩子组成（"Fraying Knot"，2013）。在美国，有超过 40% 的新生儿父母未婚（Coontz，2007，"Fraying Knot"，2013）。部分单身女性和单身男性选择收养孩子，这使得单亲家庭的数量上升。享有孩子监护权的寡妇、鳏夫和离异夫妻的存在也增加了单亲家庭的数量。

对于某些无法结婚或选择不结婚的伴侣而言，同居这种家庭形态备受青睐。人们选择不结婚的理由很多：有的人因为本州法律禁止他们结婚；有的人因为自己不想结婚，或者尚未准备好许下承诺并且全心全意履行；还有的人是因为拒绝接受婚姻制度，他们认为这不符合自己的价值观和身份。尽管婚前同居一度被认为与更高的离婚率有关，但现在这种认识一去不复返。从 20 世纪 90 年代起，婚前同居者的离婚可能性并不比婚前不同居的人高或低（Manning & Cohen，2012；Smock & Manning，2010）。

季米特里：

  我疯狂地爱着布里奇特，但我现在还没准备好结婚——甚至想都不敢想！我还有很多想独自完成的事，在这之前我不会考虑安顿下来组建家庭。我的确很爱布里奇特，我想和她待在一起，不过更多的是以一种日常的方式。

一些同居情侣将同居视为"试婚"，因为它让双方有机会审视彼此是否真的愿意长期共同生活（Regan，2008）。另一些人认为，同居是终生相处的首选方式，而非婚姻的试金石。伴侣足够关心对方以至于想要共同生活，兴许还会养育子女；但同时他们厌恶婚姻制度，或不希望为了现实的（常常是经济的）原因结婚。对他们而言，同居是许下永恒承诺的方式。与伴侣同居 15 年的奥黛丽给出了她选择不婚的理由。

奥黛丽：

  我对唐的感情无须某张纸上写的句子或在牧师跟前说的话来证明。我们用不着办手续也知道彼此相爱，想和对方共度余生。我们希望两个人共处是因为彼此相爱，而不是囿于某些法律协议。

各式各样的家庭目标

家庭的多样性不仅体现在人员组成上，还体现于其目标，也就是人们希望维持长久关系的原因。然而，组建家庭的理由随时间不断变化，直到今天仍不一而足。

婚姻在历史上曾被赋予其他目标。在狩猎和采集社会中，联姻是维持部落之间和平的战略性安排（Rosenblum，2006）。古希腊人结婚的目的在于生育后代——与婚姻以外的情人才享有激情和欢愉（Rosenblum，2006）。中世纪婚姻的作用是建立政治联盟、联结各个家庭以及巩固产权交易。直到 18 世纪，人们才广泛接受婚姻源自爱与激情的思想。在那之前，婚礼当天便是新郎和新娘各自告别上一段恋情的日子，也是他们步入完全讲求实用、毫无情感可言的婚姻制度的时候。

从 18 世纪后期或 19 世纪早期起，大部分美国人开始基于爱情和友谊选择伴侣。在一些时期和地方，婚姻服侍于其他目的，因此人们不会因为爱情逝去——或者从一开始就不存在爱情——而考虑终结婚姻（Coontz，2005b）。如果结婚是为了寻求一个稳固的家庭，那么爱情也许不是组建家庭的理想基础。

💬 日常生活中的沟通／见解

自愿亲属关系

家庭的定义不再局限于血缘和亲属关系。人们越来越多地构建足以发挥家庭作用的社交网络。传播学者们提出了以下四类自愿亲属关系（Braithwaite, Bach, Baxter, Diverniero, Hammonds, Hosek, Willer & Wolf, 2010）。**替补家庭**（substitute family）取代了血亲和法定家庭。举个例子，如果原生家庭嫌弃某位同性恋或跨性别成员，后者也许就会和朋友建立起亲如家人的关系。**补充家庭**（supplemental family）满足了血亲和法定家庭无法实现的需求和欲望。例如，也许你与某个朋友比跟你的兄弟姐妹还亲。**便利家庭**（convenience family）产生于特定背景（如工作场所）、特定时期（如海外求学）或人生的某个阶段（如大学第一年的舍友）。最后是**大家庭**（extended family），即被纳入血亲和法定家庭的人，例如成为孩子教父的邻居或你视为姐妹的姑母。

历史上，美国人也将养育孩子视为婚姻的主要目标（Coontz，2005a，2005b）。如今，生养子女不再是结婚的唯一目的。在 1990 年，约有 65% 的美国人表示一段成功的婚姻离不开孩子，但 20 年后只有 14% 的人这么认为

From The WAll LanguagesStreet Journal, Nov. 6, 1996. Reprinted by permission of Cartoon Features Syndicate

"王子和公主从此过上了幸福的生活，但不是和彼此。"

（Parker-Pope，2010a）。个性化的关系越来越受人欢迎，这种关系能提升伴侣双方的成就感和满意度。

乔安娜：

> 没有工作，我会变得很惨。我喜欢教一年级学生的那种成就感，每个孩子最终理解阅读材料的瞬间简直就像魔法一样。多年以来，数不胜数的孩子创造了不计其数的魔法时刻，而我得以参与其中，这赐予我人生的使命感。

正如乔安娜所说，对于大多数人而言，工作不仅是收入来源，还代表了他们的核心身份。人们发觉工作能带来个人满足感。本章后文会提到，如何平衡工作与家庭的责任和机遇是当今家庭面临的最艰巨的挑战之一。

随着工作越来越多地提供个人满足感和经济支持，女性在收入来源方面逐渐摆脱对男性的依赖。在照顾子女和家政等事务上，丈夫也越发独立于妻子。如今，人们可以选择日间看护服务，雇佣入住自家的保姆；和 20 年前相比，节省劳力的家用电器也让养护房屋工作更加省时省力。如果把 20 世纪 50 年代的全日制工作放到今天，所需时间将大大缩短。换句话说，在现代女性和男性看来，婚姻更多是种选择，而非必需品（Coontz，2005a，2005b；Galvin，2006）。

除了我们已经讨论过的几种原因，人们还有其他结婚动机。有人将婚姻视为保

障财务安全的途径，还有人想为已经或将要出生的孩子找个爸爸或妈妈。凯撒家庭基金会（Kaiser Family Foundation）的一项民意调查显示，7% 的美国人结婚是为了获取医疗保险资格[1]（Sack，2008）。

家庭形态的文化多样性

人们对于结婚对象的选择也在变多。在 20 世纪，绝大多数美国人和同种族的人结婚；今天，跨种族婚姻受到人们更广泛的欢迎和接纳。和出生在其他国家的人结婚的美国人数量同样出现了增长。如今，约有 500 万美国人迎娶（或嫁给）外国人，比 1960 年翻了一番（Palmar，2013）。在美国，跨宗教信仰的婚姻数量也有所上升。娜奥米·赖利（Naomi Riley，2013）就在《只有信仰能将我们分开》

💬 **日常生活中的沟通 / 工作场合**

挣钱养家——逐渐成为共同责任

劳动力的变化使家庭生活不同往昔。20 世纪 70 年代中期，仅有 40% 的已婚女性在外工作（Galvin，2006）。时至 2000 年，情况出现反转，仅有 40% 的已婚女性没有外出工作（Bond，Thompson，Galinsky & Prottas，2002）。2008 年的经济衰退进一步影响了劳动力的男女比例。失业男性的数量明显多于失业女性，因为男性更多在裁员的行业工作。作为家庭唯一收入来源的女性人数在 2009 年达到最高点，而扮演相同角色的男性数量降至 10 年以来的最低水平（Yen，2010）。最新数据显示，25% 的女性比她们的丈夫收入高，而在有孩子的美国家庭中，母亲成为主要或唯一收入来源的家庭占 40%（Alpert，2013）。

---

1 在美国，根据相关规定，如果某人拥有全职工作，并且获得公司资助的医疗保险，他只需支付部分额外费用，就可以将配偶也纳入此项政策中。如果此人尚未结婚，则伴侣只能从其他渠道办理医疗保险。（资料来源：http://www.forbes.com/sites/investopedia/2012/04/17/why-marriage-makes-financial-sense/#62444afefc75）——译者注

（'Til Faith Do Us Part）一书中描述了福音派基督徒[1]和穆斯林、犹太教徒和天主教徒、犹太教徒和背弃信仰的前耶和华见证人[2]，以及其他跨宗教信仰人士之间幸福长久的婚姻。

多种多样的家庭类型

了解家庭形态和目标的多样性后，想必你就不会惊讶于人类家庭的不同组织方式了。传播学者玛丽·安·菲茨帕特里克（Mary Ann Fitzpatrick，1988）和她的同事提出了三种显著的关系类型：传统型、自主型和分散型（Fitzpatrick & Best，1970；Koener & Fitzpartrick，2002a，b，2006；Noller & Fitzpatrick，1992）。 传统型夫妻高度依赖彼此，互相倾诉衷肠。他们秉持着传统的婚姻和家庭生活观念，时而会发生冲突。

自主型夫妻占菲茨帕特里克研究样本量的 22%，他们的婚姻和家庭生活观念更加前卫。与传统型夫妻相比，自主型夫妻较少依赖彼此，情感表达更加丰富，发生冲突的频率也更高。他们拥有适度的自主权，所以和传统型夫妻相比，这种类型的夫妻较少分享共同爱好和活动。不过，如果菲茨帕特里克现在重复她的实验，也许会发现自主型夫妻的数量大幅上升，因为如今人们更加重视个人的满足和幸福。

第三种家庭类型是分散型，约占菲茨帕特里克研究样本量的17%。如字面意思所示，分散型夫妻高度自治，给予彼此充分的空间。和上述两种类型的夫妻相比，他们更少分享共同情感。分散型夫妻也会极力避免冲突，这或许是因为冲突促使双方进行情感表达并协商达成共同决议，而非分散行动。

在菲茨帕特里克的研究中，约有 60% 的夫妻符合上述某种家庭类型，而另外40% 则无法匹配。在这些被菲茨帕特里克称为"混合婚姻"的夫妻中，丈夫和妻子分别持不同的婚姻态度。最常见的混合婚姻形式是分散－传统型夫妻。在菲茨帕

---

1 福音派基督徒信仰圣经教义的绝对权威，认为人只有悔改才能获得拯救和救赎灵魂。——译者注

2 耶和华见证会是基督教非传统教派，极力主张实践近千年的福音派新教会教义。——译者注

特里克的研究样本中，妻子通常持有传统型婚姻观念，渴望高度的互相依赖和亲密情感；而混合婚姻中的丈夫大体上符合分散型的特征，他们渴望高度自主权，其中一部分人甚至觉得在情感上双方已经离婚了。

菲茨帕特里克的研究显示，传统型夫妻和分散－传统型夫妻的婚姻满意度最高。乍看之下，分散－传统型夫妻拥有较高满意度这个事实令人惊讶。不过，如果我们意识到这类夫妻体现了传统性别角色，这项发现便合乎情理了。想拉近关系、表达情感的传统型伴侣往往是女性，而想要高度自主、避免情感表达的分散型伴侣通常为男性。由于双方各自的偏好与传统女性和男性角色相符，他们可能会认为这段关系具有互补性质，即一方能提供另一方所重视的某些事物。传统型伴侣可能会通过朋友、子女及其他家庭成员关系来满足自己对彼此联结和亲密情感的需求。分散型伴侣不期望与另一半产生亲密情感，但他们可以从工作或爱好等自主活动中获取满足感。

从菲茨帕特里克的研究至今，西方价值观发生了剧变。人人平等的观念越来越成为幸福长久关系的核心因素（Coontz，2013），这意味着现在传统类型的夫妻可能越来越少，而非传统类型的夫妻可能较 20 世纪 70 年代拥有更高的满意度。

MindTap

日常技巧　完成本章末尾的"辨析家庭类型"活动，探索已婚伴侣的沟通模式。

家庭沟通

所有的家庭都会进行内部沟通，但其形式不尽相同。每个家庭都有自己的沟通规范和模式，这种特有的沟通方式决定了家庭成员间的亲密、开放和满意程度。

家庭沟通要素

如图 12.1 所示，克利福德·诺特利斯（Clifford Notarius，1996）提出了三个维持长期关系满意度的关键因素：语言、思想和情感。

"语言"是指家庭成员之间的言谈举止方式。沟通会影响人们在关系中的自尊和态度。在较为和睦的关系中，家庭成员间通常表达更多的支持、理解和关注。相比之下，不幸福的家庭中不乏频繁指责、消极表态、察言观色和以自我为中心的交流；在这种交流中，家庭成员丧失了双重视

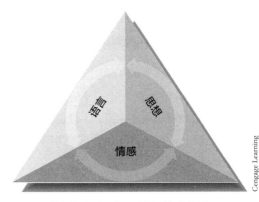

图12.1　**语言、思想和情感的循环**

角（Gottman & Carrère，1994；Gottman & Silver，2000；Notarius，1996）。

　　幸福与不幸福的家庭之间的沟通差异，呼应了我们在第八章和第九章所讨论的氛围和冲突问题。这些差异也表明宽恕他人——至少不计较小错误——的重要性。洛里希·卡恰多利安（Lorig Kachadourian）、弗兰克·芬彻姆（Frank Fincham）和乔安妮·达维拉（Joanne Davila，2004）发现，宽恕他人的意愿与关系满意度呈正相关。

　　家庭沟通的第二个要素是"思想"，即家庭成员看待彼此和家庭的方式。思想会影响我们的情感和语言。回顾第三章的内容你也许会记得，在融洽的关系中，人们往往将他人的善举归因于受个体控制的稳固且源自内心的品质（Fincham，Bradbury & Scott，1990）。举个例子，一位母亲可能会想："我的儿子周末回家是因为他体贴，知道抽时间向我表达关心。"同样地，在融洽的关系中，人们常常将负面的行为和沟通归因于个体无法控制且易变的外部因素。如果女儿忘记在父母周年纪念日给他们打电话，父亲也许会在心里如此解释："她一定是为期末考试忙得不可开交，才会忘记这件事。"

　　家庭沟通的第三个要素是"情感"，在第七章我们曾对此有过详细讨论。如第七章所示，情感受到语言和思想的影响，因此我们的感受会受到人际沟通和自我对话的影响。例如，我们如何理解父母的行为动机影响着我们对这些行为的感受。如果丈夫送花给妻子，而妻子把这个行为看作丈夫体贴、关心她的表现，她就会感觉两人更加亲近；但如果妻子认为丈夫是趁打折买的花，她对丈夫的好感也会打折。

爱的语言

你如何向家人表达爱意？你的家人又如何向你表达爱意？加里·查普曼（Gary Chapman，2010）提出了人们表达爱意的五种方式，他将其称为五种"爱的语言"。

肯定语言： 书面或口头的称赞、鼓励，表达对他人的珍视。

优质时间： 陪伴他人时身心都在场，延长共处时间，并把注意力全部集中在对方身上——这些都是爱的表现。

礼物： 不论大小和贵贱，礼物都在传达喜爱与关切。

服务： 干家务活或提供不求回报的帮助（比如帮忙修车）是在表达对他人的关心。

触摸： 身体接触、性接触及其他方式是表达爱意和亲密的重要途径。

多数人主要使用一至两种爱的语言。也许对你来说，语言和触摸意义深远，其他爱的语言则相形见绌；然而，并不能确保你爱的人也有和你一样的语言偏好。因此采用双重视角，了解对方认为什么是爱这一点非常重要。

显然，令家人满意的语言、思想和行为取决于多种因素，包括家庭类型。举个例子，我们或许会猜想分散型夫妻的沟通频率比传统型夫妻低；但这不妨碍我们认为和睦相处、对共同生活感到满意的分散型夫妻会互相支持鼓励，进行有助于增进关系的行为归因，并且积极看待对方和两人的关系。

语言、思想和情感互相交叠影响：感受影响沟通，改变人们看待自己、他人和家庭的方式；想法影响感受和沟通；沟通影响伴侣双方的想法，以及对关系、自身和彼此的感受。

沟通模式

基于诺特利斯提出的家庭沟通三要素，我们现在来考虑家庭沟通的总体模式。传播学者发现沟通的两个关键维度足以定义一个家庭的沟通方式（Fitzpatrick

& Ritchie，1994；Koerner & Fitzpatrick，2002a，b，2006；Keating，Russell，Cornacchione & Smith，2013）。第一个维度是**交谈取向**（conversation orientation），即沟通的开放或封闭程度。在交谈取向高的家庭，成员可以尽情公开表达他们在一系列话题上的想法和感受，对于个人或私密话题也同理；而交谈取向低的家庭主要谈论浅层话题，成员之间倾向于隐藏个人感受和想法。

家庭沟通方式的第二个维度是**同调取向**（conformity orientation），即期望家庭成员在多大程度上遵守家庭等级制度和顺从某些信念。不同家庭对成员尊重等级制度（尤其是父母权威）的要求或严或松，对意见一致（或看起来如此）以避免冲突的期望程度也有高有低。同调取向高的家庭很少出现公开的冲突，成员尊重彼此的权力界限；而同调取向低的家庭则会经受更多分歧与冲突，子女遵从父母全部信念和价值观的可能性或高或低。

家庭沟通的两个维度——交谈取向和同调取向——互相组合，创造了家庭沟通模式的四种基本类型。**一致型家庭**（consensual families）拥有高度的交谈取向和同调取向，这类家庭沟通往往兼具广度和深度。父母鼓励孩子表达想法和感受，然而一旦每个人都有了自己的想法，父母就会期望并鼓励孩子遵循他们的是非标准和信念。

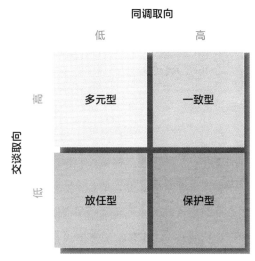

图12.2　**家庭沟通模式**

多元型家庭（pluralistic families）的交谈取向高而同调取向低。这类沟通呈开放式，所有家庭成员都被鼓励表达自己的看法和情感，家庭成员间不会要求或强迫对方跟自己达成共识。即使双方意见不一致，父母也会尊重子女的观点和决定。

保护型家庭（protective families）的沟通特点是低交谈取向和高同调取向。家庭成员之间避免冲突，并且父母会要求孩子遵从他们的生活准则、信念和决定，这

艰难对话

你是否曾和父母进行过极其艰难的对话，试图谈及一些你明知他们不会喜欢的话题？传播学者将部分大学本科生作为研究对象，这些学生都曾与父母有过艰难对话，例如讨论如何节育或中途辍学（Keating，Russell，Cornacchoione & Smith，2013）。这些学生称他们预料可能会收到负面回应，比如惹父母生气、失望。即便这些对话的确常招致意料之中的消极反应，大部分学生仍然表示长期来看它们是有用的。许多学生提到，讨论难题有助于增进信任、理解和整体家庭关系。

> **MindTap** 你是否曾经和父母有过一场极为艰难的谈话？那时你在担忧什么？结果如何？

样做可能会压抑父母和孩子之间开放坦诚的沟通（Keating et al.，2013）。

最后一种家庭沟通模式类型是放任型。正如字面意思所示，**放任型家庭**（laissez-faire families）成员之间的联系有限。父母和子女的互动较少，子女往往在很大程度上独立于父母生活，因此家庭成员间也许感受不到彼此的亲密关系。放任型家庭的交谈取向和同调取向都很低。

如你所料，这些基本沟通模式会影响家庭事务，以及家庭成员之间的关系亲密程度。在任何一类家庭中，成员都可能讨论轻松的话题；但在保护型或一致型等强调共识的家庭中，开展困难话题可能更具挑战性。

家庭生命周期

许多家庭都遵循着普遍的发展模式（Olson & McCubbin，1983）。尽管相当多的家庭经历了这些阶段，但它们仍有局限性，比如无法适用于某些同居伴侣、同性恋者和单亲家庭的情况。这些阶段也不完全适用于无子女的婚姻，没有孩子的夫妻不会经历第二三四五阶段，因为在他们的关系中没有养育和放飞子女的部分。

第一阶段：建立家庭

在这个阶段，双方建立忠诚关系，形成共同生活的期望、互动模式和日常规则。伴侣双方会逐渐适应共同生活，如果是已婚夫妻，双方还需要习惯"妻子"和"丈夫"的身份标签，以及社会和法律对两人婚姻的承认。

第二阶段：扩充家庭

生儿育女会给家庭生活带来重大改变。为人父母的过程通常充满喜悦、烦忧、挑战和约束。这也给生活引入了新角色——除了妻子和伴侣，加之可能的雇员身份，一个女人会成为一位母亲；一个男人原本的身份是丈夫、伴侣，可能还身兼雇员角色，而生儿育女后他也是一位父亲。

再者，孩子会占用夫妻双方的时间，转变他们的沟通焦点。对于大多数父母而言，孩子是两人谈话的重中之重——"孩子们最近怎么样？""明天我们谁带苏茜去看医生？""你和博比的老师商谈时，她有没有对博比的行为问题提出任何解决建议？""我们怎么才能把钱攒起来供他们上大学？"

斯坦：

迪娜出生后，我们生活的方方面面都变了。我们不得不出售那辆双门小跑车，因为它装不下迪娜的安全座椅。过去我们常常在晚餐之前开瓶葡萄酒，可是现在一个得忙活晚餐，而另一个要喂迪娜吃饭，还得给她洗澡。以前我们心血来潮就开车去沙滩度一天假，但如今要么得提前雇一个临时保姆，要么就得把迪娜需要的所有东西，从尿布到食物再到玩具统统打包。每天夜里迪娜都会醒好几次，不停打断我们的睡眠，让人疲惫不堪。等我们再躺回床上，彼此都对性失去了兴趣——甜美的梦乡更加诱人。

斯坦描述的身为人父的生活并非特例。马里·克莱门茨（Mari Clements）和霍华德·马尔克曼（Howard Markman，1996）指出，孩子既可能是快乐的源泉，也可能是家庭的破坏者。大量研究表明，有了孩子后，夫妻的婚姻满意度会下降（Belsky & Rovine，1990；Clements & Markman，1996；Cowan，Cowan，Heming & Miller，1991；Segrin & Flora，2005）。多年以来，研究者都认为这与孩子的降生以及他们的各类需求密不可分。不过，这种观点未必正确。

一支由霍华德·马尔克曼领导的研究团队（Markman，Clements & Wright，1991）跟踪观察了135对夫妻，研究时长为双方从订婚到婚后十年甚至更久。团队发现，孩子降生后夫妻婚姻满意度会降低，这种情况通常发生在婚后几年。然而，他们也发现，没有子女的夫妻在婚后几年婚姻满意度同样会下滑。换句话说，结婚几年后，无论是否生育孩子，多数夫妻的婚姻满意度都会下降。

如果父母属于文化中的非主流种族，他们可能需要比主流种族群体的父母付出更多精力向孩子灌输种族自豪感。相较于欧裔美国家长，非裔美国家长更有可能扮演文化顾问的角色，执行更严厉的纪律（Socha，Sanchez-Hucles，Bromley & Kelly，1995）。非裔美国母亲比欧裔美国母亲更倾向于将处于青春期的女儿描述为"最好的朋友"；她们往往也会比欧裔美国母亲设立更多不可违抗的规则，言谈举止更常带有讽刺性（Pennington & Turner，2004）。与由单身女性主持的欧裔美国家庭相比，同类非裔美国家庭中的女儿往往表现得更自主，自尊心更强（McAdoo，2006）。非裔美国家长也更重视教育孩子了解种族身份、历史和尊严，意识到存在于这个世界的偏见与嘲讽。

因此，家庭生命周期的第二个阶段也许是人们调整期望、经受失望的过程。这个阶段也容易出现"积聚"（pileup）现象（Boss，1987）。如果短时间内爆发大量负面事件，且超出一个家庭的应对能力时，就会出现积聚现象。婴儿降生，家里的大孩子在学校遇到麻烦，夫妻某一方的父亲被确诊患有严重的心脏疾病，夫妻某一方升职需搬到异地生活……时间虽短，人们却可能需要应对如此多的变化和压力。

第三阶段:巩固家庭

亲子关系会深刻影响孩子的身份认同(Socha & Stamp,2009;Socha & Yingling,2010)。第二章我们曾提到,孩子出生后的第一段人际关系会逐渐塑造其依恋模式,这段人际关系对象通常是父亲或母亲(母亲的概率更高)。持续给予孩子关爱和照顾的母亲或父亲能使孩子养成一种安全的依恋模式。不同的关爱方式会促成不同的依恋模式。父母也通过各类标签("真是个可爱的小女孩""真是个身材高大、体格壮硕的男孩")和身份脚本(明确孩子是谁,在旁人的设想中又是如何)影响孩子的自我认知。

相比于母亲,尽管父亲和孩子相处的时间较少,但如今的父亲们已经比前几代更加积极活跃。今天,受过大学教育的母亲平均每周花 21.2 小时陪伴孩子,对于教育程度较低的母亲来说,这个数字为 15.9 小时。相比之下,受过大学教育的父亲平均每周花 9.6 小时与孩子共处,而教育程度较低的父亲则是 6.8 小时(Parker-Pope,2010b)。一项研究记录了 32 户双职工家庭 2002 年至 2005 年的日常生活。研究发现,家务劳动分别占用母亲 27% 的时间和父亲 18% 的时间。因为家务活和照料孩子,母亲留给自己的休息时间也更少:休息分别占据母亲 11% 的时间和父亲 23% 的时间(Carey,2010)。

第四阶段:鼓励独立

进入青春期后,孩子往往会寻求更多自主权。他们努力建立有别于父母的形象,而寻求自主权是其中一项十分正常的尝试。父母和孩子经常在这个阶段发生矛盾。孩子越来越无心和家人相处,父母也许会因此感到难过。此外,父母可能不认可子女的某些爱好、活动和朋友,而孩子或许认为父母过度保护自己或侵扰了私人生活。

对于孩子而言，这是个人发展极为重要的一个阶段。他们渐渐学着独立于家人，这是成为一名健康成年人的必经之路。理想的情况是父母意识到孩子需要展翅试飞，在留心看护孩子的同时，父母也鼓励具有进步意义的自主独立。

玛吉：

安妮出生后，我和里克决定参加亲子课程。这真的有用，它帮助我们为安妮将要度过的各个时期提早做准备。但老师向我们强调了一件事，就是为人父母的首要职责在于"让孩子做好准备有朝一日不再需要你们"。这是她的原话，我记忆犹新。一想到我的任务是让我们的小宝宝以后不再需要我，我就提不起精神。可我心里明白，这是个好建议——很难做到，但确实是为我们好。

第五阶段：放飞子女

对大部分家庭来说，放飞子女是发生极其重大变化的时刻。在这个阶段孩子们踏出家门，他们或是去上大学，或是结婚，又或者离开家独自居住。在十八年甚至更长的时间里，父母的生活都绕着孩子转，一旦孩子离开家，他们发现自己要重回二人世界——对于父母而言，这个改变是唐突的。举个例子，如果单孩（或双胞胎、三胞胎中只剩一个）家庭的孩子离开，留给父母的就只有彼此了。如果家里不止一个孩子，那么他们往往会在不同时间离家，父母可以缓步适应这个越来越小的家庭。此时，正值青壮年时期的孩子会进一步追求独立和自我发现。

马克：

如果你的孩子有特殊需求，放飞阶段便不存在了。我们从来不会独守空巢，因为乔希无法独立生活。他刚出生那会儿，我们以为他是世界上最完美的宝宝。可在他一岁那年，我们发现他有什么地方不太对劲。他的大脑受损了，还有些自闭倾向。他今年三十二岁，仍旧和我们住在一起。去年我退休了，但我们的家并不空荡。

马克说到点子上了，有的父母从来不曾经历所谓的空巢期。尽管一部分有特殊需求的孩子能够相对独立地生活，但很多人并不行。除了看护有特殊需求的孩子之外，父母可能还觉得有义务抚养（外）孙子女，或者让无法自力更生的孩子继续住在家里。

2008 年的经济衰退使得当时刚毕业的大学生就业前景十分惨淡。这些毕业生常被称为"回巢族"，他们迫于经济压力（债台高筑、想存钱或找不到工作）回到父母家中。当成年子女住回父母家时，就需要重新商定家庭角色（Vogl-Bauer，2009）。因为和从前不同，成年以后的孩子已经适应了不受父母管制和监督的生活，而父母可能也已经习惯孩子离家之后的宽敞空间和更多自由。因此个体家庭必须妥善协调安排，解决家庭经济负担和开支分配的问题。如果回巢子女拖家带口，则家人之间的互动方式变得愈加复杂。马克的故事提醒我们，家庭生命周期的阶段模型并非适用于所有家庭。特雷西的故事也是如此。

特雷西：

  我们家很难套用家庭生命周期模型。在我六岁那年，爸爸妈妈离婚了。我和姐姐在上大学前一直都住在妈妈家里，姐姐是四年前离开家的，而我如今也离家两年了。后来，妈妈开始和一个外地男人约会。他的妻子过世了，留下两个三岁大的双胞胎儿子。去年他们结婚了，这个家现在处于放飞过后和巩固阶段。

第六阶段：放飞过后

孩子离家后，父母不得不重新考虑自己的婚姻状况。如果夫妻双方除了作为父母这个角色之外在相互接触方面缺乏实践，那么这个阶段可能是双方满意度较低的时期。夫妻有了更多共处时间，这可能是福，也可能是祸，又或者两者兼有。

在某些夫妻看来，这个阶段是重燃爱火的好时机，就像是第二次蜜月。他们乐于看到夫妻关系重新成为焦点，再也不必围绕孩子的日程安排制订计划。许多伴侣认为婚姻中最愉快的日子莫过于这段"空巢期"，因为少了份压力，多了些二人时光（Parker-Pope，2009；Scarf，2008）。

对于另一些夫妻而言，孩子离家的事实使他们的疏远关系浮出水面，双方愈加感到不悦。孩子通常是夫妻的黏合剂，有的夫妻会在家里最后一个孩子离开后就离婚。格雷琴指出，很多夫妻发觉他们必须重新学习如何与对方相处，以及如何享受没有孩子参与的活动的乐趣。

格雷琴：

> 最后一个孩子离家上大学之后，我和布兰特意识到虽然我们是夫妻，但我俩的共同点少得可怜——过去的生活一直围着三个孩子和家庭生活团团转。如今孩子们都不在家了，我和布兰特却不知道一起做点什么事好。一开始，情况极其尴尬。如果我们不信仰基督教，或许早就离婚了；可是我们又都认为婚姻是长久之事，这意味着我俩不得不重新认识彼此。我们参加了一个由教堂主办的周末研讨班，名字叫作"重新发现婚姻中的爱"，它引领我们启程寻找通向彼此的那条路。

第七阶段：退休生活

退休进一步改变了家庭生活。和其他变化类似，退休引发的许多事有的积极向上，有的则负面消极。对很多人而言，退休后可以做自己想做的事，而无须再专注于养家糊口。退休人员大多非常积极，经常主动参加社区团体、出门旅行、探寻新的爱好或兴趣。

另一些人则不这么认为，他们觉得退休意味着终日无所事事，很容易迷失个人身份。自我价值感与工作紧密相连的人在退休后也许会感到飘忽不定，这类不满自然也会助长夫妻矛盾。

MindTap

日常技巧 完成本章末尾的"父母所处的家庭生命阶段"活动，思考你的父母正在经历的家庭生命阶段。

斯图尔特：

我盼退休盼了好多年了，两年前才终于从工作岗位上退下来。退休后的将近六个月里，一切都是我梦寐以求的——想多晚睡就多晚睡，没有任何压力，也没有截止日期，任何时候都可以去打高尔夫球。可是之后，厌倦感袭来，因为没什么事是我必须做的，也没有人指望我出点子或忙前忙后。每一天似乎都无两样——长日漫漫，空空荡荡。有那么多时间，而我只能用来睡觉和打高尔夫。

霍华德：

四年前我退休了，过去的这四年是我这一生中最精彩的时光！我向来喜欢做木工活，可是从前过着打卡上下班的日子，几乎没有这闲工夫。如今我在自己的店铺里工作，可以尽情支配时间。我甚至开始给本地的合作社供货。过去上班的时候，我总是愧疚于无法通过公民或志愿活动回报社会。现在，我终于有时间为社区做贡献了——我主要在国际狮子会（Lions Clubs International）[1] 参加志愿活动，我们募集资金以帮助视力障碍人士。我对生活从未像现在这样心满意足。

在退休阶段，家庭可能会再度扩大，原因在于（外）孙子女的出生（Mares，1995）。（外）孙子女可能是颇受欢迎的家庭新成员，因为他们引起了（外）祖父母的兴趣，成为（外）祖父母生活的焦点。（外）孙子女的到来也可能促进某些新型联系和沟通，因为（外）祖父母会向他们的子女传授育儿经，也会和那些他们不对其承担首要责任的子女互动。

父母的晚年生活可能会因为疾病而变得艰难。被健康问题缠身的老年人并不少见。除了肉体经受的挑战，还有认知方面的障碍——轻者健忘，重者患上阿尔茨海默病[2]。这些生理和心理上的变化，无论是对患者还是对目睹这一切的亲人来说都难以接受。

---

1 一个由成员合作推进项目、帮助地方社区的团体，在世界各地拥有众多分支。——译者注
2 即早老性痴呆，患者的大脑细胞退化，逐渐丧失思维能力。——译者注

代际沟通

社交媒体如何改变家庭沟通方式？为了寻找答案，美国退休人员协会（AARP）和微软公司联合开展了一项研究，旨在调查计算机、移动设备和互联网如何影响家庭成员沟通的频率和质量（Connecting Generations，2013）。

以下是部分研究结果：

83%（每个年龄段都有超过80%）的受访者认为，在线沟通有助于和家人保持联系。

超过三分之二的青少年表示，网络提升了他们与远方家人沟通的时间和质量。

39岁及以上的受访者提到，网络沟通提升了与家人联系的频率（63%）和质量（57%）。

正如我们在"家庭生命周期"一节开篇所提到的，这个模型并不适用于所有家庭。马克和特雷西谈及的家庭经历便是常见的家庭生命周期发展顺序的两个例外。这再次提醒我们当代家庭的多样性，没有一个模型足以代表所有家庭。

社交媒体与家庭沟通

社交媒体在很多方面改变了家庭沟通。一个显著的变化在于社交媒体增加了家庭成员的互动方式。此外，家庭成员可以通过移动电话和邮件互传信息，借此经常保持往来。智能手机将孩子和父母、丈夫和妻子、兄弟姐妹等家庭成员联系在一起。

随着孩子逐渐长大且更加渴望独立，社交媒体的影响也变得更加复杂。青少年可以借助社交媒体更便利地与同龄人时刻保持联系，在家庭之外建立关系。不过，孩子也能借助同样的媒介轻易联系到父母。有些青春期的孩子每天会给妈妈发15条短信，询问她如何看待自己想买的鞋子、打算注册的课程及其他事物。这么一来，青少年更难与父母保持健康正常的距离（Hafner，2009；Turkle，2008）。

社交媒体还能实现一定程度的监控或追踪，这是人们在信息化时代之前无法做到的。父母可能会要求孩子保持手机或其他设备信号畅通，甚至监视出门在外的子女。

当家庭成员不再共同生活或者住得较远时，社交媒体能够增进沟通。如果孩子出国留学或者搬到远方居住，父母可以和他们视频聊天。兄弟姐妹可以互发短信或在社交网站上留言，以此保持联系。借助网络电话或其他网络通信技术，（外）祖父母能够看到（外）孙子女的照片，甚至和他们交谈。我每天都会和妹妹、侄女一起玩"填字游戏"，有时还会闲聊几句。

社交媒体也提供了除家人和现实中的朋友以外的社会支持，扩大了家庭沟通的范畴。许多人都加入了那些给予他们社会激励、建议和支持的网络社区。

家庭有效沟通准则

本章不断提及家庭多样性：它们拥有各式各样的形态和规模，以及广泛的互动方式和沟通模式。因此，各个家庭面临的挑战各不相同，解决方案也千差万别。尽管家庭存在多样性，但绝大多数家庭的有效沟通仍然遵循四项准则。

维持公平的家庭关系

将公平合理放在首位是维持健康家庭生活的重要准则之一。养家糊口的责任不应该全部或主要落在某个人身上。同样地，也不能让某个人尽享家庭生活的大部分甜头。

社会交换理论（social exchange theory）提到，人们会利用经济学原理来评估关系——他们进行成本效益分析（Kelley & Thiabaut，1978；Rusbult & Buunk，1993；Sayer & Nicholson，2006；Thiabaut & Kelley，1959）。成本源自关系中的不良因素，某段关系可能耗费了你的时间、精力和金钱。回报是关系的可取之处，你也许会珍视某段关系带来的情谊、支持和爱意。根据社会交换理论，只要你的收益大于成本，关系净产出为正，你就会感到满意。然而，如果成本大于回报，我们就会心怀不满，也许还会另寻他人。

不过，大多数人可能不会像社会交换理论所说的那样冷漠地计算关系得失：很少有人会花时间记录家庭中的回报与成本，进而确定自己在做一笔"好买卖"。与此同时，大部分人的确希望关系在总体上是公平或合理的（Wood，2011c）。所谓公平就是公正待人，它基于一种认识，即双方在关系中平等付出，收益相差无几。

公平理论并不认同社会交换理论提出的假设，即人们要求均等，并在权衡回报与成本之后才决定是否维持某段关系。相反，公平理论认为关系是否和谐长久，取决于双方是否认为关系在长时间内公平合理。换言之，如果关系双方在家庭生活的重要方面都曾有所付出且总量接近，那么他们通常会感到满意。这是对关系为何长久或短暂的一种更灵活的解释。

有时（或者长时间内），某位家庭成员的投入可能比其他成员多，但根据公平理论，这未必意味着付出较多的人会产生怨气。如果他过去付出得比别人少，或者别人曾经给予超过他理应承担的份额，他就不会心怀不满。只要人们认为关系在长

💬 **日常生活中的沟通** ／ **工作场合**

第二轮班

在大部分双职工家庭中，女性下班回家后还要值**第二轮班**（a second shift），这是指伴侣一方（通常为女性，但也不尽然）在外带薪工作结束后回家做的另一份工作（DeMaris，2007，2010；Wood，2011b）。许多职业女性承担的主要职责是每晚准备饭菜、收拾家务以及照顾孩子。女性的任务通常日复一日，比如做饭、购物和辅导孩子的作业；而男性则更常参与那些可以灵活安排时间的家务劳动。毕竟你可以在任何一天的早晨或晚上修剪草坪，但做饭却有严格的时间表。男性更可能主动和孩子玩耍，参加某些有趣的活动，比如逛动物园；而女性更可能照料日常的例行事务，比如给孩子洗澡、穿衣和喂食。

女性通常承担着大部分心理责任，包括记忆、计划和安排家庭事务。父母也许会轮流带孩子去看医生，但一般只有母亲记得检查日期，并提前预约以及提醒父亲带孩子去医院。生日卡片和礼物上通常写着父母双方的名字，但女性往往承担着心理责任，负责记住所有家庭成员的生日以及购买卡片和礼物。

时间内公平合理，便有可能感到心满意足。

我们希望家庭关系在长时间内公平合理。偏私往往会滋生痛苦，进而使满意度和忠诚度下滑，有时还会引起婚外情或其他事关家庭存亡的威胁（Anderson & Guerrero，1998；DeMaris，2007，2010；Sprecher，2001；Sprecher & Felmlee，1997；Wood，2011b）。

公平有多种维度。我们可能会从财务、情感、生理等方面评估双方对关系的投入是否公平。夫妻满意度似乎尤其受到家务和育儿公平度的影响。不公平的家务劳动分工会激发不满和愤恨情绪，这两者都会损害亲密关系（DeMaris，2007；Helms，Proulx，Klute，McHale & Crouter，2006）。

家务劳动分工是关于公平的最重要的议题之一。人人平等的观念从未像今天这样深入关系的核心。如今，62% 的美国人认为分担家务对一段成功的婚姻来说举足轻重；这个比例高于其他因素，如充裕的收入（53%）或相同的宗教信仰（49%；Coontz，2013）。

公平的家务分工不仅要求伴侣同意各自承担合理份额的杂活，双方还必须对家务标准达成一致意见。许多夫妻争吵不休，原因只在于一方比另一方更希望用吸尘器清扫地面并且经常更换床铺。标准较高的一方也许会因为另一方不肯多做事而沮丧懊恼；与此同时，要求较低的一方也厌恶别人唠唠叨叨催促他完成他认为无关紧要的事（Wood，2011b）。家务劳动标准没有对错之分，但家庭成员 —— 至少成年家人 —— 之间需要商定一致的参照标准。

即便夫妻双双在外工作，照看孩子和料理家务的活儿仍旧主要由女性完成（Baxter，Hewitt & Western，2005；Tichenor，2005；Wood，2011b）。实际上，自己无业且妻子在外工作的男性比职业男性更少参与子女看护和家居保养等事务（Dokoupil，2009）。相比之下，待业女性花在照顾孩子和家务劳动上的时间是待业男性的两倍（Dokoupil，2009）。

虽然双职工家庭的大部分男性只承担不超过半数的持家育儿工作，但比起 20 年前甚至是 10 年前，今天他们承担的责任还是重得多。

同性伴侣如何分配家庭责任呢？大部分同性伴侣的关系比异性伴侣的更加平

等（Huston & Schwartz, 1995；Parker-Pope, 2013）。原因可能是在同性伴侣关系中，双方往往不按照传统的生理和社会性别界限分配工作。一项由美国国立卫生研究院（National Institutes of Health）资助的研究，花费了10余年时间跟踪调查同性和异性伴侣。结果显示，与异性伴侣相比，同性伴侣的关系更加平等，双方在料理家务和照看孩子等方面的投入也相对均等。同性伴侣表示，他们的幸福感、亲密感和分享秘密的程度更高，并且冲突更少（Parker-Pope, 2013）。

做好日常选择，增进亲密关系

第二条重要准则是留心充实家庭关系的日常机会。我们并非总能察觉自己正在做抉择，但我们的确在不断选择成为自己愿意变成的样子，以及将要塑造的关系类型。亲密伴侣双方也会做选择：保持亲密还是任关系松动，建立处处防备还是支持鼓励的氛围，采用建设性还是破坏性的冲突处理方式，是否要辜负他人的信任，激发还是压抑彼此的自我认知……

杰克逊：

迈莱卡开启新一天的方式是我最爱她的地方之一。起床之前，她会探过身来亲吻我的面颊。然后她起身去洗澡，而我偷偷眯眼再睡一会儿。当我起床的时候，她对我说的第一句话是"早啊，亲爱的"。一天的生活从此开始，这对我来说太美妙了。即使我们已经结婚五年了，她还是从早上一睁眼就让我知道我很重要。

我们通常会关注那些重大的抉择，比如是否许下承诺或如何处理严重冲突。重大抉择固然关键，但它们无法搭建家庭生活的基本框架。相反，恰恰是平淡无奇、微不足道的选择建立或摧毁了家庭（Totten, 2006；Wood & Duck, 2006b）。当你疲倦时会留心听孩子说话吗？如果没有特殊的理由，你会给伴侣买花或卡片吗？在不顺心的日子里，你会打起精神陪孩子玩游戏吗？你会推己及人，从伴侣的角度理解他吗？你会不断了解伴侣的担忧和梦想吗？

看似微小的选择编织成了家庭的基本形态。美国前任总统吉米·卡特（Jimmy Carter，1996，p.76）在回忆他那段细水长流的婚姻时写道："是什么筑就婚姻？两个人的结合是否由戏剧性的事件促成或推进？要我说，答案是否定的。摧毁婚姻或使其成功的，是年复一年、每天上演几十遍的各类小事。"意识到我们每天做出的许多"微小"选择所造成的影响，我们就更有可能做出对的选择，不断提升家庭生活质量。

表达尊重与体谅

为了维持家庭的健康和睦，成员需要持续表达对家人的重视和尊敬。这条准则看似老生常谈，许多家庭却置若罔闻。有时，我们给予陌生人的尊重和善意比给予伴侣或子女的都多（Emmers-Sommer，2003）。我们很容易忽略生活中持续出现的人，对他们缺乏爱意、不够尊敬、考虑欠周。

在处理问题和抱怨时，表达尊重尤为关键。互相满意的伴侣也会发牢骚、表达愤怒和不同意见，但他们在过程中并不贬损对方（Hendrick & Hendrick，2006）。父母和青春期子女之间礼貌且开放的沟通也能促进关系和睦（Dailey，2006；Guerrero，Jones & Boburka，2006）。说出的话如覆水难收，所以在和家人沟通时我们需要注意自己的道德选择。

不要为小事烦心

我们在第十章曾谈到这条准则，目的是维持健康的友谊。"不为小事烦心"的建议也适用于家庭关系。如果我们想要健康而活跃的家庭生活，就必须主动忽略在与人同居时无可避免的令人懊恼或沮丧的小事（Carlson & Carlson，1999；Christensen & Jacobson，2002；White，1998）。

每个人都难免会有些不经意激怒他人的怪癖、习惯和言谈举止：比如牙膏盖随意摆放，用咖啡匙把杯子敲得叮当作响，深夜大声播放歌曲，或每周日都要观看足球比赛。此外，家庭成员间还经常制约彼此的时间安排和个人喜好。例如，要是家里的某个孩子是纯素食主义者，那么家人在购物和准备三餐时就会遇到新的挑战。

有时候，我们甚至觉得家里尽是烦心事。可是，大多数人从没想过放弃这个家。因为我们爱自己的家人，不想让他们从我们的生活中消失。

为了尽量避免小题大做，我们要对自己的感知和反应负责。我的爱人罗比健忘到了无可救药的地步，丝毫没有好转的迹象。如果我揪住这些毛病（随意乱放的钥匙、忘记跑的差事）不放，显然会对罗比和这段婚姻感到不满。请注意，我正在控制自己的感知，以及这个选择对我的感受和行为的影响。

我的姐姐卡罗琳曾对我说，她的孩子们（那会儿他们还小）在别人面前举止得体，可回到家就时常变成被宠坏的顽童。她认为孩子们在家表现出不端行为，说明他们不像尊敬外人那样尊敬父母。然而另一位母亲告诉卡罗琳，只有当孩子们觉得某个地方最安全，确信他们无论如何都不会失去旁人的关怀和疼爱时，才会在那里捣乱。自从卡罗琳将孩子在家调皮捣蛋的行为解读为他们感到安全和爱的表现，这些行为就不大会惹她懊恼了。她仍然会纠正孩子们的不端行为，但不再把这些行为视作孩子冒犯父母的标志。

我们也要控制那些偏私的归因行为，因为它们可能会使我们高估自己的优良品质和行为，轻视伴侣的优良品质和行为。过去我常常被罗比的健忘惹怒，但每次我都故意忽略自己的缺点，对罗比包容它们的风度视而不见。我不如罗比守时，通常都是他准备就绪并先行等待，可是他几乎不会因为我的迟到而责怪我。他接纳我身上他不喜欢的特质，意识到这点后，回报他的善意对我而言变得更加容易。

理查德·卡尔森（Richard Carlson）和克里斯廷·卡尔森（Kristine Carlson，1999）在《别再为小事抓狂：爱情篇》（*Don't Sweat the Small Stuff in Love*）一书中建议我们掌控自己的幸福。如果我们说"只有她停止做某事，我才高兴"或者"除非他做某事，否则我怎么也开心不起来"，就意味着我们的幸福由他人控制。当然，我们的幸福会受他人，尤其是亲密之人的影响。但是，他人影响你的感知，并不意味着他们要对你的感受或幸福负责。

当我们自己掌控幸福时，也就接管了自己的事务。问问你自己，毛病是出自对方的行为还是你对此的看法。多年以来，我都因为罗比没有保持家庭整洁而大发牢骚。每次看到报纸被扔在桌上或置物架上的浴巾没有叠好，我都会抱怨他："你为什么就不能整洁一点？"而罗比则会温柔地回应："这件事很重要吗？"他说得对，保持整洁是我自己的愿望。当物品摆放不如我意时，是我对干净整齐的渴望——而非罗比乱扔报纸或浴巾这件事——惹得自己不高兴。我过去、现在都不能控制罗比（谢天谢地！），但我可以掌控自己对于散落的报纸和摊开的浴巾的反应。

本章总结

　　本章关注家庭内部的沟通。我们首先讨论了当代家庭的多样形态和服务目标。接着我们提出了包括婚姻和同居在内的长期承诺形式，并且在此又一次指出长期关系的多样性。第三节则探讨了家庭生命周期的一种模型，我们特别提到这个模型仅限于特定类型的家庭，我们还思考了如何改写才能使模型同样适用于其他情形。社交媒体极大地提升了家庭成员保持联系、分享和互动的能力。

　　本章最后一节提出了若干有效沟通的准则，旨在应对家庭生活可能遭遇的挑战。首先，建立和维持公平关系对于家庭的和睦稳定来说至关重要。其次，做好日常选择有助于增进家庭关系。说到家庭生活的基本结构，微小的选择与重大的抉择同等重要，甚至有时后者不如前者关键。接着，我们说明了向家人表达尊重和体谅的价值所在。我们太习惯于把好的一面留给社会关系，而对父母和孩子缺乏尊重和体谅。最后，我们再次提及第十章曾出现的准则：不要为小事烦心。在家庭关系中，难免会出现让你恼火的行为，但你可以选择是否把注意力集中于此——省点精力，留着干大事吧。

关键概念

　　请练习为本章涉及的术语下定义。

　　　　保护型家庭　第二轮班　多元型家庭　放任型家庭　公平
　　　　交谈取向　社会交换理论　同调取向　心理责任　一致型家庭

话题延伸

请利用本章学习的原则来评估并分析这段对话，然后和作者建议的回应做比较。我们的网站上有更多相关视频，你可以与老师继续练习。

丹和夏洛特结婚将近五年了。他们事业成功，关系和谐，生活惬意。丹此时正和他的妈妈打电话，夏洛特则坐在客厅里用她的笔记本电脑处理工作。

丹： 听上去真不错。晚饭过后我们来看望你……不，妈妈，我们还没决定呢……我们连要不要孩子都还在考虑！我现在真不想聊这事。对，我们那个时候来看你。再见。

夏洛特： 妈妈最近怎么样？

丹： 哦，好得很。一直在琢磨什么时候能抱上孙子孙女！

夏洛特： 你妈妈真有趣，她满脑子都是这件事。

丹： 我们真得想明白了，到底要不要。

夏洛特： 孩子？

丹： 对，我们都结婚五年了。机不可失。

夏洛特： 你怎么想？

丹： 这可是终极承诺。如果我们想要孩子，就绝不能草率。我认识很多人，他们心急火燎地把事办完，后来却怨恨孩子成了负担。我可不想像他们一样。

夏洛特： 当然。而且，也得考虑事业。我们的工作眼下都顺风顺水，二人世界也很幸福。如果要生孩子，我就得做回兼职工作，还需要你的帮助。孩子降生后，我们的时间、金钱和精力都得投进去。

丹： 可是，我们真的想要孩子吗？

夏洛特： 我不反对。你呢？

丹： 同感。我也不反对，但我们真的想放弃现在拥有的这些东西吗？

结局 1

几个月后, 丹和夏洛特参加好友举办的晚宴。他们的很多朋友都带着孩子。夏洛特在随意跟人闲聊, 丹正和小孩子们玩耍。夏洛特的朋友玛吉正在谈论她的女儿。

玛吉: 带孩子很辛苦, 可是乐趣无穷。我真的不知道孩子出生以前我们都在干些什么。现在所有人就坐在那儿, 看她忙东忙西。她会跳舞唱歌, 还会给我们讲故事, 这真是太有趣了! 所以, 你们俩打算什么时候要一个?

（丹走过来, 递给夏洛特一杯酒。）

夏洛特: 我们现在还没打算要孩子。

玛吉: 你们不是结婚很长时间了吗? 如果你再等, 事情就没那么简单了。生孩子要趁年轻, 这有好处。因为年纪越大, 你的精力就越少。

丹: 我们眼下压根没计划生孩子。

玛吉: 你们的父母呢? 他们想抱孙子孙女吗?

丹: 这事由不得他们。什么最好, 我们说了算。

（那晚回到家, 丹和夏洛特聊起宴会。）

夏洛特: 是不是每个人都有孩子? 感觉就像宗教法庭审问异端一样, 你懂吗?

丹: 是啊, 真奇怪。的确感觉有点被冷落。我喜欢和大家的孩子玩, 可是话题似乎永远只有一个, 那就是我们什么时候生孩子。

夏洛特: 你依然认为我们做了正确的决定吗? 看起来你很喜欢孩子。

丹: 我喜欢和他们玩! 可是, 我也喜欢现在的生活和我们正在做的事, 我不想有什么变化。所以我还是赞同当初的决定, 你呢?

夏洛特: 当然。但很多事此一时彼一时, 我们必须正视现实。眼看每个人都有了孩子, 我们和朋友的关系也要变了。

结局 2

一年半以后, 丹和夏洛特有了孩子。某天夜里, 丹把宝宝抱到婴儿床上。他挠她痒痒, 冲她微笑, 然后关上灯走进客厅, 坐在长沙发的一端, 另一端是夏洛特。

丹：累了？

夏洛特：筋疲力尽。她昨晚醒了四次，不肯睡觉。我想她是要长新牙了。

丹：我明天休息。起床之后我照顾她，你可以睡个懒觉。

夏洛特：谢谢。

丹：你今晚看着有点心不在焉的。

夏洛特：还不是工作上的事，我错过了很多——那些我想参与的事情，但眼下我只是兼职，没办法挑担子。

丹：嘿，我们真的要留意这个月的开支了，预算很紧。（宝宝开始哭闹，丹刚要起身，夏洛特拉住他。）

夏洛特：丹，我们不是说好了吗，让她哭一会儿？她需要习惯那张婴儿床，对吧？

丹：你听见她的哭声难道不心疼吗？

夏洛特：当然心疼，可她也得学着自己平静下来。玛吉和约翰就是这么对待凯蒂的，这很管用……你以前想过一切会这么辛苦吗？

丹：比我预想的还要难，真怀念只有我们俩闲逛的日子。另外，我们的预算拮据，得做些调整。

夏洛特：今天她坐在椅子上吃燕麦片，我就出去了一会儿，回来发现整个碗扣在她头上！不管预算多么紧张，也不管我们怎样疲惫，我才不想改变什么。我是那么爱她。

丹：是啊，我也是。我喜欢当她的爸爸，没有什么比这更重要了。

1. 在关于是否生孩子的谈话中，夏洛特和丹的沟通在多大程度上是以人为中心的？

2. 丹在回答玛吉的问题时有些戒备。请基于你学过的有关沟通触发防御心理的知识，解释丹在与玛吉交谈时产生这种感受的可能原因。

3. 辨析丹和夏洛特用来增进关系的某些"小事"。

请完成下面的练习，进一步提升自己的沟通技巧。

1. 辨析家庭类型

想想你熟知的已婚或同居伴侣——也许是你的亲戚或老朋友，他们可能已经有孩子，也可能没有。参照菲茨帕特里克和贝斯特的分类法，你会如何划分每对伴侣的类型？现在，请描述你观察到的每对伴侣的沟通模式，指出它们的差异；解释为何对于不同类型的伴侣而言，某种特定的沟通模式有时是显著的，有时却是隐蔽的。

2. 满是 [1] 喜悦和变化

与三对父母交谈，向每位家长询问下列问题：

a. 你的第一个孩子出生以后，哪方面的变化最出乎你的意料？

b. 有了孩子之后，你和伴侣及其他人的沟通有哪些变化？

c.（如果孩子降生时父母忠于彼此）孩子如何影响你的婚姻或关系？

将你从受访父母那里收集的信息与本章讨论的孩子对忠诚关系的影响做比较，结果如何？

3. 父母所处的家庭生命阶段

你认为你的父母作为一对伴侣正处于家庭生命周期的哪个阶段？如果你的父母已经离婚或分居，他们各自处于哪个阶段？你如何理解这个阶段，以及他们身处其中的幸福感？

概念应用

请思考本章概念在个人、工作场合和道德中的应用，写下你的感想。

1　此处为双关。原文为"bundles of "，意为"很多"；此外，"bundle"也可指"婴儿"。——译者注

个人　你会如何改写本章呈现的模型以使其更符合你的家庭发展模式？你的家庭模型删减了哪些阶段，又增添了哪些阶段？

工作　与双职工家庭成员交谈，询问他们如何平衡工作与家庭，以及他们如何分配照顾家庭和孩子的责任。

道德　父母为了随时知晓子女的行踪而使用电子设备跟踪他们的行为是否合乎道德？如果只在孩子未满 16 岁或 18 岁时这么做呢？

批判性思考

请批判性地思考本章提到的观点，写下你的感想。

1. 你如何定义"家庭"？家庭成员应该对彼此做什么？本章讨论的哪些关系类型符合你的定义，哪些不符合？

2. 在本章你学习了一些随时间变化的婚姻形式。基于文化趋势和你们这一代人不断演变的价值观，你预计在接下来的 50 年里婚姻会发生什么变化？

3. 纵观你的恋爱经历，双方各自承担关系中哪些方面的心理责任？你如何看待这种责任分配？

后记
话题延伸

尽管本书临近尾声，我们在书中谈论的话题仍将继续。生命的前路上，人际沟通至关重要。当我回顾自序言而始的内容时，我注意到有三条线索贯穿全书。

沟通塑造并反映身份

沟通既是塑造个人身份的重要影响因素，也是表达自我的主要途径。我们对个人身份的意识直接来源于人际沟通。我们初临这个世界时没有任何明确的自我认知，我们指望他人告诉我们，我们是谁。在生命最初的几年里，父母、（外）祖父母、兄弟姐妹和其他有重要意义的人不断表达他们对我们的看法和珍视。反过来，我们的自我认知也反映了我们对他人评价的感知状况。

当我们小心地迈出家庭边界时，我们继续从他人身上获取信息，通过他人的视角审度自身。同辈、老师、朋友、邻居、同事、导师和伴侣都会表达他们对我们的看法，由此影响我们看待自己和设定个人成长目标的方式。

我们的沟通方式传递着我们的身份标识。无论是否通过语言，我们都在向外界呈现自己的方方面面。人们会借助沟通向同事和上司表明自己能力合格，向邻居表明自己热心友善，向朋友和家人表明自己体贴关怀，向志愿者团体表明自己见识广博、热心公益。在日常生活中，我们无时无刻不在以沟通向他人定义自己。

人际沟通是关系的核心

沟通是人际关系的核心。人际关系能否健康长久，很大程度上取决于有效沟通能力的高低。想让关系令双方满意，我们就必须知道如何以他人能够理解的方式表达自己的感受、需求和想法。我们还需要学会倾听，并且善解人意、反应积极，让他人觉得与我们坦率真诚地交谈不会受到伤害。

人际沟通技巧也让我们有可能建立支持肯定的沟通氛围。当我们需要处理关系问题时，构筑支持、信任的沟通氛围能带来更有成效的结果。沟通是人类关系意义的基础，是我们与他人建立、改善、维持和转变联系的首要方式。

人际沟通发生在多元化的世界里

社会多样性塑造着沟通，而沟通也反映着社会多样性。我们已经了解到，人们身处的社会群体会影响其沟通和解读他人信息的方式。被某个社会群体视作正常或恰当的事物，在另一个群体看来可能是无礼或怪异的。因此，沟通方式反映的不仅是我们的个人身份，也是我们受自己所处的社会群体影响的观点。

多种多样的文化和由此形成的沟通方式为我们认识自己和认识他人提供了诸多机会。与背景、信仰及沟通风格不同的人互动越多，我们就越能成长为独立的个体，成为这个共享世界的一员。

仔细回顾后，你就会明白这些话题将如何与你当前的生活产生关联。现在，让我们思考如何将其应用于我们未来的个人和集体生活。

未来之路

人际沟通在将来和在今天同等重要，尽管未来它的形式和功能可能会发生变化。伴随着你自身、关系和整个社会的改变，本书所讨论的技巧和观点将有效帮助你应对挑战。

接下来的几年中，你的人际关系可能会发生某些变化，有的在意料之中，有的却令人愕然。今天的朋友在未来可能仍与你保持亲密，也可能渐行渐远，又有新人填补这个重要的生活空缺。今天的爱情或许会繁盛长久，也可能会随时间凋零。不断有新人进入你的生活，而老面孔相继离开。生活中来来往往的人都会影响你的个人身份，正如你也影响着他们的身份。

人们形成和维系关系的过程也会出现变化和惊喜。越来越多关心彼此的人发觉无法和对方在同一地点工作和生活，因此异地恋情和友谊越来越普遍。科技也改变着我们与朋友、恋人的沟通方式。人们将更加依赖电子形式的沟通来维系重要的个人关系。如今，我与一位相识20年的男性朋友通过邮件保持日常联系，我也期待亲眼见到在网上认识的一位女性朋友。我的很多学生每天会借助短信和父母、朋友及兄弟姐妹交流。未来,朋友、情侣和家人将更频繁地使用社交媒体保持联系。

最后,人际沟通和关系将随着更广阔的社会变迁而逐渐变化。医学进步将延长人均寿命,以至于"只有死亡才能把我们分开"的誓言拥有比今天更长久的承诺时限。另外,更长的寿命也使社会中的老年人数增加,他们也更有可能成为我们的朋友和家人。

今天不受承认或批准的关系类型,也许在将来会被众人接纳。和越发多样化的人群互动将改变我们对何为关系以及如何维持关系的看法。此外,多样性带来的广阔视野也将拓宽我们对关系对象的选择。

你我都无法预见未来的我们和我们所处的世界会如何。但是,我们可以自信地预言,我们自身、他人和文化生活都将在总体上发生改变。物换星移,世事无常,但能够肯定的是人际沟通将永远对我们的幸福快乐和事情的有效性发挥核心作用。

从本书及附带课程中你已经学习了很多关于人际沟通的知识,我希望你收获的感悟和技巧能在接下来的日子里助你一臂之力。只要你在日常生活中坚持练习这些技巧,并以这些知识为基础继续深入学习,你便开启了一段毕生的旅程,而这将充实你自己,丰富你和他人的关系。我衷心祝愿一切成真,也愿你一切顺利。

Julia T Wood

参考文献

Aakers, J., & Smith, A. (2010). *The dragonfly effect*. San Francisco: Jossey Bass.

Abramson, P. (2007). *Romance in the ivory tower: The rights and liberty of conscience*. Cambridge, MA: MIT Press.

Acitelli, L. (1988). When spouses talk to each other about their relationship. *Journal of Social and Personal Relationships*, 5, 185-199.

Acitelli, L. (1993). You, me, and us: Perspectives on relationship awareness. In S. W. Duck (Ed.), *Understanding relationship processes: 1: Individuals in relationships* (pp. 144-174). Newbury Park, CA: Sage.

Acker, J. (2013). Is capitalism gendered and racialized? In M. Andersen & P. H. Collins (Eds.), *Race, class and gender: An anthology* (8th ed., pp. 125-133). Boston: Cengage.

Acker, M., & Davis, M. H. (1992). Intimacy, passion and commitment in adult romantic relationships: A test of the triangular theory of love. *Journal of Social and Personal Relationships*, 9, 21-51.

Adler, R., & Proctor, R. (2014). *Looking out/looking in* (14th ed.). Boston, MA: Belmont.

Afifi, W., & Burgoon, J. (2000). The impact of violations on uncertainty and the consequences for attractiveness. *Human Communication Research*, 26, 203-233.

Afifi, W., & Faulkner, S. (2000). On being "just friends": The frequency and impact of sexual activity in cross-sex friendships. *Journal of Social and Personal Relationships*, 17, 205-222.

Ainsworth, M. D. S., Blehar, M. C., Waters, E., & Wall, S. (1978). *Patterns of attachment: A psychological study of the strange situation*. Hillsdale, NJ: Erlbaum.

Alabaster, J. (2009, July 24). *Japanese train workers told to pass "smile test"*. Retrieved May 25, 2010, from http://abcnews.go.com/International/wireStory?id=8162152

Algoe, S., Gable, S., & Maisel, N. (2010). It's the little things: Everyday gratitude as a booster shot for romantic relationships. *Journal of Personal Relationships*, 17, 217-233.

Allen, B. (2006). Communicating race at WeighCo. In J. T. Wood & S. W. Duck (Eds.), *Composing relationships: Communication in everyday life* (pp. 146-155). Belmont, CA: Wadsworth.

Alpert, E. (2013, May 30). More U.S. women than ever are breadwinners, study finds. *Raleigh News & Observer*, pp. 1A, 5A.

Altman, I., & Taylor, D. (1973). *Social penetration: The development of interpersonal relationships*. New York: Holt.

Altman, I., & Taylor, D. (1987). Communication in interpersonal relationships: Social penetration processes. In M. Roloff & G. Miller (Eds.), *Interpersonal processes: New directions in communication research* (pp. 257-277). Newbury Park, CA: Sage.

Altman, L. (2008, August 3). HIV estimates low, CDC study shows. *Raleigh News & Observer*, p. 4A.

American Social Health Association. (2005). State of the Nation 2005: *Challenges facing STD prevention in youth*. Research Triangle Park, NC: Author.

Amodio, D., & Showers, C. (2005). "Similarity breeds liking" revisited: The moderating role of commitment. *Journal of Social and Personal Relationships*, 22, 817-836.

Andersen, M. L., & Collins, P. H. (Eds.). (2013). *Race, class, and gender: An anthology* (8th ed.). Belmont, CA: Wadsworth.

Andersen, P. (1999). *Nonverbal communication: Forms and functions*. Mountain View, CA: Mayfield.

Andersen, P. (2003). In different dimensions: Nonverbal communication and culture. In L. A. Samovar & R. E. Porter (Eds.), *Intercultural communication: A reader* (10th ed., pp. 239-252). Belmont, CA: Wadsworth.

Andersen, P., Hecht, M., Hoobler, G., & Smallwood, M. (2002). Nonverbal communication across cultures. In W. Gudykunst & B. Mody (Eds.), *The handbook of international and intercultural communication* (2nd ed., pp. 89-106). Thousand Oaks, CA: Sage.

Anderson, J. (2011, November 7). National study finds widespread sexual harassment of students in grades 7 to 12. *New York Times*, p. A10.

Anderson, K., & Leaper, C. (1998). Meta-analyses of gender effects on conversational interruption: Who, when, where, and how? *Sex Roles*, 39, 225-252.

Anderson, P., & Guerrero, L. (Eds.). (1998). *Handbook of communication and emotion*. San Diego, CA: Academic Press.

Anderson, R., Baxter, L., & Cissna, K. (Eds.). (2004). *Dialogue: Theorizing difference in communication*. Thousand Oaks, CA: Sage.

Anderson, R., Corazzini, K., & McDaniel, R., Jr. (2004). Complexity science and the dynamics of climate and communication: Reducing nursing home turnover. *Gerontologist*, 44, 378-388.

Arenson, K. (2002, January 13). The fine art of listening. Education Life, pp. 34-35.

Argyle, M., & Henderson, M. (1985). The rules of relationships. In S. W. Duck & D. Perlman (Eds.), Understanding personal relationships: An interdisciplinary approach (pp. 63-84). Beverly Hills, CA: Sage.

Arroyo, A., & Harwood, J. (2012). Exploring the causes and consequences of engaging in fat talk. *Journal of Applied Communication Research*, 40, 167-187.

Atsuko, A. (2003). Gender differences in interpersonal distance: From the viewpoint of oppression hypothesis. *Japanese Journal of Experimental Social Psychology*, 42, 201-218.

Atsumi, R. (1980). Patterns of personal relationships. *Social Analysis*, 5, 63-78.

Axtell, R. (2007). *Essential do's and taboos: The complete guide to international business and leisure travel*. New York: Wiley.

Babies seem to pick up language in utero. (2013, January 8). *New York Times*, p. D6.

Bachen, C., & Illouz, E. (1996). Imagining romance: Young people's cultural models of romance and love. *Critical Studies of Mass Communication*, 13, 279-308.

Bailey, P. (1998, September 29). Daily bread. *Durham Herald Sun*, p. C5.

Bakalar, N. (2012, September 4). Setting the mood to enjoy a smaller meal. *New York Times*, p. D6.

Balcetis, E., & Dunning, D. (2013). Wishful seeing: Desirable objects are seen as closer. *Current Directions in Psychological Science*, 22, 33-37.

Bargh, J. (1999, January 29). The most powerful manipulative messages are hiding in plain sight. *Chronicle of Higher Education*, p. B6.

Barge, K. (2009). Social groups, workgroups, and teams. In W. F. Eadie (Ed.), *21st century communication: A reference handbook* (pp. 340-348). Thousand Oaks, CA: Sage.

Barnlund, D. (1989). *Communication styles of Japanese and Americans: Images and reality*. Belmont, CA: Wadsworth.

Barrett, J. (2004, May 10). No time for wrinkles. *Newsweek*, pp. 82-85.

Bartholomew, K., & Horowitz, L. M. (1991). Attachment styles among young adults: A test of a four-category model. *Journal of Personality and Social Psychology*, 61, 226-244.

Basow, S. I., & Rubenfeld, K. (2003). "Troubles talk": Effects of gender and gender-typing. *Sex Roles*, 48, 183-187.

Basu, M. (2004, September 27). Experts interpret the body politic. *Raleigh News & Observer*, p. 4A.

Bates, S. (2005). *Speak like a CEO*. New York: McGraw-Hill.

Bateson, M. C. (1990). *Composing a life*. New York: Penguin/Plume.

Baxter, J., Hewitt, B., & Western, M. (2005). Post-familial families and the domestic division of labor. *Journal of Comparative Family Studies*, 36, 583-600.

Baxter, L. A. (1984). Trajectories of relationship disengagement. *Journal of Social and Personal Relationships*, 7, 141-178.

Baxter, L. A. (1988). A dialectical perspective on communication strategies in relationship development. In S. W. Duck, D. F. Hay, S. E. Hobfoll, W. Iches, & B. Montgomery (Eds.), *Handbook of personal relationships* (pp. 257-273). London: Wiley.

Baxter, L. A. (1990). Dialectical contradictions in relational development. *Journal of Social and Personal Relationships*, 7, 69-88.

Baxter, L. A. (1993). The social side of personal relationships: A dialectical perspective. In S. W. Duck (Ed.), *Understanding relationship processes: 3: Social context and relationships* (pp. 139-165). Newbury Park, CA: Sage.

Baxter, L. A. (2011). *Voicing relationships*. Thousand Oaks, CA: Sage.

Baxter, L. A., & Braithwaite, D. O. (2008). Relational dialectics theory: Crafting meaning from competing discourses. In L. A. Baxter & D. O. Braithwaite (Eds.), *Engaging theories in interpersonal communication: Multiple perspectives* (pp. 349-361). Thousand Oaks, CA: Sage.

Baxter, L. A., & Montgomery, B. M. (1996). *Relating: Dialogues and dialectics*. New York: Guilford.

Baxter, L. A., & Simon, E. P. (1993). Relationship maintenance strategies and dialectical contradictions in personal relationships. *Journal of Social and Personal Relationships*, 10, 225-242.

Bazelon, E. (2013). *Sticks and stones: Defeating the culture of bullying and recovering the power of character and empathy*. New York: Random House.

Beck, A. (1988). *Love is never enough*. New York: Harper & Row.

Begley, S. (2009, July 9). What's in a word? *Newsweek*, p. 31.

Beil, L. (2011, November 29). The certainty of memory has its day in court. *New York Times*, pp. D1, D6.

Bellah, R., Madsen, R., Sullivan, W., Swindler, A., & Tipton, S. (1985). *Habits of the heart: Individualism and commitment in American life*. Berkeley: University of California Press.

Bellamy, L. (1996, December 18). Kwanzaa cultivates cultural and culinary connections. *Raleigh News & Observer*, pp. 1F, 9F.

Belsky, J., & Pensky, E. (1988). Developmental history, personality, and family relationships: Toward an emergent family system. In R. A. Hinde & J. Stevenson-Hinde (Eds.), *Relationships within families: Mutual influences* (pp. 193-217). Oxford, UK: Clarendon.

Belsky, J., & Rovine, M. (1990). Patterns of marital change across the transition to parenthood: Pregnancy to three years postpartum. *Journal of Marriage and the Family*, 52, 5-19.

Bender, S., & Messner, E. (2003). *Becoming a therapist: What do I say, and why?* New York: Guilford.

Benjamin, B., & Werner, R. (2004). Touch in the Western world. *Massage Therapy Journal*, 43, 28-32.

Bennett, J., Ellison, J., & Ball, S. (2010). Are we there yet? *Newsweek*, pp. 42-46.

Bergen, K., & Braithwaite, D. O. (2009). Identity as constituted in communication. In W. F. Eadie (Ed.), *21st century communication: A reference handbook* (pp. 166-173). Thousand Oaks, CA: Sage.

Berger, C. (1987). Communicating under uncertainty. In M. Roloff & G. Miller (Eds.), *Interpersonal processes: New directions in communication research* (pp. 39-62). Newbury Park, CA: Sage.

Berger, E. (2006). *Raising kids with character*. New York: Rowman & Littlefield.

Bergner, R. M., & Bergner, L. L. (1990). Sexual misunderstanding: A descriptive and pragmatic formulation. *Psychotherapy*, 27, 464-467.

Bergstrom, M., & Nussbaum, J. (1996). Cohort differences in interpersonal conflict: Implications for older patient-younger care provider interaction. *Health Communication*, 8, 233-248.

Berne, E. (1964). *Games people play*. New York: Grove.

Bernstein, B. (1974). *Class, codes, and control: Theoretical studies toward a sociology of language* (Rev. ed.). New York: Shocken.

Berrett, D. (2011, November 18). What spurs students to stay in college and learn? Good teaching and diversity. *Chronicle of Higher Education*, p. A27.

Berrett, D. (2012, November 30). Diversity aids in critical thinking, 4 studies find. *Chronicle of Higher Education*, p. A3.

Bianchi, S., Robinson, J., & Milkie, M. (2006). *Changing rhythms of American family life*. New York: Russell Sage Foundation.

Bilton, N. (2013, March 18). Digital era is redefining etiquette. *Raleigh News & Observer*, pp. 1D, 2D.

Bippus, A., & Young, S. (2005). Owning your emotions: Reactions to expressions of self-versus other-attributed positive and negative emotions. *Journal of Applied Communication Research*, 33, 26-45.

Birdwhistell, R. (1970). *Kinesics and context*. Philadelphia: University of Pennsylvania Press.

Blackstrom, L., Armstrong, E., & Puentes, J. (2012). Women's negotiation of cunnilingus in college hookups and relationships. *Journal of Sex Research*, 49, 1-12.

Blake, S. (1996). *Loving your long-distance relationship*. New York: Anton.

Blieszner, R., & Adams, R. (1992). *Adult friendship*. Newbury Park, CA: Sage.

Blow, C. (2013, August 3). Marriage and minorities. *New York Times*, p. A19.

Bodey, K. (2009). *Exploring the possibilities of self work: Girls speak about their lives*. Ph.D. Dissertation Department of Communication Studies, University of North Carolina, Chapel Hill.

Bodey, K., & Wood, J. T. (2009). Grrrl power: Whose voices count and who does the counting? *Southern Communication Journal*, 74, 325-337.

Bond, J., Thompson, C., Galinsky, E., & Prottas, D. (2002). *Highlights of the national study of the changing workforce: Executive summary* (No. 3, pp. 1-4). Washington, DC: Families and Work Institute. Retrieved July 14, 2013, from http://familiesandwork.org/site/research/summary/nscw2002summ.pdf

Bonnett, C. (2007, May 13). What's up with mom? *Raleigh News & Observer*, pp. 1E, 3E.

Boss, P. (1987). Family stress. In M. B. Sussman & S. K. Steinmerz (Eds.), *Handbook of marriage and the family* (pp. 695-723). New York: Plenum.

Boss, P. (2007). Ambiguous loss theory: Challenges for scholars and practitioners. *Family Relations*, 56, 105-111.

Bowen, S. P., & Michal-Johnson, P. (1995). Sexuality in the AIDS era. In S. W. Duck & J. T. Wood (Eds.), *Understanding relationship processes: 5: Relationship challenges* (pp. 150-180). Thousand Oaks, CA: Sage.

Bowlby, J. (1973). *Separation: Attachment and loss* (Vol. 2). New York: Basic.

Bowlby, J. (1988). *A secure base: Parent-child attachment and healthy human development*. New York: Basic.

Bradbury, T. N., & Fincham, F. D. (1990). Attributions in marriage: Review and critique. *Psychological Bulletin*, 107, 3-33.

Bradshaw, C., Kahn, A., & Saville, B. (2010). To hook up or date: Which gender benefits? *Sex Roles*, 62, 661-669.

Brady, J. (2013, May 22). Some companies foster creativity, others fake it. *Wall Street Journal*, p. A15.

Braithwaite, D. W. (1996). "Persons first": Exploring different perspectives on the communication of persons with disabilities. In E. B. Ray (Ed.), *Communication and disenfranchisement: Social health issues and implications* (pp. 449-464). Hillsdale, NJ: Erlbaum.

Braithwaite, D. W., Bach, B. W., Baxter, L. A., Diverniero, R., Hammonds, J. R., Hosek, A. M., et al. (2010). Constructing family: A typology of voluntary kin. *Journal of Social and Personal Relationships*, 27, 388-407.

Braithwaite, D. W., & Kellas, J. K. (2006). Shopping for and with friends: Everyday communication at the shopping mall. In J. T. Wood & S. W. Duck (Eds.), *Composing relationships: Communication in everyday life* (pp. 86-95). Belmont, CA: Wadsworth.

Braithwaite, S. R., Delevi, R., & Fincham, F. D. (2010). Romantic relationships and the physical and mental health of college students. *Personal Relationships*, 17, 1-12.

Branje, S., Frijns, T., Finkenauer, C., Engles, R., & Meeus, W. (2007). You are my best friend: Commitment and stability in adolescents' same-sex friendships. *Personal Relationships*, 14, 587-603.

Brenning, K., Soenens, B., Braet, C., & Bosmans, G. (2011). An adaptation of the experiences in close relationships scale-revised for use with children and adolescents. *Journal of Personal and Social Relationships*, 28, 1048-1072.

Brody, J. (2013, May 14). Shaking off loneliness. *New York Times*, p. D5.

Brooks, D. (2009, May 29). The empathy issue. *New York Times*, p. A23.

Brooks, D. (2010, February 16). The lean years. *New York Times*, p. A23.

Brooks, D. (2013, May 21). What our words tell us. *New York Times*, p. A21.

Brown, A. B. (2010, February 5). Attention, please! Your book is calling. *Chronicle of Higher Education*, pp. B13-B14.

Bruess, C. (2011). Yard sales and yellow roses. In D. O. Braithwaite & J. T. Wood (Eds.), *Casing interpersonal communication: Case studies in personal and social relationships* (pp. 131-138). Dubuque, IA: Kendall Hunt.

Bruess, C., & Hoefs, A. (2006). The cat puzzle recovered: Composing relationships through family ritual. In J. T. Wood & S. W. Duck (Eds.), *Composing relationships: Communication in everyday life* (pp. 65-75). Belmont, CA: Wadsworth.

Bruess, C., & Pearson, J. (1997). Interpersonal rituals in marriage and adult friendship. *Communication Monographs*, 64, 25-46.

Buber, M. (1957). Distance and relation. *Psychiatry*, 20, 97-104.

Buber, M. (1970). *I and thou* (W. Kaufmann, Trans.). New York: Scribner.

Burgoon, J. K., & Bacue, A. E. (2003). Nonverbal communication skills. In B. Burleson & J. O. Greene (Eds.), *Handbook of communication and social interaction skills* (pp. 179-219). Mahwah, NJ: Erlbaum.

Burgoon, J. K., & Hale, J. (1988). Nonverbal expectancy violations: Model, elaboration and application to immediacy behaviors. *Communication Monographs*, 55, 58-79.

Burleson, B. R. (1984). Comforting communication. In H. E. Sypher & J. L. Applegate (Eds.), *Communication by children and adults: Social cognitive and strategic processes* (pp. 63-104). Beverly Hills, CA: Sage.

Burleson, B. R. (1987). Cognitive complexity. In J. C. McCroskey & J. A. Daly (Eds.), *Personality and interpersonal communication* (pp. 305-349). Newbury Park, CA: Sage.

Burleson, B. R., Holmstrom, A. J., & Gilstrap, C. M. (2005). "Guys can't say that to guys": Four experiments assessing the normative motivation account for deficiencies in the emotional support provided by men. *Communication Monographs*, 72, 468-501.

Burleson, B. R., & Rack, J. (2008). Constructivism theory. In L. A. Baxter & D. O. Braithwaite (Eds.), *Engaging theories in interpersonal communication: Multiple perspectives* (pp. 51-63). Thousand Oaks, CA: Sage.

Burleson, B. R., & Samter, W. (1994). A social skills approach to relationship maintenance: How individual differences in communication skills affect the achievement of relationship functions. In D. J. Canary & L. Stafford (Eds.), *Communication and relational maintenance*. Orlando, FL: Academic Press.

Burney, M. (2012, March 15). Standing up to bullies. *Chronicle of Higher Education* [Supplement: Diverse: Issues in Higher Education], pp. 50-53.

Buston, P. M., & Emlen, S. T. (2003). Cognitive processes underlying human mate choice: The relationship between self-perception and mate preference in Western society. *Proceedings of the National Academy of Sciences*, 100, 8805-8810.

Butzer, B., & Campbell, L. (2008). Adult attachment, sexual satisfaction, and relationship satisfaction: A study of married couples. *Personal Relationships*, 15, 141-154.

Cacioppo, J., & Patrick, W. (2009). *Loneliness*. New York: Norton.

Cahn, D. (Ed.). (2009). *Family violence: Communication processes*. Albany, NY: State University of New York Press.

Camara, S. K., & Orbe, M. P. (2010). Analyzing strategic responses to discriminatory acts: A co-cultural communicative investigation. *Journal of International and Intercultural Communication*, 3, 83-113.

Canary, D., & Stafford, L. (Eds.). (1994). *Communication and relational maintenance*. New York: Academic Press.

Canary, D., & Wahba, J. (2006). Do women work harder than men at maintaining relationships? In K. Dindia & D. Canary (Eds.), *Sex differences and similarities in communication* (2nd ed., pp. 359-377). Mahwah, NJ: Erlbaum.

Cancer. (2009, September 1). *New York Times*, p. D6.

Cancian, F. (1987). *Love in America*. New York: Cambridge University Press.

Cancian, F. (1989). Love and the rise of capitalism. In B. Risman & P. Schwartz (Eds.), *Gender in intimate relationships* (pp. 12-25). Belmont, CA: Wadsworth.

Carey, B. (2009, May 12). Judging honesty by words, not fidgets. *New York Times*, pp. D1, D4.

Carey, B. (2010, April 6). Seeking emotional clues without facial cues. *New York Times*, pp. D1, D6.

Carey, B., & O'Connor, A. (2004, February 15). How to get those at risk to avoid risky sex? *New York Times*, pp. D1, D7.

Carlson, R., & Carlson, K. (1999). *Don't sweat the small stuff in love*. New York: Hyperion.

Carnes, J. (1994, Spring). An uncommon language. *Teaching Tolerance*, pp. 56-63.

Carter, J. (1996). *Living faith*. New York: Times Books/Random House.

Cassirer, E. (1944). *An essay on man*. New Haven, CT: Yale University Press.

Cates, J. R., Herndon, N. L., Schulz, S. L., & Darroch, J. E. (2004). *Our voices, our lives, our futures: Youth and sexually transmitted diseases*. Chapel Hill: University of North Carolina at Chapel Hill School of Journalism and Mass Communication.

Caughlin, J., Afifi, W., Carpenter-Theune, K., & Miller, L. (2005). Reasons for, and consequences of, revealing personal secrets in close relationships: A longitudinal study. *Personal Relationships*, 12, 43-59.

Caughlin, J., & Arr, T. (2004). When is topic avoidance unsatisfying? Examining moderators of the association between avoidance and dissatisfaction. *Human Communication Research*, 30, 479-513.

Caughlin, J., & Ramey, M. (2005). The demand/withdraw pattern of communication in parent-adolescent dyads. *Personal Relationships*, 12, 337-355.

Caughlin, J., & Vangelisti, A. (2000). An individual difference explanation of why married couples engage in the demand/withdraw pattern of conflict. *Journal of Social and Personal Relationships*, 17, 523-551.

Centers for Disease Control. (2010). *National overview of Sexually Transmitted Diseases (STDs)*, 2008. Retrieved May 20, 2010, from http://www.cdc.gov/std/stats08/natoverview.htm

Chapman, G. (2010). *The 5 love languages*. Chicago: Northfield.

Cherlin, A. J. (2010). *The marriage go-round: The state of marriage and the family in America today*. New York: Vintage.

Christensen, A. (2004). *Patient adherence to medical treatment regimens: Bridging the gap between behavioral science and biomedicine*. New Haven, CT: Yale University Press.

Christensen, A., & Heavey, C. (1990). Gender and social structure in the demand/withdraw pattern in marital conflict. *Journal of Personality and Social Psychology*, 59, 73-81.

Christensen, A., & Jacobson, N. (2002). *Reconcilable differences*. New York: Guilford.

Ciarrochi, J., & Mayer, J. (2007). *Applying emotional intelligence*. Florence, KY: Psychology Press.

Cissna, K. N. L., & Sieburg, E. (1986). Patterns of interactional confirmation and disconfirmation. In J. Stewart (Ed.), *Bridges, not walls* (4th ed., pp. 230-239). New York: Random House.

Clark, M. S., & Finkel, E. J. (2005). Willingness to express emotion: The impact of relationship type, communication orientation, and their interaction. *Personal Relationships*, 12, 169-180.

Clark, R. A. (1998). A comparison of topics and objectives in a cross section of young men's and women's everyday conversations. In D. Canary & K. Dindia (Eds.), *Sex differences and similarities in communication: Critical essays and empirical investigations of sex and gender interaction* (pp. 303-319). Mahwah, NJ: Erlbaum.

Clark, S. (2006, March 31). Workplace romance creates trouble for many companies. *Austin Business Journal*, p. 3.

Clements, K., Holtzworth-Munroe, A., Schweinle, W., & Ickes, W. (2007). Empathic accuracy of intimate partners in violent versus nonviolent relationships. *Personal Relationships*, 14, 369-388.

Clements, M., & Markman, H. (1996). The transition to parenthood: Is having children hazardous to marriage? In N. Vanzetti & S. W. Duck (Eds.), *A lifetime of relationships* (pp. 290-310). Pacific Grove, CA: Brooks/Cole.

Cloven, D. H., & Roloff, M. E. (1991). Sense-making activities and interpersonal conflict: Communicative cures for the mulling blues. *Western Journal of Speech Communication*, 55, 134-158.

Coan, J., Gottman, J., Babcock, J., & Jacobson, N. (1997). Battering and the male rejection of influence from women. *Aggressive Behavior*, 23, 375-388.

Colapinto, J. (2000). *As nature made him*. New York: HarperCollins.

Coleman, J. (2000, March 27). My turn: Is technology making us intimate strangers? *Newsweek*, p. 12.

Collier, M. J. (1996). Communication competence problematics in ethnic friendships. *Communication Monographs*, 63, 314-336.

Collins, F. S., & Fauci, A. S. (2010, May 23). AIDS in 2010: How we're living with HIV. *Parade*, pp. 10-12.

Collins, P. H. (1998). *Fighting words: Black women and the search for justice*. Minneapolis: University of Minnesota Press.

Colwell, K., Hiscock-Anisman, C. K., Memon, A., Colwell, L., Taylor, L., & Woods, D. (2009). Training in Assessment Criteria Indicative of Deception (ACID) to improve credibility assessments. *Forensic Psychology Practice*, 9, 99-107.

Connecting Generations. (2013, July 8). *Collaborative research sponsored by AARP and Microsoft*. Retrieved July 8, 2013, from http://www.dhs.gov/sites/default/files/publications/Connecting%20Generations_0.pdf

Conrad, C., & Poole, M. S. (2005). *Strategic organizational communication* (6th ed.). Fort Worth, TX: Harcourt.

Cooley, C. H. (1961). The social self. In T. Parsons, E. Shils, K. D. Naegele, & J. R. Pitts (Eds.), *Theories of society* (pp. 822-828). New York: Free Press.

Coontz, S. (2005a, February 14). Historically incorrect canoodling. *New York Times*, p. A23.

Coontz, S. (2005b). *Marriage, a history*. New York: Viking Adult.

Coontz, S. (2007, November 26). Taking marriage private. *New York Times*, p. A27.

Coontz, S. (2013, June 23). The disestablishment of marriage. *New York Times*, p. SR12.

Cooper, M. (2012, December 13). Census: U.S. to have no majority by 2043. *Raleigh News & Observer*, p. 3A.

Copeland, L., & Griggs, L. (1985). *Going international*. New York: Random House.

Corballis, M. C. (2002). *From hand to mouth: The origins of language*. Princeton, NJ: Princeton University Press.

Cowan, C., Cowan, P., Heming, G., & Miller, N. (1991). Becoming a family: Marriage, parenting, and child development. In P. A. Cowan & M. Hetherington (Eds.), *Family transitions* (pp. 79-109). Hillsdale, NJ: Erlbaum.

Cowley, G., & Murr, A. (2004, December 8). The new face of AIDS. *Newsweek*, pp. 76-79.

Cox, R. (2010). *Environmental communication and the public sphere* (2nd ed.). Thousand Oaks, CA: Sage.

Crockett, W. (1965). Cognitive complexity and impression formation. In B. A. Maher (Ed.), *Progress in experimental personality research* (Vol. 2, pp. 47-90). New York: Academic Press.

Cronen, V., Pearce, W. B., & Snavely, L. (1979). A theory of rule-structure and types of episodes and a study of perceived enmeshment in undesired repetitive patterns ("URPs"). In D. Nimmo (Ed.), *Communication yearbook* (Vol. 3, pp. 121-145). New Brunswick, NJ: Transaction.

Cunningham, J. A., Strassberg, D. S., & Haan, B. (1986). Effects of intimacy and sex-role congruency on self-disclosure. *Journal of Social and Clinical Psychology*, 4, 393-401.

Cupach, W. R., & Carlson, C. (2002). Characteristics and consequences of interpersonal complaints associated with perceived face threat. *Journal of Social and Personal Relationships*, 19, 443-462.

Cyberscope. (1996, December 23). *Newsweek*, p. 10.

Dailey, R. (2006). Confirmation in parent-adolescent relationships and adolescent openness: Toward extending conformation theory. *Communication Monographs*, 73, 434-458.

Dailey, R., Hampel, A. D., & Roberts, J. B. (2010). Relational maintenance in on-again/off-again relationships: An assessment of how relational maintenance, uncertainty, and commitment vary by relationship type and status. *Communication Monographs*, 77, 75-101.

Dainton, M. (2006). Cat walk conversations: Everyday communication in dating relationships. In J. T. Wood & S. W. Duck (Eds.), *Composing relationships: Communication in everyday life* (pp. 36-45). Thousand Oaks, CA: Sage.

Darling, A., & Dannels, D. (2003). Practicing engineers talk about the importance of talk: A report on the role of oral communication in the workplace. *Communication Education*, 52, 1-16.

Davies, D. (2006, March). The happiness factor. *Business Leader*, p. 6.

Davis, K. (1940). Extreme isolation of a child. *American Journal of Sociology*, 45, 554-565.

Davis, K. (1947). A final note on a case of extreme isolation. *American Journal of Sociology*, 52, 432-437.

DeFrancisco, V. (1991). The sounds of silence: How men silence women in marital relations. *Discourse and Society*, 2, 413-423.

DeFrancisco, V., & Chatham-Carpenter, A. (2000). Self in community: African American women's views of self-esteem. *Howard Journal of Communication*, 11, 73-92.

Delia, J., Clark, R. A., & Switzer, D. (1974). Cognitive complexity and impression formation in informal social interaction. *Speech Monographs*, 41, 299-308.

DeMaris, A. (2007). The role of relationship inequity in marital disruption. *Journal of Social and Personal Relationships*, 24, 177-195.

DeMaris, A. (2010). The 20-year trajectory of marital quality in enduring marriages: Does equity matter? *Journal of Social and Personal Relationships*, 27, 449-471.

Dennis, A., & Wood, J. T. (2012). "We're not going to have this conversation, but you get it": Black mother-daughter communication about sexual relations. *Women's Studies in Communication*, 35, 204-223.

Dentan, R. (1995). Bad day at Bukit Pekan. *American Anthropologist*, 97, 225-231.

Deresiewicz, W. (2009, December 11). Faux friendship. *Chronicle of Higher Education*, pp. B6-B9.

Deveny, K. (2009, June 30). We're bossy—and proud of it. *Newsweek*, p. 58.

DiBaise, R., & Gunnoe, J. (2004). Gender and culture differences in touching behavior. *Journal of Social Psychology*, 144, 49-62.

Dickson, P. (2007). *Family words: A dictionary of the secret language of families*. Oak Park, IL: Marion.

Diggs, N. (1998). *Steel butterflies: Japanese women and the American experience*. New York: State University of New York Press.

Diggs, N. (2001). *Looking beyond the mask: When American women marry Japanese men*. New York: State University of New York Press.

Dindia, K. (2000a). Relational maintenance. In C. Hendrick & S. Hendrick (Eds.), *Close relationships: A sourcebook* (pp. 287-300). Thousand Oaks, CA: Sage.

Dindia, K. (2000b). Sex differences in self-disclosure, reciprocity of self-disclosure, and self-disclosure and liking: Three meta-analyses reviewed. In S. Petronio (Ed.), *Balancing the secrets of private disclosures* (pp. 21-35). Mahwah, NJ: Lawrence Erlbaum.

Dindia, K., & Canary, D. (Eds.). (2006). *Sex differences and similarities in communication* (2nd ed.). Mahwah, NJ: Erlbaum.

Dokoupil, T. (2009, March 2). Men will be men. *Newsweek*, p. 50.

Domingue, R., & Mollen, D. (2009). Attachment and conflict communication in adult romantic relationships. *Journal of Social and Personal Relationships*, 26, 678-696.

Douthwaite, J. (2002). *The wild girl, natural man, and the monster*. Chicago: University of Chicago Press.

Dreifus, C. (2009, May 26). A conversation with Pauline Wiessner. *New York Times*, p. D2.

Duck, S. W. (2006). The play, playfulness, and the players: Everyday interaction as improvised rehearsal of relationships. In J. T. Wood & S. W. Duck (Eds.), *Composing relationships: Communication in everyday life* (pp. 15-23). Belmont, CA: Wadsworth.

Duck, S. W. (2007). *Human relationships* (4th ed.). London: Sage.

Duck, S. W., & Wood, J. T. (2006). What goes up may come down: Gendered dynamics in relational dissolution. In M. Fine & J. Harvey (Eds.), *Relational dissolution* (pp. 169-187). Mahwah, NJ: Erlbaum.

Eckman, P. (1989). Universal facial expressions. In H. Wagner & A. Manstead (Eds.), *Handbook of social psychophysiology* (pp. 143-164). Chichester, England: Wiley.

Ekman, P., & Friesen, W. V. (1971). Constants across cultures in the face and emotion. *Journal of Personality and Social Psychology*, 17, 124-129.

Eisenberg, N. (2002). Empathy-related emotional responses, altruism, and their socialization. In R. J. Davidson & A. Harrington (Eds.), *Voices of compassion: Western scientists and Tibetan Buddhists examine human nature* (pp. 131-164). London: Oxford University Press.

Ellington, J., & Marshall, L. (1997). Gender role perceptions of women in abusive relationships. *Sex Roles*, 36, 349-369.

Ellis, A. (1962). *Reason and emotion in psychotherapy*. New York: Lyle Stuart.

Ellis, A., & Harper, R. (1975). *A new guide to rational living*. Englewood Cliffs, NJ: Prentice Hall.

Ellis, K. (2000). Perceived teacher confirmation: The development and validation of an instrument and two studies of the relationship to cognitive and affective learning. *Human Communication Research*, 26, 264-291.

Emmers-Sommer, T. (2003). When partners falter: Repair after a transgression. In D. J. Canary & M. Dainton (Eds.), *Maintaining relationships through communication: Relational, contextual, and cultural variations* (pp. 185-205). Mahwah, NJ: Erlbaum.

Erbert, L. (2000). Conflict and dialectics: Perceptions of dialectical contradictions in marital conflict. *Journal of Social and Personal Relationships*, 17, 638-659.

Etcheverry, P. E., & Le, B. (2005). Thinking about commitment: Accessibility of commitment and prediction of relationship persistence, accommodation, and willingness to sacrifice. *Personal Relationships*, 12, 103-123.

Faber, A. J., Willerton, E., Clymer, S. R., MacDermid, S. M., & Weiss, H. M. (2008). Ambiguous absence, ambiguous presence: A qualitative study of military reserve families in wartime. *Journal of Family Psychology*, 2, 222-230.

Farrer, J., Tsuchiya, H., & Bagrowicz, B. (2008). Emotional expression in tsukiau dating relationships in Japan. *Journal of Social and Personal Relationships*, 25, 169-188.

Feeley, T., Hwang, J., & Barnett, G. (2008). Predicting employee turnover from friendship networks. *Journal of Applied Communication Research*, 36, 56-73.

Feeley, T., Moon, S., Kozey, R., & Slowe, A. (2010). An erosion model of employee turnover based on network centrality. *Journal of Applied Communication Research*, 38, 167-188.

Fehr, B. (1993). How do I love thee: Let me consult my prototype. In S. W. Duck (Ed.), *Understanding relationship processes: 1: Individuals in relationships* (pp. 87-122). Newbury Park, CA: Sage.

Fehr, B., & Russell, J. A. (1991). Concept of love viewed from a prototype perspective. *Journal of Personality and Social Psychology*, 60, 425-438.

Feig, J. (1989). *A common core: Thais and Americans.* Yarmouth, ME: Intercultural Press.

Feigenson, N. (2000). *Legal blame: How jurors think and talk about accidents.* Washington, DC: American Psychological Association.

Ferrante, J. (2013). *Sociology: A global perspective* (8th ed.). Belmont, CA: Wadsworth.

Field, T. (2003). *Touch.* Cambridge, MA: MIT Press.

Fincham, F. D. (2000). The kiss of the porcupines: From attributing responsibility to forgiving. *Personal Relationships*, 7, 1-23.

Fincham, F. D., & Beach, S. (2002). Forgiveness in marriage: Implications for psychological aggression and constructive communication. *Personal Relationships*, 9, 239-251.

Fincham, F. D., & Bradbury, T. N. (1987). The impact of attributions in marriage: A longitudinal analysis. *Journal of Personality and Social Psychology*, 53, 510-517.

Fincham, F. D., Bradbury, T. N., & Scott, C. K. (1990). Cognition in marriage. In F. D. Fincham & T. N. Bradbury (Eds.), *The psychology of marriage: Basic issues and applications* (pp. 118-119). New York: Guilford.

Fincham, F. D., Paleari, G., & Regalia, C. (2002). Forgiveness in marriage: The role of relationship quality, attributions, and empathy. *Personal Relationships*, 9, 27-37.

Finkel, E., Rusbult, C. E., Kumashiro, M., & Hannon, P. (2002). Dealing with betrayal in close relationships: Does commitment promote forgiveness? *Journal of Personality and Social Psychology*, 82, 956-974.

Finkelstein, J. (1980). Considerations for a sociology of emotions. *Studies in Symbolic Interaction*, 3, 111-121.

Fitzpatrick, M. A. (1988). *Between husbands and wives: Communication in marriage.*

Newbury Park, CA: Sage.

Fitzpatrick, M. A., & Best, P. (1970). Dyadic adjustment in relational types: Consensus, cohesion, affectional expression and satisfaction in enduring relationships. *Communication Monographs*, 46, 167-178.

Fitzpatrick, M., & Ritchie, L. (1994). Communication schemata within the family: Multiple perspectives on family interaction. *Human Communication Research*, 20, 275-301.

Fleishman, J., Sherbourne, C., & Crystal, S. (2000). Coping, conflictual social interactions, social support, and mood among HIV-infected persons. *American Journal of Community Psychology*, 28, 421-453.

Fletcher, G. J., & Fincham, F. D. (1991). Attribution in close relationships. In G. J. Fletcher & F. D. Fincham (Eds.), *Cognition in close relationships* (pp. 7-35). Hillsdale, NJ: Erlbaum.

Floyd, K., & Parks, M. (1995). Manifesting closeness in the interactions of peers: A look at siblings and friends. *Communication Reports*, 8, 69-76.

Foeman, A., & Nance, T. (1999). From miscegenation to multiculturalism: Perceptions and stages of interracial relationship development. *Journal of Black Studies*, 29, 540-557.

Foerde, K., Knowlton, B., & Poldrack, R. (2006). Modulation of competing memory systems by distraction. *Proceedings of the National Academy of Sciences*, 103(31), 11778-11783.

Fox, L., & Frankel, H. (2005). *Breaking the code: Two teens reveal the secrets of better parent-child communication*. New York: Penguin/New American Library.

The fraying knot. (2013, January). *The Economist*, pp. 27-28.

Fresener, S. (1995). *The T-shirt*. Layton, UT: Gibbs Smith Publishers.

Fridlund, A. J. (1994). *Human facial expression*. San Diego, CA: Academic Press.

Friedman, M., Rholes, W. S., Simpson, J., Bond, M., Diaz-Loving, R., & Chan, C. (2010). Attachment avoidance and the cultural fit hypothesis. *Journal of Personal Relationships*, 17, 107-126.

Friesen, M., Fletcher, G., & Overall, N. (2005). A dyadic assessment of forgiveness in intimate relationships. *Personal Relationships*, 12, 61-77.

Frijda, N. H. (2006). *The laws of emotion*. Mahwah, NJ: Erlbaum.

Fryberg, S. A., & Markus, H. R. (2003). On being American Indian: Current and possible selves. *Self and Identity*, 2, 325-344.

Gabric, D., & McFadden, K. (2001). Student and employer perceptions of desirable entry-level operations management skills. *Mid-American Journal of Business*, 16, 51-59.

Gaines, S., Jr. (1995). Relationships among members of cultural minorities. In J. T. Wood & S. W. Duck (Eds.), *Understanding relationship processes: 6: Off the beaten track: Understudied relationships* (pp. 51-88). Thousand Oaks, CA: Sage.

Gallagher, C. (2012). Color-blind privilege. In E. Higginbotham & M. Andersen (Eds.), *Race and ethnicity in society* (3rd ed., pp. 57-61). Boston: Cengage.

Gallagher, W. (2009). *Rapt: Attention and the focused life*. New York: Penguin.

Galvin, K. (2006). Gender and family interaction: Dress rehearsal for an improvisation? In B. Dow & J. T. Wood (Eds.), *Handbook of gender and communication* (pp. 41-55). Thousand Oaks, CA: Sage.

Gangwish, K. (1999). *Living in two worlds: Asian-American women and emotion*. Paper presented at the National Communication Convention, Chicago.

Garcia, G. (2008). *The decline of men: How the American male is tuning out, giving up, and flipping off his future*. New York: Harper.

Garner, T. (1994). Oral rhetorical practice in African American culture. In A. González, M. Houston, & V. Chen (Eds.), *Our voices: Essays in culture, ethnicity, and communication* (pp. 81-91). Los Angeles: Roxbury.

Gentner, D., & Boroditsky, L. (2009). Early acquisition of nouns and verbs: Evidence from the Navajo. In V. Gathercole (Ed.), *Routes to language* (pp. 5-36). New York: Taylor & Francis.

George, L. (1995, December 26). Holiday's traditions are being formed. *Raleigh News & Observer*, pp. C1, C3.

Gerstein, M. (1998). *Victor: A novel based on the life of Victor, the savage of Aveyron*. New York: Farrar & Straus.

Gibb, J. R. (1961). Defensive communication. *Journal of Communication*, 11, 141-148.

Gibb, J. R. (1964). Climate for trust formation. In L. Bradford, J. Gibb, & K. Benne (Eds.), *T-group theory and laboratory method* (pp. 279-309). New York: Wiley.

Gibb, J. R. (1970). Sensitivity training as a medium for personal growth and improved interpersonal relationships. *Interpersonal Development*, 1, 6-31.

Glascock, N. (1998, February 22). Diversity within Latino arrivals. *Raleigh News & Observer*, p. 9A.

Glenn, D. (2010, February 5). Divided attention. *Chronicle of Higher Education*, pp. B6-B8.

Goffman, E. (1959). *The presentation of self in everyday life*. New York: Doubleday.

Goffman, E. (1967). *Interaction ritual*. New York: Pantheon.

Goldin-Meadow, S. (2004). *Hearing gesture: How our hands help us think.* Cambridge, MA: Harvard University Press.

Goldstein, J. (2013, June 11). A not-for-tourists guide to navigating a multicultural city (It's for the police). *Wall Street Journal,* pp. A18, A19.

Goldstein, S. (2011). Relational aggression in young adults' friendships and romantic relationships. *Journal of Personal Relationships, 18,* 645-656.

Goleman, D. (1995a). *Emotional intelligence.* New York: Bantam.

Goleman, D. (1995b, November-December). What's your emotional intelligence? *Utne Reader,* pp. 74-76.

Goleman, D. (1998). *Working with emotional intelligence.* New York: Bantam.

Goleman, D. (2006). *Social intelligence.* New York: Bantam.

Goleman, D., Boyatzis, R., & McKee, A. (2002). *Primal leadership: Realizing the power of emotional intelligence.* Cambridge, MA: Harvard Business School Press.

Gonzaga, G., Carter, S., & Buckwalter, G. (2010). Assortative mating, convergence, and satisfaction in married couples. *Journal of Personal Relationships, 17,* 634-644.

Goodwin, R., & Plaza, S. (2000). Perceived and received social support in two cultures: Collectivism and support among British and Spanish students. *Journal of Social and Personal Relationships, 17,* 282-291.

Gottman, J. (1993). The roles of conflict engagement, escalation or avoidance in marital interaction: A longitudinal view of five types of couples. *Journal of Consulting and Clinical Psychology, 61,* 6-15.

Gottman, J. (1994a). *What predicts divorce? The relationship between marital processes and marital outcomes.* Hillsdale, NJ: Erlbaum.

Gottman, J. (1994b). Why marriages fail. *The Family Therapy Newsletter, 27,* 41-48.

Gottman, J. (1997, May). *Findings from 25 years of studying marriage.* Paper presented at the Conference of the Coalition of Marriage, Family, and Couples Education, Arlington, VA.

Gottman, J., & Carrère, S. (1994). Why can't men and women get along? Developmental roots and marital inequities. In D. J. Canary & L. Stafford (Eds.), *Communication and relational maintenance* (pp. 203-229). New York: Academic Press.

Gottman, J., & Gottman, J. (2007). *Ten lessons to transform your marriage: America's love lab experts share their strategies for strengthening your relationship.* New York: Three Rivers Press.

Gottman, J., Markman, H. J., & Notarius, C. (1977). The topography of marital conflict: A sequential analysis of verbal and nonverbal behavior. *Journal of Marriage and the Family*, 39, 461-477.

Gottman, J., & Silver, N. (2000). *The seven principles for making marriage work*. Three Rivers, MI: Three Rivers Press.

Grady, D. (2010, April 20). Global update: Few boys counseled on sexual health. *New York Times*, p. D6.

Gravois, J. (2005, April 8). Teach impediment. *Chronicle of Higher Education*, pp. A10-A12.

Gray, P., & Anderson, K. (2010). *Fatherhood: Evolution and human behavior*. Cambridge: Harvard University Press.

Greenberg, S. (1997, Spring/Summer). The loving ties that bind. *Newsweek* [Special Issue], pp. 68-72.

Greene, J., & Burleson, B. (Eds.). (2003). *Handbook of communication and social interaction skills*. Mahwah, NJ: Erlbaum.

Greene, K., Derlega, V. J., & Mathews, A. (2006). Self-disclosure in personal relationships. In A. L. Vangelisti & D. Perlman (Eds.), *Cambridge handbook of personal relationships* (pp. 89-104). Cambridge: Cambridge University Press.

Groopman, J. (2007). *How doctors think*. Boston: Houghton Mifflin.

Groothof, H. A. K., Dijkstra, P., & Bareids, D. P. H. (2009). Differences in jealousy: The case of Internet infidelity. *Journal of Social and Personal Relationships*, 26, 1119-1129.

Gudykunst, W., & Lee, C. (2002). Cross-cultural communication theories. In W. Gudykunst & B. Mody (Eds.), *The handbook of international and intercultural communication* (2nd ed., pp. 25-50). Thousand Oaks, CA: Sage.

Gueguen, N., & De Gail, M. (2003). The effect of smiling on helping behavior: Smiling and good Samaritan behavior. *Communication Reports*, 16, 133-140.

Guerrero, L. (1996). Attachment style differences in intimacy and involvement: A test of the four-category model. *Communication Monographs*, 63, 269-292.

Guerrero, L. (2008). Attachment theory. In L. A. Baxter & D. O. Braithwaite (Eds.), *Engaging theories in interpersonal communication: Multiple perspectives* (pp. 295-307). Thousand Oaks, CA: Sage.

Guerrero, L., & Farinelli, L. (2009). The interplay of verbal and nonverbal codes. In W. F. Eadie (Ed.), *21st century communication: A reference handbook* (pp. 239-248). Thousand Oaks, CA: Sage.

Guerrero, L., & Floyd, K. (2006). *Nonverbal communication in close relationships*. Mahwah, NJ: Erlbaum.

Guerrero, L., Jones, S., & Boburka, R. (2006). Sex differences in emotional communication. In K. Dindia & D. Canary (Eds.), *Sex differences and similarities in communication* (pp. 242-261). Mahwah, NJ: Erlbaum.

Hafner, K. (2009, May 26). Texting may be taking toll. *New York Times*, pp. D1, D6.

Halatsis, P., & Christakis, N. (2009). The challenge of sexual attraction within heterosexuals' cross-sex friendship. *Journal of Social and Personal Relationships*, 26, 919-937.

Hall, E. T. (1966). *The hidden dimension*. New York: Anchor.

Hall, E. T. (1968). Proxemics. *Current Anthropology*, 9, 83-108.

Hall, J. A. (1987). On explaining gender differences: The case of nonverbal communication. In P. Shaver & C. Hendricks (Eds.), *Sex and gender* (pp. 177-200). Newbury Park, CA: Sage.

Hall, J. A. (2006). How big are nonverbal sex differences? The case of smiling and nonverbal sensitivity. In K. Dindia & D. Canary (Eds.), *Sex differences and similarities in communication* (pp. 59-81). Mahwah, NJ: Erlbaum.

Hall, J. A., Carter, J. D., & Horgan, T. G. (2000). Gender differences in nonverbal communication of emotion. In A. H. Fischer (Ed.), *Gender and emotion: Social psychological perspectives* (pp. 97-117). Cambridge, UK: Cambridge University Press.

Hall, J. A., Coates, E., & Smith-LeBeau, L. (2004). Nonverbal behavior and the vertical dimension of social relations: A meta-analysis. *Psychological Bulletin*, 131, 898-924. Cited in M. L. Knapp & J. A. Hall (2006). *Nonverbal communication in human interaction*. Belmont, CA: Thomson/Wadsworth.

Hall, J., Park, N., Song, H., & Cody, J. (2010). Strategic misrepresentation in online dating: The effects of gender, self-monitoring, and personality traits. *Journal of Social and Personal Relationships*, 27, 117-135.

Hallstein, L. (2000). Where standpoint stands now: An introduction and commentary. *Women's Studies in Communication*, 23, 1-15.

Hamachek, D. (1992). *Encounters with the self* (3rd ed.). Fort Worth, TX: Harcourt Brace Jovanovich.

Hamermesh, D. (2011). *Beauty pays: Why attractive people are more successful*. Princeton, NJ: Princeton University Press.

Hamlet, J. D. (2004). The reason why we sing: Understanding traditional African American worship. In A. González, M. Houston, & V. Chen (Eds.), *Our voices: Essays in culture, ethnicity, and communication* (4th ed., pp. 113-118). Los Angeles: Roxbury.

Haraway, D. (1988). Situated knowledges: The science question in feminism and the privilege of partial perspective. *Signs*, 14, 575-599.

Harding, S. (1991). *Whose science? Whose knowledge? Thinking from women's lives.* Ithaca, New York: Cornell University Press.

Harris, T. J. (1969). *I'm OK, you're OK.* New York: Harper & Row.

Hart Research Associates. (2013). *It takes more than a major: Employer priorities for college learning and student success.* Washington, DC: Author.

Hasserbrauck, M., & Aaron, A. (2001). Prototype matching in close relationships. *Personality and Social Psychology Bulletin*, 27, 1111-1122.

Hasserbrauck, M., & Fehr, B. (2002). Dimensions of relationship quality. *Personal Relationships*, 9, 253-270.

Hayakawa, S. I. (1962). *The use and misuse of language.* New York: Fawcett.

Hayakawa, S. I. (1964). *Language in thought and action* (2nd ed.). New York: Harcourt, Brace & World.

Haynes, J. (2009). Exposing domestic violence in country music videos. In L. Cuklanz & S. Moorti (Eds.), *Local violence, global media* (pp. 201-221). New York: Peter Lang.

Hecht, M. L., & Warren, J. (2006). Helpful professional relating: Constructing mentoring relationships through everyday talk. In J. T. Wood & S. W. Duck (Eds.), *Composing relationships: Communication in everyday life* (pp. 156-165). Belmont, CA: Wadsworth.

Heider, F. (1958). *The psychology of interpersonal relations.* New York: Wiley.

Heine, S. J., & Hamamura, T. (2007). In search of East Asian self-enhancement. *Personality and Social Psychology Review*, 11, 1-24.

Heine, S. J., & Raineri, A. (2009). Self-improving motivations and culture: The case of Chileans. *Journal of Cross-Cultural Psychology*, 40, 158-163.

Heise, D. (1999). Controlling affective experience interpersonally. *Social Psychology Quarterly*, 62, 4-11.

Helms, H., Proulx, C., Klute, M., McHale, S., & Crouter, A. (2006). Spouses' gender-typed attributes and their links with marital quality: A pattern analytic approach. *Journal of Social and Personal Relationships*, 23, 843-864.

Hendrick, C., & Hendrick, S. (1988). Lovers wear rose colored glasses. *Journal of Social and Personal Relationships*, 5, 161-184.

Hendrick, C., & Hendrick, S. (1989). Research on love: Does it measure up? *Journal of Personality and Social Psychology, 56,* 784-794.

Hendrick, C., & Hendrick, S. (1996). Gender and the experience of heterosexual love. In J. T. Wood (Ed.), *Gendered relationships* (pp. 131-148). Mountain View, CA: Mayfield.

Hendrick, C., Hendrick, S., Foote, F. H., & Slapion-Foote, M. J. (1984). Do men and women love differently? *Journal of Social and Personal Relationships, 2,* 177-196.

Hendrick, S., & Hendrick, C. (2006). Measuring respect in close relationships. *Journal of Social and Personal Relationships, 23,* 881-899.

Henline, B., Lamke, L., & Howard, M. (2007). Exploring perceptions of online infidelity. *Personal Relationships, 14,* 113-128.

Henrich, J., & Norenzayan, A. (2010). The weirdest people in the world? *Behavioral and Brain Sciences, 33,* 61-135.

Hesse-Biber, S. N., & Leavy, P. (2006). *The cult of thinness* (2nd ed.). New York: Oxford University Press.

Hewes, D. (Ed.). (1995). *The cognitive bases of interpersonal perception.* Mahwah, NJ: Erlbaum.

Hickson, M., Stacks, D., & Moore, N. (2004). *Nonverbal communication: Studies and applications.* Los Angeles: Roxbury.

Higginbotham, E., & Andersen, M. (2012). *Race and ethnicity: An anthology* (3rd ed.). Boston: Cengage.

Hochschild, A. (1979). Emotion work, feeling rules, and social structure. *American Journal of Sociology, 85,* 551-575.

Hochschild, A. (1983). *The managed heart.* Berkeley: University of California Press.

Hochschild, A. (1990). Ideology and emotion management: A perspective and path for future research. In T. Kemper (Ed.), *Research agendas in the sociology of emotions* (pp. 117-142). New York: State University of New York Press.

Hoffman, J. (2010, June 28). Online bullies pull schools into the fray. *New York Times,* pp. A13, A14, A15.

Hoffman, J. (2012, June 4). A warning to teenagers before they start dating. *New York Times,* pp. A12, A13.

Hoijer, H. (1994). The Sapir-Whorf hypothesis. In L. Samovar & R. Porter (Eds.), *Intercultural communication: A reader* (7th ed., pp. 38-49). Belmont, CA: Wadsworth.

Holt-Lunstad, J., Smith, T., & Layton, J. (2010). Social relationships and mortality risk: A

meta-analytic review. *PLoS Med*, 7, e1000316. Retrieved June 4, 2013, from http://www.
plosmedicine.org/article/info%3Adoi%2F10.1371%2Fjournal.pmed.1000316

Honeycutt, J. M. (1993). Memory structures for the rise and fall of personal relationships. In
S. W. Duck (Ed.), *Understanding relationship processes: 1: Individuals in relationships* (pp.
30-59). Newbury Park, CA: Sage.

Honeycutt, J. M. (2003). *Imagined interactions*. Cresskill, NJ: Hampton.

Honeycutt, J. M. (2008). Imagined interaction theory. In L. A. Baxter & D. O. Braithwaite
(Eds.), *Engaging theories in interpersonal communication: Multiple perspectives* (pp. 77-
87). Thousand Oaks, CA: Sage.

Honoré, C. (2004). *In praise of slowness*. San Francisco: Harper.

Honoré, C. (2005). *In praise of slowness: Challenging the cult of speed*. San Francisco:
HarperCollins.

Hoover, E. (2010, January 29). An immigrant learns 2 new languages. *Chronicle of Higher
Education*, p. A22.

Houston, M. (2004). When black women talk with white women: Why dialogues are
difficult. In A. González, M. Houston, & V. Chen (Eds.), *Our voices: Essays in culture,
ethnicity, and communication* (4th ed., pp. 119-125). Los Angeles: Roxbury.

Houston, M., & Wood, J. T. (1996). Difficult dialogues, expanded horizons: Communicating
across race and class. In J. T. Wood (Ed.), *Gendered relationships* (pp. 39-56). Mountain
View, CA: Mayfield.

Houts, R. M., Barnett-Walker, K. C., Paley, B., & Cox, M. J. (2008). Patterns of couple
interaction during the transition to parenthood. *Personal Relationships*, 15, 103-122.

Hrabi, D. (2013, June 22-23). Nestle while you work. *Wall Street Journal*, pp. D1, D8.

Huston, M., & Schwartz, P. (1995). Relationships of lesbians and gay men. In J. T. Wood
& S. W. Duck (Eds.), *Understanding relationship processes: 6: Off the beaten track:
Understudied relationships* (pp. 89-121). Thousand Oaks, CA: Sage.

Ijzerman, H., & Saddlemyer, J. (2012, December 9). Getting the cold shoulder. *New York
Times*, p. SR12.

Inman, C. (1996). Friendships among men: Closeness in the doing. In J. T. Wood (Ed.),
Gendered relationships (pp. 95-110). Mountain View, CA: Mayfield.

International Listening Association. (1995, April). An ILA definition of listening. *ILA
Listening Post*, 53, 4.

Izard, C. E. (1991). *The psychology of emotions*. New York: Plenum.

Jacobs, T. (2010). *Cyberbullying investigated*. Minneapolis, MN: Free Spirit Publishing.

Jacobson, N., & Gottman, J. (1998). *When men batter women*. New York: Simon & Schuster.

James, W. (1890). *Principles of psychology*. New York: Henry Holt.

James, W., & Lange, C. B. (1922). *The emotions*. Baltimore: Williams & Wilkins.

Jayson, S. (2011, March 30). Is dating dead? *USA Today*, p. A1.

Jhally, S., & Katz, J. (2001, Winter). Big trouble, little pond. *Umass*, pp. 26-31.

Johnson, F. L. (1989). Women's culture and communication: An analytic perspective. In C. M. Lont & S. A. Friedley (Eds.), *Beyond the boundaries: Sex and gender diversity in communication* (pp. 301-316). Fairfax, VA: George Mason University Press.

Johnson, F. L. (2000). *Speaking culturally: Language diversity in the United States*. Thousand Oaks, CA: Sage.

Johnson, M. (2006). Gendered communication and intimate partner violence. In B. Dow & J. T. Wood (Eds.), *Handbook of gender and communication* (pp. 71-87). Thousand Oaks, CA: Sage.

Kachadourian, L., Fincham, F., & Davila, J. (2004). The tendency to forgive in dating and married couples: The role of attachment and relationship satisfaction. *Personal Relationships*, 11, 373-393.

Kahn, M. (2008, December 2). The six habits of highly respectful physicians. *New York Times*, p. D6.

Kanov, J. M., Maitlis, S., Worline, M., Dutton, J., Frost, P., & Lilius, J. (2004). Compassion in organizational life. *American Behavioral Scientist*, 47, 808-827.

Kantowitz, B., & Wingert, P. (1999, April 19). The science of a good marriage. *Newsweek*, pp. 52-57.

Kaufman, L. (2013, May 21). For the word on the street, courts call up an online witness. *New York Times*, pp. A1, A3.

Keating, D., Russell, J., Cornacchione, J., & Smith, S. (2013). Family communication patterns and difficult family conversations. *Journal of Applied Communication Research*, 41, 160-180.

Keizer, G. (2010). *The unwanted sound of everything we want: A book about noise*. New York: Perseus-Public Affairs.

Kelley, D. (1998). The communication of forgiveness. *Communication Studies*, 49, 1-17.

Kelley, H. H. (1967). Attribution theory in social psychology. In D. Levine (Ed.), *Nebraska symposium on motivation* (Vol. 15, pp. 192-238). Lincoln: University of Nebraska Press.

Kelley, H. H., & Thiabaut, J. (1978). *The social psychology of groups*. New York: Wiley.

Kelley, R. (1997). *Yo' mama's disFUNKtional!* Boston: Beacon.

Kelly, C., Huston, T. L., & Cate, R. M. (1985). Premarital relationship correlates of the erosion of satisfaction in marriage. *Journal of Social and Personal Relationships*, 2, 167-178.

Kelly, G. A. (1955). *The psychology of personal constructs*. New York: W. W. Norton.

Keltner, D. (2009). *Born to be good: The science of a meaningful life*. New York: W. W. Norton.

Kemper, T. (1987). How many emotions are there? Wedding the social and autonomic components. *American Journal of Sociology*, 93, 263-289.

Kendall, D. (2011). *Framing class*. Landham, MD: Rowman & Littlefield.

Kershaw, S. (2009a, May 28). For teenagers, hello means 'how about a hug?' *New York Times*, pp. A1, A3.

Kesebir, P., & Kesebir, S. (2012). The cultural salience of moral character and virtue declined in twentieth century America. *Journal of Positive Psychology*, 7, 471-480.

Kilbourne, J. (2010, summer). Sexist advertising, then & now. *Ms.*, pp. 34-35.

Kim, J., & Hatfield, E. (2004). Love types and subjective well-being: A cross-cultural study. *Social Behavior and Personality*, 32, 173-182.

Kirshenbaum, & Sheril. (2011). *The science of kissing*. New York: Grand Central Publishing.

Kito, M. (2005). Self-disclosure in romantic relationships and friendships among American and Japanese college students. *Journal of Social Psychology*, 145, 127-140.

Kleinke, C., Peterson, T., & Rutledge, T. (1998). Effects of self-generated facial expressions on mood. *Journal of Personality and Social Psychology*, 74, 272-279.

Klingberg, T. (2008). *The overflowing brain: Information overload and the limits of working memory*. New York: Oxford University Press.

Knapp, M. L., & Hall, J. A. (2006). *Nonverbal communication in human interaction*. Belmont, CA: Thomson/Wadsworth.

Knapp, M. L., & Vangelisti, A. (2005). *Interpersonal communication and human relationships* (5th ed.). Boston: Allyn and Bacon.

Knox, D., & Hall, S. (2010). *Relationship and sexual behaviors of a sample of 2,922 university students*. Unpublished data collected for D. Knox, M & F: Marriage and family, Cengage, Boston.

Koerner, A., & Fitzpatrick, M. (2002a). Toward a theory of family communication. *Communication Theory*, 12, 70-91.

Koerner, A., & Fitzpatrick, M. (2002b). Understanding family communication patterns and family functioning: The roles of conversation orientation and conformity orientation. *Communication Yearbook*, 26, 37-69.

Koerner, A., & Fitzpatrick, M. (2006). Family communication patterns theory: A social cognitive approach. In D. Braithwaite & L. Baxter (Eds.), *Engaging theories in family communication* (pp. 50-65). Thousand Oaks, CA: Sage.

Koesten, J. (2004). Family communication patterns, sex of subject, and communication competence. *Communication Monographs*, 71, 226-244.

Korkki, P. (2013, June 16). Messagets galore, but no time to think. *New York Times*, p. BU7.

Korn, M. (2013, May 2). Business schools know how you think, but how do you feel? *Wall Street Journal*, p. B1.

Krasnova, H., Wenninger, H., Widaja, T., & Buxmann, P. (2013, 27th February-1st March). *Envy on Facebook: A hidden threat to users' life satisfaction*. 11th International Conference on Wirtschaftsinformatik, Leipzig, Germany. Retrieved March 5, 2013, from http://warhol.wiwi.hu-berlin.de/~hkrasnova/Ongoing_Research_files/WI%20 2013%20Final%20Submission%20Krasnova.pdf

Kurdek, L. (2006). The nature and correlates of deterrents to leaving a relationship. *Personal Relationships*, 13, 521-535.

Labov, W. (1972). *Sociolinguistic patterns*. Philadelphia: University of Pennsylvania Press.

La Gaipa, J. J. (1982). Rituals of disengagement. In S. W. Duck (Ed.), *Personal relationships: 4: Dissolving personal relationships*. Newbury Park, CA: Sage.

Lakoff, G., & Johnson, M. (1980). *Metaphors we live by*. Chicago: University of Chicago Press.

Lama, D., & Eckman, P. (2009). *Emotional awareness: Overcoming the obstacles to psychological balance*. New York: Henry Holt.

Landa, J., & López-Zafra, E. (2010). The impact of emotional intelligence on nursing: An overview. *Psychology*, 1, 50-58.

Landro, L. (2013a, April 30). To motivate patients to change, doctors stop scolding. *Wall Street Journal*, pp. D1, D2.

Landro, L. (2013b, June 11). Hospitals work on the most frequent complaint: Noise. *Wall Street Journal*, p. D1.

Landrum, R., & Harrold, R. (2003). What employers want from psychology graduates.

Teaching of Psychology, 30, 131-133.

Laner, M. R., & Ventrone, N. A. (2002). Dating scripts revisited. *Journal of Family Issues*, 21, 488-500.

Langer, S. (1953). *Feeling and form: A theory of art*. New York: Scribner.

Langer, S. (1979). *Philosophy in a new key: A study in the symbolism of reason, rite, and art* (3rd ed.). Cambridge, MA: Harvard University Press.

Langston, D. (2007). Tired of playing monopoly? In M. L. Andersen & P. H. Collins (Eds.), *Race, class, and gender: An anthology* (pp. 118-127). Belmont, CA: Wadsworth.

Lasswell, H. D. (1948). The structure and function of communication in society. In L. Bryson (Ed.), *The communication of ideas* (pp. 37-51). New York: Harper & Row.

Lasswell, M., & Lobsenz, N. M. (1980). *Styles of loving*. New York: Doubleday.

Laurenceau, J. P., Barrett, L. F., & Rovine, M. J. (2005). The interpersonal process model of intimacy in marriage: A daily-diary and multilevel modeling approach. *Journal of Family Psychology*, 19, 314-323.

Leaper, C. (Ed.). (1994). *Childhood gender segregation: Causes and consequences*. San Francisco: Jossey-Bass.

Leaper, C. (1996). The relationship of play activity and gender to parent and child sex-typed communication. *International Journal of Behavioral Development*, 19, 689-703.

Leaper, N. (1999). How communicators lead at the best global companies. *Communication World*, 16, 33-36.

Ledbetter, A., Griffin, E., & Sparks, G. (2007). Forecasting "friends forever": A longitudinal investigation of sustained closeness between best friends. *Personal Relationships*, 14, 343-350.

Lee, C. S. (2012). Exploring emotional expressions on YouTube through the lens of media system dependency theory. *New Media & Society*, 14, 457-475.

Lee, J. A. (1973). *The colours of love: An exploration of the ways of loving*. Don Mills, Ontario, Canada: New Press.

Lee, J. A. (1988). Love styles. In R. J. Sternberg & M. L. Barnes (Eds.), *The psychology of love* (pp. 38-67). New Haven, CT: Yale University Press.

Le Poire, B. A., Shepard, C., & Duggan, A. (1999). Nonverbal involvement, expressiveness, and pleasantness as predicted by parental and partner attachment style. *Communication Monographs*, 66, 293-311.

Levin, S., Taylor, P., & Caudle, E. (2007). Interethnic and interracial dating in college: A longitudinal study. *Journal of Social and Personal Relationships, 24,* 323-341.

Levy, A. (2005). *Female chauvinist pigs.* New York: Free Press.

Lewin, T. (2008, April 25). Informal style of electronic messages is showing up in schoolwork, study finds. *New York Times,* p. A12.

Lewin, T. (2010, January 20). Children awake? Then they're probably online. *New York Times,* pp. A1, A3.

Lewis, J. D., & Weigert, A. J. (1985). Social atomism, holism and trust. *Sociological Quarterly, 26,* 455-471.

Li, J. (2012). *Cultural foundations of learning: East and West.* New York: Cambridge University Press.

Lim, T. (2002). Language and verbal communication across cultures. In W. Gudykunst & B. Mody (Eds.), *The handbook of international and intercultural communication* (2nd ed., pp. 69-88). Thousand Oaks, CA: Sage.

Lofland, L. (1985). The social shaping of emotion: The case of grief. *Symbolic Interaction, 8,* 171-190.

Lohmann, A., Arriaga, X., & Goodfriend, W. (2003). Close relationships and placemaking: Do objects in a couple's home reflect couplehood? *Personal Relationships, 10,* 437-449.

Losee, S., & Olen, H. (2007). *Office mate: Your employee handbook for romance on the job.* Cincinnati, OH: Adams Media.

Louis, C. S. (2010, April 29). Cosmetic surgery gets a nip and tuck. *New York Times,* p. E3.

Lowry, J. (2013, June 13). Hands-free devices not risk-free, study says. *Raleigh News & Observer,* p. 5A.

Luft, J. (1969). *Of human interaction.* Palo Alto, CA: National Press Books.

Lund, M. (1985). The development of investment and commitment scales for predicting continuity of personal relationships. *Journal of Social and Personal Relationships, 2,* 3-23.

Luster, T., & Okagaki, L. (Eds.). (2005). *Parenting: An ecological perspective* (2nd ed.). Mahwah, NJ: Erlbaum.

Lustig, M., & Koester, J. (1999). *Intercultural competence: Interpersonal communication across cultures.* New York: Longman.

Lutz-Zois, C., Bradley, A., Mihalik, A., & Moorman-Eavers, E. (2006). Perceived similarity and relationship success among dating couples: An idiographic approach. *Journal of Social and Personal Relationships, 23,* 865-880.

MacGeorge, E. L. (2009). Social support. In W. F. Eadie (Ed.), *21st century communication: A reference handbook* (pp. 283-291). Thousand Oaks, CA: Sage.

MacGeorge, E. L., Gillihan, S. J., Samter, W., & Clark, R. A. (2003). Skill deficit or differential motivation? Accounting for sex differences in the provision of emotional support. *Communication Research*, 30, 272-303.

MacGeorge, E. L., Graves, A. R., Feng, B., Gillihan, S. J., & Burleson, B. R. (2004). The myth of gender cultures: Similarities outweigh differences in men's and women's provision of and responses to supportive communication. *Sex Roles*, 50, 143-175.

MacNeil, S., & Byers, E. S. (2005). Dyadic assessment of sexual self-disclosure and sexual satisfaction in heterosexual dating couples. *Journal of Social and Personal Relationships*, 22, 169-181.

Mahany, B. (1997, August 7). A hands-on study of language. *Raleigh News & Observer*, pp. 1E, 3E.

Major, B., Schmidlin, A. M., & Williams, L. (1990). Gender patterns in social touch: The impact of setting and age. In C. Mayo & N. M. Henley (Eds.), *Gender and nonverbal behavior* (pp. 3-37). New York: Springer-Verlag.

Maltz, D. N., & Borker, R. (1982). A cultural approach to male-female miscommunication. In J. J. Gumperz (Ed.), *Language and social identity* (pp. 196-216). Cambridge, UK: Cambridge University Press.

Manning, W., & Cohen, J. (2012). Premarital cohabitation and marital dissolution: An examination of recent marriages. *Journal of Marriage and Family*, 74, 377-387.

Manusov, V., & Patterson, M. L. (2006). *The Sage handbook of nonverbal communication.* Thousand Oaks, CA: Sage.

Manusov, V., & Spitzberg, B. (2008). Attribution theory. In L. A. Baxter & D. O. Braithwaite (Eds.), *Engaging theories in interpersonal communication: Multiple perspectives* (pp. 37-49). Thousand Oaks, CA: Sage.

Mares, M. (1995). The aging family. In M. Fitzpatrick & A. Vangelisti (Eds.), *Explaining family interactions* (pp. 237-251). Thousand Oaks, CA: Sage.

Markman, H. (1990). *Advances in understanding marital distress.* Unpublished doctoral dissertation, University of Denver, Denver, CO.

Markman, H., Clements, M., & Wright, R. (1991, April). *Why father's prebirth negativity and a first-born daughter predict marital problems: Results from a ten-year investigation.* Paper presented at a symposium at the biennial meeting of the Society for Research in Child Development, Seattle, WA.

Martin, J., & Chaney, L. (2008). *Passport to success: The essential guide to business culture and customs in America's largest trading partners*. Santa Barbara, CA: Praeger.

Martin, J., & Nakayama, T. (2007). *Intercultural communication in context* (4th ed.). New York: McGraw-Hill.

Martz, D., Petroff, A., Curtin, L., & Bazzini, D. (2009). Gender differences in fat talk among American adults. *Sex Roles*, 61, 34-41.

Maslow, A. H. (1954/1970). *Motivation and personality* (3rd ed.). New York: Harper & Row.

Maslow, A. H. (1959/1970). *New knowledge in human values*. Chicago: H. Regnery.

Maslow, A. H. (1968). *Toward a psychology of being*. New York: Van Nostrand Reinhold.

Matsumoto, D. (1992). More evidence for the universality of a contempt expression. *Motivation and Emotion*, 16, 363-368.

Matsumoto, D., Franklin, B., Choi, J., Rogers, D., & Tatani, H. (2002). Cultural influences on the expression and perception of emotion. In W. Gudykunst & B. Mody (Eds.), *The handbook of international and intercultural communication* (2nd ed., pp. 107-126). Thousand Oaks, CA: Sage.

Maugh, T., II. (1994, November 26). Romantics seem to be bred, not born. *Raleigh News & Observer*, pp. 1A, 4A.

McAdoo, H. P. (Ed.). (2006). *Black families* (4th ed.). Thousand Oaks, CA: Sage.

McClellan, C. (2004, May 14). Man raised as a girl commits suicide at 38. *Raleigh News & Observer*, p. 9B.

McCullough, M., & Hoyt, W. (2002). Transgression-related motivational dispositions: Personality substrates of forgiveness and their links to the big five. *Personality and Social Psychology Bulletin*, 28, 1556-1573.

McDaniel, E., & Quasha, S. (2000). The communicative aspects of doing business in Japan. In L. Samovar & R. Porter (Eds.), *Intercultural communication: A reader* (9th ed., pp. 312-324). Belmont, CA: Wadsworth.

McGuffey, S., & Rich, L. (2004). Playing in the gender transgression zone: Race, class, and hegemonic masculinity in middle school. In J. Spade & C. Valentine (Eds.), *The Kaleidoscope of gender: Prisms, patterns, and possibilities* (pp. 172-183). Belmont, CA: Wadsworth.

McIntosh, P. (1995). White privilege and male privilege: A personal account of coming to see correspondences through work in women's studies. In M. L. Andersen & P. H. Collins (Eds.), *Race, class, and gender: An anthology* (2nd ed., pp. 94-105). Belmont, CA: Wadsworth.

McKay, V. (2000). Understanding the co-culture of the elderly. In L. Samovar & R. Porter (Eds.), *Intercultural communication: A reader* (9th ed., pp. 180-189). Belmont, CA: Wadsworth.

Mead, G. H. (1934). *Mind, self, and society*. Chicago: University of Chicago Press.

Mehrabian, A. (1981). *Silent messages: Implicit communication of emotion and attitudes* (2nd ed.). Belmont, CA: Wadsworth.

Meloy, R. (2006). *The psychology of stalking: Clinical and forensic perspectives* (2nd ed.). New York: Academic Press.

Men use half a brain to listen, study finds. (2000, November 29). *The Raleigh News & Observer*, p. 8A.

Metts, S. (2006a). Gendered communication in dating relationships. In B. Dow & J. T. Wood (Eds.), *Handbook of gender and communication research* (pp. 25-40). Thousand Oaks, CA: Sage.

Metts, S. (2006b). Hanging out and doing lunch: Enacting friendship closeness. In J. T. Wood & S. W. Duck (Eds.), *Composing relationships: Communication in everyday life* (pp. 76-85). Belmont, CA: Wadsworth.

Metts, S., & Cupach, W. R. (2008). Face theory. In L. A. Baxter & D. O. Braithwaite (Eds.), *Engaging theories in interpersonal communication: Multiple perspectives* (pp. 203-214). Thousand Oaks, CA: Sage.

Metts, S., Cupach, W. R., & Bejlovec, R. A. (1989). "I love you too much to ever start liking you": Redefining romantic relationships. *Journal of Social and Personal Relationships*, 6, 259-274.

Meyer, J. (2004). Effect of verbal aggressiveness on the perceived importance of secondary goals in messages. *Communication Studies*, 55, 168-184.

Mikulincer, M., & Shaver, P. (2005). Attachment theory and emotions in close relationships: Exploring the attachment-related dynamics of emotional reactions to relational events. *Personal Relationships*, 12, 149-168.

Milardo, R. (1986). Personal choice and social constraint in close relationships: Applications of network analysis. In V. Derlega & B. Winstead (Eds.), *Friendship and social interaction* (pp. 145-166). New York: Springer-Verlag.

Miller, D. W. (2000, February 25). Looking askance at eyewitness testimony. *Chronicle of Higher Education*, pp. A19-A20.

Miller, J. B. (1993). Learning from early relationship experience. In S. W. Duck (Ed.), *Understanding relationship processes, 2: Learning about relationships* (pp. 1-29).

Newbury Park, CA: Sage.

Miller, K. (2007). Compassionate communication in the workplace: Exploring processes of noticing, connecting, and responding. *Journal of Applied Communication Research, 35,* 223-245.

Miller, W. I. (1993). *Humiliation*. Ithaca, NY: Cornell University Press.

Miller, W. I. (1998). *The anatomy of disgust*. Cambridge, MA: Harvard University Press.

Min, P. (Ed.). (1995). *Asian Americans: Contemporary trends and issues*. Thousand Oaks, CA: Sage.

Mochizuki, T. (1981). Changing patterns of mate selection. *Journal of Comparative Family Studies, 12,* 318-328.

Monastersky, R. (2001, July 6). Look who's listening. *Chronicle of Higher Education,* pp. A14-A16.

Mongeau, P., Carey, C., & Williams, M. (1998). First date initiation and enactment: An expectancy violation approach. In D. Canary & K. Dindia (Eds.), *Sex differences and similarities in communication* (pp. 413-426). Mahwah, NJ: Erlbaum.

Mongeau, P., & Henningsen, M. (2008). Stage theories of relationship development. In L. A. Baxter & D. O. Braithwaite (Eds.), *Engaging theories in interpersonal communication: Multiple perspectives* (pp. 363-375). Thousand Oaks, CA: Sage.

Mongeau, P., Serewicz, M., & Therrien, L. (2004). Goals for cross-sex first dates: Identification, measurement, and the influence of contextual factors. *Communication Monographs, 71,* 121-147.

Monkerud, D. (1990, October). Blurring the lines. Androgyny on trial. *Omni,* pp. 81-86.

Monsour, M. (1997). Communication and cross-sex friendships across the life cycle: A review of the literature. In B. Burleson (Ed.), *Communication yearbook* (Vol. 20, pp. 375-414). Thousand Oaks, CA: Sage.

Monsour, M. (2006). Communication and gender among adult friends. In B. Dow & J. T. Wood (Eds.), *Handbook of gender and communication* (pp. 57-89). Thousand Oaks, CA: Sage.

Morgan, L. (1996). When does life begin? A cross-cultural perspective on the personhood of fetuses and young children. In W. Haviland & R. Gordon (Eds.), *Talking about people: Readings in contemporary cultural anthropology* (pp. 24-34). Mountain View, CA: Mayfield.

Morreale, S. (2001, May). Communication important to employers. *Spectra,* p. 8.

Morreale, S. (2004, December). Accounting graduates need better listening skills and correct grammar. *Spectra*, p. 7.

Morrison, T., & Conaway, W. (2006). *Kiss, bow, or shake hands?* Avon, MA: Adams Media.

Muehlhoff, T. (2006). "He started it!": Communication in parenting. In J. T. Wood & S. W. Duck (Eds.), *Composing relationships: Communication in everyday life* (pp. 46-54). Belmont, CA: Wadsworth Thompson.

Muehlhoff, T., & Wood, J. T. (2002). Speaking of marriage: The marriage between theory and practice. *Journal of Social and Personal Relationships*, 19, 613-619.

Mulac, A. (2006). The gender-linked language effect: Do language differences make a difference? In K. Dindia & D. Canary (Eds.), *Sex differences and similarities in communication* (pp. 219-239). Mahwah, NJ: Erlbaum.

Murphy, K. (Ed.). (2006). *A critique of emotional intelligence.* Mahwah, NJ: Erlbaum.

Murray, S., Holmes, J., & Griffin, D. (1996a). The benefits of positive illusions: Idealization and the construction of satisfaction in close relationships. *Journal of Personality and Social Psychology*, 70, 79-98.

Murray, S., Holmes, J., & Griffin, D. (1996b). The self-fulfilling nature of positive illusions in romantic relationships: Love is not blind, but prescient. *Journal of Personality and Social Psychology*, 71, 1155-1180.

Mwakalye, N., & DeAngelis, T. (1995, October). The power of touch helps vulnerable babies survive. *APA Monitor*, p. 25.

Nanda, S., & Warms, R. (1998). *Cultural anthropology* (6th ed.). Belmont, CA: West/Wadsworth.

Nass, C. I., with Yen, C. (2010). *The man who lied to his lap top: What computers can teach us about human relationships.* New York: Penguin.

Nasser, H. E., & Overberg, P. (2010, June 11-13). Diversity grows as majority dwindles. *USA Today*, p. 1A.

Negra, D. (Ed.). (2006). *The Irish in us: Irishness, performativity, and popular culture.* Durham, NC: Duke University Press.

Nettle, D., & Romaine, S. (2000). *Vanishing voices: The extinction of the world's languages.* Oxford, UK: Oxford University Press.

Neyer, F. (2002). The dyadic interdependence of attachment security and dependency: A conceptual replication across older twin pairs and younger couples. *Journal of Social and Personal Relationships*, 19, 483-503.

Nicholson, J. (2006). "Them's fightin' words": Naming in everyday talk between siblings. In J. T. Wood & S. W. Duck (Eds.), *Composing relationships: Communication in everyday life* (pp. 55-64). Belmont, CA: Wadsworth.

Niedenthal, P. M., Krauth-Gruber, S., & Ric, F. (2006). *Psychology of emotion*. Thousand Oaks, CA: Sage.

Noller, P., & Fitzpatrick, M. (1992). *Communication in family relationships*. New York: Allyn and Bacon.

Norwood, K. (2010). *Here and gone: Competing discourses in the communication of families with a transgender member*. Ph.D. Dissertation, Department of Communication Studies, University of Iowa, Iowa City, IA.

Nosek, B., & Hansen, J. (2008). The associations in our heads belong to us: Searching for attitudes and knowledge in implicit evaluation. *Cognition & Emotion, 22*, 553-594.

Notarius, C. I. (1996). Marriage: Will I be happy or will I be sad? In N. Vanzetti & S. W. Duck (Eds.), *A lifetime of relationships* (pp. 265-289). Pacific Grove, CA: Brooks/Cole.

Nunberg, G. (2003, May 29). Fresh air [Radio interview]. Cited in R. West & L. Turner, (2006). In *Understanding interpersonal communication* (p. 164). Belmont, CA: Wadsworth.

Nyquist, M. (1992, Fall). Learning to listen. *Ward Rounds*, 11-15.

O'Brien, M. (2007). Ambiguous loss in families of children with Autism spectrum disorders. *Family Relations, 56*, 135-146.

Ofri, D. (2013). *What doctors feel*. Boston: Beacon Press.

O'Hair, D., & Eadie, W. F. (2009). Communication as an idea and an ideal. In W. F. Eadie (Ed.), *21st century communication: A reference handbook* (pp. 3-11). Thousand Oaks, CA: Sage.

O'Keefe, D. (2002). *Persuasion: Theory and research* (2nd ed.). Newbury Park, CA: Sage.

Olds, J., & Schwartz, R. (2010). *The lonely American: Drifting apart in the twenty-first century*. Boston: Beacon.

Olson, D., & McCubbin, H. (1983). *Families: What makes them work?* Thousand Oaks, CA: Sage.

Olson, L. N., & Braithwaite, D. O. (2004). "If you hit me again, I'll hit you back": Conflict management strategies of individuals experiencing aggression during conflicts. *Communication Studies, 55*, 271-285.

One in four girls. (2008, March 17). *New York Times*, p. A22.

Opir, E., Nass, C. I., & Wagner, A. D. (2009). Cognitive control in media multitaskers.

Proceedings of the National Academy of Sciences (Washington, DC), 106, 15583-15587.

Orbuch, T., & Eyster, S. (1997). Division of household labor among black couples and white couples. *Social Forces,* 76, 301-322.

Orbuch, T., Veroff, J., & Hunter, A. (1999). Black couples, white couples: The early years of marriage. In E. Hetherington (Ed.), *Coping with divorce, single parenting, and remarriage* (pp. 23-43). Mahwah, NJ: Erlbaum.

Orloff, J. (2009). *Emotional freedom.* New York: Three Rivers.

Osborne, A. (1996, Summer). The paradox of effort and grace. *Inner Directions,* pp. 4-6.

Otnes, C., & Lowrey, T. (Eds.). (2004). *Contemporary consumption rituals.* Mahwah, NJ: Erlbaum.

Overall, N., Sibley, C., & Travaglia, L. (2010). Loyal but ignored: The benefits and costs of constructive communication behavior. *Journal of Personal Relationships,* 17, 127-148.

Painter, N. (2010). *White people's history.* New York: W. W. Norton.

Parker-Pope, T. (2009, January 20). Your nest is empty? Enjoy each other. *New York Times,* p. D5.

Parker-Pope, T. (2010a). *For better: The science of a good marriage.* New York: Dutton.

Parker-Pope, T. (2010b, April 6). Surprisingly, family time has grown. *New York Times,* p. D5.

Parker-Pope, T. (2013, July 2). Same, but different. *New York Times,* pp. D1, D6.

Parks, M., & Floyd, K. (1996a). Making friends in cyberspace. *Journal of Communication,* 46, 80-97.

Parks, M., & Floyd, K. (1996b). Meanings for closeness and intimacy in friendship. *Journal of Social and Personal Relationships,* 13, 85-107.

Parmer, N. (2013, May 21). A global love affair. *WSJ.Money,* p. 12.

Pataki, S., Shapiro, C., & Clark, M. (1994). Children's acquisition of appropriate norms for friendships and acquaintances. *Journal of Social and Personal Relationships,* 11, 427-442.

Pearce, W. B., Cronen, V. E., & Conklin, F. (1979). On what to look at when analyzing communication: A hierarchical model of actors' meanings. *Communication,* 4, 195-220.

Pearson, J. C. (1985). *Gender and communication.* Dubuque, IA: Brown.

Pennebaker, J. W. (1997). *Opening up: The healing power of expressing emotions* (Rev. ed.). New York: Guilford.

Pennington, B. A., & Turner, L. H. (2004). Playground or training ground? The function of talk in African American and European American mother-adolescent daughter dyads. In P. M. Buzzanell, H. Sterk, & L. H. Turner (Eds.), *Gender in applied contexts* (pp. 275-294). Thousand Oaks, CA: Sage.

Perlow, L. (2012). *Sleeping with your smartphone*. Boston: Harvard Business Review Press.

Petronio, S. (1991). Communication boundary management: A theoretical model of managing disclosure of private information between married couples. *Communication Theory*, 1, 311-335.

Petronio, S. (2000). *Balancing the secrets of private disclosure*. Mahwah, NJ: Erlbaum.

Pettigrew, T. F. (1967). Social evaluation theory: Consequences and applications. In D. Levine (Ed.), *Nebraska symposium on motivation* (pp. 241-311). Lincoln: University of Nebraska Press.

Philippot, P., & Feldman, R. (Eds.). (2004). *The regulation of emotion*. Mahwah, NJ: Erlbaum.

Phillips, G. M., & Wood, J. T. (1983). *Communication and human relationships*. New York: Macmillan.

Pinker, S. (2008). *The stuff of thought: Language as a window to human nature*. New York: Penguin.

Pitt-Catsouphes, M., Kossek, E., & Sweet, S. (Eds.). (2006). *The work and family handbook*. Mahwah, NJ: Erlbaum.

Piver, S. (2007). *The hard questions: 100 questions to ask before you say "I do."* New York: Tarcher/Penguin.

Planalp, S. (1997, September). Personal correspondence.

Planalp, S., & Fitness, J. (2000). Thinking/feeling about social and personal relationships. *Journal of Social and Personal Relationships*, 16, 731-750.

Pogue, L., & AhYun, K. (2006). The effect of teacher nonverbal immediacy and credibility on student motivation and affective learning. *Communication Education*, 55, 331-344.

Politically correct monikers are labeled incorrect. (1995, November 7). *Wall Street Journal*, p. A1.

Previti, D., & Amato, P. R. (2003). Why stay married? Rewards, barriers, and marital stability. *Journal of Marriage and Family*, 65, 561-573.

Proctor, R. (1991). *An exploratory analysis of responses to owned messages in interpersonal communication*. Doctoral dissertation Bowling Green University, Bowling Green, OH.

Pryor, J. B., & Merluzzi, T. V. (1985). The role of expertise in processing social interaction scripts. *Journal of Experimental Social Psychology*, 21, 362-379.

Rawlins, W. K. (1981). *Friendship as a communicative achievement: A theory and an interpretive analysis of verbal reports.* Unpublished doctoral dissertation, Temple University, Philadelphia.

Rawlins, W. K. (2009). *The compass of friendship.* Thousand Oaks, CA: Sage.

Reis, H. T., Clark, M. S., & Holmes, J. G. (2004). Perceived partner responsiveness as an organizing construct in the study of intimacy and closeness. In D. J. Mashek & A. P. Aron (Eds.), *Handbook of closeness and intimacy* (pp. 201-225). Mahwah, NJ: Erlbaum.

Reis, H. T., Senchak, M., & Solomon, B. (1985). Sex differences in the intimacy of social interaction: Further examination of potential explanations. *Journal of Personality and Social Psychology, 48,* 1204-1217.

Reis, H. T., Sheldon, K. M., Gable, S. L., Roscoe, J., & Ryan, R. M. (2000). Daily well-being: The role of autonomy, competence, and relatedness. *Personality and Social Psychology Bulletin, 26,* 419-435.

Remland, M. (2000). *Nonverbal communication in everyday life.* Boston: Houghton Mifflin.

Reske, J., & Stafford, L. (1990). Idealization and communication in long-distance premarital relationships. *Family Relations, 39,* 274-290.

Rhode, D. (2010). *The beauty bias.* New York: Oxford University Press.

Rhodes, T. (2010, November). Learning across the curriculum. *Spectra,* pp. 12-15.

Ribeau, S. A., Baldwin, J. R., & Hecht, M. L. (1994). An African-American communication perspective. In L. Samovar & R. Porter (Eds.), *Intercultural communication: A reader* (7th ed., pp. 140-147). Belmont, CA: Wadsworth.

Richmond, V., & McCroskey, J. (2000). The impact of supervisor and subordinate immediacy on relational and organizational outcomes. *Communication Monographs, 67,* 85-95.

Richmond, V., McCroskey, J., & Johnson, A. (2003). Development of the Nonverbal Immediacy Scale (NIS): Measures of self-and other-perceived nonverbal immediacy. *Communication Quarterly, 51,* 504-517.

Richtel, M. (2010, January 17). Phones drive us to distraction, even when we walk. *New York Times,* p. 4A.

Riela, S., Rodriguez, G., Aron, A., Xu, X., & Acevedo, B. (2010). Experiences of falling in love: Investigating culture ethnicity, gender, and speed. *Journal of Social and Personal Relationships, 27,* 473-493.

Riessman, C. (1990). *Divorce talk: Women and men make sense of personal relationships.* New Brunswick, NJ: Rutgers University Press.

Riley, N. (2013). 'Til faith do us part: How interfaith marriage is transforming America. New York: Oxford University Press.

Rives, K. (2005, May 22). Keep up appearances. *Raleigh News & Observer*, p. 1A.

Robarchek, C., & Dentan, R. (1987). Blood drunkenness and the bloodthirsty Semai: Unmaking another anthropological myth. *American Anthropologist, 89*, 356-363.

Roberts, G., & Orbe, M. (1996, May). *Creating that safe place: Descriptions of intergenerational gay male communication.* Paper presented at the annual meeting of the International Communication Association, Chicago.

Rogers, E. (2008). Relational communication theory. In L. A. Baxter & D. O. Braithwaite (Eds.), *Engaging theories in interpersonal communication: Multiple perspectives* (pp. 335-347). Thousand Oaks, CA: Sage.

Roosevelt, M. (2010, January 14). When the gym isn't enough. *New York Times*, pp. El, E8.

Roper poll. (1999). *How Americans communicate.* Retrieved January 8, 2000, from http://www.natcom.org/research/Roper/how_americans_communicate.htm

Rosen, L., Cheever, N., Cummings, C., & Felt, J. (2008). The impact of emotionality and self-disclosure on online dating versus traditional dating. *Computers in Human Behavior, 24*, 2124-2157.

Rosenbaum, L. (2011, November 22). The doctor feels your pain. *Raleigh News & Observer*, pp. 1D-2D.

Rosenblum, G. (2006, June 27). Changes in marriage always unsettling. *Raleigh News & Observer*, pp. 1E, 3E.

Rosenwein, B. (1998). *Anger's past: The sacred uses of emotion in the Middle Ages.* Ithaca, New York: Cornell University Press.

Roux, A. (2001). Rethinking official measures of poverty: Consideration of race, ethnicity, and gender. In D. Vannoy (Ed.), *Gender mosaics* (pp. 290-299). Los Angeles: Roxbury.

Rubin, L. (1985). *Just friends: The role of friendship in our lives.* New York: Harper & Row.

Rubinstein, J., Meyer, D., & Evans, J. (2001). Executive control of cognitive processes in task switching. *Journal of Experimental Psychology, 27*, 763-797.

Rusbult, C. (1987). Responses to dissatisfaction in close relationships: The exit-voice-loyalty-neglect model. In D. Perlman & S. W. Duck (Eds.), *Intimate relationships: Development, dynamics, and deterioration* (pp. 109-238). London: Sage.

Rusbult, C. E., & Buunk, B. (1993). Commitment processes in close relationships: An interdependence analysis. *Journal of Social and Personal Relationships, 19*, 175-204.

Rusbult, C. E., Drigotas, S., & Verette, J. (1994). The investment model: An interdependence analysis of commitment processes and relationship maintenance phenomena. In D. Canary & L. Stafford (Eds.), *Communication and relational maintenance* (pp. 115-140). San Diego, CA: Academic Press.

Rusbult, C. E., Johnson, D. J., & Morrow, G. D. (1986). Impact of couple patterns of problem solving on distress and nondistress in dating relationships. *Journal of Personality and Social Psychology*, 50, 744-753.

Rusbult, C. E., & Zembrodt, I. M. (1983). Responses to dissatisfaction in romantic involvement: A multidimensional scaling analysis. *Journal of Experimental Social Psychology*, 19, 274-293.

Rusbult, C. E., Zembrodt, I. M., & Iwaniszek, J. (1986). The impact of gender and sex-role orientation on responses to dissatisfaction in close relationships. *Sex Roles*, 15, 1-20.

Rusk, T., & Rusk, N. (1988). *Mind traps: Change your mind, change your life.* Los Angeles: Price, Stern, Sloan.

Rusli, E. (2013, June 12). When words just aren't enough some turn to flatulent bunnies. *Wall Street Journal*, pp. A1, A14.

Ryan, R., La Guardia, J., Solky-Butzel, J., Chirkov, V., & Kim, Y. (2005). On the interpersonal regulation of emotions: Emotional reliance across gender, relationships, and cultures. *Personal Relationships*, 12, 145-163.

Saarni, C. (1990). Emotional competence: How emotions and relationships become integrated. In R. A. Thompson (Ed.), *Socioemotional development: Nebraska symposium on motivation* (pp. 115-182). Lincoln: University of Nebraska Press.

Saarni, C. (1999). *The development of emotional competence.* New York: Guilford.

Sack, K. (2008, August 12). Health benefits inspire rush to marry, or divorce. *New York Times.* Retrieved August 10, 2008, from http://www.nytimes.com/2008/08/13/us/13marriage.html?pagewanted=all&_r=0

Saffrey, C., & Ehrenberg, M. (2007). When thinking hurts: Attachment, rumination, and postrelationship adjustment. *Personal Relationships*, 14, 351-368.

Sahlstein, E. M. (2006). Relational life in the 21st century: Managing people, time, and distance. In J. T. Wood & S. W. Duck (Eds.), *Composing relationships: Communication in everyday life* (pp. 110-118). Belmont, CA: Thomson/Wadsworth.

Samovar, L., & Porter, R. (Eds.). (2000). *Intercultural communication: A reader* (9th ed.). Belmont, CA: Wadsworth.

Samovar, L., Porter, R., & McDaniel, E. R. (2009). *Communication between cultures* (12th ed.). Belmont, CA: Thomson.

Samp, J. A., & Palevitz, C. E. (2009). Dating and romantic partners. In W. F. Eadie (Ed.), *21st century communication: A reference handbook* (pp. 322-330). Thousand Oaks, CA: Sage.

Samter, W., & Cupach, W. (1998). Friendly fire: Topical variations in conflict among same- and cross-sex friends. *Communication Studies*, 49, 121-138.

Sanchanta, M. (2010, June 7). Cultivating multiculturalism. *Wall Street Journal*, p. B6.

Sayer, L. C., & Nicholson, L. L. (2006, March). *Economic resources, marital bargains, and marital quality.* Paper presented at the Annual Meeting of the Population Society of America, Silver Spring, MD.

Scarf, M. (1987). *Intimate partners.* New York: Random House.

Scarf, M. (2008). *September song: The good news about marriage in the later years.* New York: Riverhead.

Schachter, S. (1964). The interaction of cognitive and physiological determinants of emotion states. In P. Leiderman & D. Shapiro (Eds.), *Psychobiological approaches to social behavior* (pp. 138-173). Stanford, CA: Stanford University Press.

Schachter, S., & Singer, J. (1962). Cognitive, social, and physiological determinants of emotional state. *Psychological Review*, 69, 379-399.

Schaller, S. (1991). *A man without words.* New York: Summit Books.

Schappell, E. (2005). *The friend who got away.* New York: Doubleday.

Scharlott, B., & Christ, W. (1995). Overcoming relationship-initiation barriers: The impact of a computer-dating system on sex role, shyness, and appearance inhibition. *Computers in Human Behavior*, 11, 191-204.

Schiebinger, L., & Gilmartin, S. K. (2010, January-February). Housework is an academic issue. *Academe*, 39-34.

Schiminoff, S. B. (1980). *Communication rules: Theory and research.* Newbury Park, CA: Sage.

Schmanoff, S. (1987). Types of emotional disclosures and request compliance between spouses. *Communication Monographs*, 54, 85-100.

Schmid, R. (2010, July 5). Sense of touch affects behavior in startling ways. *Raleigh News & Observer*, p. 4B.

A scholarship for friendship. (2009, December 4). *Chronicle of Higher Education*, p. A6.

Scholz, M. (2005, June). A "simple" way to improve adherence. *RN*, 68, 82.

Schott, B. (2008, May 16). Minute waltz. *New York Times*, p. A23.

Schooler, D., Ward, M., Merriwether, A., & Caruthers, A. (2004). Who's that girl: Television's role in the body image of young white and black women. *Psychology of Women Quarterly*, 28, 38-47.

Schramm, W. (1955). *The process and effects of mass communication.* Urbana: University of Illinois Press.

Schutz, A. (1999). It was your fault! Self-serving bias in the autobiographical accounts of conflicts in married couples. *Journal of Social and Personal Relationships*, 16, 193-208.

Schutz, W. (1966). *The interpersonal underworld.* Palo Alto, CA: Science and Behavior Books.

Scott, C., & Meyers, K. (2005). The socialization of emotion: Learning emotion management at the fire station. *Journal of Applied Communication Research*, 33, 67-92.

Scott, J., & Leonhardt, D. (2013). Shadowy lines that still divide. In M. Andersen & P. H. Collins (Eds.), *Race, class and gender: An anthology* (8th ed., pp. 117-124). Boston: Cengage.

Seay, E. (2004, February 11). Lost city, lost languages. *Princeton Alumni Weekly*, pp. 17, 43.

Secklin, P. (1991, November). *Being there: A qualitative study of young adults' descriptions of friendship.* Paper presented at the Speech Communication Association Convention, Atlanta, GA.

Sedgwick, E. K. (1995). *Shame and its sisters: A Silvan Tomkins reader.* Durham, NC: Duke University Press.

Sedikides, C., Campbell, W., Reeder, G., & Elliott, A. (1998). The self-serving bias in relational context. *Journal of Personality and Social Psychology*, 74, 378-386.

Segrin, C., & Flora, F. J. (2005). *Family communication.* Mahwah, NJ: Erlbaum.

Seki, K., Matsumoto, D., & Imahori, T. (2002). The conceptualization and expression of intimacy in Japan and the United States. *Journal of Cross-Cultural Psychology*, 33, 303-319.

Seligman, M. E. P. (1990). *Learned optimism: How to change your mind and your life.* New York: Simon & Schuster/Pocket Books.

Seligman, M. E. P. (2002). *The authentic self.* New York: Free Press.

Seligson, H. (2009, December 24). For American workers in China, a culture clash. *New York Times*, pp. B1, B2.

Selingo, J. (2012, September 28). Colleges and employers point fingers over skills gap. *Chronicle of Higher Education*, p. A20.

Sellnow, D., & Sellnow, T. (2001). The "illusion of life" rhetorical perspective: An integrated approach to the study of music as communication. *Critical Studies in Media Communication, 18,* 295-415.

Shannon, C., & Weaver, W. (1949). *The mathematical theory of communication.* Urbana: University of Illinois Press.

Shattuck, T. R. (1994). *The forbidden experiment.* New York: Farrar, Straus & Giroux.

Shaver, P., Schwartz, J., Kirson, D., & O'Connor, C. (1987). Further explorations of a prototype approach. *Journal of Personality and Social Psychology, 52,* 1061-1086.

Shaver, P., Wu, S., & Schwartz, J. (1992). Cross-cultural similarities and differences in emotion and its representation: A prototype approach. In M. S. Clark (Ed.), *Emotion* (pp. 175-212). Newbury Park, CA: Sage.

Sheehy, G. (2010). *Passages in caregiving.* New York: William Morrow.

Shellenbarger, S. (2013, May 29). Just look me in the eye already. *Wall Street Journal,* pp. D1, D2.

Shelton, J. N., Trail, T., West, T., & Bergsieker, H. (2010). From strangers to friends: The interpersonal process of intimacy in development of interracial friendships. *Journal of Social and Personal Relationships, 27,* 71-90.

Sherman, C. W., & Boss, P. (2007). Spousal dementia caregiving in the context of late-life remarriage. *Dementia: The International Journal of Social Research and Practice, 6,* 245-270.

Simmons, L. (2002). *Odd girl out: The hidden culture of aggression in girls.* Orlando, FL: Harvest Books.

Simmons, L. (2004). *Odd girl speaks out: Girls write about bullies, cliques, popularity, and jealousy.* Orlando, FL: Harvest Books.

Simon, S. B. (1977). *Vulture: A modern allegory on the art of putting oneself down.* Niles, IL: Argus Communications.

Smock, P. J., & Manning, W. D. (2010). New couples, new families: The cohabitation revolution in the United States. In B. Risman (Ed.), *Families as they really are* (pp. 131-139). New York: Norton.

Socha, T. J., Sanchez-Hucles, J., Bromley, J., & Kelly, B. (1995). Invisible parents and children: Exploring African-American parent-child communication. In T. J. Socha & G. H. Stamp (Eds.), *Parents, children and communication: Frontiers of theory and research* (pp. 127-145). Mahwah, NJ: Erlbaum.

Socha, T. J., & Stamp, G. (Eds.). (2009). *Parents and children communicating with society.* New York: Routledge.

Socha, T. J., & Yingling, J. (2010). *Families communicating with children*. Malden, MA: Polity.

Solebello, N., & Elliott, S. (2011). "We want them to be as heterosexual as possible": Fathers talk about their teen children's sexuality. *Gender & Society*, 25, 293-315.

Spencer, L., & Pahl, R. (2006). *Rethinking friendship: Hidden solidarities today*. Princeton, NJ: Princeton University Press.

Spitzberg, B., & Cupach, W. (Eds.). (1998). *The dark side of close relationships*. Mahwah, NJ: Erlbaum.

Spitzberg, B., & Cupach, W. (2009). Unwanted communication, aggression and abuse. In W. F. Eadie (Ed.), *21st century communication: A reference handbook* (pp. 444-453). Thousand Oaks, CA: Sage.

Sprecher, S. (2001). A comparison of emotional consequences of and changes in equity over time using global and domain-specific measures of equity. *Journal of Social and Personal Relationships*, 18, 477-501.

Sprecher, S., & Felmlee, D. (1997). The balance of power in romantic heterosexual couples over time from "his" and "her" perspectives. *Sex Roles*, 37, 363-379.

Sprecher, S., & Hendrick, S. (2004). Self-disclosure in intimate relationships: Associations with individual and relationship characteristics over time. *Journal of Social and Clinical Psychology*, 23, 857-877.

Sprecher, S., & Regan, P. (2002). Liking some things (in some people) more than others: Partner preferences in romantic relationships and friendships. *Journal of Social and Personal Relationships*, 19, 463-481.

Stafford, D. (2009, May 31). Workers cuss a blue streak. *Raleigh News & Observer*, pp. 1E, 6E.

Stafford, L. (2005). *Maintaining long-distance and cross-residential relationships*. Mahwah, NJ: Erlbaum.

Stafford, L. (2009). Spouses and other intimate partnerships. In W. F. Eadie (Ed.), *21st century communication: A reference handbook* (pp. 296-302). Thousand Oaks, CA: Sage.

Stafford, L., Dutton, M., & Haas, S. (2000). Measuring routine maintenance: Scale revision, sex versus gender roles, and the prediction of relational characteristics. *Communication Monographs*, 67, 306-323.

Stafford, L., & Merolla, A. (2007). Idealization, reunions, and stability in long-distance dating relationships. *Journal of Social and Personal Relationships*, 24, 37-54.

Stafford, L., Merolla, A., & Castle, J. (2006). When long-distance dating partners become geographically close. *Journal of Social and Personal Relationships*, 23, 901-919.

Stancliff, D. (2013, May 19). Tattoo you! New meaning to corporate branding, addiction Retrieved May 22, 2013, from http://www.times-standard.com/opinion/ci_23277780/tattoo-you-new-meaning-corporate-branding-addiction

Stearns, C., & Stearns, P. (1986). *Anger: The struggle for emotional control in America's history.* Chicago: University of Chicago Press.

Stepp, L. S. (2007). *Unhooked.* New York: Penguin/Riverhead.

Sternberg, E. (2009). *The silence of place and well-being.* Cambridge, MA: Harvard University Press.

Sternberg, R. J. (1986). A triangular theory of love. *Psychological Review*, 93, 119-135.

Stewart, J. (1986). *Bridges, not walls* (4th ed.). New York: Random House.

Stewart, L. P., Stewart, A. D., Friedley, S. A., & Cooper, P. J. (1990). *Communication between the sexes: Sex differences and sex role stereotypes* (2nd ed.). Scottsdale, AZ: Gorsuch Scarisbrick.

Strong, B., DeVault, C., & Cohen, T. (2011). *The marriage and family experience* (11th ed.). Boston: Cengage.

Sugarman, D., & Frankel, S. (1996). Patriarchal ideology and wife assault: A meta-analytic review. *Journal of Family Violence*, 1, 11-40.

Swain, S. (1989). Covert intimacy: Closeness in men's friendships. In B. Risman & P. Schwartz (Eds.), *Gender and intimate relationships* (pp. 71-86). Belmont, CA: Wadsworth.

Swidler, A. (2001). *Talk of love.* Chicago: University of Chicago Press.

Swift, M. (2010, May 9). Social media ease into the workplace. *Raleigh News & Observer*, p. 3E.

Tannen, D. (1990). *You just don't understand: Women and men in conversation.* New York: William Morrow.

Tannen, D. (1995). *Talking nine to five.* New York: William Morrow.

Tavris, C. (1989). *Anger: The misunderstood emotion.* New York: Simon & Schuster.

Tavris, C., & Aronson, E. (2007). *Mistakes were made (but not by me).* New York: Harcourt.

Taylor, K. (2013, July 14). She can play that game, too. *New York Times*, p. ST1, 6.

Taylor, S. (2002). *The tending instinct: How nurturing is essential for who we are and how we live.* New York: Times Books.

Teachers' words may clash with cultures. (2000, February 23). *Raleigh News & Observer*, p. 4E.

The social scene. (2013, June 3). *Wall Street Journal*, p. D2.

Thiabaut, J., & Kelley, H. H. (1959). *The social psychology of groups.* New York: Wiley.

This year's freshmen. (2010, January 29). *Chronicle of Higher Education*, p. A23.

Tichenor, V. (2005). Maintaining men's dominance: Negotiating identity and power when she earns more. *Sex Roles*, 53, 191-205.

Tierney, J. (2009, May 5). Ear plugs to lasers: The science of concentration. *New York Times*, p. D2.

Tierney, J. (2013, March 19). Good news beats bad on social networks. *New York Times*, p. D3.

Ting-Toomey, S. (1988). Intercultural conflict styles: A face-negotiation theory. In Y. Kim & W. Gudykunst (Eds.), *Theories in intercultural communication* (pp. 213-235). Newbury Park, CA: Sage.

Ting-Toomey, S. (1991). Intimacy expressions in three cultures: France, Japan, and the United States. *International Journal of Intercultural Relations*, 15, 29-46.

Ting-Toomey, S. (2005). The matrix of face: An updated face-negotiation theory. In W. B. Gudykunst (Ed.), *Theorizing about intercultural communication* (pp. 71-92). Thousand Oaks, CA: Sage.

Ting-Toomey, S. (2009). Facework collision in intercultural communication. In F. Bargiela-Chiappini & M. Haugh (Eds.), *Face, communication, and social interaction* (pp. 227-249). Oakville, CT: Equinox.

Ting-Toomey, S., & Oetzel, J. (2001). *Managing intercultural conflict effectively.* Thousand Oaks, CA: Sage.

Ting-Toomey, S., & Oetzel, J. (2002). Cross-cultural face concerns and conflict styles. In W. Gudykunst & B. Mody (Eds.), *Handbook of international and intercultural communication* (2nd ed., pp. 143-163). Thousand Oaks, CA: Sage.

Tjalling, J., Deege, D., Beekman, A., van Tilburg, T., Stek, M., Jonker, C., et al. (2012). Feelings of loneliness, but not social isolation, predict dementia onset: Results from the Amsterdam study of the elderly. Journal of *Neurology, Neurosurgery, & Psychiatry*. Retrieved May 15, 2013, from http://jnnp.bmj.com/content/early/2012/11/06/jnnp-2012-302755

Todorov, A., Chaiken, S., & Henderson, M. (2002). The heuristic-systemic model of social information processing. In J. P. Dillard & M. Pfau (Eds.), *The persuasion handbook: Developments in theory and practice* (pp. 195-211). Thousand Oaks, CA: Sage.

Toma, C., & Hancock, J. (2011). Looks and lies: The role of physical attractiveness in online dating self-presentation and deception. *Communication Research*, 37, 335-351.

Tomasello, M. (2009). *Why we cooperate*. Boston: MIT Press.

Tong, S., & Walther, J. (2011). Just say "no thanks": The effects of romantic rejection across computer-mediated communication. *Journal of Personal and Social Relationships*, 28, 488-506.

Totten, L. D. (2006). Who am I right now? Negotiating familial and professional roles. In J. T. Wood & S. W. Duck (Eds.), *Composing relationships: Communication in everyday life* (pp. 186-193). Belmont, CA: Wadsworth.

Trees, A. (2006). Attachment theory: The reciprocal relationship between family communication and attachment patterns. In D. Braithwaite & L. Baxter (Eds.), *Family communication: Multiple perspectives* (pp. 165-180). Thousand Oaks, CA: Sage.

Tropp, L. R., & Wright, S. C. (2003). Evaluations and perceptions of self, in-group, and out-group: Comparisons between Mexican-American and European-American children. *Self and Identity*, 2, 203-221.

Trotter, R. J. (1975, October 25). The truth, the whole truth, and nothing but. . . . *Science News*, 108, 269.

Troy, A., & Laurenceau, J. (2006). Interracial and intraracial romantic relationships: The search for differences in satisfaction, conflict, and attachment style. *Journal of Social and Personal Relationships*, 23, 65-80.

Truman, D., Tokar, D., & Fischer, A. (1996). Dimensions of masculinity: Relations to date rape supportive attitudes and sexual aggression in dating situations. *Journal of Counseling and Development*, 74, 555-562.

Turkle, S. (2008). Always-on/always-on-you: The tethered self. In J. Katz (Ed.), *Handbook of mobile communication studies* (pp. 121-137). Cambridge, MA: MIT Press.

Turman, P. D., & Schrodt, P. (2006). Student perceptions of teacher power as a function of perceived teacher confirmation. *Communication Education*, 55, 265-279.

Turner, L. H., & Shutter, R. (2004). African American and European American women's visions of workplace conflict: A metaphorical analysis. *Howard Journal of Communication*, 15, 169-183.

TVB Research Central. (2010). *Media Trends Track*. Retrieved April 22, 2010, from http://www.tvb.org/rcentral/mediatrendstrack/tvbasics/02_TVHouseholds.asp

Twenge, J. M., Campbell, W. K., & Freeman, E. C. (2012). Generational differences in young adults' life goals, concern for others, and civic orientation, 1966-2009. *Journal of Personality and Social Psychology*, 102, 1045-1062.

Twenge, J. M., Campbell, W. K., & Gentile, B. (2012). Generational increases in agentic self-evaluations among American college students, 1966-2009. *Self and Identity*, 11, 409-427.

Uecker, J., & Regnerus, M. (2011). *Premarital sex in America: How young Americans meet, mate, and think about marrying.* Oxford, UK: Oxford University Press.

Ueno, K., Gayman, M. D., Wright, E. R., & Quantz, S. D. (2009). Friends' sexual orientation, relational quality, and mental health among gay, lesbian and bisexual youth. *Personal Relationships*, 16, 659-670.

Underwood, A., & Adler, J. (2005, April 25). When cultures clash. *Newsweek*, pp. 68-72.

U.S. Census Bureau. (2007). Table 1312: Marriage and divorce rates by country, 1980 to 2003. *Statistical Abstract of the United States, 2007.* Retrieved April 8, 2008, from http://census.gov/compendia/statab/tables/07s1312.xls

U.S. Census Bureau. (2008). *United States population.* Retrieved February 25, 2005, from http://www.census.gov/population/estimates/nation/intfile1-3

U.S. Census Bureau. (2008). *2008 American Community Survey Table S1101. Households and families.* Retrieved May 10, 2010, from http://factfinder.census.gov

U.S. Department of Justice. (1999, October). *Eyewitness evidence: A guide for law enforcement.* Washington, DC: Author.

Vachss, A. (1994, August 28). You carry the cure in your own heart. *Parade*, pp. 4-6.

Vangelisti, A. (1993). Couples' communication problems: The counselor's perspective. *Journal of Applied Communication Research*, 22, 106-126.

Van Yperen, N. W., & Buunk, B. P. (1991). Equity theory and exchange and communal orientation from a cross-national perspective. *Journal of Social Psychology*, 131, 5-20.

Veroff, J. (1999). Marital commitment in the early years of marriage. In W. Jones & J. Adams (Eds.), *Handbook of interpersonal commitment and relationship stability* (pp. 149-162). New York: Plenum Press.

Vickers, S. (1999). *Native American identities: From stereotype to archetype in art and literature.* Albuquerque: University of New Mexico Press.

Vilhauer, R. (2009). Perceived benefits of online support groups for women with metastic breast cancer. *Women & Health*, 49, 381-404.

Vivian, J. (2011). *The media of mass communication* (10th ed.). Boston: Allyn & Bacon.

Vocate, D. (Ed.). (1994). *Intrapersonal communication: Different voices, different minds.* Hillsdale, NJ: Erlbaum.

Vogl-Bauer, S. (2009). When the world comes home. In T. Socha & G. Stamp (Eds.), *Parents and children communicating with society* (pp. 285-304). New York: Routledge.

Wade, N. (2009, December 1). We may be born with an urge to help. *New York Times*, pp. D1, D6.

Waldron, V., & Kelley, D. (2007). *Communicating forgiveness*. Thousand Oaks, CA: Sage.

Walker, K. (2004). Men, women, and friendship: What they say, what they do. In J. Spade & C. Valentine (Eds.), *The kaleidoscope of gender: Prisms, patterns, and possibilities* (pp. 403-413). Belmont, CA: Thomson/Wadsworth.

Walker, S. (2007). *Style and status: Selling beauty to African American women*. Lexington, KY: University of Kentucky Press.

Walter, T. J. (2009, April 24-26). Ties that bind—especially now. *Parade*, pp. 14-15.

Walters, R. (1984). Forgiving: An essential element in effective living. *Studies in Formative Spirituality*, 5, 365-374.

Walther, J., & Ramirez, A., Jr. (2010). New technologies and new directions in online relating. In N. S. W. Smith & S. R. Wilson (Eds.), *New direction in interpersonal communication research* (pp. 274-284). Thousand Oaks, CA: Sage.

Waltman, M. (2003). Strategems and heuristics in the recruitment of children into communities of hate: The fabric of our future nightmares. *Southern Journal of Communication*, 69, 22-36.

Wann, D., & Schrader, M. (2000). Controllability and stability in the self-serving attributions of sports spectators. *Journal of Social Psychology*, 140, 160-176.

Watters, E. (2013, March/April). We aren't the world. *Pacific Standard*, pp. 46-53.

Watzlawick, P. (2005). Self-fulfilling prophecies. In J. O'Brien & P. Kollock (Eds.), *The production of reality* (4th ed., pp. 87-109). Thousand Oaks, CA: Sage.

Watzlawick, P., Beavin, J., & Jackson, D. D. (1967). *Pragmatics of human communication*. New York: W. W. Norton.

Wegner, H., Jr. (2005). Disconfirming communication and self-verification in marriage: Associations among the demand/withdraw interaction pattern, feeling understood, and marital satisfaction. *Journal of Social and Personal Relationships*, 22, 19-31.

Weinstock, J., & Bond, L. (2000). Conceptions of conflict in close friendships and ways of knowing among young college women: A developmental framework. *Journal of Social and Personal Relationships*, 17, 687-696.

Weisinger, H. (1996). *Anger at work*. New York: William Morrow.

Weiss, S. E. (1987). The changing logic of a former minor power. In H. Binnendijk (Ed.), *National negotiating styles* (pp. 44-74). Washington, DC: U.S. Department of State.

Welch, I. (2003). *The therapeutic relationship: Listening and responding in a multicultural world*. Westport, CT: Praeger/Greenwood.

Welch, R. D., & Houser, M. E. (2010). Extending the four-category model of adult attachment: An interpersonal model of friendship attachment. *Journal of Social and Personal Relationships*, 27, 351-366.

Wen, L., & Kosowsky, J. (2013). *When doctors don't listen*. New York: St. Martin's/Thomas Dunne.

Werking, K. (1997). *We're just good friends: Women and men in nonromantic relationships*. New York: Guilford.

Werner, C. M., Altman, I., Brown, B. B., & Ginat, J. (1993). Celebrations in personal relationships: A transactional/dialectical perspective. In S. W. Duck (Ed.), *Understanding relational processes: 3: Social context and relationships* (pp. 109-138). Newbury Park, CA: Sage.

West, J. (1995). Understanding how the dynamics of ideology influence violence between intimates. In S. W. Duck & J. T. Wood (Eds.), *Understanding relationship processes: 5: Confronting relationship challenges* (pp. 129-149). Thousand Oaks, CA: Sage.

Weston, K. (1991). *Families we choose: Lesbians, gays, kinship*. New York: Columbia University Press.

Whaley, K., & Rubenstein, T. (1994). How toddlers "do" friendship: A descriptive analysis of naturally occurring friendships in a group child care setting. *Journal of Social and Personal Relationships*, 11, 383-400.

Whitbeck, L. B., & Hoyt, D. R. (1994). Social prestige and assortive mating: A comparison of students from 1956 and 1988. *Journal of Social and Personal Relationships*, 11, 137-145.

White, A. M. (2006). "You've got a friend:" African American men's cross-sex feminist friendships and their influence on perceptions of masculinity and women. *Journal of Social and Personal Relationships*, 23, 523-542.

White, B. (1989). Gender differences in marital communication patterns. *Family Process*, 28, 89-106.

Whorf, B. (1956). *Language, thought, and reality*. New York: MIT Press/Wiley.

Williams, A. (2009, June 22). At meetings, it's mind your BlackBerry or mind your manners. *New York Times*, pp. A1, A3.

Williams, R., & Williams, V. (1998). *Anger kills*. New York: HarperPerennial.

Williams-Baucom, K. J., Atkins, D. C., Sevier, M., Eldridge, K. A., & Christensen, A. (2010). "You" and "I" need to talk about "us": Linguistic patterns in marital interactions. *Personal Relationships*, 17, 41-56.

Wilmot, W., & Hocker, J. (2006). *Interpersonal conflict* (7th ed.). New York: McGraw-Hill.

Witt, P. L., Wheeless, L. R., & Allen, M. (2004). A meta-analytical review of the relationship between teacher immediacy and students learning. *Communication Monographs, 71,* 184-207.

Wolvin, A. (2009). Listening, understanding and misunderstanding. In W. F. Eadie (Ed.), *21st century communication: A reference handbook* (pp. 137-146). Thousand Oaks, CA: Sage.

Wood, J. T. (1982). Communication and relational culture: Bases for the study of human relationships. *Communication Quarterly, 30,* 75-84.

Wood, J. T. (1986). Different voices in relationship crises: An extension of Gilligan's theory. *American Behavioral Scientist, 29,* 273-301.

Wood, J. T. (1992). Telling our stories: Narratives as a basis for theorizing sexual harassment. *Journal of Applied Communication Research, 4,* 349-363.

Wood, J. T. (1993). Engendered relations: Interaction, caring, power, and responsibility in intimacy. In S. W. Duck (Ed.), *Understanding relationship processes: 3: Social context and relationships* (pp. 26-54). Newbury Park, CA: Sage.

Wood, J. T. (1994a). Gender and relationship crises: Contrasting reasons, responses, and relational orientations. In J. Ringer (Ed.), *Queer words, queer images: The construction of homosexuality* (pp. 238-265). New York: New York University Press.

Wood, J. T. (1994b). Gender, communication, and culture. In L. Samovar & R. Porter (Eds.), *Intercultural communication: A reader* (7th ed., pp. 155-164). Belmont, CA: Wadsworth.

Wood, J. T. (1994c). *Who cares? Women, care, and culture.* Carbondale: University of Southern Illinois Press.

Wood, J. T. (Ed.). (1996). *Gendered relationships.* Mountain View, CA: Mayfield.

Wood, J. T. (1997). Clarifying the issues. *Personal Relationships, 4,* 221-228.

Wood, J. T. (1998). *But I thought you meant ...: Misunderstandings in human communication.* Mountain View, CA: Mayfield.

Wood, J. T. (2000). That wasn't the real him: Women's dissociation of violence from the men who enact it. *Qualitative Research in Review, 1,* 1-7.

Wood, J. T. (2001). The normalization of violence in heterosexual romantic relationships: Women's narratives of love and violence. *Journal of Social and Personal Relationships, 18,* 239-261.

Wood, J. T. (2004). Monsters and victims: Male felons' accounts of intimate partner violence. *Journal of Social and Personal Relationships, 21,* 555-576.

Wood, J. T. (2005). Feminist standpoint theory and muted group theory: Commonalities and divergences. *Women & Language*, 28, 61-64.

Wood, J. T. (2006a). Chopping the carrots: Creating intimacy moment by moment. In J. T. Wood & S. W. Duck (Eds.), *Composing relationships: Communication in everyday life* (pp. 24-35). Belmont, CA: Thomson/Wadsworth.

Wood, J. T. (2006b). Feminist, critical theories of the family. In D. Braithwaite & L. Baxter (Eds.), *Engaging theories in family communication: Multiple perspectives* (pp. 197-212). Thousand, Oaks, CA: Sage.

Wood, J. T. (2010a). The can-do discourse and young women's anticipations of future. *Women and Language*, 33, 103-107.

Wood, J. T. (2010b). He says, she says: Misunderstandings between men and women. In D. O. Braithwaite & J. T. Wood (Eds.), *Casing communication: Case studies in interpersonal communication* (pp. 59-65). Dubuque, IA: Kendall-Hunt.

Wood, J. T. (2011). Which ruler? What are we measuring? Thoughts on theorizing the division of domestic labor. *Journal of Family Communication*, 11, 39-49.

Wood, J. T. (2014). *Gendered lives: Communication, gender, and culture* (11th ed.). Stamford, CT: Cengage Learning.

Wood, J. T. (in press). He says/she says: Misunderstandings in communication between women and men. In D. O. Braithwaite & J. T. Wood (Eds.), *Casing interpersonal communication* (2nd ed.). Dubuque, IA: Kendall-Hunt.

Wood, J. T., Dendy, L., Dordek, E., Germany, M., & Varallo, S. (1994). Dialectic of difference: A thematic analysis of intimates' meanings for differences. In K. Carter & M. Presnell (Eds.), *Interpretive approaches to interpersonal communication* (pp. 115-136). New York: State University of New York Press.

Wood, J. T., & Duck, S. W. (Eds.). (2006a). *Composing relationships: Communication in everyday life*. Belmont, CA: Thomson/Wadsworth.

Wood, J. T., & Duck, S. W. (2006b). Introduction: Composing relationships: Communication in everyday life. In J. T. Wood & S. Duck (Eds.), *Composing relationships: Communication in everyday life* (pp. 1-13). Belmont, CA: Thomson/Wadsworth.

Wood, J. T., & Inman, C. C. (1993). In a different mode: Masculine styles of communicating closeness. *Journal of Applied Communication Research*, 21, 279-295.

Word for word. (2005, March 6). *New York Times*, p. WK7.

Words. (2013, May 19). *NPR Radio Lab*. First broadcast August 9, 2010.

Wright, P. H. (2006). Toward an expanded orientation to the comparative study of women's and men's same-sex friendships. In K. Dindia & D. Canary (Eds.), *Sex differences and similarities in communication* (pp. 37-57). Mahwah, NJ: Erlbaum.

WuDunn, S. (1991, April 17). Romance, a novel idea, rocks marriages in China. *New York Times*, pp. B1, B12.

Wydo, F., & Shaffer, L. (2011). Romantic partners, friends, friends with benefits, and casual acquaintances as sexual partners. *Journal of Sex Research*, 48, 554-564.

Yamamoto, T. (1995). Different silence(s): The poetics and politics of location. In W. L. Ng, S. Chin, J. Moy, & G. Okihiro (Eds.), *Reviewing Asian America: Locating diversity* (pp. 132-145). Pullman: Washington State University Press.

Yao, M., Mahood, C., & Linz, D. (2010). Sexual priming, gender stereotyping, and likelihood to sexually harass: Examining the cognitive effects of playing a sexually-explicit video game. *Sex Roles*, 62, 77-94.

Yellowbird, M., & Snipp, C. (2002). American Indian families. In R. Taylor (Ed.), *Minority families in the United States: A multicultural perspective* (3rd ed., pp. 226-249). Englewood Cliffs, NJ: Prentice-Hall.

Yen, H. (2010, January 16). More moms become breadwinners. *Raleigh News & Observer*, p. 3A.

Yen, H. (2012, May 17). Minority birthrate now surpasses whites in US, census shows. *Huffinington Post*. Retrieved May 28, 2012, from http://www.huffingtonpost.com/2012/05/17/minorities-birth-rate-now-surpass-whites-in-us-census_n_1523230.html

Yum, J. (2000). The impact of Confucianism on interpersonal relationships and communication patterns in East Asia. In L. Samovar & R. Porter (Eds.), *Intercultural communication: A reader* (9th ed., pp. 63-73). Belmont, CA: Wadsworth.

Zacchillil, T. L., Hendrick, C., & Hendrick, S. (2009). The romantic partner conflict scale: A new scale to measure relationship conflict. *Journal of Social and Personal Relationships*, 26, 1073-1096.

Zaslow, J. (2009). *The girls from Ames: A story of women & a forty-year friendship*. New York: Gotham.

Zenco, M. (2013, January 23). Ask the experts: Social media and conflict prevention. *Politics, Power, and Preventive Action*. Retrieved January 25, 2013, from http://blogs.cfr.org/zenko/2013/01/23/ask-the-experts-social-media-and-conflict-prevention/

Zernike, K. (2012, March 17). Jury finds spying in Rutgers dorm was a hate crime. *New York Times*, pp. A1, A16.

Zhang, Y. B., Harwood, J., & Hummert, M. L. (2005). Perceptions of conflict management styles in Chinese intergenerational dyads. *Communication Monographs*, 72, 71-91.

Zuger, A. (2013, April 1). A prescription for frustration. *New York Times*, p. B7.

出版后记

传播学领域源远流长，有着杰出的思想发展历程；而人际沟通正是这个学科中最受欢迎和最有活力的一个分支。年龄、性别、种族、信仰……关于我们身份的每一面都塑造着我们在日常生活中的沟通方式，并反过来影响着我们的个人和社会关系。

生活在这个日趋多元化的世界里，每个人都或多或少会遇到一些沟通问题。本书作者在传播与沟通领域深耕多年，有着丰富的学术和实践经验，她希望能以通俗易懂的方式让读者明白，如何更有效地传达信息、理解差异、处理人际关系，帮助读者走出沟通不畅的困境。

本书在国外作为人际沟通读本多次再版，广受读者赞誉，是一本值得信赖的沟通指导书。它取材广泛，结合传播学、心理学、人类学等领域知识，理论基础坚实可靠；还提供了丰富的阅读材料和自测练习，能有效带领读者理解和应用知识，极具实用价值。全书十二个章节几乎网罗了日常生活可能涉及的所有沟通情境，相信每一位读者都能从中找寻到对应自身的解决方案。

学会沟通、有效参与人际互动能够丰富我们对社会多样性的认识，同时了解我们作为人类和沟通者的无限可能性。我们期盼这本书能让你认识到沟通在人际关系中的力量，也希望你能将本书介绍的理论和技巧应用在日常生活中。由于编校水平有限，书中难免有疏漏之处，敬请广大读者批评指正。

服务热线：133-6631-2326 188-1142-1266

读者信箱：reader@hinabook.com

后浪出版公司

2022 年 10 月